Wirtschafts- und Sozialhistorische Studien

Herausgegeben von

Stuart Jenks, Michael North und Rolf Walter

Band 4

Rolf Walter

Wirtschaftsgeschichte

Vom Merkantilismus bis zur Gegenwart

4., überarbeitete und aktualisierte Auflage

2003

BÖHLAU VERLAG KÖLN WEIMAR WIEN

Bibliografische Information der Deutschen Bibliothek:
Die Deutsche Bibliothek verzeichnet diese Publikation in der
Deutschen Nationalbibliografie; detaillierte bibliografische Daten
sind im Internet über http://dnb.ddb.de abrufbar.

Umschlagabbildung:

George Grosz, Jakobstraße (1920)

Ursulaplatz 1, D-50668 Köln
Tel. (0221) 913 90-0, Fax (0221) 913 90-11
info@boehlau.de

Druck und Bindung: Strauss Offsetdruck GmbH, Mörlenbach
Gedruckt auf chlor- und säurefreiem Papier
Printed in Germany

ISBN 3-412-11803-6

INHALTSVERZEICHNIS

DARSTELLUNGSVERZEICHNIS

Vorwort

Vorwort zur ersten Auflage

Dieses Buch ging aus einführenden Vorlesungen im Grundstudium hervor, die der Verfasser in den vergangenen Semestern an der Friedrich-Schiller-Universität Jena hielt. Die Lehrveranstaltungen stießen auf erfreuliche Resonanz und gaben Anlass zu vielerlei Fragen, intensiven Gesprächen und fruchtbaren Diskussionen, deren Ertrag wiederum im vorliegenden Buch seinen Niederschlag finden soll.

Es handelt sich um kein Werk, das um vollständige Erfassung der Wirtschafts- und Sozialgeschichte der vergangenen 300 Jahre bemüht ist, sondern das **bewusst bestimmte** - freilich als besonders markant oder wesentlich erachtete - **Themenfelder herausgreift** und bündig behandelt. Insofern kann und soll es sich nicht messen mit den einschlägigen Handbüchern und Gesamtdarstellungen, sondern ist als **vorlesungsbegleitendes Studienbuch** gedacht, das dem Lehrer oder Studenten der Wirtschafts- oder Gesellschaftswissenschaften den **Stoff gerafft und selektiv darbietet**. Methoden und Theorien sind bewusst ausgespart. Hier sei der Leser auf einschlägige Einführungen (siehe Kapitel 2) verwiesen.

Bei den Literaturhinweisen, die sich am Ende jedes größeren Abschnitts befinden, handelt es sich lediglich um vom Verfasser als allerwesentlichst erachtete Werke. Auch hier erfolgte die scharfe Selektion in der Absicht, den Leser eher an die Hand zu nehmen und ihn behutsam über die Schwelle zur wirtschafts- und sozialhistorischen Disziplin zu führen als ihn durch die inzwischen unüberschaubar gewordene Flut an Fachliteratur zu ertränken.

Den Literaturhinweisen folgen dann stets Fragen, die einen doppelten Zweck erfüllen. Zum einen sollen sie den interessierten Leser anregen, die Lektüre wiederholend zu reflektieren. Zum anderen sollen sie jenen, die sich Klausuren oder ähnlichen Folterungen auszusetzen haben, helfen, sich darauf einzustellen und rechtzeitig Gegenstrategien zu entwickeln.

Fraglos wird sich auch diese Darstellung als verbesserungswürdig herausstellen. Man wird sie in dem Maße besser gestalten können, als konstruktive Kritik an ihren Verfasser herangetragen wird. Dazu sei der kundige Leser nachhaltig aufgefordert. Selbstverständlich gehen alle Fehler - trotz heiliger Schwüre fehlerloser Manuskriptabgabe - auf des Verfassers Sollkonto, auf dass eines schönen Tages in einer neuen Fassung eine makellose Bilanz daraus erwachse.

Schließlich gibt der Verfasser erleichtert Kunde von seiner zur Gewissheit gewordenen Annahme, nicht von allen guten Geistern verlassen, sondern von solchen umgeben zu sein. Sie tragen die Namen Dr. Norbert Schneeloch und Dr. Albert Fischer, die der Habenseite des Kontos erhebliches hinzugefügt und den Autor vor Entgeisterung bewahrt haben. Dank gebührt darüber hinaus Prof. Dr. Wolfgang Mühlfriedel, Dr. Antje Voigt und Gudrun Töpel für zahlreiche Hilfestellungen aller Art.

Ich möchte dieses Buch meiner Frau widmen, die neben unzähligen Vorzügen *einen* ganz besonderen genießt: Wirtschafts- und Sozialgeschichte interessiert sie nicht im geringsten. Sie ist deshalb in der Lage, mich völlig unvoreingenommen nicht als Wissenschaftler, sondern als Mensch zu nehmen. Ebendies braucht der Wissenschaftler und ist dankbar dafür.

Jena, im Herbst 1995 Rolf Walter

Vorwort zur vierten, überarbeiteten und aktualisierten Auflage

Die ersten drei Auflagen erfreuten sich guter Resonanz, breiter Aufnahme und der erwünschten konstruktiven Kritik. Soweit möglich, habe ich die kritischen Einwürfe berücksichtigt und möchte an dieser Stelle dafür danken. Anregungen sind selbstverständlich weiter höchst willkommen.

Bei der Vorbereitung der Drucklegung für diesen Band erfuhr ich nachhaltige Unterstützung durch Dipl.-Kfm. Andreas Länger und Stig Ludwig. Beiden sei dafür herzlich gedankt.

Jena, im Herbst 2003 Rolf Walter

1. Einführung I: Wozu Wirtschaftsgeschichte?

Mit der überseeischen Expansion nach Westen, die mit der zufälligen Entdeckung Amerikas durch Kolumbus gegen Ende des 15. Jahrhunderts ihren vorläufigen Höhepunkt erlangte, begann die Menschheit der Alten und der Neuen Welt, sich kennen zu lernen. Neue Produkte gelangten hier wie dort auf den Markt und veränderten nach und nach die Nahrungs- und Lebensgewohnheiten. Man denke nur an den Tabak, den Kakao oder die Kartoffel. Das europäische Mittelalter kannte natürlich weder Raucher noch Schokolade noch Pommes Frites. Mit den Veränderungen der materiellen Kultur im Windschatten der Flotten des Genuesen gingen jedoch auch neue Vorstellungen hinsichtlich Raum und Zeit einher. Der Handel erhielt kräftige Impulse, und es kam zu beträchtlichen räumlichen und strukturellen Veränderungen im Laufe der Frühen Neuzeit, wie es die zwei Globen des französischen Wirtschaftshistorikers Fernand Braudel im Vergleich der Jahre 1500 und 1775 andeuten:

Darstellung 1: Die Expansion der europäischen Wirtschaft in Gestalt der wichtigsten Welthandelsbeziehungen

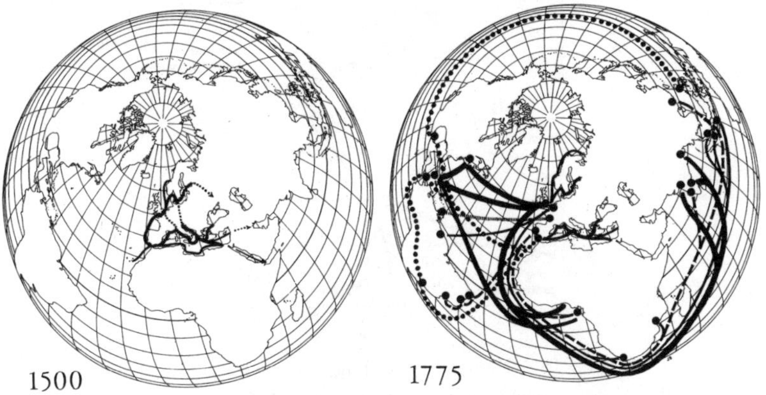

Quelle: Braudel, Fernand: Sozialgeschichte des 15.-18. Jahrhunderts. Bd. 3: Aufbruch zur Weltwirtschaft, München 1990, S. 26 f.

Nichts hat sich im Verlauf der Geschichte mehr geändert als der Umgang des Menschen mit bzw. seine Einstellung zu der Zeit. Der Unterschied der Jahre 1835 und 2003 ist der zwischen einer Lokomotive namens „Adler“ und dem ICE. Die Geschwindigkeitsdifferenz zwischen beiden beträgt ca. 270 km/h. Dieser Unterschied steht symbolisch für die Schnelllebigkeit unserer Zeit. Die täglich erlebbare Geschwindigkeit hat sich seit der frühen Eisenbahnzeit, als man 30 km/h für das maximal Erreichbare hielt, vervielfacht. Zeitgefühl und Zeitvorstellungen des Menschen haben sich im Gefolge technischer Basisinnovationen dramatisch verändert (Darstellung 2). Sie sind auch ein Ausdruck gesellschaftlicher und wirtschaftlicher Wandlungsprozesse. Zeitknappheit bestimmt die moderne Gesellschaft. Mit solchen Phänomenen hat sich die Wirtschaftsgeschichte auseinanderzusetzen. So ist Wirtschaftsgeschichte also immer auch eine Geschichte der Zeit.

Darstellung 2: Eine Geschwindigkeitstrendkurve

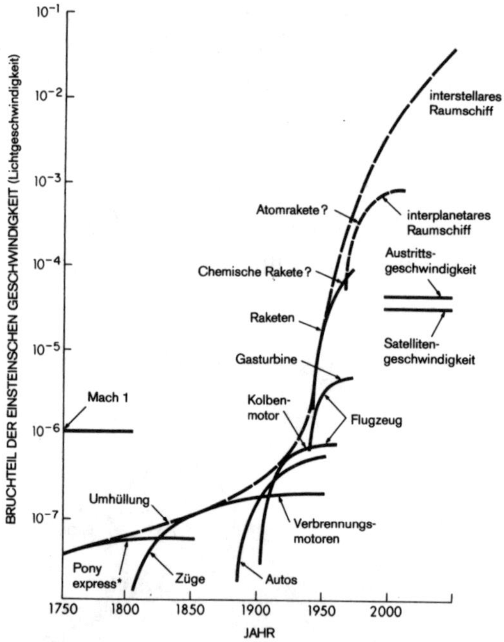

Quelle: Bell, Daniel: Die nachindustrielle Gesellschaft, Reinbek bei Hamburg 1979, S. 209.

Fragt man nach den grundsätzlichen Möglichkeiten, die Wirtschaftsgeschichte zu strukturieren, einzuteilen, sich ihr analytisch zu nähern, so gibt es dazu verschiedene Möglichkeiten. In der Regel verfolgt sie die Entwicklungen im Zeitablauf, also chronologisch. Oft verfolgt sie Zusammenhänge jedoch auch strukturhistorisch, wobei sich verschiedene Zugriffsebenen anbieten. Auf sie wird in Darstellung 3 hingewiesen.

Man wird sich natürlich auch ganz generell fragen: **Wozu Wirtschaftsgeschichte** im wirtschafts- oder geschichtswissenschaftlichen Studium? Darauf könnte man mit einem kurzen und alles erklärenden Satz antworten: **Perspektive durch Retrospektive,** respektive: **keine Perspektive ohne Retrospektive**. Es ist die Rede von der historischen Bedingtheit unserer Gegenwart. Geschichtskenntnis kann vor Kurzsichtigkeit schützen, kann bewahren vor der Wiederholung bereits in der Vergangenheit begangener Fehler. Wenn vorliegendes Buch hier eine bescheidene Erste Hilfe leisten könnte, wäre allein dies Berechtigung seiner Existenz.

Darstellung 3: Ein strukturgeschichtlicher Ansatz auf fünf Ebenen:

- Demographische Struktur (Bevölkerungsentwicklung, Mortalität, Fertilität, Entwicklungsdynamik, Alterspyramide etc.)
- Soziale Struktur (Gesellschaftsschichten, „Klassen“, soziale Mobilität, Verflechtungsbeziehungen, Sozio-Matrix etc.)
- Ökonomische Struktur (Sektoren, mikro- oder makroökonomische Domäne, Standort- bzw. Raumwirtschaftstheorie, „ökonomische Entfernungen“, Produktivitätsgefälle, „ökonomische Grenzen“ etc.)
- Politische Struktur (Verfassung, Gesetzgebung, Gewaltenteilung, politisches System, Einbindung in metapolitische Institutionen etc.)
- Mentale Struktur (Konfessionen, nationale Identität, anthropologische Eigenheiten bzw. Ausprägungen, Verhaltensnormen, Motive, Bedürfnisse, Triebkräfte etc.)

Wer mit Wirtschaftstheorie in Berührung kommt, wird zwangsläufig mit der Frage konfrontiert: Wie sind ökonomische Theorien, Modelle, Gedankensysteme überhaupt zustande gekommen? Indem man versucht, diese Frage zu beantworten, betreibt man bereits Wirtschaftsgeschichte, genauer: volks- oder betriebswirtschaftliche **Dogmengeschichte**. Wenn wir eine Theorie von ihrem Ursprung bis zu ihrer gegenwärtigen Gestalt verfolgen, lernen wir die Etappen ihrer Entwicklung erkennen, lernen sie zu verstehen und prägen sie uns tiefer ein. Deshalb erfüllt das Fach Wirtschaftsgeschichte auch eine **wichtige propädeutische Funktion**. Sie hilft, das wirtschaftswissenschaftliche Ganze von seiner Wurzel her zu erschließen. Der Wirtschaftsgeschichte kommt darüber hinaus eine **erklärende Funktion** zu. Sie hat beispielsweise zu erklären, wie sich Wirtschaften im Zeitablauf entwickelten und welche Kräfte dies bewirkten.

Im Gegensatz zu den **Naturwissenschaften**, wo es meist um geschlossene Systeme geht, handelt es sich bei den **Sozialwissenschaften** häufig um offene Systeme. Dies hat beträchtliche Konsequenzen, nicht zuletzt die des schwer zu widerlegenden Charakters von sozialwissenschaftlichen Theorien. Besonders problematisch in der Sozialwissenschaft ist die Annahme des Gleichbleibens der übrigen Umstände (die *Ceteris-paribus-Klausel*). Da es sich in der Geschichte um einen Prozess permanenter Veränderung handelt, ist diese Annahme generell untauglich. Die „Umstände" des Jahres 1349 sind völlig andere als die des Jahres 1347, die des Jahres 1492 andere als 1493 und die des Frühmorgens des 11. September 2001 ziemlich andere als die des Nachmittags desselben Tages.

Die **Naturwissenschaften beobachten** ihren Gegenstand lediglich **von außen**. Im gravierenden Unterschied dazu gibt es in den **Humanwissenschaften** die Schwierigkeit der adäquaten Berücksichtigung des **„Innen" und „Außen"**. Es existiert also eine Gemeinsamkeit von Untersuchendem und Untersuchtem: bei beiden handelt es sich um sprachfähige Menschen mit der Fähigkeit zum Austausch verbaler Informationen. Jede Handlung hat eine Außen- und eine Innenseite. Die Außenseite repräsentiert alles sinnlich Wahrnehmbare, die Innenseite den dahinter liegenden Gedanken. Jedes historische Ereignis besteht aus der Einheit der Außen- und Innenseite. Demgegenüber besitzt das Objekt der Naturwissenschaften lediglich eine wahrnehmbare Außenseite. In der Regel nähert sich der **Historiker** seinem Gegenstand von der Außenseite und kommt zu Rückschlüssen auf bzw. über die Intentionen einer Handlung, d.h. auf die Innenseite. Je dichter die Erkenntnisse über die Außenseite sind, desto verlässlicher lässt sich daraus auf die Intention schließen. Die Aufgabe des Historikers ist demzufolge letztlich die **Rekonstruktion der Idee**. Dies haben schon der Althistoriker Johann Gustav **Droysen** (1808-1884) in seiner Historik und der Geschichts- und Kulturphilosoph Wilhelm **Dilthey** (1833-1911) in seiner Arbeit über den Aufbau der geschichtlichen Welt in den Geisteswissenschaften so gesehen. In der Wirtschafts- und Sozialgeschichte, deren Hauptbetrachtungsgegenstand ökonomisches Entscheiden und Handeln aufgrund bestimmter Motive ist, kommt der Ausleuchtung des Inneren, z.B. der Bedürfnisse und Triebkräfte, eine zentrale Rolle zu. Bei der Rekonstruktion von Motiven ist der Wirtschaftshistoriker dabei an ein Kritierium gebunden, das zuweilen mit dem Begriff der **psychologischen Kohärenz** beschrieben wird. Hier geht es um eine Art Wahrscheinlichkeitsabschätzung des

Auftretens von Motiven in bestimmten historischen Kontexten bzw. zu Annäherungen an den Idealtypus der historischen Gewissheit.

Bei der Geschichte handelt es sich um einen komplexen, nicht-algorithmischen Prozess. Die historische Chronologie folgt also keiner Logik, keinem genau definierbaren und prognostizierbaren Ursache-Wirkungsverhältnis. Niemand kennt das genaue zeitlich-räumliche Verhältnis von sich gegenseitig aufschaukelnden determinierenden und stochastischen („zufälligen") Elementen, die in ihrer Summe als geschichtsmächtige Kräfte das bilden, was man historische Realität nennen könnte, die zu rekonstruieren wesentliche Aufgabe des Historikers ist. Durch die menschliche Imaginationskraft wird ständig Neuheit produziert und damit der vorhandene „Zustandsraum" zum Zeitpunkt t verändert. Mit solcherlei Fragen selbstgenerierter Produktion, Selbstorganisation und genetisch-kultureller Ko-Evolution beschäftigen sich die evolutorischen Disziplinen der Sozialwissenschaft.

Evolutorische Wirtschaftsgeschichte

Viele wirtschaftshistorische Entwicklungen lassen sich erklären, wenn man den Wurzeln der Geschichte von den Protokulturen der Schimpansen bis zu den heterarchischen proteischen Kulturen der Menschen nachspürt. Die Evolution des Menschen und seine kulturellen Errungenschaften, zu denen die Gesellschaft und die Wirtschaft gehören, sind im Rahmen der **Evolution der Natur** und daraus resultierend und mit ihr verbunden, der **Evolution der Kultur** zu sehen. Auch in der kulturellen Evolution lassen sich Analogien zur natürlichen Evolution erkennen. Prozesse der **Variation** und **Selektion** kennzeichnen ihre Entwicklungsmuster. Doch die kulturelle Evolution unterscheidet sich in einem Punkt wesentlich von jener der Natur: durch die Kognitionsfähigkeit des Menschen, durch seine kulturellen Errungenschaften, insbesondere seine Sprache, aber auch durch andere Kulturtechniken (rechnen, schreiben, kombinieren, lernen usw.). Dadurch konnte er sich intelligent an invariante Entwicklungen **anpassen** (an die Natur, das Klima, geologische Grundbedingungen usw.) und den jeweiligen Zustandsraum verändern. Inwieweit solcherlei Prozesse gesetzmäßig ablaufen bzw. Entwicklungsregeln oder -mustern folgen, damit beschäftigen sich - bezogen auf den wirtschaftlichen Bereich - die evolutorische Ökonomik und die evolutorische Wirtschaftgeschichte.

Der Wirtschaftsgeschichte bietet sich hier eine vorzügliche Möglichkeit, ihr reiches Angebot zur Erklärung historischen Wandels und von Zäsuren im

Geschichtsablauf wirksam und interdisziplinär in ein richtungweisendes Forschungskonzept einzubringen, innerhalb dessen das „*history friendly modelling*“ einen besonderen Stellenwert einnimmt. Einbezogen werden die historische Ausbildungs- und Kognitionsforschung ebenso wie die unternehmenshistorische, institutionenhistorische und die historische Krisen-, Konjunktur- und Entwicklungsforschung. Ohne Zuhilfenahme wirtschafts- und gesellschaftshistorischer Forschungserträge wird man die evolutorische Ökonomik kaum betreiben können. Insbesondere wird sich die Geschichte des technischen Fortschritts und seiner gesellschaftlichen Implikationen nicht hinreichend erklären lassen, wenn es nicht gelingt, die Voraussetzung dafür, den Prozess der **kognitiven Kreation**, präziser zu fassen. Die evolutorische Ökonomik versucht nicht nur, die individualistischen Grundlagen sehr langer wirtschaftlicher bzw. historischer Prozesse zu ergründen, sondern insbesondere **selbstgenerierten Wandel** zu erklären. Die Wirtschaftsgeschichte ist reich an Erscheinungen von solch hoher qualitativer Komplexität, dass deren Erfassung die Grenzen des formal (also z.B. in mathematischen Formeln oder Gleichungssystemen) Darstellbaren häufig zu überschreiten droht. Die Komplexität ergibt sich nicht zuletzt aus dem Anspruch, den denkenden Menschen, das lernende Individuum, in seinem jeweiligen gesellschaftlichen, räumlichen und zeitlichen Umfeld zu erfassen und zu begreifen. Der lernende Mensch steht im Mittelpunkt des verstandesgeleiteten (kognitiven) Prozesses der Neuerung und Erfindung (**Invention**) sowie der Schöpfung von neuen marktfähigen Gütern (**Innovationen**). Es ist deshalb nicht zu übersehen, ja geradezu von elementarer Wichtigkeit, das schöpferische Individuum (z.B. den „dynamischen Unternehmer“, wie er von dem österreichischen Nationalökonomen Joseph Alois **Schumpeter** (1883-1950) genannt wurde) in seiner immensen Bedeutung für die langfristige wirtschaftliche Entwicklung angemessen zu berücksichtigen.

Im historischen Prozess der ständigen Variation und Selektion spielt der aufgrund bestimmter Motive, Traditionen, Weltanschauungen oder rationalen Erwägungen entscheidende Mensch, sei er Unternehmer, Politiker, Geistlicher oder Künstler, eine herausragende Rolle. Menschliche Kognition begründet Neuheit und bedingt Zäsuren in der Geschichte. In der individuellen Lernfähigkeit liegt häufig die Dynamik historischer Entwicklungen begründet, wobei das assoziative Lernen, das Begreifen aus Zusammenhängen beim kreativen Prozess eine besondere Rolle spielt.

Zu beachten ist in diesem Zusammenhang freilich auch der jeweilige institutionelle Rahmen, innerhalb dessen Menschen entscheiden und handeln.

Solche Institutionen sind etwa Regelwerke wie Gesetze oder moralsetzende Organisationen wie Glaubensgemeinschaften und andere gesellschaftliche Gruppen. Viele individuelle Handlungen sind nur im Rahmen dieses gesellschaftlichen Ganzen zu interpretieren oder zu erklären. Bezogen auf die Wirtschaft sind es etwa Verfassungen, die das Wirtschaftssystem regeln oder gewerbe- und patentrechtliche Regelungen, die - je nach Ausprägung - ökonomisches Handeln ermutigen oder einschränken können. Als von besonderer Bedeutung für die wirtschaftliche Entwicklung hat sich die Regelung der Eigentums- bzw. Verfügungsrechte, der sog. *property rights* herausgestellt. Ihre Gewährung oder Vorenthaltung kann spontanes ökonomisches Handeln motivieren oder verhindern und ist insofern von zentraler Bedeutung für Wirtschaft und Gesellschaft. Sie sind auch wesentliches Unterscheidungsmerkmal des marktwirtschaftlichen Wirtschaftssystems einerseits und des zentralverwaltungswirtschaftlichen (planwirtschaftlichen) andererseits.

Perspektive durch Retrospektive

Es ist davon auszugehen, dass man mit der präzisen Kenntnis des Vergangenen auch eher die Zukunft zu erkennen oder einzuschätzen vermag. Bei der Prognose der Wirkung des Einsatzes wirtschaftspolitischer Instrumente ist neben dem wirtschaftstheoretischen und dem ökonometrischen Konzept als dritte wesentliche Methode der Rückgriff auf historische Erfahrungen und empirische Evidenz erfolgversprechend und kann vor wirtschaftspolitischer Torheit schützen. Hätte man zum Beispiel in den 1970er Jahren annehmen können, dass eine an John Maynard Keynes orientierte Politik des *deficit spending* scheitern musste? Sie war einer Bevölkerung nicht zu vermitteln, die ein- oder mehrmals bereits - nämlich 1923 und in den 1940er Jahren - durch staatliche Überschuldung und daraus resultierende offene oder versteckte Inflation enorme Vermögensverluste hatte hinnehmen müssen. Jene Generation, die dreißig Jahre nach dem Krieg noch die Hauptwählergruppe bildete, verband mit den Begriffen „Staatsverschuldung“, „Inflation“ oder „Defizit“ denkbar negative Erfahrungen und war dagegen so stark sensibilisiert, dass eine darauf basierende Wirtschaftspolitik kaum mehrheitsfähig sein konnte. Dagegen war eine solche Wirtschaftspolitik des *deficit spending* in den Vereinigten Staaten von Amerika, wo andere Erfahrungshorizonte vorhanden waren und die Inflation nicht in dem Maße politisch instrumentalisiert wurde wie in Deutschland, eher durchsetzbar[1]. Dieses Beispiel könnte zeigen, wie wichtig es ist, die historische Erfahrung und das kollektive Gedächtnis der Gesellschaft mit in den Datenkranz wirtschaftspolitischer Entscheidungen einzubeziehen.

Neben diesen konkreten Beispielen von Lernen aus bzw. von der Geschichte ist es das Kennenlernen von ähnlichen Verlaufsmustern und die Aufdeckung struktureller Analogien, die Lehren aus der Geschichte ziehen lassen. Hier sind Prozesse der ko-evolutionären Dynamik und das Lernen des Umgangs mit qualitativer Komplexität von besonderem Interesse, worauf oben (im Abschnitt über die Evolutorische Wirtschaftsgeschichte) bereits hingewiesen wurde.

Die alltägliche Begegnung mit der Wirtschaftsgeschichte oder ihren Begriffen

Häufig wird man in Vorträgen, in den Medien oder im Alltag mit Begriffen konfrontiert, die wirtschaftshistorischen Charakters sind und die nicht verstehen kann, wer sich nicht der Unbequemlichkeit der Retrospektive hingibt.

Jeder kennt die alte englische Währung, das **Pfund Sterling**. Warum sagt man Pfund und was heißt Sterling? - Pfund deutet darauf hin, dass man Geld in der Zeit vor den Banknoten in Pfund aufwog, wie heute Kartoffeln und Mehl. Und Sterling? Der Begriff leitet sich ab von Osterling, und die Osterlinge waren hansische Kaufleute, die in London im frühen Spätmittelalter eine Handelsniederlassung, ein sog. Kontor besaßen, und von der englischen Regierung Privilegien erhielten. Sie müssen so bedeutend gewesen sein, dass man nach ihnen die Währung benannte: das **Pfund der Osterlinge** - Pfund Sterling.

Tausendmal wird täglich der Begriff **Börse** verwendet. Wertpapierbörse, Aktienbörse, Geldbörse (im Sinne von Geldbeutel) etc. Auch dieser Begriff ist wirtschaftshistorisch zu erklären. Im mittelalterlichen Brügge fanden vor dem Haus der patrizischen Familie **van der Buerse** die ersten regelmäßigen Versammlungen lombardischer Kaufleute statt. Dieses regelmäßige Aufeinandertreffen von Angebot und Nachfrage an einem bestimmten Ort mit dem

---

[1] Heuss, Ernst: „Die Grundlagen der Nationalökonomie" vor 50 Jahren und heute. In: Ordo 40 (1989), S. 21-30, hier: S. 27.

Ergebnis der offiziellen Preis- und Kursbestimmung nannte man dann auch weiterhin Börse. Begriffe wie **Bankrott**, **Kommanditgesellschaft**, **Lombardkredit**, **Indossament**, **Agio/Disagio**, **Giroverkehr** etc. werden häufig verwendet. Sie sind wirtschaftshistorischen Ursprungs, und die Kenntnis ihrer Wurzeln lässt uns die alltägliche Wirtschaftspraxis wesentlich besser verstehen. Der leider häufig vorkommende Begriff **Bankrott** (Banca rotta, italienisch: die zerschlagene, leere Bank) erinnert an den Geldwechsler des oberitalienischen Mittelalters, der inmitten des Marktplatzes zur Markt- oder Messezeit bzw. in der abschließenden Zahlungswoche seinen Tisch aufbaute und darauf Säcke mit unterschiedlichen Geldsorten zum Tausch liegen hatte. War der Tisch leer, hieß dies, der Wechsler hatte kein Geld mehr. Dasselbe trifft auf den Bankrotteur zu. Von der **Messe**zeit war die Rede. Dieser Begriff hängt bei näherem Hinsehen mit der geistlichen Messe zusammen, nämlich insoweit, als im Mittelalter meist nach dem Kirchgang, also nach der Heiligen Messe, der Einkauf auf dem Markt an oder nahe der Kirche erledigt wurde und man dann im Laufe der Zeit das Wort auch allgemein für ökonomische Zusammenkünfte verwendete. Heute ist ganz selbstverständlich von der Buchmesse, der Automobilmesse, der Spielwarenmesse usw. die Rede, ohne in uns gleich Assoziationen mit dem gleichnamigen kirchlichen Zeremoniell hervorzurufen.

In unserem Alltag werden wir täglich mit Namen konfrontiert, die wir zwar oft gehört oder gelesen haben, deren Ursprung uns aber nicht deutlich ist. Besonders häufig begegnen uns historische **Orts- und Familiennamen**, deren etymologische Entschlüsselung ein erster Weg ist, Aufschluss über ihre Geschichte zu gewinnen, etwa über den Herkunftsort (Bamberg(er), Schweitzer, Hesse, Bayer, Adenau(er) usw.) oder die Wohnstätte (Klamm(er), Thal(er), Eben(er), Flach, Berg(er) etc.). Häufig deutet der Name auf Beruf, Amt und Stand des ersten Namenträgers hin, wobei Müller, Schmidt, Schneider, Fischer und Meyer die am häufigsten vorkommenden sind und kulturgeschichtlich interessanten Aufschluss geben über die starke Entfaltung dieser Berufe im Mittelalter. Oftmals gibt es diese Berufe gar nicht mehr, so dass nur noch die Namen von ihrer früheren Existenz zeugen (Darstellung 4). Ähnliches gilt für Ortsnamen, Straßenbezeichnungen und dergleichen. Umbenennungen waren im Übrigen zu Beginn der Neuzeit jederzeit möglich. So ist beispielsweise bekannt, dass Johannes Gutenberg, der Erfinder des Buchdrucks, ursprünglich Henne Gensfleisch hieß.

Nun kann jeder selbst einmal seinen reichen Wortschatz durchforsten und möglicherweise erkennen, dass viele der tagtäglich verwendeten Begriffe sehr viel mit Wirtschaftsgeschichte zu tun haben. Das Plädoyer: **mehr Sensibilität für die begriffliche Umwelt**.

Darstellung 4: Früher Berufsbezeichnung - heute Familienname

Agricola	Bauer
Auermacher	Uhrmacher
Euler	Töpfer
Fechner	Pelzhändler
Ganser	Geflügelhändler
Geis(e)ler	Viehhändler
Glotzenmacher	Holzschuhmacher
Hodler	Fuhr- und Kaufmann
Hucker	Krämer
Karter	Wollkämmer
Kessler	Kesselschmied
Moldenhauer	Holztrogmacher
Pagenstecher	Fohlenbeschneider
Pfister	Bäcker
Scheibler	Salzhändler
Schopenhauer	Holztroghauer
Schröter, Schröder	Tuchschneider
Semmler	Weißbrotbäcker
Tandler	Trödler, Hausierer
Wurzler	Gewürzhändler

Quelle: Ribbe, Wolfgang/Henning, Eckart: Taschenbuch für Familiengeschichtsforschung, 11. vollst. neu bearb. u. erw. Aufl., Neustadt an der Aisch 1995, S. 508-516. (Auszug).

Nobelpreis 1993 für zwei Wirtschaftshistoriker

1993 erhielten zwei amerikanische Wirtschaftshistoriker den Nobelpreis für Wirtschaftswissenschaften: Robert W. Fogel und Douglass C. North.

Robert W. **Fogel** war Professor für Wirtschaftsgeschichte an der Universität Chicago/USA. Er gehört zu einer Gruppe amerikanischer Wirtschaftshistoriker, die Ende der 1950er und in den frühen 1960er Jahren die sog. **„Neue Wirtschaftsgeschichte“** (*New Economic History*) etablierten, die zuweilen auch unter der Bezeichnung **ökonometrische Geschichte** (*econometric history*) oder **Kliometrik** (*cliometrics*) auftaucht. Weltanschaulich gesehen gehört Fogel zu den Positivisten. Für den **Positivismus** beschränkt sich die Forschung auf das, was gezählt, gemessen und gewogen werden kann. Fogel ging es um die Entdeckung und Darbietung numerischer Information über historische Prozesse, wobei er damit nicht der erste, sondern nur einer der ersten war, die versuchten, statistische und mathematische Modelle in der wirtschaftshistorischen Forschung anzuwenden. Diese Forschungsrichtung trat in den 1960er Jahren in Amerika mehr und mehr in den Mittelpunkt.

Die ökonometrische Geschichtsforschung fand bald zunehmende Beachtung und rief ebenso schnell Kritiker hervor. Dem Italiener Carlo M. **Cipolla** war die „*New Economic History*" zu wenig historisch[2]. Der deutsche, in Amerika lebende und wirkende Wirtschaftshistoriker Fritz **Redlich**[3] bemängelte, die ökonometrische Geschichte beruhe auf hypothetischen Modellen, die nie verifiziert, d.h. bestätigt werden könnten; ihre Methoden seien anti-empirisch und anti-positivistisch. Redlich behauptete, die neue Arbeitsweise bringe häufig nicht Geschichte, sondern nur **„Quasi-Geschichte"** hervor. Gleichwohl sah auch er 1965 realistisch voraus, dass das strenge Entwickeln hypothetisch-deduktiver Modelle in der Wirtschaftsgeschichte weiterhin gepflegt und neue Perspektiven hervorbringen werden würde. Fogel war es dann, der 1967 zusammen mit Stanley L. **Engerman** eine repräsentative Auswahl von Arbeiten der neuen Wirtschaftsgeschichte unter dem Titel *„The Reinterpretation of American Economic History"* herausgab[4]. Ein Jahr zuvor hatte der andere der beiden Nobelpreisträger, Douglass C. North, einen Forschungsüberblick publiziert mit dem Titel *„Growth and Welfare in the American Past: A New Economic History"*[5].

Robert Fogel publizierte 1964 ein - eben 1993 als bahnbrechend anerkanntes und gewürdigtes - Werk mit dem Titel *„Railroads and American Economic Growth"*[6], das sich in eine Reihe von Studien zum Thema Technologie und

2 Cipolla, Carlo M.: Between History and Economics. An Introduction to Economic History. Oxford 1991.

3 Redlich, Fritz: 'New' and Traditional Approaches to Economic History and their Interdependence. In: Journal of Economic History XXV, Dez. 1965, S. 480-495.

4 Fogel, Robert W./Engerman, Stanley L. (Hg.): The Reinterpretation of American Economic History, New York 1967.

5 North, Douglass C.: Growth and Welfare in the American Past: A New Economic History, Englewood Cliffs 1966.

6 Fogel, Robert W.: Railroads and American Economic Growth, Baltimore 1964; vgl. Fogel, Robert W.: Die neue Wirtschaftsgeschichte - Forschungsergebnisse und Methoden (= Kölner Vorträge zur Sozial- und Wirtschaftsgeschichte, Heft 8, Hg. v. Forschungsinstitut für Sozial- und Wirtschaftsgeschichte an der Universität zu Köln), Köln 1970, S. 15.

Produktivität und über den sozialen Netto-Nutzen (*net social benefit*) bestimmter Neuerungen einfügt. Fogel meinte nun, wenn man den Netto-Nutzen der Eisenbahnen schätzen wolle, müsse man einen Vergleich anstellen zwischen der tatsächlichen Höhe des Sozialprodukts und jenem Sozialprodukt, das sich ohne die Existenz der Eisenbahnen eingestellt hätte. Da sich letzteres auf direktem Wege nicht berechnen lässt, behalf sich Fogel mit einem **hypothetisch-deduktiven Modell**, in das jedoch tatsächlich beobachtbare Verhältnisse bzw. Daten einflossen. Er bezog sein Modell auf das Jahr 1890 und formulierte als modellmäßiges Erkenntnisinteresse die *„soziale Ersparnis"* der Eisenbahnen. Diese ist bei ihm definiert als die Differenz zwischen den tatsächlichen Gütertransportkosten eines Jahres und den alternativen Transportkosten für dieselbe Gütermenge und dieselben Entfernungen, aber ohne Benutzung der Eisenbahn.

Man spricht bei der Ermittlung von solchen alternativen Modellrechnungen auch von **Opportunitätskosten-Modellen**. Dazu war es erforderlich, sowohl die direkten Zahlungen zu berechnen, die für den Wasser- und Landtransport (ohne Eisenbahn) hätten geleistet werden müssen, als auch die indirekten Kosten des Transports. Zu letzteren gehören z.B. Frachtverluste, zusätzliche Aufwendungen bei der Benutzung langsamerer Transportmittel sowie Kostengrößen, die z.B. dadurch verursacht werden, dass die Wasserwege während der Wintermonate nicht benutzt werden konnten. Durch die Einbeziehung zusätzlicher Lagerbestände (für die verzögerten Transporte) und Versicherungsraten (für Frachtverluste) - dies alles quantifiziert nach zeitgenössischen statistischen Daten - gelang die modellhafte Beschreibung einer „Ohne-Eisenbahn-Situation", wobei die Höhe der Ersparnis auf verschiedene Fälle angewandt wurde. Zur weiteren Vertiefung sei auf Fogels Buch verwiesen. Nur soviel: Dass man die von ihm gewonnenen Zahlen sehr ernst nehmen, mit ihnen etwas anfangen kann, ist zwar zu bezweifeln, da eine erschöpfende Simulation der Realität von 1890 die Einbeziehung von sehr viel mehr Variablen und Dynamismen erforderte, als dies geschah. Andererseits jedoch erscheint es sinnvoll, Simulationen wie die Fogels, als **heuristische Konzepte** verstanden, weiterzuverfolgen. Es ergeben sich so unverzichtbare (In-)Fragestellungen und ein intensives Nachdenken über Opportunitätskostenstrukturen. Darin liegt der tiefere Sinn der **kontrafaktischen Methode**.

Allgemein umschreibt **Fogel** die Notwendigkeit des Arbeitens mit Modellen oder Theorien folgendermaßen: *„Die Einheit der Verarbeitung von Zahlenangaben und Benutzung der Theorie wird besonders deutlich, wenn man versucht, den Nettoeffekt von Neuerungen, Verordnungen oder Vorgängen zu* *ermitteln. Um den Nettoeffekt solcher Erscheinungen im Verlauf der wirtschaftlichen Entwicklung zu bestimmen, muss man einen Vergleich anstellen zwischen dem, was tatsächlich geschehen ist, und dem, was ohne Eintreten eines bestimmten Umstandes geschehen wäre. Da jedoch diese angenommene Situation (counterfactual condition) nie eingetreten ist, konnte sie weder beobachtet werden, noch ist sie in historischen Dokumenten aufgezeichnet. Um nun bestimmen zu können, was beim Fehlen eines bestimmten Umstandes geschehen wäre, braucht der Wirtschaftshistoriker eine Anzahl allgemein anerkannter Annahmen (d.h. einige Theorien oder ein Modell), die es ihm ermöglichen, von einer tatsächlich eingetretenen Situation eine angenommene Situation abzuleiten*"[7].

Dazu gibt es jedoch zwei Bedingungen:

1. Der behauptete hypothetische Fall lässt sich zwingend aus den Prämissen ableiten, und
2. es ist sichergestellt, dass die Behauptungen, die ein Modell enthält, empirisch nachweisbar sind.

Zusammenfassend kann man also festhalten: Robert W. Fogel und die Neue Wirtschaftsgeschichte machen den Versuch, Erklärungen vergangener wirtschaftlicher Entwicklungen in der Form fundierter hypothetisch-deduktiver Modelle vorzutragen. Sie versuchen die Deutung der Wirtschaftsgeschichte auf der Basis (wirtschafts-)wissenschaftlich-ökonometrischer, insbesondere kontrafaktischer Methoden.

Ebenso wie Fogel gehört auch Douglass C. **North**, der andere der beiden Nobelpreisträger, zu den Kliometrikern. Eine seiner ersten bedeutenden Arbeiten befasste sich 1953 mit der Unternehmenspolitik und internen Organisation von Lebensversicherungsunternehmen 1905/06. Hier kündigte sich bereits sein Interesse an **Institutionen** und „Nicht-Markt-Organisationen" an, wobei insbesondere die **Transaktionskosten** im Blickfeld seiner Forschungen standen. Diese Studien mündeten ein in eine **Theorie des institutionellen Wandels**, die 1981 in New York unter dem Titel *„Structure and Change in Economic History"* und 1988 in deutsch erschien und eine Synthese seines wissenschaftlichen Werkes darstellt. Im Übrigen fand der institutionelle Aspekt auch besondere Berücksichtigung in dem 1973 zusammen mit Robert **Thomas** publizierten Buch *„The Rise of the Western World: A New Economic History"*.

7 Fogel, Wirtschaftsgeschichte, S. 20.

In diesen Publikationen nimmt North weniger die veränderten Techniken als auslösende Faktoren wirtschaftlicher Revolutionen an, als vielmehr die veränderten **Verfügungsrechte** (*property rights*), die ihrerseits neue Anreize zu technischen Neuerungen boten und damit zur Grundlage wurden für einen schrittweisen, aber kumulativen Prozess des technischen Fortschritts und Impulsgeber für beschleunigtes wirtschaftliches Wachstum. Er geht davon aus, dass die Veränderungen der Transaktionskosten, konkreter der Kosten der Einführung und der Durchsetzung von Verfügungsrechten, den entscheidenden Faktor für die Erklärung der Änderung von Eigentums- oder Verfügungsrechten bildeten. Diese Verfügungskosten entstehen etwa dadurch, dass jene Personen oder Gruppen, die an den geänderten Eigentums- oder Verfügungsrechten Interesse haben, sich zur Durchsetzung der Rechte beauftragter Personen bedienen, die wiederum davon abgehalten werden müssen, ihre eigenen abweichenden Interessen bevorzugt zu berücksichtigen. Es geht also u.a. um die Kontrolle der Kontrolleure, wozu die Ökonomie die sog. ***agency theory*** entwickelte, in der dem **Prinzipal** (Verfügungsberechtigten, Unternehmensleiter, Konzernchef etc.) Kosten für die Motivierung und Kontrolle des von ihm beauftragten **Agenten** entstehen. Letztlich geht es darum herauszufinden, welches die kostenoptimale Organisationsform ist bzw. wie bei gegebenen Kosten die Effizienz von Institutionen bestmöglich erhöht werden kann oder bei gegebener Effizienz Kosteneinsparungen realisiert werden können.

Institutionen bilden den äußeren Rahmen menschlicher Tätigkeit. Die realen Formen der Zusammenarbeit und des Wettbewerbs und damit die Gesellschaft und die Wirtschaftsordnung können ohne die lenkenden und ordnenden Funktionen der Institutionen nicht verstanden werden. North wies mit Nachdruck darauf hin, dass Ökonomie zwar die Theorie der Wahlhandlungen sei und diese durch Wahlmöglichkeiten und Präferenzen bestimmt werden. Man solle aber tunlichst nicht unerwähnt lassen, dass eben der institutionelle Rahmen die Wahlmöglichkeiten des einzelnen beschränke. Dazu Originalton **North**: *„Institutionen sind faktisch die Filter zwischen dem einzelnen und dem Kapitalbestand ... und zwischen dem Kapitalbestand und dem Ausstoß an Gütern und Dienstleistungen und der Einkommensverteilung“*[8]. Dabei bezeichnet er den institutionellen Rahmen als „Struktur“ und die Art und Weise, wie Institutionen über die Zeit geschaffen, verändert und zerstört werden, als „Wandel“. Für die Herausbildung dieser Strukturen und deren Wandel ist nach

[8] North, Douglass C.: Theorie des institutionellen Wandels. Eine neue Sicht der Wirtschaftsgeschichte (= Die Einheit der Gesellschaftswissenschaften. Bd. 56), Tübingen 1988, S. 207.

Auffassung von North die anhaltende Spannung zwischen den Gewinnen aus der Spezialisierung und den Folgekosten der Spezialisierung ursächlich. Er sieht darin den Kern der *„modernen Probleme politischer und wirtschaftlicher Leistung“*[9].

Im Klartext: Im Rahmen der Industriellen Revolution im 19. Jahrhundert und späterer wirtschaftlicher Revolutionen kam es zu Spezialisierungen, die hohe Gewinne mit sich brachten. Um die Gewinne zu halten oder zu steigern, veränderte man radikal Größe und Kontrollstruktur (freiwilliger) Organisationen, möglichst ohne Erhöhung der zu dieser Veränderung erforderlichen Transaktionskosten. Nun änderten sich im Zeitverlauf die Opportunitätskosten der verschiedenen Gruppen in dieser neuen Umgebung beruflicher und räumlicher Spezialisierung, was destabilisierende Wirkungen hatte. Die berufliche Spezialisierung blieb dabei nicht ohne Auswirkung auf die unterschiedlichen ideologischen Einstellungen.

Es wäre nun gewiss reizvoll, den interessierten Leser in die Gedankenwelt weiterer Wirtschaftshistoriker von ähnlichem Format wie die vorgestellten einzuführen. Zu denken wäre an Namen wie Gustav Schmoller, Max Weber, Werner Sombart, Fernand Braudel, Walther G. Hoffmann oder Wilhelm Abel, um nur einige wenige zu nennen. Indes ist es nicht das Anliegen vorliegenden Buches, dies zu leisten. Es erscheint jedoch geboten, im nächsten Kapitel kurz auf die grundlegende Literatur einzugehen.

Literatur:

Borchardt, Knut: Wirtschaftsgeschichte: Wirtschaftswissenschaftliches Kernfach, Orchideenfach, Mauerblümchen oder nichts von dem? In: Hermann Kellenbenz/Hans Pohl (Hg.), Historia socialis et economica. Festschrift für Wolfgang Zorn zum 65. Geburtstag, Stuttgart 1987, S. 17-31; Duden. Familiennamen. Herkunft und Bedeutung von 20 000 Nachnamen, Mannheim 2000; **Fischer**, Wolfram: Was heißt und zu welchem Ende studiert man Wirtschafts- und Sozialgeschichte? In: Maier-Leibnitz, Heinz (Hg.), Zeugen des Wissens, Mainz 1986, S. 633-668; **Hicks**, John: A Theory of Economic History, Oxford 1969; **Kellenbenz**, Hermann/**Walter**, Rolf: Die Wirtschaftsgeschichte im Rahmen der Wirtschaftswissenschaften. In: WiSt, Heft 9, Sept. 1980, S. 411-417; **North**, Douglass C.: Theorie des institutionellen Wandels. Eine neue Sicht der Wirtschaftsgeschichte (= Die Einheit der Gesellschaftswissenschaften. Bd. 56), Tübingen 1988; **Schulz**, Günther: Die neuere deutsche Wirt-

[9] North, Theorie, S. 215.

schaftsgeschichte: Themen, Kontroversen, Erträge der Forschung. In: Feldenkirchen, Wilfried et al. (Hg.): Wirtschaft, Gesellschaft, Unternehmen. Festschrift für Hans Pohl zum 60. Geb. Bd. 1, Stuttgart 1995, S. 400-425; **Walter**, Rolf: Die Wirtschaftsgeschichte als Ganzes, Baden-Baden 1995; **Walter**, Rolf: Die Wirtschaftsgeschichte als Geschichte der Zeit. In: Gerhard, Hans-Jürgen (Hg.), Struktur und Dimension. Festschrift für Karl-Heinrich Kaufhold zum 65. Geburtstag, Bd. 2, 19. und 20. Jahrhundert, Stuttgart 1997, S. 3-18, **Walter**, Rolf: Evolutorische Wirtschaftsgeschichte. Zum Verhältnis von Wirtschaftsgeschichte und Evolutorischer Ökonomik. In: WiSt, Heft 2, Febr. 1997, S. 75-79.

Prüfsteine:

1. Wozu Wirtschaftsgeschichte?
2. Benennen Sie mögliche Ebenen, denen ein strukturhistorischer Ansatz folgen könnte!
3. Worauf kommt es der evolutorischen Wirtschaftsgeschichte an?
4. Erklären Sie die Begriffe Pfund Sterling, Bankrott, Börse, Messe! Suchen Sie selbst Begriffe wirtschaftshistorischen Ursprungs!
5. Können Sie fünf Familiennamen aus Ihrem Freundes- oder Bekanntenkreis nennen, die auf alte Berufsbezeichnungen zurückgehen?
6. Ein Freund möchte wissen, wofür Douglass C. North und Robert W. Fogel den Wirtschaftswissenschafts-Nobelpreis zugesprochen bekamen. Helfen Sie ihm!
7. Erläutern Sie, was es mit der kontrafaktischen Methode auf sich hat!
8. Welche Einwände erheben die Kritiker der „New Economic History“!

2. Einführung II: Wie helfe ich mir selbst? Literaturhinweise für Anfänger und Autodidakten

Aus den bisherigen Ausführungen ergab sich in groben Zügen, welches das Anliegen der Wirtschaftsgeschichte ist und der Leser hat eine ungefähre Vorstellung davon, womit sie sich beschäftigt.

Es gibt immer wieder Studenten und sonstige interessierte Leute, die keine Zeit oder wenig Interesse haben, sich in Vorlesungen oder anderen universitären Veranstaltungen das Fach und seine Inhalte anzueignen und es vorziehen, sich unabhängig von vorgegebenen Zeitplänen den Stoff selbst zu erschließen. Natürlich kann es kaum ratsam sein, auf den Dialog bzw. Diskurs in den diversen Bildungseinrichtungen zu verzichten; andererseits wäre es jedoch unrealistisch zu glauben, die notorischen Autodidakten seien ausgestorben. Insbesondere für diese Spezies, aber auch für alle anderen an Wirtschaftsgeschichte Interessierten, ist folgender **kleine Literaturführer** gedacht.

Wie auf jedem beruflichen Feld hat sich auch im Fach Wirtschaftsgeschichte eine gewisse Arbeitsteiligkeit herausgebildet. Sie entspringt den unterschiedlichen Neigungen, Interessen, Auffassungen und Motivationen derjenigen, die es betreiben. Ebenso wie der Koch oder Konditor mit Spezialitäten an seine Kundschaft herantritt, hat auch der Wissenschaftler solche anzubieten. Bei ihm nehmen sie die Form von Vorträgen, Beiträgen oder Büchern an; sie bilden seine Identität, seine Marke, sein Image. Natürlich bieten alle Köche und Konditoren außer ihren Spezialitäten eine breite Palette von Produkten an. Auch dies ist beim Wissenschaftler der Fall. Aber allgemeine Bekanntheit über den lokalen (universitären) Rahmen hinaus erlangt er mit seinen Spezialitäten. Und so sind auch einzelne Themenfelder, Spezialitäten, in unserer Disziplin mit ganz bestimmten Namen verbunden. Darauf wird zurück zu kommen sein.

Wer kochen lernen will, lässt sich zunächst ein gutes Kochbuch empfehlen, um sich ganz grundsätzlich mit der Materie vertraut zu machen. Diese Funktion übernehmen in unserem Fall die Einführungen, die Handbücher und die Gesamtdarstellungen. Hier gibt es ältere und jüngere Rezepte.

Einführungen

Eine vortreffliche Einführung in die Wirtschafts- und Sozialgeschichte, die das Mittelalter und die Neuzeit umfasst und die wesentlichsten Problemfelder und Methoden des Faches enthält, erschien 1972 und stammt aus der Feder von Wolfgang **Zorn**, der damals an der Universität München lehrte. Die bündige und anspruchsvolle Darstellung wurde so gut aufgenommen, dass sie zwei Jahre später in zweiter Auflage erscheinen konnte.

Etwa zu derselben Zeit überarbeitete der in Köln und ab 1970 in Nürnberg lehrende, international renommierte Historiker Hermann **Kellenbenz** ein Studienbuch seines Kölner Vorgängers Ludwig **Beutin**, das 1973 in völliger Neufassung erschien. Es enthält erstmals eine umfassende internationale Bibliographie und richtet sich insofern besonders an jene, die sich über den deutschsprachigen Rahmen hinaus für wirtschaftshistorische Belange interessieren. Im Übrigen vermittelt es eine fakten- und kenntnisreiche Vorstellung davon, wie dicht und komplex das Fach Wirtschaftsgeschichte mit anderen geisteswissenschaftlichen Disziplinen verwoben ist und wie anspruchsvoll sich sein Studium gestalten kann.

Seit 1994 ist eine Einführung in die Wirtschafts- und Sozialgeschichte von Rolf **Walter** verfügbar. Ihr Anliegen ist die Vermittlung des nötigen Instrumentariums und Rüstzeugs zum Studium sowie ein umfassendes Vertrautmachen mit den wesentlichsten Strukturen und Inhalten des Faches. Darüber hinaus geht es in der strukturhistorisch orientierten Einführung um das Aufzeigen fachübergreifender und dogmenhistorischer Zusammenhänge sowie um praktische Ratschläge für Studenten und Lehrer.

Seit 1996 liegt eine als „Einführung" untertitelte „Moderne Wirtschaftsgeschichte" von elf AutorInnen vor, die von Gerold **Ambrosius**, Dietmar **Petzina** und Werner **Plumpe** herausgegeben wird. Die Darstellung folgt dem Ziel, Geschichts- und Wirtschaftswissenschaften zu verbinden und Interaktionen zwischen beiden Wissenschaftsbereichen anzuregen.

1997 erschien eine Einführung in die Wirtschaftsgeschichte aus der Feder des Mannheimer Wirtschaftshistorikers Christoph **Buchheim**. Es handelt sich um eine anspruchsvolle makroökonomisch orientierte, theoriegeleitete Wirtschaftsgeschichte mit den Schwerpunkten Wachstum und wirtschaftliche Entwicklung, die zudem den Vorzug genießt, eine Einführung in die wirtschaftswissenschaftliche Terminologie zu sein.

Literatur:
Ambrosius, Gerold/**Petzina,** Dietmar/**Plumpe,** Werner (Hg.): Moderne Wirtschaftsgeschichte. Eine Einführung für Historiker und Ökonomen, München 1996; **Beutin**, Ludwig/**Kellenbenz**, Hermann: Grundlagen des Studiums der Wirtschaftsgeschichte, Köln/Wien 1973; **Buchheim**, Christoph: Einführung in die Wirtschaftsgeschichte, München 1997; **Walter**, Rolf: Einführung in die Wirtschafts- und Sozialgeschichte, Paderborn 1994 (2. Aufl. im Druck); **Zorn**, Wolfgang: Einführung in die Wirtschafts- und Sozialgeschichte des Mittelalters und der Neuzeit. Probleme und Methoden, 2. erw. Aufl., München 1974.

Handbücher

Neben den Einführungen gehören die Handbücher zur wichtigsten Gattung jener Werke, die Fachinteressierte zunächst und in häufiger Frequenz konsultieren. Zu unterscheiden sind die Handbücher zur deutschen und jene zur europäischen Wirtschafts- (und Sozial)geschichte, von denen je zwei deutschsprachige existieren.

Der „Klassiker" unter den Handbüchern zur deutschen Wirtschafts- und Sozialgeschichte ist zweibändig und wurde von Hermann **Aubin** und Wolfgang **Zorn** herausgegeben. Der erste Band, der von der Vor- und Frühzeit bis um die Wende zum 19. Jahrhundert reicht, erschien 1971 und enthält 24 aufeinander abgestimmte Beiträge der renommiertesten deutschen Wirtschafts- und Sozialhistoriker und eines österreichischen Fachgelehrten. 1976 folgte der zweite Band, der das 19. und 20. Jahrhundert umfasst und weitere 20 Teilbeiträge enthält sowie einen Anhang zur österreichischen Wirtschafts- und Sozialgeschichte. In beiden Bänden werden die einzelnen Beiträge am Ende mit ausführlichen Fußnotenapparaten abgeschlossen, enthalten jedoch ansonsten keine extra Bibliographie. Das Werk stellt sehr zuverlässig und tiefgreifend den Forschungsstand der frühen 1970er Jahre dar und ist auch gegenwärtig noch ein absolut unverzichtbares Instrument in der Werkstatt des Historikers.

Seit 1993 liegt nun der erste eines auf drei Bände konzipierten Handbuchs der Wirtschafts- und Sozialgeschichte Deutschlands vor, der im Unterschied zum „Aubin/Zorn" aus „einem Guss" ist, nämlich komplett aus der Feder von Friedrich-Wilhelm **Henning** stammt. Der erste Band behandelt die Zeit vom Mittelalter bis zum Ende des 18. Jahrhunderts und enthält eine umfangreiche Bibliographie. Der zweite, das 19. Jahrhundert umfassende Band, erschien

1996. In Hennings „Monumentalwerk“ (Wehler) finden sich die wichtigsten in den vergangenen Jahren in Deutschland erschienenen Beiträge und Monographien ausgewertet, und insofern kann von einem recht repräsentativen, sich auf dem neuesten Stand der Forschung befindlichen Werk gesprochen werden. Dem Handbuch kommt zweifellos zugute, dass Henning auch ein ausgewiesener Agrarhistoriker ist und die jüngeren Erträge aus dem Bereich der Agrargeschichte und Agrarsoziologie in dieser Schrift verarbeitet sind.

Etwa um dieselbe Zeit, als in Deutschland der erste Band des „Aubin/ Zorn“ erschien, waren in Großbritannien die ersten des auf sieben Bände konzipierten englischsprachigen Gesamtwerks **The Cambridge Economic History of Europe** bereits seit Jahren auf dem Markt und ein zweites, unabhängig davon auf sechs Bände konzipiertes Werk kurz vor dem Erscheinen. Dieses letztere, die von dem italienischen Wirtschaftshistoriker Carlo M. **Cipolla** herausgegebene **Fontana Economic History of Europe**, deren erster Band in London 1972 erschien, wurde ins Deutsche übersetzt und kam zwischen 1976 und 1978 in fünf Bänden als **Europäische Wirtschaftsgeschichte** heraus. Die deutsche Version wurde von Knut **Borchardt** herausgeberisch mitbetreut. Die Gliederung des Gesamtwerkes folgt nicht der üblichen Periodisierung, sondern lässt dem ersten Band über das Mittelalter einen zweiten zum 16. und 17. Jahrhundert folgen, sodann einen dritten über die Industrielle Revolution und den vierten zur „Entwicklung der industriellen Gesellschaften“. Der fünfte Band mit dem Titel „Die europäischen Volkswirtschaften im zwanzigsten Jahrhundert“ schließt das Gesamtwerk ab, wobei die Gliederung der jeweiligen Länderkapitel den Autoren überlassen blieb.

Ein anderes, auf sechs Bände angelegtes, **Handbuch der Europäischen Wirtschafts- und Sozialgeschichte** unterscheidet sich von dem eben vorgestellten sowohl durch die Einbeziehung der Sozialgeschichte als auch durch das streng durchgehaltene Gliederungsprinzip. Das Konzept wurde in den 1960er Jahren von Hermann **Kellenbenz** entwickelt. Es sah vor, jeden Band mit einem ca. 200-seitigen Dachkapitel einzuleiten, das viergliedrig Bevölkerung, Gesellschaft, Wirtschaft sowie Staat und Wirtschaft abhandelt. Diesem Dachkapitel folgen jeweils einzelne Länderkapitel mit demselben Gliederungs-Grundprinzip. Seit 1993 ist das Gesamtwerk komplett verfügbar, wobei die einzelnen Bände von unterschiedlichen Herausgebern betreut wurden.

Literatur:

Aubin, Hermann/**Zorn**, Wolfgang (Hg.): Handbuch der deutschen Wirtschafts- und Sozialgeschichte. Bd. 1: Von der Frühzeit bis zum Ende des 18.

Jahrhunderts, Stuttgart 1971; Bd. 2: Das 19. und 20. Jahrhundert, Stuttgart 1976; **Cipolla**, Carlo M./**Borchardt**, Knut (Hg.): Europäische Wirtschaftsgeschichte, Stuttgart 1976 ff. Bd. I: Das Mittelalter, 1978; Bd. II: Das sechzehnte und siebzehnte Jahrhundert, 1978; Bd. III: Die industrielle Revolution, 1976; Bd. IV: Die Entwicklung der industriellen Gesellschaften, 1977; Bd. V: Die europäischen Volkswirtschaften im zwanzigsten Jahrhundert, 1978; **Handbuch der Europäischen Wirtschafts- und Sozialgeschichte**, Stuttgart 1978 ff. Bd. 1: **Vittinghoff**, Friedrich (Hg.): Europäische Wirtschafts- und Sozialgeschichte in der Römischen Kaiserzeit, 1990; Bd. 2: **Houtte**, Jan A. van (Hg.): Europäische Wirtschafts- und Sozialgeschichte im Mittelalter, 1980; Bd. 3: **Kellenbenz**, Hermann (Hg.): Europäische Wirtschafts- und Sozialgeschichte vom ausgehenden Mittelalter bis zur Mitte des 17. Jahrhunderts, 1986; Bd. 4: **Mieck**, Ilja (Hg.): Europäische Wirtschafts- und Sozialgeschichte von der Mitte des 17. Jahrhunderts bis zur Mitte des 19. Jahrhunderts, 1993; Bd. 5: **Fischer**, Wolfram (Hg.): Europäische Wirtschafts- und Sozialgeschichte von der Mitte des 19. Jahrhunderts bis zum Ersten Weltkrieg, 1985; Bd. 6: **Fischer**, Wolfram (Hg.): Europäische Wirtschafts- und Sozialgeschichte vom Ersten Weltkrieg bis zur Gegenwart, 1987; **Henning**, Friedrich-Wilhelm: Handbuch der Wirtschafts- und Sozialgeschichte Deutschlands. Bd. 1: Deutsche Wirtschafts- und Sozialgeschichte im Mittelalter und in der Frühen Neuzeit, Paderborn 1991; Bd. 2: Deutsche Wirtschafts- und Sozialgeschichte im 19. Jahrhundert, 1996.

Gesamtdarstellungen

Neben den Einführungen und Handbüchern gibt es eine Anzahl von als Überblick konzipierten Gesamtdarstellungen der *deutschen* Wirtschafts- und Sozialgeschichte in einem oder mehreren Bänden.

Der diesbezügliche „Klassiker" ist die erstmals 1952 erschienene einbändige „Deutsche Sozial- und Wirtschaftsgeschichte" des damals in München lehrenden Friedrich **Lütge**, die 1960 und 1966 jeweils erweiterte Auflagen erlebte. Seine Darstellung reicht von der frühgermanischen Zeit bis in die (jeweilige) Gegenwart und galt über viele Jahre als das kompetenteste und wohl am meisten konsultierte zusammenfassende Werk der Disziplin.

Einen ähnlichen Versuch, allerdings unter Hinweglassung (im Titel) des weiten Bereichs der Sozialgeschichte, unternahm Hermann **Kellenbenz** mit seiner zweibändigen „Deutschen Wirtschaftsgeschichte", die 1977/1981 erschien. Es genießt den Vorzug, die regionalhistorischen Besonderheiten der deutschen Wirtschaftsgeschichte wesentlich zu berücksichtigen und reicht von der Frühzeit des Germanentums bis zum Ende des Zweiten Weltkriegs.

Eine weitere, dreibändige, Gesamtdarstellung stammt von Friedrich-Wilhelm **Henning**. Ihr einfacher struktureller Aufbau lässt sie als Lernbuch besonders geeignet erscheinen. Der erste Band behandelt die vorindustrielle Zeit von 800 bis 1800, der zweite die Industrialisierung in Deutschland bis 1914 und der dritte die Zeit vom Ersten Weltkrieg bis zur Gegenwart, wobei die 8. Auflage bis zum Jahr 1992 reicht.

Seit dem Frühjahr des Jahres 2000 liegt eine von dem Greifswalder Historiker Michael **North** herausgegebene Deutsche Wirtschaftsgeschichte vor, die „Ein Jahrtausend im Überblick" - so der Untertitel - vermitteln will. Neben dem Herausgeber, der auch das Kapitel über die Frühe Neuzeit verfasste, gehören fünf weitere namhafte Wirtschaftshistoriker zu den Autoren: Stuart Jenks, Dieter Ziegler, Gerold Ambrosius, Harm G. Schröter sowie Rainer Metz. Das Gemeinschaftswerk erfasst den neuesten Forschungsstand und nimmt die jüngsten Fragestellungen und Kontroversen kompetent auf. Neuere wirtschaftstheoretische Ansätze, die für die Wirtschaftsgeschichte genutzt werden könnten, finden sich in dem Werk jedoch nur vereinzelt.

Den Charakter einer gerafften Gesamtdarstellung für das 20. Jahrhundert trägt eine von Reinhard **Spree** herausgegebene „Geschichte der deutschen Wirtschaft im 20. Jahrhundert". Der Sammelband enthält neun Beiträge namhafter deutscher Wirtschafts- und Sozialhistoriker, die jeweils in Längsschnitten die wesentlichen Veränderungen und Antriebskräfte der deutschen Wirtschaft im vergangenen Jahrhundert herausarbeiten.

Literatur:

Henning, Friedrich-Wilhelm: Wirtschafts- und Sozialgeschichte, Paderborn 1973 ff. Bd. 1: Das vorindustrielle Deutschland 800-1800, 4. Aufl. 1985; Bd. 2: Die Industrialisierung in Deutschland 1800 bis 1914, 8. Aufl. 1993; Bd. 3: Das industrialisierte Deutschland 1914-1992, 8. Aufl. 1993. **Kellenbenz**, Hermann: Deutsche Wirtschaftsgeschichte. Bd. 1: Von den Anfängen bis zum Ende des 18. Jahrhunderts, München 1977; Bd. 2: Vom Ausgang des 18. Jahrhunderts bis zum Ende des Zweiten Weltkriegs, München 1981. **Lütge**, Friedrich: Deutsche Sozial- und Wirtschaftsgeschichte, Berlin et al., 3. Aufl. 1966, Neudruck 1979. **North**, Michael (Hg.): Deutsche Wirtschaftsgeschichte. Ein Jahrtausend im Überblick, München 2000; **Spree**, Reinhard (Hg.): Geschichte der deutschen Wirtschaft im 20. Jahrhundert, München 2001.

3. Merkantilismen und Kameralismus

3.1. Worum geht es?

Mit dem absolutistischen Staat und seiner wirtschaftspolitischen Komponente, dem Merkantilismus, bildete sich eine Volkswirtschaft heraus, die sich die ökonomischen Grundsätze der Lehre vom Betrieb zu eigen machte. Der Merkantilismus ist kein Lehrgebäude, sondern der **Inbegriff wirtschaftspolitischer Maßnahmen** meist europäischer Staatsregierungen über etwa zwei Jahrhunderte, das 17. und 18., hinweg, mit entsprechend differenzierten länderspezifischen Ausprägungen. Aus diesem Grunde ist es naheliegend, den Plural „Merkantilismen" zu verwenden. Während etwa die englische und italienische Ausprägung des Merkantilismus - teils geographisch bedingt - mehr auf den Handel gerichtet war, konzentrierte sich in überwiegenden Binnenstaaten wie Deutschland und seinen Ländern das wirtschaftspolitische Interesse auf die Förderung von Gewerbe und Landwirtschaft sowie die **Wohlfahrt** des absoluten Fürstenstaates bzw. dessen Schatzkammer, die **„camera"** (daher ***„Kameralismus"***).

3.2. Die Wirtschaftslehre des Merkantilismus

3.2.1. Geld und Beschäftigung

Die Wirtschaftslehre des Merkantilismus geht von einer **unterbeschäftigten Wirtschaft** aus. Dieser Aspekt ist sehr wesentlich, da die Wirkungen etwa von Nachfragesteigerungen auf die Preise bei unterbeschäftigter und vollbeschäftigter Wirtschaft durchaus unterschiedlich sind. Die Produktionsfaktoren, neben Kapital und Boden vor allem die Arbeit, können bei unterbeschäftigter Wirtschaft stets ohne gegenseitige Preisüberbietung in den Wirtschaftsprozess eingegliedert werden, auch wenn freilich das Produktivkapital im vorindustriellen Prozess noch nicht die Bedeutung hatte wie in einer modernen industrialisierten Volkswirtschaft. Andererseits darf man diesen Aspekt auch nicht unterschätzen, denn bereits aus dem Spätmittelalter und der Frühen Neuzeit kennen wir eine Vielzahl von Beispielen für umfangreiche Investitionen und aufwendigen Einsatz von Kapitalgütern. Zu denken wäre an den Bergbau und seine Fördereinrichtungen, aber auch an den Webstuhl im Textilgewerbe, das Druck- bzw. Verlagsgewerbe (Blei für die Lettern war sehr teuer) sowie an die enormen Kapitalaufwendungen, die den Überseehandel in Form von Fuhrwerken, Schiffen, Verkaufskontoren, Lagerhallen und dergleichen prägten.

Oft waren es Kriege, die Produktionsfaktoren brachliegen ließen und die Unterbeschäftigung vergrößerten, in Deutschland etwa während und nach dem Dreißigjährigen Krieg (1618-1648). In einer solchen Situation hatte auch die Vermehrung der Geldmenge eine ganz andere Wirkung auf die Preise als in Zeiten der Vollbeschäftigung. Die Geldmengenexpansion ebenso wie die Erhöhung der Umlaufgeschwindigkeit des Geldes konnten ein Wirtschaftswachstum auslösen, ohne dass damit gleich inflationäre Nebenwirkungen zu befürchten waren.

3.2.2. Ausprägungen der Merkantilismen/Monetarismen in einigen europäischen Ländern

Allgemein wurde dem Edelmetall- und Bargeldbesitz von den Merkantilisten im Europa der Frühen Neuzeit große Bedeutung beigemessen. Dies war auch der Grund, weshalb eine intensive Suche nach Bodenschätzen in allen Regionen Kontinentaleuropas einsetzte, die Edelmetall vermuten ließen. Zugleich wurde versucht, deren Einfuhr zu begünstigen.

In **Italien**, das spätestens seit der **„Kommerziellen Revolution“** des späten Hochmittelalters über ein entwickeltes Geld- und Bankwesen verfügte, waren es Gasparo **Scaruffi** (1519-1584) und vor allem Bernardo **Davanzati** (1529-1606), welche die metallistische Theorie des Geldes entwickeln halfen. Diese geht davon aus, dass der Wert bzw. die Kaufkraft des Geldes wesentlich von dessen Fein-, d.h. Edelmetallgehalt, abhänge. Davanzati erwarb sich vor allem dadurch Verdienste, dass er erstmals Waren- und Geldbestand einander gegenüberstellte und die **Umlaufgeschwindigkeit** des Geldes bereits als einen bestimmenden Faktor des Geldwertes ansah.

In **Spanien**, das in seinen überseeischen Kolonialgebieten, insbesondere in Peru und Mexiko, reichlich über edelmetallhaltige Bodenschätze verfügte und seine Kolonialpolitik stark daran orientierte, richtete sich die Aufmerksamkeit der merkantilistischen Ökonomen frühzeitig auf die Edelmetalle. Sie galt sowohl dem Bergbau als einem erheblichen Faktor für die spanische Wirtschaft als auch dem Edelmetall als Handelsgut und Basis einer quantitativ ausreichenden Geldmenge. Es deutet einiges darauf hin, dass man in Kreisen spanischer Wirtschaftstheoretiker allgemein früher mit den Zusammenhängen von Geldmenge, Umlaufgeschwindigkeit und Preisentwicklung vertraut war als in allen anderen europäischen Ländern, eventuell mit Ausnahme Italiens.

Auf der Iberischen Halbinsel machten sich die Auswirkungen der Einfuhren von Edelmetall aus der Neuen Welt auf das Währungssystem zuerst bemerkbar und so lag es für ökonomische Vordenker wie Martin de Azpilcueta **Navarro** (1492-1586) von der Universität Salamanca nahe, über die diffizile Beziehung zwischen Knappheit und Kaufkraft des Geldes nachzudenken. Bei knappem Geld, schlussfolgerte er, seien Waren und Dienstleistungen billiger zu haben als etwa zu Zeiten, wenn gerade eine Silberflotte aus Übersee spanische Häfen erreichte. Navarro entwickelte so bereits zwölf Jahre vor dem Franzosen **Bodin** einen möglichen Ansatz für eine **Quantitätstheorie des Geldes**[10]. Ein weiterer Spanier, der sich mit der Geld- bzw. Quantitätstheorie auseinander setzte, war der Jesuit Luis **Molina** (1535-1600).

Sieht man sich sodann die **englischen Merkantilisten** näher an, stellt man fest, dass sie den Produktionsfaktor Arbeit bzw. die „intelligente Organisation der Arbeit" sowie die Kapitalbildung, also das Sparen, als gesamtwirtschaftlich besonders relevant ansahen. Dagegen scheint die Geldmenge für sie eine weitaus geringere Rolle gespielt zu haben als für die italienischen und spanischen Merkantilisten[11]. Dies hing wohl damit zusammen, dass Großbritannien im 16. Jahrhundert noch keinen nennenswerten Bergbau besaß. Edelmetall musste also über den Außenhandel oder durch die Kaperung spanischer Silberflotten „gewonnen" werden. In der Zeit des Absolutismus/Merkantilismus führte die Ausweitung der politischen und militärischen Kräfte dazu, alle machtsteigernden Elemente zu forcieren, wozu auch das Edelmetall gehörte, denn je größer der „Reichtum", desto größer die „Macht". Für die Merkantilisten galt die Prämisse, die Reichtümer der Erde, also Rohstoffe und Edelmetallvorräte, seien konstant, d.h. man könne sie nur auf Kosten anderer erlangen. Damit war auch der **Handelskrieg** als „wirtschaftspolitische" Maßnahme legitimiert[12].

Der englische Merkantilismus wandte sich vorwiegend der Außenhandelstheorie und ihrer monetaristischen Variante, dem **Bullionismus**, zu. Als Monetarist machte sich vor allem der Ratgeber von Königin Elisabeth und Begründer der Londoner Börse, Sir Thomas **Gresham** (1519-1579), einen Namen, der u.a. das heute noch nach seinem Namen bezeichnete „Gesetz" formulierte, wonach bei den umlaufenden gesetzlichen Zahlungsmitteln mit

---

10 Blaich, Fritz: Die Epoche des Merkantilismus, Wiesbaden 1973, S. 16.

11 Starbatty, Joachim: Die englischen Klassiker der Nationalökonomie. Lehre und Wirkung (= Erträge der Forschung, Bd. 224), Darmstadt 1985, S. 116.

12 Blaich, Merkantilismus, S. 20 u. 81.

unterschiedlichem Metallwert die relativ höherwertigen Münzen dazu tendieren, aus dem Geldkreislauf zu verschwinden. Andere Monetaristen, wie etwa John **Hales**, monierten die (auch in anderen Ländern festzustellenden) **Münzverschlechterungen**, die in England mit Heinrich VIII. 1543 eingetreten waren. Die Reduzierung des Feingehalts der Münzen war seitdem eine bei Herrschern aller Couleur beliebte Methode, unter Inkaufnahme einer mehr oder weniger starken Inflation den Etat zu sanieren. Wir werden darauf zurückkommen!

Auch in **Frankreich** stand der Aspekt des allgemeinen Preisanstiegs infolge der Münzverschlechterung bereits im 16. Jahrhundert im Vordergrund monetaristischer Auffassungen, wie sie etwa von **Malestroict** (1566) formuliert wurden. Substanzieller waren jedoch die Beobachtungen von Jean **Bodin** (1530-1596), der Malestroict nicht nur darauf hinwies, er habe bei der Beurteilung der Höhe des Geldwerts den Einfluss des (süd-)amerikanischen Silbers nicht berücksichtigt, sondern der als einer der ersten auch andere Faktoren ins Spiel brachte: Die Dominanz der Monopole (d.h. zu hohe Preise), externe Ereignisse (wie Kriege etc.), private Ausgaben der Höfe sowie letztlich auch Münzverschlechterungen.

Wirft man einen Blick auf die **deutschen Monetaristen**, so könnte man zu ihnen kurioserweise auch den Reformator Martin **Luther** zählen. Ähnlich den Bullionisten betrachtete er die Menge an Edelmetallen als Schatz und befürchtete, dass Deutschland, das selbst bedeutende Edelmetall-Bodenschätze besaß, *„alle Welt reich machen und selbst Bettler bleiben"* müsse. Als *„Silber- und Goldloch"*, aus dem dieser Reichtum fließe, sah er die Frankfurter Messe an, und solange dieses Loch nicht gestopft sei, brauche man sich über die Verschuldung und „Auswucherung" von Stadt und Land nicht zu wundern[13].
Neben dem Reformator Luther war es (nicht minder kurios) der Astronom Nikolaus **Kopernikus** (1473-1543), der sich spätestens seit 1519 mit Münz- und Geldangelegenheiten befasste und sich in seiner 1526 erschienenen Schrift *„Monetae cudendae ratio"* für die Einführung einer einheitlichen Münze aussprach und sich mit der Bedeutung des „Schlagschatzes"[14] auseinander setzte. Für ihn war klar, dass die Kaufkraft der Münze nicht auf ihrem aufgeprägten Nominalwert beruhte, sondern auf ihrem Metallwert.

---

[13] Blaich, Merkantilismus, S. 12 ff.

[14] Schlagschatz: Münzgewinn, Spanne zwischen Nennwert einer Münze und Metallwert abzüglich Prägekosten.

Je stärker eine Währung auf Metallbasis gestellt war, desto größer war die Bedeutung, die dem Edelmetall als Münzbasis zukam. Hier schließt sich die Frage an: Welchen Anteil hatte das **Metallgeld** am gesamten Geldvolumen im 17. und 18. Jahrhundert? Oder anders: Wie hoch war der Umlauf an Papiergeld in Deutschland? - Man wird davon ausgehen können, dass das Papiergeld im 17. überhaupt keine und im 18. Jahrhundert fast keine Rolle spielte. Der **Papiergeldumlauf** soll im ausgehenden 18. Jahrhundert in Preußen ca. 1-2 Prozent des Münzgeldumlaufs betragen haben[15], wenn man von den banknotenähnlichen Papieren, die zu Kriegszeiten da und dort emittiert und danach wieder eingestampft wurden, einmal absieht. Die Kaufleute verwendeten weiter den **Wechsel**[16]. Im alltäglichen Kleinhandel war also keinerlei Papiergeld zu sehen, wenn man von den französischen Assignaten nach 1789 einmal absieht. Und selbst bei den Großhandelsumsätzen wissen wir nicht genau, in welchem Umfang der Wechsel benutzt wurde.

Eine andere Frage ist diese: Was unternahmen jene Territorien, die keinen Bergbau und kein eigenes Edelmetall besaßen, aber ihre Münze[17] versorgen wollten? - Sie besorgten es sich auf dem Markt oder beauftragten Geldfachleute, oft jüdische Kaufleute und Finanziers, mit dessen Beschaffung. Auch die Verpachtung der Münze war üblich. So verpachtete etwa der preußische König Friedrich II. die Leipziger Münzstätte an den Juden Veitel Ephraim. Preußen besaß keine eigenen nennenswerten Silber- und Goldgruben, war also auf die Edelmetallmärkte, insbesondere jene in Frankfurt/Oder und Leipzig, angewiesen[18]. Der preußische König war auch ein Musterbeispiel für trickreiches Verhalten bei Münzknappheit: Man **kippte** und **wippte**[19], kopierte ausländische gute Münzen, prägte nachträglich Jahreszahlen auf die Münze, in denen

---

15 Sprenger, Bernd: Das Geld der Deutschen: Geldgeschichte Deutschlands von den Anfängen bis zur Gegenwart, Paderborn et al. 1991, S. 153.

16 Der Wechsel oder Wechselbrief (ital. lettera di cambio, frz. lettre de change, engl. bill of exchange) wurde als Kredit- und Transferinstrument eingesetzt, wobei man u.a. Handels- und Finanzwechsel unterscheidet. Im Grunde handelt es sich um ein schuldrechtliches Wertpapier, bei dem die Wechselverbindlichkeit abstrakt, d.h. von einem bestehenden Schuldverhältnis losgelöst ist. Die Übertragung eines Wechsels erfolgt durch Indossament.

17 Hier ist Münze als Institution, d.h. Prägeanstalt gemeint.

18 Sprenger, Geld, S. 135 u. 138.

19 Die Bezeichnung Kippen und Wippen (Kipper- und Wipperzeit) geht auf die unerlaubte Verwendung von Schnellwaagen (Münzwaagen) zum Auswiegen übergewichtiger Exemplare einer Geldsorte zurück.

deren Kurswert noch höher war etc.[20] Solche und ähnliche Formen des Münzschwindels waren allgemein und weit verbreitet.

Es war nur folgerichtig, dass die Merkantilisten, die in der Geldvermehrung und der Steigerung der Umlaufgeschwindigkeit Wohlfahrtswirkungen erkannten, vor deren Verringerung warnten, d.h. sie brandmarkten das Horten von Geld und verabscheuten „Sparstrümpfe". Die nachfragerelevante Geldausgabe für konsumtive oder sonstige Zwecke war jedoch an eine Bedingung geknüpft, nämlich daran, dass das erworbene Gut der inländischen „Manufakturkraft" entstammte. Der bedeutendste deutsche Merkantilist, Johann Joachim **Becher** (1635-1682), erwähnt in seinem Hauptwerk von 1668 einen reichen Mann, der 20.000 Reichstaler im Kasten herumliegen hatte, also dem Kreislauf entzog, selbst aber sechs Jahre lang in alter zerrissener Kleidung herumlief. Solcherlei Konsumverzicht und Geldhortung war der Wirtschaft nach seiner Auffassung abträglich.

3.2.3. Aktive Handelsbilanz und merkantilistische Außenwirtschaftspolitik

Die Merkantilisten sahen Fragen der Beschäftigung und des Geldumlaufs in engstem Zusammenhang mit der Außenwirtschaft. Während die *„Bullionisten"* und *„Monetaristen"* jedoch noch davon ausgegangen waren, ein Passivsaldo in der Handelsbilanz (mehr Importe als Exporte) sei in jedem Fall schädlich, sahen Merkantilisten wie Thomas **Mun** (1571-1641), dass trotz bilateraler passiver Saldi (Beispiel Indien, das mehr nach England exportierte als es von dort bezog) die gesamte Handelsbilanz dennoch aktiv sein konnte. Dies war z.B. dann der Fall, wenn Rohstoffe in England importiert, dort verarbeitet und als Fertigfabrikate wieder in andere Länder exportiert wurden.

Aber noch ein weiterer Punkt unterschied die Bullionisten von den Merkantilisten, nämlich die Erkenntnis, dass neben der Handelsbilanz auch die Zahlungsbilanz eines Landes existierte bzw. von Bedeutung war. Die Merkantilisten fragten sich, wie z.B. Dienstleistungen und Kapitaltransfers sich bilanziell niederschlugen, also etwa Zinsen für ausländisches Kapital, Zahlungen an ausländische Reeder oder Versicherungen, Geldtransfers an die Kurie, Subsidienleistungen und Militärhilfen, Zahlungen im Rahmen von Reisen etc. Gemeinsam ist den merkantilistischen Wirtschaftspolitiken eben ihr **staats-**

---

[20] Sprenger, Geld, S. 111 ff.

wirtschaftlicher Charakter mit dem Versuch, gesamtwirtschaftlich zu bilanzieren.

Es wurde bereits angedeutet, dass sich die merkantilistische Politik sehr stark an den anderen europäischen Nationen maß. Die **Richtlinien** für die praktische Ausgestaltung der Außenwirtschaftspolitik konzentrierten sich dabei im wesentlichen auf folgende *fünf Punkte*:

1. Minimierung der Einfuhr von Fertigwaren,
2. Förderung der Einfuhr von Rohstoffen,
3. Minimierung der Ausfuhr von Rohstoffen,
4. Förderung der Ausfuhr von Fertigwaren,
5. Vergabe von Dienstleistungen an inländische Unternehmer und Institutionen.

Zur unbedingten Sicherung dieser Maximen bediente man sich eines umfangreichen Instrumentariums tarifärer und nicht-tarifärer Handelshemmnisse, wovon die meisten Instrumente heute noch im Rahmen besonderer wirtschaftspolitischer Förder- oder Protektionsmaßnahmen eine beträchtliche Rolle spielen. Sie reichten von schlichten Verboten über scharfe Protektionismen, Kontingentierungen, Subventionen, Privilegien, Monopolverleihungen bis zur Befürwortung des Handelskrieges.

Darstellung 5: Tarifäre und nicht-tarifäre Handelshemmnisse

1. Tarifäre Handelshemmnisse
    - 1.1. Zölle, Steuern
        Landzoll, Wasserzoll, Pfundzoll (Akzise), Imposten, Umgeld (Ohmgeld)
    - 1.2. Gelder, Gebühren
        Weg-, Straßen- und Chausseegeld, Brückengeld, Flusskonzessionsgelder und Floßgebühren
2. Nicht-tarifäre Handelshemmnisse
    - 2.1. Formale Handelsbeschränkungen
        - 2.1.1. Preisbezogene Maßnahmen
        - 2.1.2. Mengenbeschränkende Maßnahmen
    - 2.2. Administrative und sonstige Handelsbeschränkungen
        - 2.2.1. Bevorzugung von Untertanen bei staatlicher Auftragsvergabe; Diskriminierung des Auslands
        - 2.2.2. Handelsmonopole
        - 2.2.3. Einfuhrüberwachung, Schmuggelkontrollen
        - 2.2.4. Willkürliche Anwendung von Handelsvorschriften

3.2.4. Lohn- und Peuplierungspolitik

Nicht nur Fragen des Handels, der Beschäftigung und des Geldes wurden von den Merkantilisten im internationalen Kontext gesehen, sondern auch die Lohnpolitik. So begründeten sie etwa ihre Forderung nach einem niedrigen Lohnniveau im Inland mit dem Argument, nur so könne die Wettbewerbsfähigkeit der Exportgüter auf den internationalen Märkten gesichert werden. Freilich galt dies insbesondere für lohnintensive Branchen wie Textil und Papier und weniger für die kapitalintensiven Wirtschaftszweige Erzverhüttung und Bergbau. Die Argumente erinnern sehr an aktuelle Diskussionen um Industriestandorte. Die Frage war ebenso wie heute: Wie erreicht man niedrige Löhne? Die Einsicht der Merkantilisten in ökonomische Zusammenhänge führte immerhin zu der Erkenntnis, dass ein hohes Angebot an Arbeitskräften Druck auf die Löhne ausübte. Hierzu kam aber als zweiter wesentlicher Aspekt: die Nachfrage, denn der inländische Verbrauch (Becher: *„consumtio interna"*) war um so größer, je zahlreicher und dichter die Bevölkerung war. In diesem Rahmen kam einer systematischen staatlichen Bevölkerungspolitik (*Peuplierung*) eine beträchtliche Bedeutung zu, und auch hier gab es wiederum ein ganzes Arsenal von **Instrumentarien**, um das Bevölkerungswachstum zu sichern:

- Verhinderung oder Erschwerung der Auswanderung sowie Lenkung räumlicher Mobilität durch administrative Hemmnisse, indem man etwa die Migration ohne behördliche Erlaubnis verbot,
- systematische Anwerbung bzw. Schaffung von Anreizstrukturen für Immigranten, z.B. durch materielle Hilfen (Grund und Boden, Handwerkszeug, Startkapital etc.) oder durch religiöse Toleranz (Beispiele: Salzburger, Hugenotten, Juden),
- Förderung von Eheschließungen,
- Abschaffung des „Müßiggangs" durch die vielen kirchlichen Feiertage und den sog. „Blauen Montag" der Handwerksgesellen sowie Gründung von Arbeitshäusern.

Die Dezimierung der Bevölkerungszahl drohte immer wieder in Zeiten starker Agrarkrisen mit umfangreichen Ernteausfällen. Bei nicht ausreichender Bevorratung mit Brotgetreide entstanden häufig Knappheitssituationen, in denen die Preise um ein Vielfaches in die Höhe schnellten. Wie Darstellung 6 zeigt, ging damit meist ein Anstieg der Mortalität und ein Rückgang der Geburtenzahl einher. Es bestand also noch eine große Abhängigkeit der demographischen Entwicklung von der Agrarkonjunktur.

Darstellung 6: Geburten und Todesfälle im Kurfürstentum Sachsen und Leipziger Roggenpreise von 1764-1787

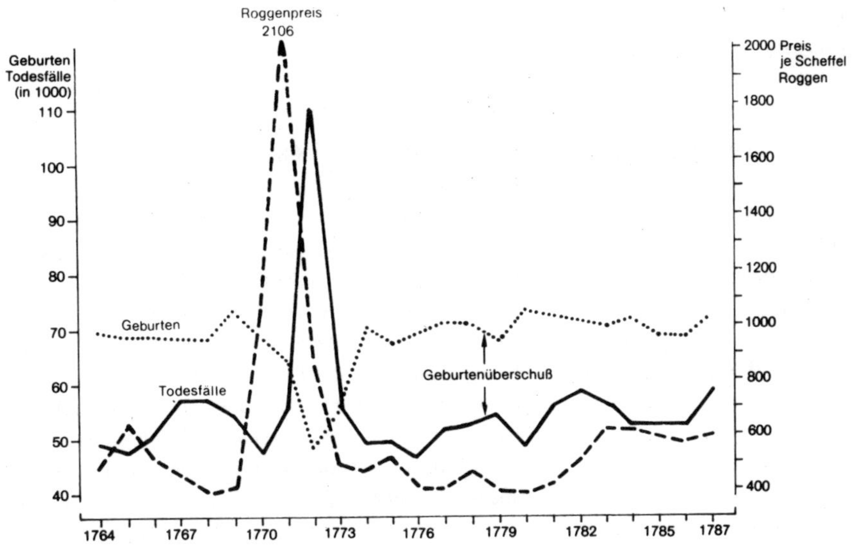

Quelle: Buhr, Hermann de/Regenbrecht, Michael: Industrielle Revolution und Industriegesellschaft, Frankfurt am Main 1983, S. 11.

3.3. Der dogmenhistorische Stellenwert der merkantilistischen Lehre

Fragt man schließlich nach dem Stellenwert der wirtschafts- und gesellschafts"wissenschaftlichen" Erkenntnisse der Epoche des Merkantilismus, so gilt die Feststellung, dass die entstandene **Handlungswissenschaft** zunächst mehr eine **Kunstlehre** als eine Wissenschaft im heutigen Sinne war, auch wenn man zeitgenössisch von Kaufmannswissenschaft sprach. Carl Günther **Ludovici** erwähnt eine *„Wissenschaft, die Handlung gehörig zu betreiben."*

Weitere Hauptvertreter des handlungswissenschaftlichen Schrifttums, die uns auch unter der Bezeichnung „Enzyklopädisten" begegnen und denen insbesondere die Handelsgeschichte wesentliche Erkenntnisse verdankt, waren Jacques **Savary**, Paul Jakob **Marperger** und der Hamburger Johann Georg **Büsch**.

Ansätze zur späteren Volkswirtschaftslehre, insbesondere zur Finanzwissenschaft, ergaben sich aus der **Kameralwissenschaft** bzw. der **„politischen**

Ökonomie". Dies war jedoch eine recht unphilosophische Sammlung praktischer Maßregeln für eine zweckmäßige Einrichtung des Staatshaushalts. Die Klassiker schufen daraus - aufbauend auf dem geistigen Nährboden der Aufklärung und deren Philosophie - eine systematische Wissenschaft, in der dann die reine (rationale) Theorie dominierte.

Darstellung 7: Telegramme Merkantilismus und Kameralismus

TELEGRAMM MERKANTILISMUS: **Maxime:** Förderung der nationalen Wirtschafts- und Handelskraft durch staatliche Wirtschaftspolitik. Merkantilpolitische **Ziele im Außenhandel:** a) Minimierung der Einfuhr von Fertigwaren. b) Förderung der Einfuhr von Rohstoffen. c) Minimierung der Ausfuhr von Rohstoffen. d) Förderung der Ausfuhr von Fertigwaren. e) Durchführung von Dienstleistungen möglichst durch inländische Unternehmer. **Wirtschaftslehre des Merkantilismus:** a) Geld und Beschäftigung: unterbeschäftigte Wirtschaft. Vermehrung der Geldmenge. Umlaufsgeschwindigkeit des Geldes. b) Theorem von der aktiven Handelsbilanz: Bullionisten (*„bullion"* = Edelmetallbarren). Wirtschaftlicher Wohlstand. Aktive Gesamthandelsbilanz. Dienstleistungen und Kapitalverkehr („unsichtbare Posten"). Außenwirtschaftspolitik (s.o. „Ziele"). Instrumente. c) Lohn- und Bevölkerungspolitik: Forderung nach niedrigen Löhnen. Bevölkeungswachstum (Peuplierungsmaßnahmen, *„consumtio interna"*. Abschaffung des Müßiggangs (Zucht- und Arbeitshäuser).

TELEGRAMM KAMERALISMUS: Begriff von *„camera"* = fürstliche Schatzkammer steht praktisch als Symbol für die Hebung der Steuerkraft als Grundlage der absoluten Machtausübung durch die Fürsten (deshalb auch *„Fürstenwohlstandslehre"*). Der Begriff umschreibt die spezielle Ausformung des Merkantilismus in den deutschen Kleinstaaten, ansonsten kaum Unterschiede zu den Merkantilisten. Das kameralistische Schrifttum kann als Sammlung von Erfahrungsgrundsätzen und Nützlichkeitsregeln angesehen werden, die auf die Bereiche Wirtschaft, Verwaltung, Gesetzgebung und Finanzen angewandt werden. Bedeutendstes Werk: der *„Politische Discurs"* (1668) von *Johann Joachim Becher* (1635-1682).

Literatur:

Abel, Wilhelm: Massenarmut und Hungerkrisen im vorindustriellen Deutschland, 2. unveränd. Aufl., Göttingen/Zürich 1977; **Blaich**, Fritz: Die Epoche des Merkantilismus, Wiesbaden 1973; **Blaich**, Fritz: Merkantilismus, Kameralismus, Physiokratie. In: WiSt, Heft 3/1983, S. 141-145; **Braudel**, Fernand: Sozialgeschichte des 15.-18. Jahrhunderts. Bd. 1: Der Alltag, München 1985; Bd. 2: Der Handel, München 1986; Bd. 3: Aufbruch zur Weltwirtschaft, München 1986; **Gömmel**, Rainer: Die Entwicklung der Wirtschaft im Zeitalter des Merkantilismus 1620-1800, München 1998; **Gömmel**, Rainer/**Klump**, Rainer: Merkantilisten und Physiokraten in Frankreich, Darmstadt 1994; **Kriedte**, Peter: Spätfeudalismus und Handelskapital. Grundlinien der europäischen Wirtschaftsgeschichte vom 16. bis zum Ausgang des 18. Jahrhunderts, Göttingen 1980; **Peters**, Lambert: Der Handel Nürnbergs am Anfang des 30jährigen Krieges. Strukturkomponenten, Unternehmen und Unternehmer, Stuttgart 1994; **Volckart**, Oliver (Hg.): Frühneuzeitliche Obrigkeiten im Wettbewerb: Institutioneller und wirtschaftlicher Wandel zwischen dem 16. und 18. Jahrhundert (=Contributiones Jenenses Bd. 5) Baden-Baden 1997; **Wehler**, Hans-Ulrich: Deutsche Gesellschaftsgeschichte, Bd. 1: Vom Feudalismus des Alten Reiches bis zur Defensiven Modernisierung der Reformära 1700-1815, 2. Aufl., München 1989.

Prüfsteine:

1. Welche Auffassungen/Maximen entwickelte die merkantilistische Wirtschaftslehre hinsichtlich:
   a) Außenhandel,
   b) Geld,
   c) Beschäftigung,
   d) Bevölkerung,
   e) „Wohlstand"?
2. Erklären Sie Ursprung und Inhalt der Begriffe Kameralismus und Merkantilismus!
3. Welches waren die bedeutendsten Vertreter des deutschen Merkantilismus/Kameralismus?
4. Versuchen Sie, die merkantilistischen Lehren dogmenhistorisch zu verorten!

4. DIE PHYSIOKRATIE

4.1. Die Wirtschaftstheorie der Physiokraten

Physiokraten nannte man im 18. Jahrhundert Personen, denen es darum ging, ausgehend vom Naturrecht die natürlichen Gesetzmäßigkeiten des Wirtschaftsprozesses aufzudecken. Auf der Basis dieser unabhängig von Raum und Zeit formulierten Vorstellungen gaben sie wirtschaftspolitische Ratschläge und benannten hierbei ganz bestimmte Prämissen. Beispielsweise nahmen sie unter den Produktionsfaktoren Arbeit, Kapital und Boden allein den letzteren, d.h. die Landwirtschaft, als produktiv an. Im Grunde war die Physiokratie eine Antwort auf den in Frankreich vom Finanzminister Ludwigs XIV., Jean Baptiste **Colbert,** vertretenen Merkantilismus (Colbertismus), der wiederum recht einseitig das Wachstum des städtischen Gewerbes mit höchster Priorität gefördert wissen wollte und mit zahlreichen marktinkonformen Maßnahmen, z.B. Preistaxen, die Agrarproduktion lähmte.

4.2. François Quesnay und das „*Tableau économique*"

François **Quesnay**, Hauptvertreter der französischen Physiokratie und Leibarzt Ludwigs XV., forderte die Regierung auf, die landwirtschaftliche Produktion zu fördern und die Agrargüterpreise „einträglich" zu gestalten. Im einzelnen dachte er dabei an die Substitution technisch rückständiger Kleinbetriebe durch größere, zu höherer Rentabilität bzw. Produktivität fähige Betriebe, an die Schaffung eines freien, aber binnenländischen Getreidemarktes sowie an eine Steuerreform zur Förderung der Eigenkapitalbildung in der Landwirtschaft.

Dogmenhistorisch besonders hervorhebenswert ist Quesnays Entwicklung eines **Kreislaufmodells**, des sogenannten ***„Tableau économique"***, in dem die Volkswirtschaft in **drei Sektoren**, „Klassen" genannt, eingeteilt wird, und zwar in die Landwirtschaft bzw. die bäuerlichen Pächter als ***„classe productive"***, die Grundeigentümer (König und Grundbesitzer) als ***„classe distributive"*** (Aufgabe der Distribution, d.h. des Verteilens und Verwendens von Pachteinkünften) und die gewerbliche Wirtschaft als ***„classe stérile"*** (Handwerker, Kaufleute). Anhand dieser Sektoren werden gegenseitige Abhängigkeiten der Einkommensbildung und -verwendung aufgezeigt und in der Art eines Kreislaufs dargestellt. Das „*Tableau économique*" stellt somit die erste makroökonomische Darstellung eines Wirtschaftskreislaufs dar, auf welche die spätere wirtschaftstheoretische Forschung aufbauen konnte, etwa die Kreislauftheorie (Léon **Walras**), die Input-Output-Analyse oder das System der interindustriellen Beziehungen (Wassily W. **Leontief**).

Darstellung 8: Telegramm Physiokratie

TELEGRAMM PHYSIOKRATIE: **a) Ausgangspunkt:** Naturrecht. Naturgesetzlichkeit des Wirtschaftsprozesses. Ablehnung des Colbertismus. **b) Klassenschema/Sektorenmodell** von François **Quesnay** (1694-1774, Leibarzt Ludwigs XV. von Frankreich) („***Tableau économique***“): Übertragung der Kreislaufidee von der Medizin (Körperkreislauf) auf die Wirtschaft. Landwirtschaft ist „***classe productive***“. Nur diese Klasse erzeugt einen Reinertrag oder Mehrwert. Grundeigentümer (König, geistliche und weltliche Grundbesitzer) sind „***classe des propriétaires***“ bzw. „***classe distributive***“. Ihre Aufgabe: Distribution, d.h. Verwendung der Pachteinkünfte zum Kauf von landwirtschaftlichen und gewerblichen Erzeugnissen. Gewerbliche Wirtschaft (Handwerker, Kaufleute) ist „***classe stérile***“. Erzeugt keinen Mehrwert, sondern erhöht den Wert ihrer Güterproduktion nur um die aufgewendeten Kapital- und Lohnkosten **c) Bedeutung** des „***Tableau économique***“ Physiokraten bildeten erste geschlossene Schule der Nationalökonomie. Darstellung von Geld- und Güterströmen. Erste makroökonomische Darstellung des Wirtschaftskreislaufs. Beeinflussung späterer theoretischer Ansätze: Input-Output-Analyse, Kreislauftheorie, Gleichgewichtsbedingungen der stationären Wirtschaft, Quantifizierung des Wirtschaftsprozesses, Theorie der Besteuerung. **d) Wirtschaftspolitische Forderungen**: Förderung der landwirtschaftlichen Produktion. Ausgewogene Getreidehandels- bzw. -preispolitik. Steuerreform mit dem Ziel der Bildung von Eigenkapital in der Landwirtschaft. Belastung der Grundeigentümer mit Steuer. **e) Weitere Forderungen**: Einführung neuer Produktionsmethoden. Aufhebung der Leibeigenschaft und der Zünfte. Unterrichtung der Bevölkerung in landwirtschaftlichen Dingen. Anlage von Mustergütern. Gewerbefreiheit.

Im Übrigen steckt auch der **Gleichgewichtsgedanke**, also die Gleichgewichtsbedingung einer stationären Wirtschaft sowie die Vorstellung eines allgemeinen volkswirtschaftlichen Gleichgewichts in diesem Modell, so dass man sagen kann, dass ein nicht unwesentlicher Teil der heutigen Wirtschaftstheorie auf Gedanken der Physiokratie zurückgeht. Dies lässt sich um so mehr behaupten, als damit auch ein wichtiger Impuls für die Quantifizierung bzw. **empirische Erfassung von Wirtschaftskreisläufen** erfolgte und die Finanzwissenschaft in ihren Grundüberlegungen zu einer **Theorie der Besteuerung** auf Gedankengut der Physiokratie basiert.

Literatur:

Blaich, Fritz: Der Beitrag der deutschen Physiokraten für die Entwicklung der Wirtschaftswissenschaft von der Kameralistik zur Nationalökonomie. In: H. Scherf (Hg.), Studien zur Entwicklung der ökonomischen Theorie III (= Schriften des Vereins für Socialpolitik, N.F. Bd. 115/3), Berlin 1983, S. 9-36; **Gömmel**, Rainer/**Klump**, Rainer: Merkantilisten und Physiokraten in Frankreich, Darmstadt 1994; **Leontief**, Wassily W.: Hommage au docteur François Quesnay (1758-1958), Méré/Paris 1958; **Lüthy**, Herbert: François Quesnay und die Idee der Volkswirtschaft, Zürich 1959.

Prüfsteine:

1. Wer war François Quesnay und welche Vorstellungen hatte er von der Volkswirtschaft?
2. Was beinhaltete das *Tableau économique*?
3. Welchen Beitrag leisteten die Physiokraten zur Entwicklung der Wirtschaftswissenschaft?

Exkurs: Die klassische Nationalökonomie

Der Prozess der frühen Industrialisierung brachte **neue Einsichten in ökonomische Zusammenhänge**, etwa zur Arbeitsteilung, zu den Grundprinzipien rationeller Fertigung oder über die Bedeutung verbesserter Verkehrsinfrastruktur. Auch die Rolle des Staates für die Wirtschaft sowie die ordnungs-, verteilungs- und währungspolitischen Überlegungen wurden einer gründlichen Revision unterzogen. Die Zeitgenossen sahen sich veranlasst, intensiver über die möglichen Folgen des beispiellosen Bevölkerungszuwachses ebenso nachzudenken, wie über die Frage der Finanzierung maschinisierter Produktionseinrichtungen und den Versicherungsschutz des höherwertigen Anlagekapitals. Dazu kam die zunehmend erforderliche Ausrichtung auf den Geschmack der Konsumenten, also die Berücksichtigung „modischer" Entwicklungen. Solcherart gestaltete sich die wirtschaftliche und gesellschaftliche Realität zunehmend differenzierter und ähnliches lässt sich von den Natur- und Geisteswissenschaften sagen, die ja in der Zeit der Aufklärung geradezu **enzyklopädische** Züge trugen. Es gab kaum ein Detail, das nicht das rege Interesse der Aufklärer gefunden hätte.

Der ideengeschichtliche Hintergrund der Industriellen Revolutionen ist neben dem Ursprung der modernen Naturwissenschaft (Isaac Newton, 1643-1727) durch die Anfänge der klassischen Nationalökonomie geprägt. Dabei manifestierte sich die weltanschauliche Position in dem Bestreben, das „natürliche System" der Wirtschaft zu konzipieren, d.h. durch die Überwindung des interventionistisch ausgeprägten Merkantilsystems zu einer neuen Wirtschaftsauffassung, dem **„*Laisser-faire*-Liberalismus"**, zu kommen. Aus dieser Position heraus besteht die Aufgabe des Staates außer in der Wahrnehmung einiger weniger Ordnungs- und Randfunktionen darin, den Dingen ihren Lauf zu lassen, da die uneingeschränkte Freiheit der Privatwirtschaft als der wirksamste Weg erscheint, ein Maximum wirtschaftlichen Wachstums zu erreichen.

Allerdings gehört die generelle Annahme, es habe bereits während der Industriellen Revolution eine laisser-faire-Politik gegeben, zu den heute von der wirtschaftshistorischen Forschung in Frage gestellten Dogmen. Die Industriellen Revolutionen lassen sich weniger aus äußeren Einflüssen erklären, sondern sind primär auf endogene (innere) Einflussfaktoren zurückzuführen, von denen bereits die Rede war, wie etwa auf die Wachstumsrate der Bevölkerung, den Grad der Kapitalausstattung (inklusive Humankapital),

Veränderungen in der Technologie und der effizienteren Organisation von Industrie und Landwirtschaft.

Insbesondere der **Bevölkerungsdruck** war allenthalben in den frühindustrialisierten Ländern spürbar und führte zu verstärktem Nachdenken über die Ernährbarkeit der Bevölkerung.

Darstellung 9: Die Entwicklung der Weltbevölkerung

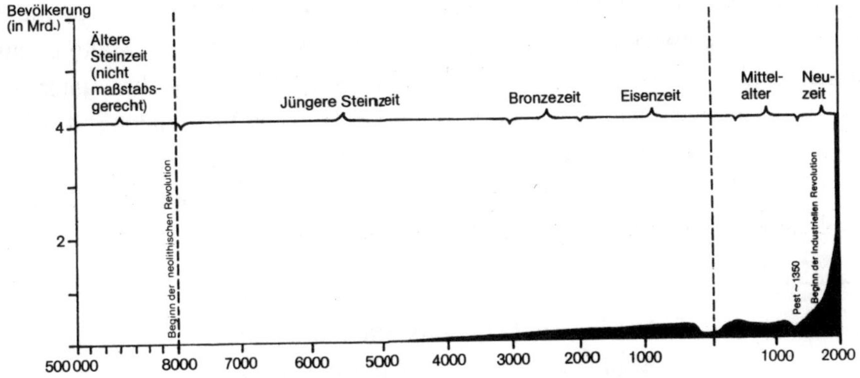

Quelle: Buhr, Hermann de/Regenbrecht, Michael: Industrielle Revolution und Industriegesellschaft, Frankfurt am Main 1983, S. 7.

Die städtischen Behörden hatten zunehmend mit den Problemen der sozialen Peripherie zu tun und in diesem Zusammenhang mit überfüllten Gefängnissen, Armenhäusern, Findlingshospitälern und Irrenanstalten. Allenthalben wurde der demographische Strukturwandel spürbar. Die **Gründe** für das dynamische Bevölkerungswachstum hingen mit Folgendem zusammen:

- Nachlassen der Virulenz von Krankheiten, wie z.B. den Pocken
- Verbesserung der Hygiene (öffentliches Gesundheitswesen)
- zunehmende Anwendung der Impfung
- verbesserte Lebensmittelversorgung (allerdings mit gravierenden regionalen Unterschieden)
- zunehmende Heirat im jüngeren Alter
- Verbesserung des medizinischen Wissens.

In Anbetracht des Missverhältnisses zwischen drastischer Bevölkerungszunahme und begrenztem Nahrungsspielraum sah sich der englische Landpfarrer Thomas Robert **Malthus** (1766-1834) veranlasst, durch einen „***Essay on Population***" auf das in seiner Sicht dringlichste Problem der Spezies Mensch um die Wende zum 19. Jahrhundert aufmerksam zu machen. Er prognostizierte, die Bevölkerung werde wesentlich schneller steigen als die Menge an Grundnahrungsmitteln, und dies trotz Maßnahmen wie z.B. die Kultivierung von Neuland. Die Bevölkerungszahl werde sich innerhalb von 25 Jahren verdoppeln und die Vermehrung des Nahrungsspielraums nur im Sinne einer arithmetischen Reihe zunehmen. Mithin würde sich nach Malthus' Einschätzung die Bevölkerung Großbritanniens im Laufe des nächsten Vierteljahrhunderts von 7 auf 14 Millionen verdoppeln und in weiteren 25 Jahren auf 28, dann 56, dann 112 Millionen usw. steigern, sich also im Sinne einer geometrischen Reihe entwickeln. Als Resultat dieser Entwicklung sah Malthus eine abnehmende Arbeitsproduktivität und sinkende Reallöhne bis unter die Subsistenzgrenze. Daraus folgten zunehmend Hunger, Verelendung, Massensterben infolge Krankheiten und Unterernährung („positive checks“) sowie die Destabilisierung gesellschaftlicher Strukturen. Dem solle man durch Enthaltsamkeit oder Ehelosigkeit begegnen („preventive checks“).

Darstellung 10: Nahrungsmittelproduktion und Bevölkerungswachstum - Malthus' Prognose und die Wirklichkeit

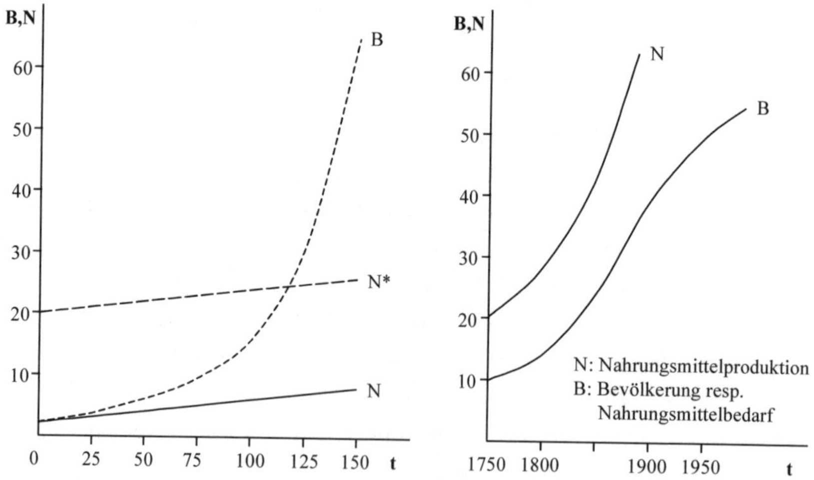

Quelle: Ott, Alfred E./Winkel, Harald: Geschichte der theoretischen Volkswirtschaftslehre, Göttingen 1985, S. 89 ff.

Das Phänomen der drohenden zunehmenden Nichternährbarkeit einer stark steigenden Bevölkerung wird auch als „**Malthusianische Falle**“ bezeichnet.

Die tatsächliche Entwicklung zeigte dann jedoch, dass Malthus' Pessimismus nicht begründet war. Es gab einen Ausweg aus der Falle, der in drei Faktoren begründet lag: der Auswanderung, der Industrialisierung und der an späterer Stelle zu erläuternden Agrarrevolution (siehe Darstellung 16). Vor allem letztere sorgte für einen erheblich erweiterten Nahrungsspielraum.

Malthus hat zwar durch seine demographischen Prognosen einen bis heute relativ hohen Bekanntheitsgrad erreicht, doch von nachhaltigerem Einfluss auf die Herausbildung der klassischen Nationalökonomie waren einige seiner Zeitgenossen bzw. Vorgänger. Die moderne Wirtschaftswissenschaft basiert auf jenem liberal-klassischen Fundament, das im 18. und 19. Jahrhundert gelegt wurde. Diese wichtige Phase ökonomischen Denkens ist verbunden mit den Namen Richard **Cantillon**, Bernard de **Mandeville** (1670-1733) und David **Hume** (1711-1776), die als Vorläufer angesehen werden können. Sie beeinflussten zum Beispiel das Denken von Adam **Smith** (1723-1790) wesentlich. Des weiteren sind Jean-Baptiste **Say** (1767-1831), David **Ricardo** (1772-1823), Johann Heinrich **von Thünen** (1783-1850) und John Stuart **Mill** (1806-1873) „Klassiker" zu nennen.

Adam **Smith** lieferte mit seiner **Politischen Ökonomie** einen richtungsweisenden Ansatz zur **Theorie individueller Entscheidung**. Sie kann als Antwort auf den kollektivistisch orientierten Merkantilismus angesehen werden und verhalf dem **Liberalismus** zum Durchbruch. Dieser wiederum erfuhr ein halbes Jahrhundert später im **„Manchestertum“**[21] seinen höchsten und sich möglicherweise als *zu* hoch erweisenden Freiheitsgrad.

Smith sah vier **Prinzipien**, die einer liberal-individualistischen Wirtschaftsgesellschaft zugrunde liegen:

Darstellung 11: Adam Smiths Grundprinzipien einer liberal-individualistischen Wirtschaftsgesellschaft

a) Träger der wirtschaftlichen Handlungen ist das selbstbestimmende Individuum und nicht der Staat.
b) Daraus ergibt sich die wirtschaftliche Selbstverantwortung der Individuen (Risikobereitschaft; Bereitschaft, Konsequenzen zu tragen).
c) Darauf gestützt handeln sie nach der Leitnorm des Selbstinteresses (Eigennutz, d.h. zu seiner und der Familie Nutzen - unsichtbare Hand - Wahl des Staates).
d) Die freie Konkurrenz (Wettbewerbswirtschaft, u.a. in der Produktion).

Nach: Recktenwald, Horst Claus: Die Klassik der ökonomischen Wissenschaft. In: Issing, Ottmar (Hg.): Geschichte der Nationalökonomie, 2. Aufl., München 1988, S. 49-72.

Zu den wichtigen Komponenten der klassischen Nationalökonomie gehört demzufolge das **Selbstinteresse als Leistungsmotiv** im gesellschaftlichen und wirtschaftlichen Leben. Dies findet seine Grenzen in einem ethisch bestimmten Ordnungsrahmen und einem **System positiver Gesetze**. Tausch und Nutzen sind durch diesen Ordnungsrahmen gesteuert wie von **unsichtbarer Hand** (***invisible hand***). In dieser Metapher wurde später häufig ein Synonym für den Wettbewerb gesehen. Dabei spielt das Eigentumsrecht (oder im weiteren Sinne die als *property rights* bezeichneten Verfügungsrechte) eine wesentliche Rolle, ebenso wie geordnete Hierarchien und Institutionen, also Regeln. Das Prinzip der **Arbeitsteiligkeit**, der auf Angebots- und Nachfragemechanismen beruhende **Marktpreis** sowie grundsätzliche Überlegungen zu den **Marktformen**

---

[21] Mit dem Begriff „Manchesterschule“ war ursprünglich zwischen 1820 und 1850 jene Gruppe von Mitgliedern der Handelskammer von Manchester gemeint, die eine Abschaffung der Getreidezölle in England forderten. Zu ihren führenden Vertretern gehörten Richard Cobden und John Bright.

gehören ebenso zum Repertoire der „Klassiker" wie Einsichten in die Zusammenhänge zwischen Konsum, Investition, Sparen und Kapital im Kreislauf der Wirtschaft.

Zusammenhänge zwischen **Geldmenge und Preisniveau**, die sich bei angenommener Vollbeschäftigung proportional verschieben, finden sich in der klassischen **Quantitätstheorie**. Auch die moderne **Außenwirtschaftstheorie** verdankt der klassischen Nationalökonomie, insbesondere David **Ricardo** und John Stuart **Mill**, wesentliche Einsichten. So fand der Gedanke der internationalen Arbeitsteilung in der Freihandelstheorie bzw. in Ricardos Theorie der komparativen Kosten seinen Niederschlag. Er erläuterte sein Theorem am Beispiel des Wein- bzw. Tuchhandels zwischen Portugal und England und kam zu dem Schluss, dass beide Länder vom Außenhandel profitieren, wenn sie sich auf die Produktion des Gutes spezialisieren, das sie *relativ* billiger herstellen können, und das jeweils andere Gut gegen einen Teil ihrer Produktion eintauschen. Dabei kommt es nicht auf die absoluten, sondern auf die **komparativen** Kostenvorteile an. Der Außenhandel würde sich demnach z.B. für Portugal selbst dann lohnen, wenn es sowohl bei der Produktion von Wein als auch von Tuch absolute Kostenvorteile hätte, sofern es sich auf das relativ kostengünstiger herzustellende Gut spezialisiert. Mill verfeinerte Ricardos Theorie durch den Hinweis darauf, dass das gemeinsame Austauschverhältnis abhänge von der relativen Nachfrage eines Landes nach dem Gut des jeweils anderen. Ricardos Aussagen basieren wesentlich auf der Annahme internationaler Immobilität der Produktionsfaktoren, also auf einem Tatbestand, der heute nicht mehr als realistisch anzusehen ist.

Freilich dachten die Klassiker auch über die **Rolle des Staates** nach, den sie seiner bis dahin im Absolutismus und Merkantilismus bzw. Kameralismus dominanten Funktion entledigen wollten. Sie billigten ihm durchaus Funktionen zu, die sogar - wenn man **Smith** folgt - über die des **„Nachtwächters"** in jedem Fall hinausgehen sollten; doch andererseits wollte man dem Staat keine unmittelbare Eingriffsmöglichkeit in den Markt gewähren, forderte aber von ihm geradezu die Festlegung von Rahmenbedingungen zur Regelung des gesellschaftlichen und wirtschaftlichen Miteinanders[22].

---

22 Viele Überlegungen der Klassischen Nationalökonomie finden sich später in der Volkswirtschaftslehre wieder, nicht nur in der Neoklassik, die stark auf die ordnungstheoretischen Überlegungen der „Klassiker" aufbaut, sondern auch im Konzept der Sozialen Marktwirtschaft und in der Neuen Politischen Ökonomie.

Die „political economy", deren Beginn häufig mit dem Erscheinen des Smith'schen Hauptwerks „Wealth of Nations" 1776 angenommen wird, war - bei aller thematischen Varianz - viele Jahrzehnte lang die herrschende ökonomische Lehre. Im 19. Jahrhundert setzte sich allmählich die Neoklassik durch, die man besser mit dem Begriff „Marginalismus" beschreiben sollte und die in Hermann Heinrich Gossen (1810-1858) ihren typischen Repräsentanten hatte. Mit der Neoklassik rückten vor allem konsumtheoretische Überlegungen in den Vordergrund.

Literatur:

Brandt, Karl: Geschichte der deutschen Volkswirtschaftslehre, Bd. 1: Von der Scholastik bis zur klassischen Nationalökonomie, Freiburg i. Br. 1992; **Gräfrath**, Bernd: John Stuart Mill: „Über die Freiheit". Ein einführender Kommentar, Paderborn 1992; **Kopf**, Peter: David Hume. Philosoph und Wirtschaftstheoretiker (1711-1776) (= Beiträge zur Wirtschafts- und Sozialgeschichte 25), Wiesbaden 1987; **Pribram**, Karl: Geschichte des ökonomischen Denkens, 2 Bde., Frankfurt a.M. 1992; **Schumpeter**, Joseph Alois: Geschichte der ökonomischen Analyse, Göttingen 1965; **Smith**, Adam: Der Wohlstand der Nationen. Eine Untersuchung seiner Natur und seiner Ursachen. Hg. v. Horst Claus Recktenwald, München 1974, 3. Aufl. 1983; **Söllner**, Fritz: Die Geschichte des ökonomischen Denkens, 2. verb. Aufl., Berlin usw. 2001; **Streminger**, Gerhard: David Hume. Sein Leben und sein Werk, Paderborn 1993.

Prüfsteine:

1. Was meinte Adam Smith mit der *invisible hand*?
2. Welche Prinzipien liegen Adam Smiths Vorstellungen von der Wirtschaftsgesellschaft zugrunde?
3. a) Was versteht man unter „Malthusianischer Falle"?
   b) Welches waren die wesentlichen Gründe für das Entrinnen aus derselben?
4. Erläutern Sie kritisch Ricardos Theorie der komparativen Kosten!
5. Welche Rolle spielte der Staat im Denken der „Klassiker"?

5. Die Industriellen Revolutionen

5.1. Allgemeine Merkmale der industriellen Entwicklung in der „Revolutionszeit“

Der historische Prozess, der die Industriellen Revolutionen (und die Agrarrevolutionen) sowie überhaupt die reformerischen Kräfte des 18. Jahrhunderts prägte, hieß **Aufklärung** in des Wortes engerem Sinne. In der Spätaufklärung gab es nichts, was nicht interessierte, kein Ende, wohin nicht aufklärerischer Geist strebte. Herausragenden Universalgelehrten wie Alexander von Humboldt und seinesgleichen ging es wesentlich um die Erforschung der elementaren Grundlagen menschlichen Seins im natürlichen (physikalischen, biologischen, ökologischen) Kontext und den zugrunde liegenden evolutionären „Gesetzen“. Diese aufzuklären, offen zu legen, war erklärtes Ziel. Nicht zufällig verfeinerte und vor allem vereinfachte man in dieser Phase zunehmend koordinierter Forschung die Metrologie, also das Mess- und Maßwesen. Der Übergang zum metrischen, zum Dezimalsystem, in Frankreich im Zuge des revolutionären Umbruchs eingeführt (der Zentner hatte nun 50 kg, der Meter 100 Zentimeter, der Franken 100 Centimes usw.) und allmählich in den anderen „Kulturen“ übernommen, ist nur ein kleines Beispiel für einen großen Schritt hin zur Erhöhung der Kompatibilität, zur Beschleunigung des Kommerziums und allgemein zur Transaktionskostensenkung.

Der systematisierte und verstetigte Austausch der neuen Erkenntnisse (z.B. in den Wissenschaftsgesellschaften sowie in den Zirkeln intellektueller Eliten wie in England *The Royal Society* von 1660) war der Beginn einer allmählichen Koordinierung, Diffusion und Popularisierung der Wissenschaften. Die **Bildung** wurde durch institutionelle Maßnahmen (Gesetze, Schulpflicht, Universitätsgründungen etc.) verstetigt und später um die Realbildung erweitert. Ohne diesen Einfluss des Neuhumanismus auf die Institutionalisierung beruflicher Ausbildungsgänge ist die Erhöhung des inventorischen und innovatorischen Potenzials des 19. Jahrhunderts und die daraus hervorgegangenen Basisinnovationen nicht zu erklären und zu verstehen. Die zweiten Industriellen Revolutionen gegen Ende des 19. Jahrhunderts – auch Wissenschaftsrevolutionen genannt – sind in dieser Kontinuität zu sehen. Darauf wird an späterer Stelle zurück zu kommen sein.

Die spätabsolutistische und merkantilistische Phase war allmählich von einer reformerischen Entwicklung überlagert worden, die **institutionellen Wandel** herbeiführte und 1789 in die Französische Revolution einmündete. Der Freiheits- und Gleichheitsgedanke fand nicht nur Eingang in Politik und Gesellschaft, sondern prägte auch zunehmend das Wirtschaftsgeschehen. Die napoleonische Zeit brachte nicht nur die territoriale Flurbereinigung, die eine gewisse Vereinheitlichung des Wirtschaftsgebietes bedeutete, sondern eben auch die Freiheit für zahllose Leibeigene und von bis dahin von den Zünften reglementierte Gewerbetreibende und Handwerker.

Viel früher als die französische hatte es die englische Wirtschaft verstanden, sich von zünftigen Fesseln und merkantilpolitischen Bindungen zu befreien. In Ländern wie Holland hat es solcherlei institutionelle Restriktionen ohnehin nie gegeben. Dort waren die Ausgangsbedingungen für eine gewerblich-industrielle Entwicklung in einem Maße vorhanden, wie kaum sonst irgendwo auf der damaligen Welt. England und Holland verfügten über eine starke Seemacht und damit Handelsmacht. Das Inselreich besaß Kohle und Eisenerz, Wolle und Baumwolle sowie ein Netz von Kanälen, die es erlaubten, die Produkte transportkostengünstig zu befördern. Ferner stimmten die wirtschaftspolitischen **Rahmenbedingungen**. Das freie Unternehmertum wurde ebenso unterstützt wie die mächtigen Überseekompanien, die für bestimmte Segmente des englischen Kolonialterritoriums Privilegien und sonstige Hilfen seitens der Regierung erhielten. Nicht zuletzt verfügte Großbritannien über eine leistungsfähige Landwirtschaft, die nicht nur Lohn und Brot für Millionen Zeitgenossen bedeutete, sondern auch eine Kapitalbasis für die gewerbliche und industrielle Entwicklung bot.

Bei der Betrachtung der frühen Industrialisierung aller industrialisierenden Staaten der Welt sticht ein Phänomen besonders ins Auge, die im Zusammenhang mit Malthus bereits angedeutet wurde. Es kommt zu einer auffällig ähnlichen demographischen Entwicklung (Darstellung 12). Diese bemerkenswerte strukturelle Analogie äußert sich in einer ziemlich gleichbleibenden und später fallenden Geburtenrate bei gleichzeitigem, wesentlich stärkerem Sinken der Sterberate. Diese Entwicklung wird auch als **„demographischer Übergang“** bezeichnet. Das Öffnen der „Schere“, das am frühesten in England/Wales um die Mitte des 18. Jahrhunderts nachweisbar ist, wiederholte sich im Zuge der Industrialisierung anderer Länder mit einer entsprechenden Zeitverzögerung.

Darstellung 12: Bevölkerungsentwicklung in England und Wales

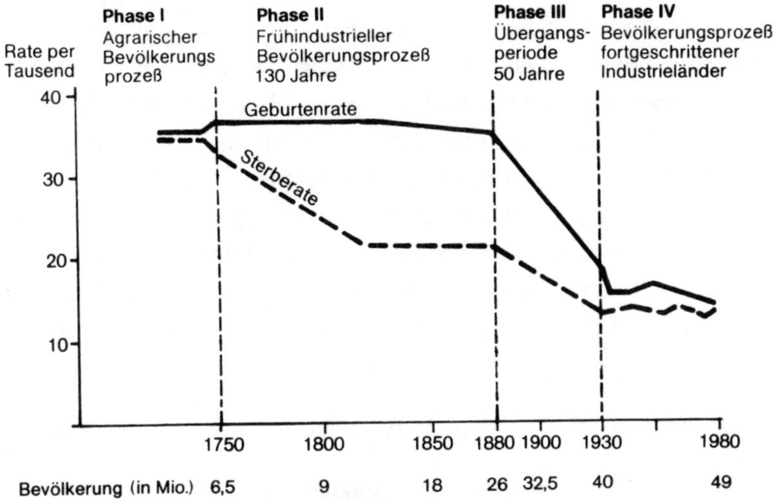

Quelle: Waterkamp, Rainer: Taschenbuch der Zukunftsforschung, Wiesbaden 1972, S. 28.

Darstellung 13: Geburten- und Sterberaten im Bevölkerungsprozess

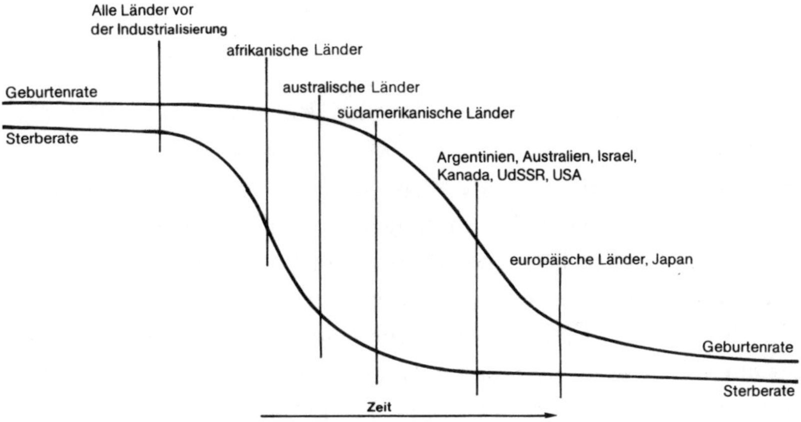

Quelle: Wingen, Max: Grundfragen der Bevölkerungspolitik, Stuttgart 1975, S. 153.

Der von dem englischen Historiker Arnold Toynbee 1867 geprägte Begriff Industrielle Revolution beschreibt also einen allgemeinen Strukturwandel ohne eindeutigen Anfang und ohne bestimmbares Ende. Wie durch Adam Smith betont, nimmt die Arbeitsteilung bei der **Produktion** zu und die Diversifizierung schreitet voran. Geräte und Maschinen ersetzen mehr und mehr die Handarbeit bzw. unterstützen und ergänzen diese. Die **Fabrik** wird zum Symbol der Industrialisierung. Sie tritt allmählich neben die Manufaktur und ersetzt diese teilweise, zuerst in der Textilindustrie, dann in der zweiten Hälfte des 19. Jahrhunderts auch in anderen Industriezweigen. Es handelt sich dabei also um keinen stufenartigen, sondern einen parallelen, anhaltenden Prozess, was nicht zuletzt daraus deutlich wird, dass auch heute noch Manufakturen existieren (z.B. in den Bereichen Glas, Keramik, Uhrenherstellung usw.).

Darstellung 14: Unterschiede zwischen Manufaktur und Fabrik

Manufaktur:	- Beibehaltung der Handwerkstechnik - Geringere Arbeitsteilung - Geringere Kapitalintensität - Geringere Produktionsmengen - Vorwiegend gelernte Arbeitskräfte
Fabrik:	- Einsatz von Maschinen - Ausgeprägte Arbeitsteilung - Hohe Kapitalintensität - Massenproduktion - Vorwiegend an- und ungelernte Arbeitskräfte

Ein weiteres Merkmal der Industriellen Revolutionen scheint die **Beschleunigung** zu sein, mit der die wirtschaftliche und gesellschaftliche Entwicklung vonstatten ging. Die strengen Zeitvorgaben und Pausenregelungen in den Betriebs- und Fabrikordnungen legen davon beredtes Zeugnis ab. Überdies zeigte sich zunehmend die Bedeutung mental-geistiger neben der mechanischen Arbeit und in diesem Zusammenhang die zunehmende Zahl von Erfindungen (Inventionen) und Innovationen, die das wirtschaftliche Wachstum vorantrieben. Bei Betrachtung der sogenannten „langen Wellen" der Weltkonjunktur findet dies seinen Niederschlag. Das Wachstum wird wesentlich von technischen Neuerungen auf der Basis kumulierten (des „Kennens") und angewandten Wissens (des „Könnens") getragen und je mehr sich die Betrachtung der Gegenwart nähert, desto größer scheint der

Anteil des Humankapitals am ökonomischen Fortschritt zu sein. Auf diese „Gesetzmäßigkeit" wird zurück zu kommen sein.

Darstellung 15: Modell der wirtschaftlichen Entwicklung in „langen Wellen"

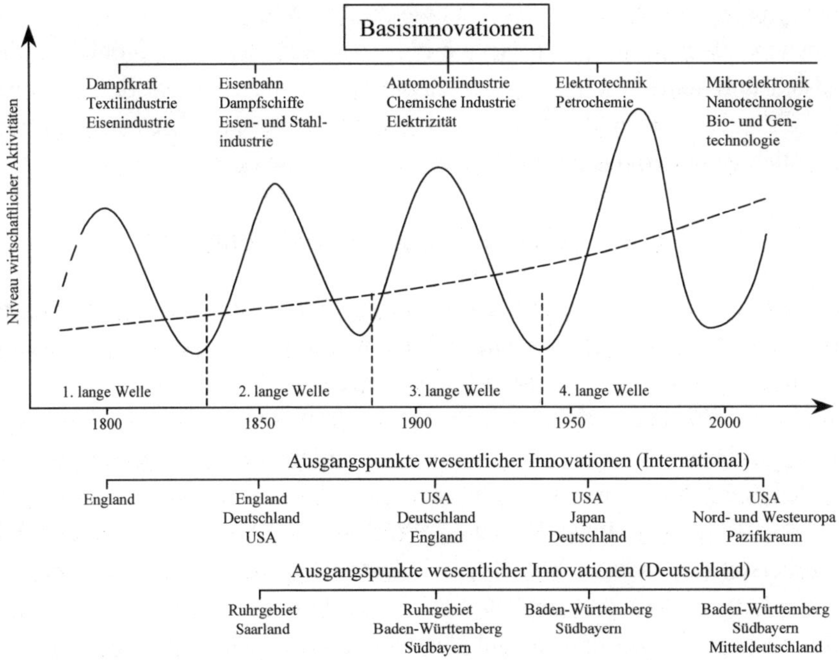

Datenquellen: Dicken, Peter: Global shift. Industrial change in a turbulent world, London et al. 1986, S. 20; Schätzl, Ludwig: Wirtschaftsgeographie. Bd. 1: Theorie, 4. überarb. Aufl., Paderborn et al. 1992, S. 203.

Interessant ist ein weiterer Befund, nämlich der, dass es auch heute noch Industrielle Revolutionen gibt, etwa in den sog. „Schwellenländern". Hier haben wir es mit der **Gleichzeitigkeit des Ungleichzeitigen** zu tun. Darüber hinaus spricht man gelegentlich von einer Ersten, Zweiten, Dritten und Vierten Industriellen Revolution, wobei diese jeweils durch bestimmte Basisinnovationen geprägt sind. Während die Erste von der Dampftechnik getragen war, basierte die Zweite auf den neuen Wissenschaftsindustrien (Chemie, Elektrotechnik, Motor etc.), die Dritte auf entscheidenden Prozessinnovationen und die Vierte auf der digitalisierten Elektronik (Kommunikationsrevolution). Die

Fünfte Industrielle Revolution findet soeben am Ende des zweiten und zu Beginn des dritten Jahrtausends statt und scheint getragen zu sein von biochemischen und gentechnischen Innovationen. Das Klonen ruft plötzlich eine Vielzahl von Ethik-Kommissionen auf den Plan. Die Entschlüsselung des menschlichen Genoms scheint in greifbare Nähe zu rücken. Neue Visionen lassen enorme zukünftige Marktpotenziale ahnen und werden die wirtschaftsgeographische Struktur dort ihre Schwerpunkte bilden, wo das Wirtschaftswachstum am meisten dynamisch, mithin das innovative Vermögen umfassendsten und seine Nutzung am effizientesten ist. Insofern ergibt sich neben dem zeitlichen bzw. zyklischen Abbild des Wachstumsprozesses auch ein sich allmählich veränderndes räumliches Muster (Darstellung 15).

5.2. Die Industrielle Revolution in England

Die Besonderheiten der frühen industriellen Entwicklung in Großbritannien sowie einige gravierende Vorteile, die es den anderen europäischen Staaten gegenüber genoss, wurden bereits angedeutet. Es besaß keine Zünfte, das Territorium war relativ einheitlich und es verfügte über eine starke Seemacht. Ferner gab es auf der Insel bereits um 1750 einige blühende Industriezweige, wie den Schiffbau, die Eisenverhüttung und den am weitesten verbreiteten Gewerbezweig, die Herstellung von Wollstoffen. Andere wie Buchdruck, Papierherstellung, Glas- und Kupferindustrie entstanden im 16. und 17. Jahrhundert, so dass die arbeitsteilige Produktionsweise bereits relativ weit verbreitet war. Es gab also sowohl „leading sectors“, d.h. Industriezweige, die innovativ und wachstumsstark waren und auf andere Gewerbe ausstrahlten als auch eine hohe Gewerbedichte mit teilweise Jahrhunderte altem Erfahrungswissen. Hinzu kamen die Vorteile einer kostengünstigen Infrastruktur (Küstenschifffahrt), eines effizienten Agrarsektors, eines stabilen, demokratischen und vertrauenswürdigen politischen Systems mit parlamentarischer Monarchie sowie eines liberalen Wirtschaftssystems ohne gravierende institutionelle Restriktionen.

5.2.1. Die Neuerungen in der Landwirtschaft

In der Regel ging die Industrialisierung in Europa mit einem Anstieg der landwirtschaftlichen Produktivität einher. In Großbritannien waren die landwirtschaftlichen Veränderungen durch zwei gegenseitig sich beeinflussende Entwicklungen gekennzeichnet, nämlich durch die Einführung neuer Anbau- und Verarbeitungstechniken und die beschleunigte Fortsetzung der bereits im 16. Jahrhundert begonnenen Einhegungen **(Enclosures)**.

Die Einhegungen

Die Einhegungen der vorindustriellen Zeit stellten einen planmäßig durchgeführten und parlamentarisch sanktionierten Massenvorgang dar. Die auf der offenen Flur zerstreut liegenden Grundstücke wurden zusammengelegt und eine Teilung der Wiesen, Weiden und des Gemeindelandes vorgenommen. Der grundlegende Gedanke war, die landwirtschaftliche Nutzfläche in Schafweide und Ackerboden aufzuteilen, wobei die besseren Böden dem Getreideanbau und die schlechteren der Schafzucht zugeführt wurden, um so durch effizientere Nutzung höhere Grundrenten zu erwirtschaften. Die Regierung bot durch Preisgarantien für Getreide und andere Agrarprodukte zusätzliche Anreize zur Rationalisierung des landwirtschaftlichen Betriebssystems. Auf der anderen Seite geboten der erwähnte zunehmende Bevölkerungsdruck und der sich verengende Nahrungsspielraum eine rasche Modernisierung der Agrarwirtschaft.

Darstellung 16: Komponenten der Agrarrevolution im Überblick

- Verbesserung des Fruchtwechsels und der Zuchtmethoden
- Effizientere Güterverwaltung
- Einsatz von Hilfsmitteln und Maschinen
- Einführung der Kartoffel
- Auflösung der Allmenden
- Neulandgewinnung (z.B. Trockenlegen von Sümpfen)
- Steigerung der Bodenproduktivität durch Dünger
- Verbesserung der Verkehrsinfrastruktur und verstärkte Marktanbindung (Kommerzialisierung der Landwirtschaft)
- Verbesserte Lebensmittelversorgung in quantitativer und qualitativer Hinsicht

Wirkungen der Agrarrevolution

Unter der mit den Einhegungen verbundenen **Besitzumschichtung** und der Einführung des Sondereigentums an Grund und Boden litten allerdings zunächst die Kleinbauern, da sie das Recht verloren, ihr Vieh auf die Gemeindeweide zu treiben und weil die ihnen zugewiesenen Grundstücke in der Regel von geringerer Beschaffenheit waren als ihre früheren. Obwohl sich die Besitzumschichtung zahlenmäßig nicht exakt erfassen lässt, wird angenommen, dass sich die Betriebseinheiten bei den Einhegungen vergrößerten und durchschnittlich vier bis sechs alte Kleinbauernstellen umfassten. Dies lässt auf einen erheblichen Freisetzungseffekt schließen, sodass viele Bauern ihr Stück Land veräußerten und als Landarbeiter auf den neu entstandenen großen Gutskomplexen unterkamen oder aber in den frühen Industrien ihr Ein- und Auskommen fanden.

Insgesamt hat die Agrarrevolution in England den Industrialisierungsprozess in vielerlei Hinsicht beeinflusst. Zum einen schuf sie die **Nahrungsbasis** für eine rasch anwachsende Bevölkerung, die sich zwischen 1751 und 1821 mehr als verdoppelte. Zweitens führten steigende Einkommen in der Landwirtschaft zu einer erhöhten **Kaufkraft** bzw. Nachfrage, die die Produktion bzw. das Angebot auf breiter Basis ankurbelte. Dies führte schließlich dazu, dass die Industrialisierung erheblich von der Entwicklung in der Landwirtschaft profitierte. Beispielsweise wurden die frühen eisenverarbeitenden Werkstätten von Grundbesitzern gegründet, die auch als erste **Investoren** Projekte zur Verbesserung des Transportwesens realisierten.

5.2.2. Wachstum und zunehmender Lebensstandard

Die Beschleunigung des Wirtschaftswachstums gegen Ende des 18. Jahrhunderts ging einher mit einem bemerkenswerten Bevölkerungszuwachs. Stieg die Bevölkerung in der ersten Hälfte des 18. Jahrhunderts um insgesamt ca. 5 Prozent, so betrug die Steigerung zwischen 1751 und 1801 mit 49,2 Prozent nahezu das Zehnfache, wobei allein in den zehn Jahren von 1791 bis 1801 ein Anstieg um 11 Prozent zu verzeichnen war[23]. So nahm die Bevölkerung während der Regierungszeit Georgs III. (1760 - 1820) von 7,5 auf 14 Millionen zu. Kein anderes europäisches Land erreichte in dieser Zeit einen derartigen Anstieg. Obwohl die ersten Schätzungen des Volkseinkommens Großbri-

---

[23] Deane, Phyllis: The First Industrial Revolution, Cambridge 1965, S. 86.

tanniens keine präzisen quantitativen Analysen zulassen, gehen englische Wirtschaftshistoriker davon aus, dass zwischen 1770 und 1831 der Anteil der Landwirtschaft von über 40 auf unter 33 Prozent fiel, während der Anteil der Industrie von etwa 20 auf über 25 Prozent anstieg. Dieser sektorale Strukturwandel sollte sich später auch in den meisten anderen Industrieländern zeigen.

Bemerkenswerterweise wurde das Bevölkerungswachstum von einem **zunehmenden Lebensstandard** begleitet und die Situation der Unterschichten, also der Hauptleidtragenden früherer Jahrhunderte, verschlechterte sich im Allgemeinen nicht weiter. Die Reallöhne der Fabrikarbeiter erfuhren im Zuge der Industriellen Revolution eine Steigerung, wohingegen einige wenige Beschäftigtengruppen der damaligen Old Economy, etwa die Heimweber, keine Einkommenszuwächse erzielen konnten. Dies kann jedoch nicht über den generellen Befund hinwegtäuschen, dass die Pro-Kopf-Einkommen bei steigender Bevölkerung zunahmen – ein Indiz dafür, dass das Wachstum des Sozialprodukts stärker war als das demographische. Das wirtschaftliche Wachstum ähnelte dabei weniger dem von Walt Whitman Rostow in Analogie zu einem startenden Flugzeug beschriebenen *take off*, sondern war moderater. Es mag um 1780 bei jährlich 0,7 Prozent gelegen haben und steigerte sich bis um 1840 auf ca. 1,3 bis 1,4 Prozent.

Einige Forscher führen die allgemeine Prosperität auf die bedeutenden Erfindungen der 1780er Jahre in der Baumwoll- und Schwerindustrie zurück, während andere die Ursachen für diesen Wirtschaftsaufschwung primär den kumulativen Effekten einer wachsenden Nachfrage nach englischen Exportgütern zuschreiben. Im folgenden werden nun einige der Faktoren erörtert, die als bestimmend für das Wirtschaftswachstum in der Industriellen Revolution Großbritanniens angesehen werden können.

Der Produktionsfaktor Kapital

Mit dem Prozess der Industrialisierung war die Bildung eines Kapitalstocks verbunden. Kapital konnte sowohl am (allerdings noch wenig entwickelten) Kapitalmarkt aufgenommen werden, als auch, was die Regel war, durch die Unternehmen selbst generiert werden. Beispielsweise finanzierten sich die englischen Unternehmen der Baumwollindustrie in der zweiten Hälfte des 18. Jahrhunderts überwiegend aus den erwirtschafteten Gewinnen (**Selbstfinanzierung, Gewinnthesaurierung**). Außerdem waren die ersten Textilmaschinen relativ einfache und billige Holzkonstruktionen, so dass die Unternehmer die Fabrikation anlaufen lassen konnten, ohne allzu sehr auf Fremdkapital zurückgreifen zu müssen. Die regelmäßige Reinvestition des größten Teils der Gewinne führte dann zu jährlichen Wachstumsraten des Kapitalstocks, die in der Textilindustrie nicht selten 15 bis 20 Prozent betrugen.

Im Laufe des 19. Jahrhunderts beschleunigte sich die volkswirtschaftliche Kapitalbildung und den Arbeitskräften wurden in erheblich größerem Umfang Kapitalgüter zur Verfügung gestellt. Dabei handelte es sich nun mehr um Sachkapital in Form von Anlagen (z.B. Maschinen, Motoren, Eisenbahnen etc.) im Unterschied zu den traditionellen Kapitalarten (Vieh, Gebäude, Lagervorräte etc.), die die vorindustrielle Zeit kennzeichneten. Dies bedeutete auch, dass in der Industrialisierungsphase ein erheblich größerer Teil des volkswirtschaftlichen Gesamteinkommens für Kapitalgüter statt für Konsumgüter aufgewendet wurde. Darüber gibt die **Investitionsquote** Auskunft. Sie beschreibt das Verhältnis der Netto-Investitionen zum Volkseinkommen. Im Großen und Ganzen wird man davon ausgehen können, dass die Investitionsquote vor der Hochindustrialisierung, also in Großbritannien vor 1830, etwa fünf oder sechs Prozent betrug, wohingegen sie in einer industrialisierten Wirtschaft zehn oder zwölf Prozent ausmacht. Wichtig ist in diesem Zusammenhang die Tatsache, dass eine **Verlagerung des Kapitals** von weniger produktiven in produktive Verwendungsbereiche stattfand. Dies bedeutet, dass sich die **Kapitalrentabilität** steigerte. Bezeichnend ist insbesondere der Anstieg des Gewerbe- und Handelskapitals im Verhältnis zu Gebäuden und landwirtschaftlichem Kapital[24]. Schließlich ist an die **Kapitaleinsparungseffekte** zu denken. Dies lässt sich an ein paar Beispielen verdeutlichen. Der Kanalbau verschlang in Großbritannien zwar zunächst beträchtliche Summen, jedoch konnten durch seine Realisierung Frachtkosten sowie Kapitalbindungskosten bei der Lagerhaltung oder im Güterverkehr erheblich reduziert, somit Kapital eingespart bzw. produktiver genutzt werden. Wirtschaftswissenschaftlich ausgedrückt handelt es sich dabei um positive **externe Effekte**. Die Investitionen in die Gasbeleuchtung, die in den 1820er und 1830er Jahren in englischen Fabriken eingeführt wurde, ermöglichten Nachtschichten und damit die wesentlich effizientere Nutzung des Anlagekapitals, aber auch des Humankapitals. Dies führt zu einer weiteren wichtigen Determinante wirtschaftlicher Entwicklung, nämlich dem technischen Fortschritt.

---

[24] Deane, Phyllis: Die Industrielle Revolution in Großbritannien 1700-1880. In: Cipolla, Carlo M./Borchardt Knut (Hg.): Europäische Wirtschaftsgeschichte. Bd. 4: Die Entwicklung der industriellen Gesellschaften, Stuttgart et al. 1985, S. 1-42, hier: S. 23 f.

Der technische Fortschritt

Es ist unbestritten, dass der technische Fortschritt, d.h. Inventionen und Innovationen, von zentraler Bedeutung für das wirtschaftliche Wachstum während der Industriellen Revolution waren (und freilich auch gegenwärtig noch sind). Im Laufe der Jahrhunderte kam es aus einer Reihe von Gründen (breiteres Interesse an Bildung und Wissen, organisiertes Schulwesen, verbesserte Drucktechnik etc.) zu einer ununterbrochenen Verkettung von Erfindungen. Damit verbunden waren spillover- und Synergieeffekte, die den Innovationsprozess verstetigten, beschleunigten und unumkehrbar machten.
David **McClelland** führte (gestützt auf Max Weber) die Durchsetzung technologischer Neuerungen im England des 18. Jahrhunderts auf eine seit langer Zeit herrschende hohe Wertschätzung wirtschaftlicher Betätigung der Bürger zurück, die ihren möglichen Ausgangspunkt im Calvinismus hatte, der wiederum einem bestimmten Leistungs- und Berufsethos förderlich war. Der technische Fortschritt wurde im Textilgewerbe, Bergbau, Hüttenwesen, auf dem Transportsektor sowie in der Landwirtschaft und der Energieerzeugung wirksam. Dabei hing die Einführung von Neuerungen primär von der Verfügbarkeit geeigneter Produktionsfaktoren und einem anpassungsfähigen Markt ab. Es ist zu beachten, dass die modernisierten Sektoren über Jahrzehnte mit den traditionellen koexistierten. Die Anpassungsgeschwindigkeit und auch -notwendigkeit der einzelnen Branchen an neue Standards im Bereich der Technologie und des Konsums war durchaus unterschiedlich. Selbst innerhalb derselben Gewerbe gab es Unterschiede. So bedienten eine Vielzahl von Webern noch auf herkömmliche Art ihren Webstuhl, als längst maschinisierte Webereien existierten.

Das Wachstum der Nachfrage und die „Konsumrevolution“

Das Bevölkerungswachstum, moderat steigende Realeinkommen sowie eingespielte Verkehrsverbindungen und Handelsbeziehungen waren günstige Voraussetzungen für einen steigenden Absatz. England verfügte seit Jahrhunderten über günstige Kontakte zu ausländischen Märkten und hatte eine **starke Zunahme des Exports** in den letzten beiden Jahrzehnten des 18. Jahrhunderts zu verzeichnen, wobei die Nachfrage nach englischen Waren vor allem in den Kolonien Nordamerikas und in Westindien sehr stark war. *„Gegen Ende des 18. Jahrhunderts war Englands Baumwoll- und Metallindustrie fähig, ...*

nicht nur die europäischen, sondern auch alle anderen Märkte mit ihren konkurrenzlosen Produkten der Industriellen Revolution zu erobern"[25].

Aber auch die Binnennachfrage stieg erheblich. Hier wirkten verschiedene Faktoren zusammen. Einerseits konnten viele Güter durch zunehmende Massenherstellung und entsprechende Stückkostenverringerung preisgünstiger angeboten werden und neue Konsumentenschichten erreichen. Andererseits sorgte eine zunehmende Kommerzialisierung von Agrar- und Gewerbeprodukten für steigende Umsätze und schließlich begann man seitens der Unternehmen, sich auf die wandelnden Bedürfnisstrukturen besser einzustellen. Veränderungen im Geschmack und modischen Trends wurde zunehmende Aufmerksamkeit gewidmet. Farbgebung, Appretur, Form, Stil und stoffliche Qualität beachtete man mit verfeinerten ästhetischen Vorstellungen und richtete das Sortiment darauf ein. Neue Blätter wie z.B. das „Journal des Luxus und der Moden" oder „London und Paris" unterstützten die kollektive Geschmacksfindung und es ist nicht zu übersehen, dass auch die Wünsche einer wachsenden überseeischen Kundschaft berücksichtigt werden mussten.

Mit der Industriellen Revolution, die weite Teile der Gesellschaft und Kultur durchdrang, ging so die Veränderung des Konsumverhaltens einher. Das zunehmende Modebewusstsein und stärkere Präferenzen für das Neue sind Indikatoren dafür, dass die **„Konsumrevolution"** die Industrielle Revolution begleitete.

Die Rolle des Staates

Der Staat tritt ökonomisch in unterschiedlichen Funktionen in Erscheinung. Er gestaltet die Institutionen (Regeln, Gesetze etc.), ist Nachfrager und Anbieter von Gütern und Dienstleistungen und verantwortlich für das Vertrauen in und die Stabilität des institutionellen Arrangements. Von seinen wirtschafts- und fiskalpolitischen Vorgaben hängt viel ab. Es ist davon auszugehen, dass England im 18. Jahrhundert seiner Wirtschaft und Gesellschaft einen höheren Freiheitsgrad zubilligte als andere europäische Länder (vielleicht mit der Ausnahme Hollands). Während sich in Frankreich zur Zeit des „ancien régime" die Kapitalbildung noch weitgehend unter der Vormundschaft des Staates vollzog, verfügte England über ein höheres Maß an Unabhängigkeit sowie über eine freie, private Unternehmerschaft.

---

[25] Hartwell, Ursachen, S. 46.

Nach traditioneller Auffassung verdankt die Industrielle Revolution in England der Passivität des Staates weit mehr als seinem Eingreifen. Diese Ansicht stützt sich primär darauf, dass viele der restriktiven staatlichen Regelungen, die teilweise noch aus dem Mittelalter stammten, in der Zeit zwischen 1760 und 1850 entschärft oder ganz aufgehoben wurden. Auch waren viele Beschränkungen seit jeher umgangen worden, so dass sie eher lästig als wirksam waren. Die Tendenz, die sich daraus zum Abbau der tarifären Handelshemmnisse (Zölle etc.) entwickelte, nahm allerdings durch den Krieg mit Frankreich eine vorübergehend gegenläufige Richtung an, so dass die Einfuhrzölle eine durchschnittliche Höhe von über 25 Prozent erreichten: „*Es gab während dieser Periode chronische Handelsdefizite, und man wird annehmen dürfen, dass die schwere Last des Protektionismus im Nachkriegsengland die Erholung der britischen Industrie behinderte und die durch den wirtschaftlichen Wandel bedingte soziale Not verschärfte*“[26]. Die Vorstellung von einem endgültigen Sieg des *laissez-faire* wäre somit falsch. Vielmehr trug die Zeit der Frühindustrialisierung eher den Charakter wirtschafts- und fiskalpolitischer Diskontinuität.

Andererseits schuf die Regierung wesentliche Voraussetzungen zur Industrialisierung Großbritanniens. Im Unterschied zu anderen Ländern (wie etwa Frankreich), richtete sie die gesamte Außenpolitik nach ökonomischen Zielsetzungen aus. Ihre Kriegsziele waren am Handel und, was auf das gleiche hinauslief, an der Flotte orientiert. Durch den Sieg über das napoleonische Frankreich erreichte Großbritannien die faktische Monopolstellung unter den europäischen Staaten in den überseeischen Kolonien und einen einzigartigen Status als Seemacht. Der Krieg gegen Frankreich trug durch den massenhaften Bedarf an Waffen, Munition, Uniformen usw. unmittelbar zur technologischen Neuerung und Industrialisierung bei. Einschlägige Firmen wie Wilkinson verdankten ihren Aufstieg im wesentlichen Regierungsaufträgen. Ferner machte der britische Außenhandel aus der Not der Kontinentalsperre von 1806 (striktes Verbot des Verkaufs englischer Waren in Kontinentaleuropa) eine Tugend und eroberte sich die überseeischen Märkte, insbesondere jene Lateinamerikas und Westindiens, wo sie über Jahrzehnte eine dominierende Position einnahmen.

---

[26] Deane, Phyllis: The First Industrial Revolution, Cambridge 1965, S. 276.

5.2.3. Die Verkehrsinfrastruktur

Seit den 1760er Jahren bis etwa 1830 wurde das Verkehrswesen in Großbritannien durch den Bau bzw. Ausbau von Flüssen, Kanälen und Straßen erheblich verbessert. Dabei lässt sich die Bedeutung dieser Verbesserungen der Verkehrs-Infrastruktur für den Industrialisierungsprozess Großbritanniens nur schätzen. Ohne sie hätte die Industrielle Revolution nicht in dem Umfang bzw. erst im Jahrzehnt des Eisenbahn-Booms (1840er Jahre) stattgefunden.

Wie aus den Berichten zeitgenössischer Reisender hervorgeht, genügte das britische Straßennetz zunächst nur mangelhaft den Bedürfnissen der Wirtschaft, da es ausschließlich aus unbefestigten schmalen Wegen bestand. Durch den Bau von Schotterstraßen, die von Mautgesellschaften unterhalten wurden, verbesserten sich nicht nur die Transportgeschwindigkeiten und die Transportsicherheit, auch die Transportkosten gingen erheblich zurück. Dabei dürfte der Ausbau des Straßennetzes primär auf das ständig zunehmende Wachstum der Städte zurückzuführen sein und damit auf das Problem, die steigende Nachfrage nach Grundnahrungsmitteln und Kohle zu befriedigen. Das englische Straßennetz umfasste um 1815 bereits etwa 1.600 km gut präparierter Straßen.

Der Transport sperriger und schwerer Güter vollzog sich allerdings auf dem Wege einer ausgedehnten **Küstenschifffahrt**, die wesentlich auch der Versorgung Londons diente. Obwohl die Küstenschifffahrt zwischen den schottischen Häfen sowie Newcastle, Hull, Yarmouth und London ihre Bedeutung bis ins frühe 19. Jahrhundert beibehielt, war sie ein relativ unzuverlässiges und teures Transportsystem mit nur geringen Ladungskapazitäten.

So begann man mit dem **Bau von Kanälen**, der sich im wesentlichen in zwei Hauptphasen vollzog. Den ersten Boom in den 1760er Jahren leitete der Herzog von **Bridgewater** ein, als er seine Kohlengruben in Worsley mit Manchester durch einen 61 km langen Kanal verband, in dessen Bau er die gewaltige Summe von 250.000 Pfund Sterling investierte. Die Tatsache, dass die Kohlenpreise für die Endverbraucher in Manchester um die Hälfte zurückgingen, wirkte stimulierend für den Bau weiterer Kanäle und zeigt bereits deutlich, wie der Kanalbau im Sinne eines Abbaus der „sozialen Kosten“ wirkte. Überhaupt ist die enorme Nachfrage nach Kohle als neuer Energieträger der Haushalte und kleinen Industrien in den Städten als zentrale Kraft für die Entwicklung der Binnenschifffahrt zu sehen. Die zweite Phase, die sich zu einem „nationalen Kanalfieber“ (*national mania*) ausweitete, begann in den 1790er Jahren. Dabei lag die Initiative zum Kanalbau auf breiter Basis in den neuen Industriegebieten, so dass es primär Fabrikanten und Kaufleute waren, die den Kanalbau finanzierten. „.... *bis zum Ende des 18. Jahrhundert wurde das Binnenschifffahrtsnetz auf 2000 Meilen (= 3200 km) ausgedehnt, wovon 1/3 der Strecke aus schiffbaren Flüssen bestand*“[27] (Darstellung 18) Nach Schätzungen von Phyllis **Deane** wurden für den gesamten Ausbau des Binnenschifffahrtsnetzes 20 Millionen Pfund Sterling aufgebracht. Die Aufbringung dieser Summe lässt sich nur dadurch erklären, dass neben staatlichen Mitteln und Zuschüssen großer Unternehmen erhebliche Kapitalsummen von vielen kleinen Gewerbebetrieben im Wege des Erwerbs von Aktien eingesetzt wurden. Überhaupt wurde der stark zunehmende Einsatz von Beteiligungskapital im Bereich der öffentlichen Güter und der privaten Wirtschaft mehr und mehr zum Charakteristikum der industriellen Epoche, wobei auch hier die Entwicklung von Großbritannien ausging und bald auf den Kontinent übergriff. Die Bedeutung der Kanäle für die Industrielle Revolution drückt **Clapham** so aus: „*In alle Teile Englands konnten nun die verschiedensten Materialien für den Straßen-, Brücken- und Hausbau sowie die Rohstoffe und Fertigerzeugnisse der Industrie transportiert werden. Ferner Vieh, die in der Landwirtschaft benötigten Düngemittel und viele Güter, deren Beförderung nur 50 Jahre vorher undenkbar gewesen wäre*“[28]. Gleichzeitig mit dem Kanalbau wurden die bestehenden Dock- und Hafenkapazitäten erweitert. Von 1775 bis zur Jahrhundertwende nahmen die Dock- und Hafenanlagen um das Dreißigfache ihrer ursprünglichen Fläche zu.

27 Deane, Revolution, S. 75.

28 Clapham, John H.: An Economic History of Modern Britain, 4. Auflage, Cambridge 1968, S. 79.

Darstellung 17: Die Zunahme der Verkehrsgeschwindigkeit

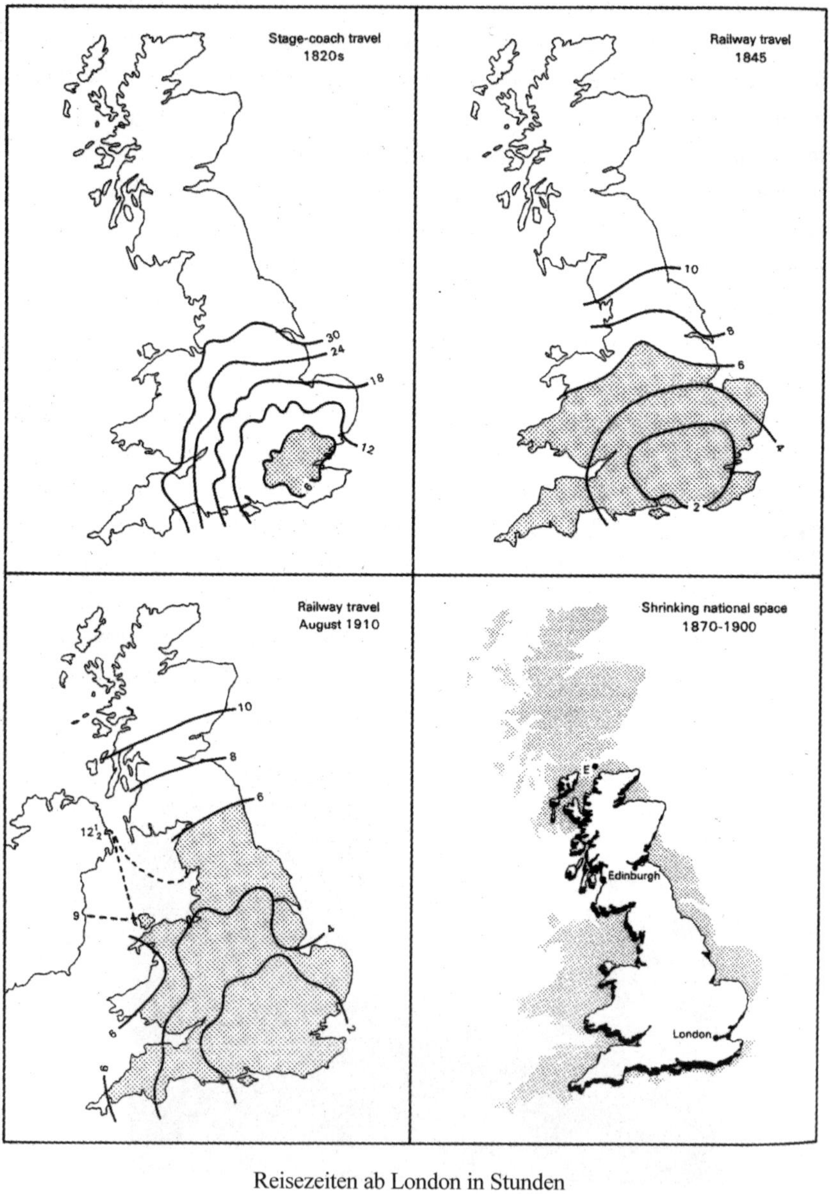

Reisezeiten ab London in Stunden

Quelle: Langton, John/Morris, R.J. (Hg.): Atlas of Industrializing Britain 1780-1914, London et al. 1986, S. 90.

5.2.4. Schwerpunkte der Industrialisierung

Als Kern der ersten Industriellen Revolution wird generell die Entstehung der modernen, verarbeitenden Industrie angesehen. Vor allem die Baumwoll- und Eisenindustrie wurden stärker und früher als alle anderen Wirtschaftszweige von den umwälzenden Neuerungen in Technik und Organisation erfasst, die Großbritannien zur ***„Werkstatt der Welt“*** machten.

Die Textilindustrie

Die Textilherstellung in England war zu Beginn der Industriellen Revolution durch die Verarbeitung von Wolle, Seide, Leinen und Baumwolle gekennzeichnet, wobei die **Wollindustrie** über Jahrhunderte im Wirtschaftsleben Englands dominierte. Dies lag hauptsächlich daran, dass die **Schafzucht** in England weit verbreitet war und somit ein wichtiger Rohstoff in guter Qualität zur Verfügung stand. Das Beispiel zeigt, wie aus einem Agrargewerbe ein blühender Industriezweig entstehen konnte, der einigen Hunderttausend Familien die Existenz sicherte.

Demgegenüber war die **baumwollverarbeitende Industrie** kaum entwikkelt und konnte zunächst weder qualitativ noch preislich mit den feinen **indischen Baumwoll- oder Musselinstoffen** (leichtes Tuch, nach dem irakischen Staat Mosul benannt) konkurrieren, die mehr und mehr über die zahlreichen **Ostindiengesellschaften** nach Europa eingeführt wurden. Die Baumwollverarbeitung beschränkte sich zu Beginn des 18. Jahrhunderts auf die Herstellung von Barchent (Leinenkette mit Baumwoll-Durchschuss) und vollzog sich wie das Wollgewerbe im Rahmen der Hausindustrie.

Beide Gewerbezweige wurden fast ausschließlich neben der Landwirtschaft in Zeiten geringer Beschäftigung als „Gelegenheitsarbeit“ betrieben. Die meisten Weber, außer in Manchester, waren zugleich Bauern. Der Grund für die nur schleppende Einführung von Baumwollerzeugnissen lag darin, dass der Absatz der Waren durch hohe Importzölle bis 1774 behindert wurde. Außerdem war die rohe Baumwolle, die größtenteils aus der Levante (östlicher Mittelmeerraum), den amerikanischen Südstaaten oder den Westindischen Inseln stammte, im Pfundpreis teurer als die beste englische Wolle. Die im Inland hergestellten Erzeugnisse (Baumwolle wurde nur in Verbindung mit Leinengarn verwebt) waren ferner rau, schwer zu nähen und zu waschen.

Darstellung 18: England/Großbritannien 1650-1850

Quelle: Wilson, Charles: England 1650-1750. In: Handbuch der Europäischen Wirtschafts- und Sozialgeschichte. Bd. 4, S. 364-400, hier: S. 365.

In den 1750er Jahren verbesserten sich nun die Exportmöglichkeiten für Baumwollerzeugnisse erheblich. Zudem wurden neue Märkte auf dem Kontinent und in Übersee erschlossen. Außerdem nahm durch das anhaltende Bevölkerungswachstum und den Einkommensanstieg auch die Inlandsnachfrage entsprechend zu. Es überrascht daher nicht, dass in den 1760er Jahren Preise für Erfindungen ausgesetzt wurden, die die Produktivität der Spinner und die Garnqualität erhöhten. Begünstigend für die dann folgende sprunghafte Expansion der Baumwollproduktion wirkte sich der unbeschränkte

Import von Rohbaumwolle aus Ostindien, Ägypten und den amerikanischen Südstaaten aus. Zwischen 1769 und 1860 stiegen die Importe von 3,9 Millionen auf 1,1 Milliarden Pfund jährlich. Allerdings blieben die Preise für Rohbaumwolle langfristig konstant und erst als die **nordamerikanischen Plantagen** mit stark erhöhtem Angebot an den Markt traten und durch Einsatz von Maschinen in den 1790er Jahren die Produktivität gesteigert wurde, fielen die Preise für Rohbaumwolle bei weiter steigenden Importen. Der Absatz von Baumwollerzeugnissen nahm im Zeitraum von 1700 bis 1780 von einer auf vier Millionen Pfund jährlich zu und erreichte dann unter dem Einfluss der Maschinisierung ein Quantum von 22 Millionen Pfund im Jahre 1787.

Die Baumwollindustrie entwickelte sich in kürzester Zeit zu einem kapitalintensiv und arbeitsteilig betriebenen Sektor und zum bedeutendsten Wirtschaftszweig Englands (***leading sector***). Bereits 1815 hatte die Baumwollindustrie die Wollindustrie in England an Bedeutung weit übertroffen. Ihre Exporte betrugen zu diesem Zeitpunkt 40 Prozent aller Exporte des Mutterlandes gegenüber 18 Prozent der Wollindustrie.

Quantitative und qualitative Bedeutung der eingeführten Neuerungen

Die ersten wichtigen **Erfindungen** in der Textilindustrie waren John **Kay**'s bewegliches Weberschiffchen (***flying shuttle***, Schnellschütze 1733) und **Paul**'s **Krempelmaschine** (1760). Durch sie wurde in der Weberei der *Output* an gewobenem Stoff gegenüber den traditionellen Webapparaturen pro Zeiteinheit verdoppelt. Dagegen war das Spinnen weniger weit entwickelt, so dass die daraus resultierende Garnknappheit zu einem akuten Problem wurde. Mit James **Hargreaves'** ***spinning-jenny*** (1770) vervielfachte sich dann die Garnmenge, die ein einzelner Arbeiter herstellen konnte. Außerdem verringerten sich die Anschaffungskosten bei den kleinsten Maschinen (16 Spindeln) im Verhältnis von 6 : 1. Selbst die größten Fabrik-Jennies mit 120 Spindeln waren derart einfach konstruiert, dass sie von nur einem Erwachsenen und mehreren Kindern bedient werden konnten. Mit der Erfindung von Richard **Arkwrights Wasserspinnmaschine** (1769) konnte neben der Erhöhung der Garnausbeute auch die Garnqualität soweit verbessert werden, dass erstmals englischer Baumwollstoff, der kein Leinengarn mehr enthielt, herstellbar wurde. Die Reduzierung der Kosten pro Outputeinheit auf ein Hundertstel der ursprünglichen Kosten führt David **Landes** auf die generelle Arbeitskräfteeinsparung und den Ersatz von Fachkräften durch Hilfskräfte zurück. Kennzeichnend für Arkwright's Spinnmaschine war, dass sie von Anfang an für die

Fabrik entwickelt wurde, da sie bereits für den Antrieb durch Wasserkraft bzw. später durch Dampfkraft konzipiert war. Dadurch wurde die Abkehr von der Heimindustrie eingeleitet.

Mit Samuel **Cromptons** Mule (*mule*: verzog und verzwirnte das Gespinst gleichzeitig und streckte es dann noch), die 1779 patentiert wurde, potenzierten sich die technologischen Vorteile von *jenny* und *frame* (Wasserantrieb), so dass um 1812 ein Spinnarbeiter in einer gegebenen Zeiteinheit ebenso viel Garn herstellen konnte, wie 200 Arbeiter vor dem Einsatz von Hargreaves' *spinning-jenny*. Allerdings entstand eine neue Disproportionalität dadurch, dass die Weber aufgrund der ununterbrochenen Garnzulieferungen weit hinter der Arbeitsleistung der Spinner zurückblieben. Die von Edmund **Cartwright** 1785 entwickelte Webmaschine fand nur schleppend Verbreitung, was primär an ihrer anfänglichen technischen Unvollkommenheit lag. Ein funktionsfähiger **Maschinenwebstuhl** kam erst um 1820 auf den Markt, was dann allerdings unter großen sozialen Spannungen geschah, da die Weber trotz sinkender Einkommen größtenteils nicht bereit waren, ihre Selbstständigkeit aufzugeben. Wie Landes ausführte, konnte ab 1825 ein Jugendlicher, der gewöhnlich die Maschine bediente, das 15-fache der Arbeit eines Handwebers bewältigen.

Ursachen und Wirkungen der Expansion

„Diese Entwicklungen veränderten den Charakter des ganzen Industriezweiges“, da man mehr und mehr dazu überging, *„das Spinnen in den Fabriken zu konzentrieren“*[29]. Der Anfang der Fabrikproduktion setzte praktisch ein, als die ersten Maschinen von Arkwright im Jahre 1771 in Betrieb genommen wurden. Nachdem jedoch Arkwright sein Patent 1785 verloren hatte und seine Erfindung für jedermann verfügbar wurde, kam es zur ersten großen Investitionswelle in der Baumwollindustrie: *„Zahlreiche Spinnereien - zuerst wasser-, dann dampfbetriebene - wurden errichtet (1788 waren es wahrscheinlich 145), ganz zu schweigen von den vielen kleinen Krempel- und Spinnereiwerkstätten, den jenny-factories“*[30].

Zentrum der Fabrikgründungen war **Lancashire**, aber auch in Schottland und Nottinghamshire wurden zahlreiche Fabriken gegründet. Allein in der Stadt **Manchester** siedelten sich innerhalb von 15 Jahren (1786 - 1801) 50 Textilfabriken an, während die Bevölkerungszahl in zehn Jahren (1790 - 1800)

---

29 Deane, Phyllis: Die Rolle des Staates. In: Braun, Revolution, S. 343-355, hier: S. 346.

30 Crouzet, François: Die Kapitalbildung in Großbritannien während der Industriellen Revolution. In: Braun, Revolution, S. 165-215, hier: S. 191.

von 50.000 auf 95.000 anwuchs. Nur 40 Jahre später war sie auf 350.000 Einwohner gestiegen. Die Perfektionierung von anderen für die Baumwollindustrie wichtigen Verarbeitungs- bzw. Veredelungsprozessen, wie der Bleich- und Färbetechnik, erhöhte deren Wachstumsrate und vergrößerte den Abstand zur Heimindustrie. Auch ermöglichte die erstmals 1785 von James **Watt** und Matthew **Boulton** in der Baumwollindustrie eingeführte **Dampfmaschine** die Ansiedlung von Fabriken in Gegenden, in denen Wasserkraft nicht vorhanden war (**Territorialisierung des Gewerbes**).

Für den enormen Aufschwung der Baumwollindustrie lassen sich mehrere Ursachen anführen. Zunächst waren die Endprodukte nicht so neuartig, dass sie sich eine erste Nachfrage durch Veränderungen der Verbrauchsgewohnheiten hätten schaffen müssen. Mit der Verbesserung der Garnqualität und den damit Hand in Hand gehenden Preissenkungen war der Weg für den Massenabsatz geebnet (Erschließung unterer Einkommensschichten). Einen weiteren Aspekt bildet die Tatsache, dass Kosten und Risiko dieses neuen Industriezweiges durch eine weiterhin vorhandene Hausindustrie gestreut waren und an der Verbreitung der neuen Maschinen die ganze Gesellschaft Anteil hatte, so dass nur der kleinste Teil des Produktionszuwachses aus den Fabriken kam. Dies brachte den frühindustriellen Unternehmern beträchtliche Vorteile dadurch, dass sie bei schlechter Absatzlage die Produktion weitgehend auf die Fabriken konzentrieren konnten, so dass die Heimspinner und -weber die volle Last von Wirtschaftsdepressionen zu tragen hatten. Blühte das Geschäft wieder auf, war es aufgrund des Mangels an alternativen Beschäftigungsmöglichkeiten ein Leichtes, neue Arbeitskräfte anzuwerben. Auf diese Weise entging der Unternehmer den schlimmsten Auswirkungen von Wirtschaftskrisen, da er lediglich einen geringen Kostenanteil zu tragen hatte. Die äußerst starke Machtstellung der Unternehmer äußerte sich ferner darin, dass sie *„die Arbeitszeit einer großen unorganisierten Arbeiterschaft, die hauptsächlich aus Frauen, Kindern und Halbwüchsigen bestand, beliebig einschränken oder verlängern konnten, denn die gesetzliche Regelung der Höchstarbeitszeit wurde erst nach 1850 wirksam“*[31].

---

31 Deane, Baumwollindustrie, S. 351.

Die starke **Konzentration** der Baumwollindustrie in Lancashire wird auf die günstigen geographischen Bedingungen der Region zurückgeführt. Zum einen wirkte sich das feuchte Klima positiv auf den Spinnprozess des Garns aus, andererseits war mit **Liverpool** ein Überseehafen mit zunehmender Bedeutung im Handelsdreieck Liverpool-Afrika-Nordamerika vorhanden. Als wesentlicher Grund für das anhaltende Wachstum der Baumwollindustrie ist darüber hinaus das zur Verfügung stehende nahezu unerschöpfliche Arbeitsreservoir zu sehen. Frauen und Kinder konnten verhältnismäßig niedrigen Löhnen 12 bis 16 Stunden täglich in den Fabriken eingesetzt werden, während die Söhne der Handweber ihren Vätern die Arbeitsplätze wegnahmen und bereit waren, immer länger für immer weniger Geld zu arbeiten. Mit den daraus resultierenden Unternehmergewinnen wurden Anlagen und Maschinenausstattung laufend erweitert, was zur Folge hatte, dass sich der Gesamtoutput der Industrie zwischen 1820 und 1845 vervielfachte und das britische Volkseinkommen um 50 Prozent stieg, während die Löhne der Arbeiter (real) nahezu konstant blieben.

Zieht man ein **Fazit**, so bildete die Baumwollindustrie eines der Hauptelemente der industriellen Umwandlung Großbritanniens. Dies nicht nur, weil sie sich zur neuen Produktionsform in der Fabrik besonders eignete, sondern weil von ihr starke gesamtwirtschaftliche Impulse sowie Sekundäreffekte auf andere Wirtschaftssektoren ausgingen. Dagegen weist **Deane** darauf hin, dass man die direkte Bedeutung dieser Industrie für die erste Industrielle Revolution nicht überschätzen sollte. Denn Kohle verbrauchte sie erst spät in größerem Umfang und neue Transportleistungen waren aufgrund ihrer starken regionalen Konzentration in Lancashire ebenfalls nicht erforderlich. Außerdem wurden die Maschinen zunächst ausschließlich aus Holz und meist in den Fabriken selbst von der eigenen Belegschaft gefertigt.

Die Schwerindustrie

Die Verwendung von **Kohle** für den Hausbrand war in Großbritannien zu Beginn der Industriellen Revolution bereits weit verbreitet. Besonders die Bevölkerung Londons war seit Jahrzehnten von Kohle abhängig, die mit Küstenschiffen aus dem Norden transportiert wurde. Da jedoch die Entwaldung Großbritanniens seit dem 17. Jahrhundert einen beängstigenden Umfang angenommen hatte, wurde Kohle anstelle von Holz auch in vielen Industriezweigen, z.B. bei der Herstellung von Eisensulfaten, Alaun (Doppelsalz, Kaliumaluminiumsulfat zur Färberei, Gerberei, blutstillend), Seife, Stärke, bei der Zuckergewinnung und im Brauereiwesen sowie in Farbwerken und Ziegeleien in zunehmendem Maße verwendet. Bereits um 1750 war die britische Industrie weitgehend von der Kohlenförderung abhängig, wobei Großbritannien in Wales, in den Midlands, dem Norden und in den Tälern des Tyne und Wear die größten westeuropäischen Kohlevorkommen besaß (abgesehen vom deutschen Ruhrgebiet).

Um die Wende zum 19. Jahrhundert hatte sich auf dieser Grundlage, vor allem auch durch die steigende Ausfuhr nach Frankreich und den Niederlanden, eine der stärksten englischen Monopolorganisationen, die der Grubenbesitzer von Newcastle, gebildet. Allerdings waren die Fördermethoden äußerst primitiv, da der Kohleabbau von Hand durchgeführt wurde, und jegliche Sicherheitsvorkehrungen fehlten. Das dabei aufgetretene technische Problem, die Senkung des Wasserspiegels in den Stollen, wurde seit 1712 erfolgreich von der von Thomas **Newcomen** entwickelten **Dampfpumpe** gelöst. Auch die erstmals 1769 von James **Watt** (Modell im Deutschen Museum in München) weiterentwickelte Maschine wurde fast ausschließlich zum Antrieb von Pumpen in Bergwerken eingesetzt. Auf diese Weise und auch im Hinblick auf den Kohletransport zu Häfen und Märkten, ebnete der Bergbau der Dampfmaschine den Weg und entwickelte mit der Eisenbahn in den 1830er Jahren ein neues Transportmittel.

Die **eisengewinnende und -verarbeitende Industrie** Englands war bis über die Mitte des 18. Jahrhunderts hinaus durch ein äußerst begrenztes Wirtschaftswachstum gekennzeichnet, was größtenteils auf Knappheiten im Rohstoff- und Energiesektor zurückgeführt werden kann. Durch die zunehmende Erschöpfung der Waldbestände war dieser Industriezweig um 1750 bereits in die entlegenen Waldgebiete des Lake Distrikt, in Teile von Süd- und Nordwales, sowie ins schottische Hochland vorgedrungen, da Hochöfen nur dort ausreichend mit Holzkohle versorgt werden konnten. Das Erz musste daher von weit entfernten Lagerstätten herangeschafft werden, während die Eisenhütten, in denen das Roheisen durch Erhitzen und Hämmern für den industriellen Gebrauch zu Schmiedeeisen verarbeitet wurde, häufig weit entfernt von den Schmelzöfen an Wasserläufen lagen. Zu diesen ungünstigen Produktionsbedingungen kam noch, dass Großbritannien in der ersten Hälfte des 18. Jahrhunderts aufgrund zu geringen Outputs an Roheisen von Importen aus Schweden und Russland abhängig war.

Bereits 1709 gelang Abraham **Darby** das Verfahren zur Verhüttung von Eisenerz mit Koks. Jedoch kamen erst in den 1760er Jahren die reichen Kohle- und Eisenerzvorkommen Englands in kommerzielle Reichweite der Eisenindustrie, als immer mehr auf der Basis von Kohle operierende Hochöfen in Betrieb genommen wurden, deren Zahl zwischen 1760 und 1780 von 17 auf 81 stieg. Diese Entwicklung begünstigte die starke Konzentration der Eisenindustrie in den Bergbaugebieten, so dass sich im Jahre 1806 bereits 87 Prozent der gesamten englischen Roheisenproduktion in den Bergbaubetrieben vollzog.

Dabei erscheint erwähnenswert, dass zur Erstellung der erforderlichen Produktionsanlagen im Gegensatz zur Baumwollindustrie erhebliche Finanzierungsmittel erforderlich waren. So entstanden 1789, mit einem Kostenaufwand von 40.000 Pfund Sterling, die Blaenavon-Eisenhütten. Wenn man ferner berücksichtigt, dass sich die Zahl der Schmelzöfen in Südwales von 14 im Jahre 1788 auf 197 um 1850 und in den Midlands im gleichen Zeitraum von 33 auf 220 erhöhte, lässt sich denken, welch enormes Ausmaß die Kapitalformation in dieser Periode angenommen hatte.

Während von 1760 bis 1790 eine relativ geringe Nachfrage nach Eisen zu verzeichnen war, führte deren starke Ausweitung während der Napoleonischen Kriege kurzfristig zu hohen Wachstumsraten der Eisenindustrie. Sie war nun in der Lage, die Inlandsnachfrage zu decken und der zunehmenden Diversifizierung der Eisenproduktion zu entsprechen. Dies betraf in besonderem Maße die Maschinenbauindustrie, in der Eisen das Holz ersetzte, den Bausektor durch die Einführung von Eisenkonstruktionen für den Gebäude- und Brückenbau, den Werkzeugbau sowie die Herstellung von Haushaltsgegenständen.

Technische Neuerungen, die eine beträchtliche Ausstoßsteigerung an Roheisen bewirkten, bildeten das 1829 in Schottland eingeführte Heißluftgebläse von James **Neilson** (Einsparung von Brennstoff) sowie die Methode von Joseph **Hall**, den eisenabsorbierenden Sand in den Schmelzöfen durch andere Materialien (wie Schlacke) zu ersetzen (Einsparung von Metall). Als sich nach den Napoleonischen Kriegen auch andere Länder zu industrialisieren begannen, wurde Eisen zu einem wichtigen Exportartikel, so dass zwischen 15 und 20 Prozent der Gesamtproduktion im Ausland abgesetzt werden konnten. Zum führenden Eisenproduzenten der Welt entwickelte sich England jedoch erst im zweiten Viertel des 19. Jahrhunderts, als Preissenkungen und Qualitätssteigerungen die Erfassung breiter Nachfrageschichten ermöglichten. Der Anteil Großbritanniens an der Weltgesamtproduktion von Roheisen stieg von 19 Prozent im Jahre 1800 auf 52 Prozent im Jahre 1840. Insbesondere der Eisenbahnbau begann seine Nachfrage nach Eisen zu entfalten. Im Zeitraum zwischen 1835 und 1847 dehnte sich die Länge des Schienennetzes von ca. 200 auf 6.500 Meilen aus.

Auf der Basis des Eisens kam es zur Herausbildung neuer Industriestandorte im schottischen Tiefland, in Südwales und im *Black country*, der Industrielandschaft um Birmingham.

Darstellung 19: Die englische Industrie 1715-1815

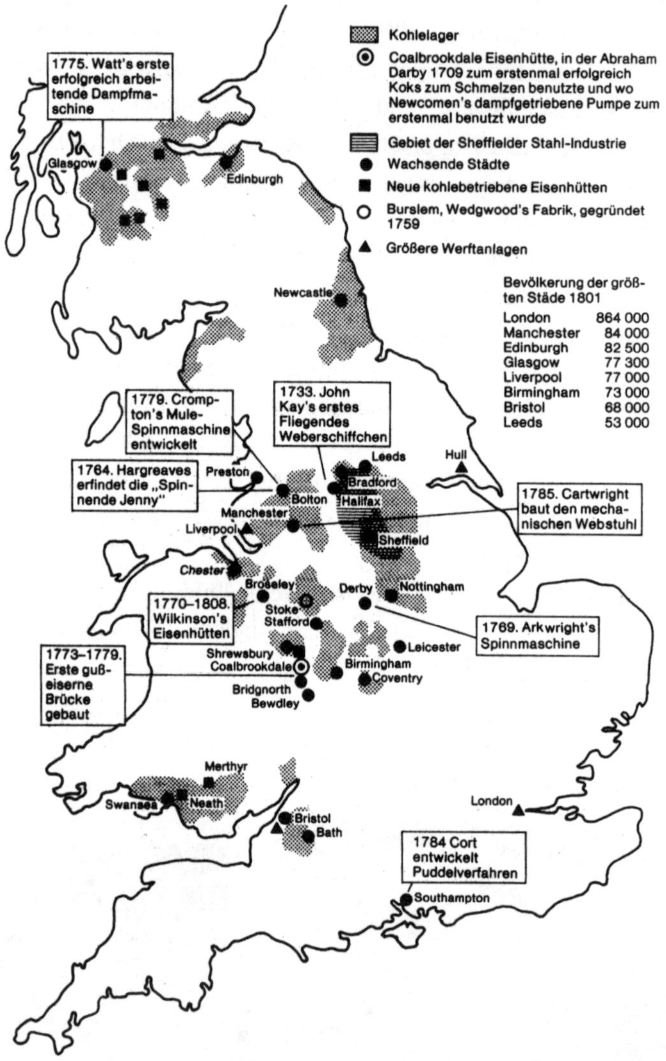

Quelle: Wende, Peter: Geschichte Englands, Stuttgart et al. 1985, S. 199.

Darstellung 20: Telegramm Industrielle Revolution

Industrielle Revolution bezeichnet den **Übergang von der Agrar- zur Industriegesellschaft**, der durch das Zusammenspiel institutioneller, gesellschaftlicher und technischer Faktoren bewirkt wurde. Dieser Prozess begann in England um 1760 und erfasste seitdem fast alle Staaten der Welt. Im engeren Sinne bezeichnet der Begriff die Periode der Intensivierung und Vernetzung innovativer Komponenten, die ein nachhaltiges Wachstum und die Veränderung der Gesellschaftsstruktur herbeiführten. Ende des 19. Jahrhunderts wurde der Begriff Industrielle Revolution durch den englischen Historiker Arnold **Toynbee** zum universalhistorischen Schlüsselbegriff (Industrial Revolution, 1887).

- **Determinanten** des Industrialisierungsprozesses:
  - Neuerungen in der Landwirtschaft (Anbaumethoden, Einhegungen, „Veredelung", Stallfütterung, etc.)
  - Wirtschaftswachstum (Kapitalaufbringung, technischer Fortschritt, Nachfragewirkungen, Einfluss des Staates etc.)
  - Institutionalisierung des Prozesses technischer Innovationen
  - Revolution in den Naturwissenschaften
  - Gegenseitiges „Aufschaukeln" kognitiver und technischer Prozesse mit dem Ergebnis zahlreicher bahnbrechender Erfindungen
- **Schwerpunkte** der Industrialisierung:
  - Transportwesen (Chausseen, Kanäle, Straßen, Eisenbahn etc.)
  - „*leading sectors*", z.B. Textilindustrie, Schwerindustrie
- **Auswirkungen** der „Industriellen Revolution":
  - industrieller Wandel (Überproduktion, Liquidität, Konjunktur etc.),
  - Dynamisierung des Unternehmertums (Konkurrenzdruck, Patentrecht etc.),
  - Wandel der Arbeits- und Betriebsverfassung (Fabriksystem, -gesetzgebung, Lebensstandard, gewerkschaftliche Formation, neue soziale Klassen etc.),
  - Einkommenszuwachs auf Grund gestiegener Produktivität,
  - Massenproduktion, Kostenreduktion, Massenabsatz,
  - die Beseitigung der Massenarmut, die Vergrößerung des realen Sozialprodukts insgesamt und pro Kopf,
  - die Entstehung neuer Klassen und Klassengegensätze,
  - die Erosion klassischer Wertvorstellungen und des Gesellschaftssystems,
  - die Verfestigung der ungleichmäßigen Entwicklung zwischen industriellen Sektoren sowie zwischen industrialisierten und nicht industrialisierten Ländern,
  - steigendes Volkseinkommen und Einkommen pro Kopf.

Literatur:

Berg, Maxine/**Clifford**, Helen: Consumers and luxury. Consumer culture in Europe 1650-1850, Manchester/New York 1999; **Buchheim**, Christoph: Industrielle Revolutionen. Langfristige Wirtschaftsentwicklung in Großbritannien, Europa und in Übersee, München 1994; **Deane,** Phyllis: The First

Industrial Revolution, Cambridge 1965; **Deane,** Phylis/**Cole,** W. A.: British Economic Growth 1688-1959, Trends and Structure, Cambridge 1962; **Komlos**, John/**Artzrouni**, Marc: Ein Simulationsmodell der Industriellen Revolution. In: VSWG 81/3, 1994, S. 324-338; **Landes**, David S.: Der entfesselte Prometheus, Köln 1973; **McKendrick**, Neil/**Brewer**, John/**Plumb**, John H.: The birth of a consumer society. The commercialization of eighteenth-century England, London 1982; **Mokyr**, Joel: The Lever of Riches. Technological Creativity and Economic Progress, New York/Oxford 1990; **Pollard**, Sidney: Peaceful Conquest. The Industrialization of Europe 1760-1970, Oxford 1981; **Pollard**, Sidney: Typology of Industrialization Processes in the 19th Century, Chur et al. 1990; **Porter**, Roy/**Teich**, Mikuláš (Hg.): Die Industrielle Revolution in England, Deutschland, Italien, Berlin 1998.

Prüfsteine:

1. Was ist das revolutionäre an den Industriellen Revolutionen?
2. Welche Merkmale weist die Industrielle Revolution Englands auf?
3. Wodurch war die sog. „Industrielle Revolution" charakterisiert? Nennen Sie drei Hauptmerkmale!
4. Welche Rolle spielte der Staat im Rahmen der frühen Industrialisierung?
5. Welche Gründe sprechen für eine Verwendung des Begriffs im Plural („Industrielle Revolutionen")?
6. Welche Konzepte/Theorien der Industrialisierungsforschung sind Ihnen bekannt?
7. Was verstehen Sie unter dem Begriff „Industrielle Revolution"? Welche Voraussetzungen waren dafür notwendig?
8. Welche Rolle spielte der technische Fortschritt im Rahmen der Industriellen Revolutionen?
9. Welche Veränderungen ergaben sich in der frühen Phase der Industrialisierung im Konsumbereich?

5.3. Die Industrielle Revolution und die Industrialisierung in Deutschland

5.3.1. Die Zeit der Reformen und des Liberalismus

Der Liberalismus verlangte die Beschränkung der Staatsgewalt und jeder anderen Gewalt über einzelne Menschen. Die mit der Französischen Revolution Realität gewordenen Gedanken der Freiheit und Gleichheit, die bald auch in Deutschland Eingang fanden, hatten Konsequenzen für die Bindungen der Bauern, den Zunftzwang, den Handel und die staatliche Wirtschaftspolitik. Sowohl die Abhängigkeit der Bauern vom Grund- oder Gutsherrn (Leib- und Gerichtsherrschaft), die Verhinderung der freien Berufswahl durch Zünfte, die Privilegierung einiger Unternehmer durch den Staat oder die Verhinderung der freien Konkurrenz durch Absprachen waren im Sinne des Liberalismus Hindernisse für eine „natürliche Ordnung“. Aus dieser Gesinnung erwuchsen die Reformen des 19. Jahrhunderts, da wichtige Impulse durch freie Entfaltung der Anlagen und Kräfte des Einzelnen, sowie Freiheit der Persönlichkeit auch auf die wirtschaftliche und soziale Ordnung einwirkten.

5.3.2. „Bauernbefreiung“ und Agrarrevolution

Um die Wende vom 18. zum 19. Jahrhundert lebten 80 Prozent der deutschen Bevölkerung auf dem Land. Es bestanden verschiedene **Agrarverfassungstypen** und -gebiete: **Grundherrschaft** im Süd- und Nordwesten, **Gutsherrschaft** im Osten und die mitteldeutsche Grundherrschaft. Sie unterschieden sich nicht zuletzt nach dem Grad der Bindung des Bauern an die Herrschaft, d.h. den Grund- oder Gutsherrn. Der Bauer lebte in doppelter Gebundenheit als Untertan eines Herrn und als Genosse einer Dorf- oder Markgenossenschaft (Wirtschaftsgemeinschaft).

Die Bauernbefreiung führte nun zur Auflösung dieser Verhältnisse und der damit verbundenen Lasten und Verpflichtungen. Die **leib- und zehntherrlichen Beziehungen sowie die Patrimonialgerichtsbarkeit wurden aufgehoben**. Auch die Aufhebung der alten Flurverfassung und die Neugliederung des Nutzlandes waren mit der Bauernbefreiung verbunden.

Im Königreich Preußen wurde die Bauernbefreiung - die in Frankreich bereits im 18. Jahrhundert stattfand - auf Initiative von Karl **Reichsfreiherr vom und zum Stein** umfassend durchgeführt. Die Beschränkung der persönlichen Freiheit wurde bereits durch das Oktoberedikt von 1807 aufgehoben. Das

Regulierungsedikt vom 14. September 1811 gestand allen gutsuntertänigen Bauern das Recht zu, sich 'freizukaufen', d.h. sich durch Abtretung eines Teiles ihres Landbesitzes an den Grund- bzw. Gutsherrn zu Eigentümern zu machen. 1816 wurde mit der Grundentlastung durch Verleihung des Eigentums und Wegfall aller Dienste und Abgaben gegen Entschädigung begonnen, der Kreis der Nutznießer jedoch auf Inhaber von großen und mittelgroßen Höfen beschränkt. Generell lässt sich sagen, dass die westlichen, unter französischem Einfluss stehenden Gebiete Deutschlands eher liberalisiert wurden.

Außerhalb Preußens geriet in Deutschland nach 1815 die Bauernbefreiung ins Stocken, kam dann wieder in Bewegung und wurde fast überall nach 1848 zum Abschluss gebracht. Sie gliederte die Landwirtschaft in das liberale Wirtschaftssystem ein. Der Bauer war jetzt vollberechtigter Staatsbürger, jedoch weitgehend auf sich allein gestellt, d.h. auch aus der grundherrlichen Fürsorge entlassen. Die Abschaffung der traditionellen Verhältnisse erleichterte die Rationalisierung in der Landwirtschaft und damit die Erhöhung der Nahrungsmittelproduktion, die durch das Bevölkerungswachstum notwendig wurde. Nach und nach wanderten nun Bauern und freie Landarbeiter ab. Sie und die breite handwerklich-halbbäuerliche und unterbäuerliche Bevölkerung zogen in die schnell wachsenden Städte. Aus ihren Reihen rekrutierte sich teilweise die Fabrikarbeiterschaft, und zwar die Gruppe der ungelernten Arbeiter. So wurde der industrielle Aufschwung zu einem wesentlichen Teil durch die abgewanderte Landbevölkerung getragen.

Gleichzeitig entstanden jedoch durch die intensivierte Landwirtschaft neue Arbeitsstellen, da mit der Industriellen Revolution eine **Agrarrevolution** einherging. Sie war gekennzeichnet durch die Ausdehnung der landwirtschaftlichen Nutzfläche (Auflösung der Allmenden und Neulandgewinnung) und intensivere Nutzung des Bodens durch Einsatz von Düngemitteln, Meliorationsmaßnahmen und Verbesserung der Anbaumethoden. So ging man zur verbesserten Dreifelderwirtschaft bzw. zum Fruchtwechsel über. Neue Pflanzen wurden angebaut (Kartoffeln, Mais) und die Ausstattung mit landwirtschaftlichen Geräten verbessert. Auch in der Viehzucht erhöhte man die Zahl der Tiere und die Leistung je Tier (Milch, Fleisch).

Wichtige Ergebnisse der Bauernbefreiung waren die Schaffung der Basis für die Steigerung der landwirtschaftlichen Produktion und die Veränderung der sozialen Struktur auf dem Lande.

Den Hauptsektor der deutschen Wirtschaft bildete bis gegen Ende des 19. Jahrhunderts die Landwirtschaft. Im Jahr 1800 waren 61 Prozent aller Erwerbstätigen im Agrarsektor beschäftigt, 1850 waren es noch 55 Prozent. Auch die Agrarexporte waren von ziemlicher volkswirtschaftlicher Relevanz. Erst nach 1870 wandelte sich Deutschland vom Agrar- zum Industriestaat.

Die Bauernbefreiung schuf die Möglichkeit, die landwirtschaftlichen Betriebe frei und marktkonform zu bewirtschaften und den wirtschaftlichen Gegebenheiten anzupassen. Agrarreform, Besitzverschiebungen, Regulierungen, Mobilisierung, Zersplitterung des bäuerlichen Landes und die Entstehung des Landarbeitertums veränderten die ländliche Gesellschaft. Sie blieb jedoch von schweren Krisen nicht verschont, war immer noch stark an Agrarkonjunktur und Ernteerträge gebunden.

Darstellung 21: Der Zusammenhang zwischen Getreidepreis und Auswanderung

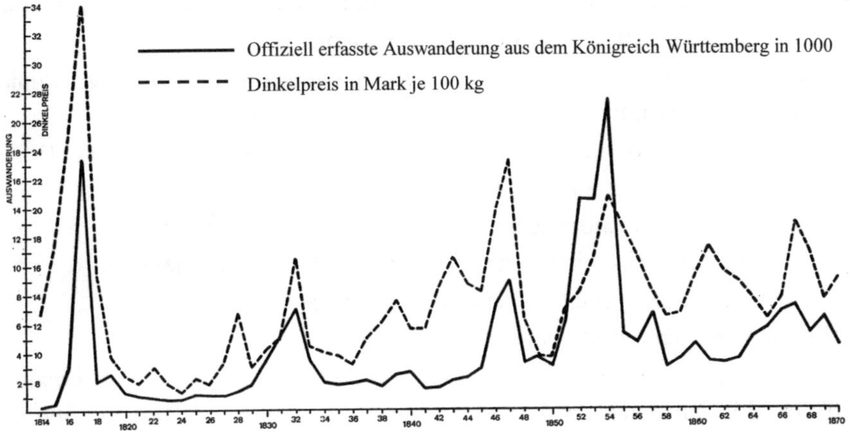

Quelle: Hippel, Wolfgang von: Auswanderung aus Südwestdeutschland, Stuttgart 1984, S. 149.

Die Getreidepreise erreichten zu Beginn des 19. Jahrhunderts nach einem 50-jährigen trendmäßigen Anstieg ihren Höchststand. 1816 trat durch eine Missernte eine kaum da gewesene Verknappung des Getreides ein. Die Getreidepreise stiegen extrem stark und führten in weiten Teilen Europas zu Hungersnot und Auswanderung (Darstellung 21). In den frühen zwanziger Jahren waren die Ernten gut und die Preise sanken erheblich. Die dreißiger Jahre brachten eine Besserung der Lage auf dem agrarischen Absatzsektor. Mittelmäßige Ernten, der Ausbau der Verkehrswege, die zunehmende Bevölkerungszahl, die gesteigerten Exportchancen und die Umstellung auf das freie Marktsystem trugen dazu bei.

Die Krise in den vierziger Jahren erwuchs u.a. aus der Bodenspekulation und wurde 1844/46 durch schwere Missernten verschärft. Die entstandene Hungersnot wurde durch Cholera, Rinderpest und Überschwemmungen noch unerträglicher. Nach Überwinden dieser Krise stiegen bei zunehmender Produktion bis in die siebziger Jahre die Agrarpreise, da u.a. die Nachfrage nach Getreide stärker stieg als das Angebot.

Die bis zu Beginn des 19. Jahrhunderts vorherrschende Dreifelderwirtschaft war um die Mitte des Jahrhunderts durch die Fruchtwechselwirtschaft ersetzt worden. Von besonderer Bedeutung wurde der Anbau von Kartoffeln und Zuckerrüben. Der Rübenanbau förderte die Viehwirtschaft, da als Abfallprodukt Viehfutter anfiel. Neben der Vermehrung des Viehbestandes konnte das Gewicht je Tier gesteigert werden. Insgesamt hatte die Landwirtschaft einen wesentlichen Produktivitätszuwachs zu verzeichnen.

Die starke Entwicklung des Agrarsektors kann auf die folgenden Punkte zurückgeführt werden:

1. Ausdehnung und intensivere Nutzung des Produktionsfaktors Boden (Auflösung der Allmenden; Düngung)
2. Verbesserung der Anbautechnik
3. Erhöhung der tierischen Produktion (Anzahl der Schlachttiere)
4. Erhöhung der Leistung (Fleisch, Milch) je Tier
5. Erhöhter Kapitaleinsatz in der Landwirtschaft.

Dadurch war es möglich, eine stark wachsende Bevölkerung zu ernähren und der „Malthusianischen Falle“ zu entrinnen, d.h. den Nahrungsspielraum der demographischen Entwicklung anzupassen.

Darüber hinaus entwickelten sich auf der Basis agrarischer Rohstoffe zunehmend gewerblich-industrielle Standorte. Einige dieser Zusammenhänge sind in Darstellung 22 angedeutet.

Darstellung 22: Die „gewachsene“ Industrie – Industrialisierung und Kommerzialisierung der Landwirtschaft

Der Industrialisierung ging **die Protoindustrialisierung** voraus. Die **Agrarrevolution**, die Landwirtschaft überhaupt, bildete eine wesentliche Grundlage der Industriellen Revolution. Die Kommerzialisierung und „Industrialisierung“ der Landwirtschaft trugen wesentlich zum Wachstum im Gewerbe, Handwerk und in der Industrie bei. **Beispiele**:

- Flachs als Basismaterial für Leinenstoffe und Segeltuch.
- Hanf als Rohstoff für die Seilerei und Mattenherstellung.
- Waid als Urstoff für die Blaufärberei.
- Schafhaltung als Grundlage für frühe Wollgewerbe- und Textilindustrien.
- Vieh als Grundlage für die Felle-, Häute- und Lederverarbeitung (Lederkleidung, Pferdegeschirr, Schuhe, Stiefel, Taschen) sowie für Horn und Bein (z.B. für Besteckgriffe, Devotionalien, Kämme etc.; das „Plastik der frühen Jahre“).
- Viele Spezialgewerbe bzw. –industrien hatten eine agrarische Basis: Stroh- und Weidenflechterei, Bürstenherstellung, Ölmühlen, Zuckerindustrie.
- Die Landwirtschaft war ein wichtiger Anbieter von Dienstleistungen, insbesondere von Transportmitteln und Arbeitstieren: Pferden, Ochsen, Kühen.

Quelle: Walter, Rolf: Die Kommerzialisierung von Landwirtschaft und Gewerbe in Württemberg (1750-1850) (= Beiträge zur südwestdeutschen Wirtschafts- und Sozialgeschichte, Bd. 12), St. Katharinen 1990, passim.

5.3.3. Gewerbefreiheit und Industrialisierung

In den ersten beiden Dritteln des 19. Jahrhunderts wurde die obrigkeitlich-genossenschaftliche Gewerbeverfassung abgelöst durch eine Gewerbeordnung, die nicht mehr auf dem Prinzip der Solidarität, sondern dem der Konkurrenz und der Leistung beruhte.

Die Gewerbefreiheit wurde ab 1806 im größten Teil Preußens eingeführt. Sie bildete neben der „Bauernbefreiung“ den zweiten Kern der preußischen Reformmaßnahmen. Durch Edikte der Jahre 1810 und 1811 wurde das Konzessionswesen aufgehoben und der Gewerbebetrieb von der Zugehörigkeit zu einer Zunft oder Innung befreit. Gewerbefreiheit bedeutete also, dass jedermann berechtigt war, ein Gewerbe auszuüben. Wer wollte, konnte nun also Art, Umfang und Technik des ausgewählten Gewerbes selbst bestimmen. Dies war gleichbedeutend mit der Auflösung der Zünfte, der Beseitigung der Konzessionen und Privilegien sowie der Verringerung staatlicher Förderung und Reglementierung. Die Gewerbefreiheit erleichterte die Gründung von Handwerkerexistenzen, wobei dieser Vorgang nicht nur auf die liberale

Gewerbegesetzgebung zurückzuführen war, sondern auch auf den zunehmenden Bevölkerungsdruck.

Die Überbesetzung der einzelnen Handwerkszweige führte dazu, dass ein Teil der Handwerker sich nun als Industriearbeiter verdingte. Neben den abgewanderten Bauern waren es also nun auch die Handwerker, die den Arbeitskräftebedarf der Fabriken deckten.

Wichtig ist in diesem Zusammenhang auf die regionalen Unterschiede der Durchsetzung der Gewerbefreiheit hinzuweisen. Auch hier setzte der Liberalisierungsprozess eher in den französisch beeinflussten Gebieten ein.

Die generelle Einführung der Gewerbefreiheit in Preußen erfolgte erst mit der Allgemeinen Preußischen Gewerbeordnung vom 17. Januar 1845. Andere deutsche Länder folgten später nach. 1869 kam es zu einer einheitlichen, an die preußische Gewerbeordnung angelehnten Regelung für das Gebiet des Norddeutschen Bundes, der sich 1872 auch die süddeutschen Länder anschlossen.

Neben den genannten Reformmaßnahmen und der Vereinheitlichung des Wirtschaftsraums sind als wesentliche wachstumsfördernde Faktoren der Industrialisierung anzusehen:

1. Wachsende Ersparnisse, vermehrte Investitionen,
2. Innovationen sowie technologische und organisatorische Veränderungen in Landwirtschaft und Industrie,
3. ausreichende Faktorausstattung (Arbeit, [Human-]Kapital, Boden, technischer Fortschritt),
4. freies Unternehmertum (Abschaffung der Zünfte) und weniger „Staat“, Markterschließung; wachsender Außenhandel, expandierender Binnenmarkt, zunehmender Wettbewerb.

Einer der wesentlichen Gründe für den vor allem im Vergleich zu England verspäteten Beginn der Industrialisierung Deutschlands war nicht das fehlende Kapital, sondern die geringe Investitionsbereitschaft und zwar nicht nur von Seiten der potenziellen Kreditgeber aus Furcht vor dem Risiko, sondern oft auch von Seiten der frühindustriellen Unternehmer, denen das Schuldenmachen noch weithin als unsolide und moralisch verwerflich galt[32]. Das vorhandene Kapitalangebot wurde nicht ausgeschöpft[33], was aber auch mit der noch

---

32 Klein, Ernst: Zur Frage der Industriefinanzierung im frühen 19. Jahrhundert. In: Kellenbenz, Hermann (Hg.): Öffentliche Finanzen und privates Kapital im späten Mittelalter und in der ersten Hälfte des 19. Jahrhunderts, Stuttgart 1971, S.118-128, hier: S. 118.

33 Borchardt, Knut: Zur Frage des Kapitalmangels in der ersten Hälfte des 19. Jahrhunderts in Deutschland. In: Braun, Revolution, S. 216-236, hier: S. 226.

geringen Markttransparenz und einem noch unterentwickelten Kapitalmarkt bzw. Bankwesen zusammenhing.

In den ersten Jahrzehnten des 19. Jahrhunderts lag der Schwerpunkt des Sekundären Sektors noch bei der handwerklichen Produktion. Der Anteil des Handwerks an der gewerblichen Produktion war jedoch zugunsten der industriellen Produktion laufend zurückgegangen. Die manuellen Verarbeitungsformen und -techniken wurden jedoch zunehmend durch die moderne, maschinenorientierte Fabriktechnik ersetzt. Andererseits haben erst die Erfindung von Kleinmaschinen und die Entwicklung des Verbrennungs- und Elektromotors dem Handwerk neue Entfaltungsmöglichkeiten geschaffen.

Die Entwicklung im Bergbau (Stein- und Braunkohle, Eisen- und Kupfererz) und im Hüttenwesen (Roheisenproduktion) ging bis etwa 1830 langsam voran, erlebte dann jedoch eine rasche Aufwärtsentwicklung durch die Einführung neuer Produktionsverfahren. Die Dampfmaschine ermöglichte im Montanbereich das Erreichen tieferer Schichten. Die teilweise Privatisierung erhöhte die Leistungsfähigkeit des Bergbaus. Der Kokshochofen war eine wichtige Neuerung im Hüttenwesen. Das neu eingeführte, bereits erwähnte „Puddle-Verfahren" verkürzte die Arbeitszeit in der Eisenverarbeitung auf ein Siebentel und verringerte die Kosten erheblich, von der Qualitätssteigerung der Produkte einmal ganz abgesehen. In den sechziger Jahren verkürzte das „Bessemer-Verfahren" die Arbeitszeit für die Umwandlung von Roheisen in schmiedbares Eisen auf ein Zehntel des „Puddle-Verfahrens"[34].

Großgewerbe gab es außerhalb des Textilgewerbes und des Berg- und Hüttenwesens noch bei den Maschinenfabriken. Sie lieferten für die Industrie Aggregate wie Dampf- und Textilmaschinen, Lokomotiven etc. Die Zentren der Schwerindustrie lagen in Oberschlesien, Sachsen, im Saargebiet und später im Rhein-Ruhr-Gebiet.

Die kleingewerblich betriebene Garn- und Leinenherstellung war um 1800 das größte deutsche Gewerbe und besaß ein erhebliches gesamtwirtschaftliches Gewicht. Die Marktlage verschlechterte sich jedoch nach den Napoleonischen Kriegen. In der Textilindustrie kam es dann unter der Führung der baumwollverarbeitenden Bereiche seit Ende der zwanziger Jahre zu einem mit vielen Umstellungen und Verdrängungseffekten verbundenen Aufschwung. Das Baumwollgewerbe war der erste Gewerbezweig, in dem sich die Maschine durchsetzte. Die Handspinnmaschinen wurden durch die produktiveren mit Wasser oder Dampf betriebenen Geräte ersetzt.

---

34 Treue, 19. Jahrhundert, S. 369 ff.

Die heranwachsende chemische Industrie gehörte ab 1870 nach der Zahl der Großbetriebe, ihrer Qualitätserzeugung und Vielseitigkeit zu den bedeutendsten Industrien Deutschlands.

Schließlich noch eine kurze Anmerkung zur **Industriefinanzierung**. Der Kaufpreis für eine Dampfmaschine von 100 - 200 PS betrug in den 1830er Jahren zwischen 15.000 und 25.000 Taler. Die Errichtung von mechanischen Spinnereien, Webereien, Bleichanstalten sowie Färbereien erforderte ein Kapital zwischen 15.000 und 50.000 Taler. Der durchschnittliche Arbeitslohn eines Textilarbeiters betrug ungefähr 200 - 300 Taler jährlich (1837). Da es in der ersten Hälfte des 19. Jahrhunderts noch kaum Kreditinstitute gab, die Industriefinanzierung betrieben, stellte die wichtigste Kapitalquelle zunächst die **Selbstfinanzierung** aus dem Gewinn (Gewinnthesaurierung) dar[35].

5.3.4. Zollverein und Handel

In Deutschland hatte die merkantilistische Epoche (d.h. das 17. und 18. Jahrhundert) weder die politische noch die wirtschaftliche Einheit gebracht. Der Zusammenschluss von 39 „souveränen“ Staaten zum **Deutschen Bund (1815)** bedeutete noch keine einheitliche Wirtschaftspolitik. Der Deutsche Bund, staatsrechtlich ein Verbund ohne Gesetzgebungsbefugnis, musste wirtschaftlich wie politisch die Aufgaben den einzelnen Staaten überlassen und somit gab es keine einheitliche deutsche Volkswirtschaft.

Eine gemeinsame Zollpolitik war zwar vom **Wiener Kongress (1814/15)** als Ziel formuliert worden, wurde jedoch erst später realisiert. Wir haben es also 1815 noch immer mit selbstständigen Staaten zu tun, die eigene Maße und Gewichte hatten und unterschiedliche Zölle und Verbrauchssteuern erhoben. Zwischen Bayern und Thüringen, zwischen Sachsen und Brandenburg und überall sonst im interregionalen Handelsverkehr musste man Zölle, Straßen- und Brückengelder usw. bezahlen - eine Prozedur, die viel Zeit und Geld in Anspruch nahm und ein Handelshemmnis erster Ordnung darstellte.

---

[35] Klein, Industriefinanzierung, S. 120 ff.

Darstellung 23: Die 39 Staaten des Deutschen Bundes I

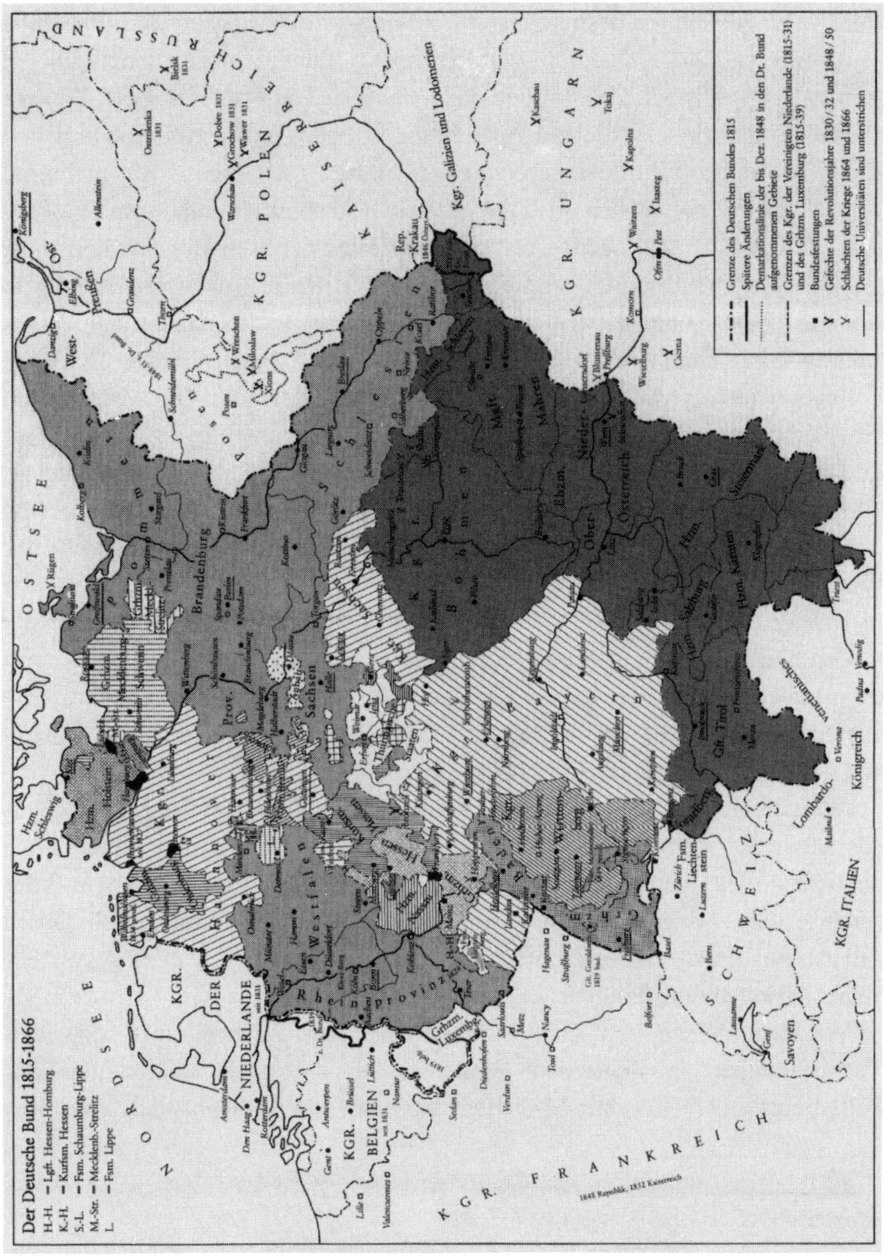

Das **preußische Zollgesetz** von 1818 schuf nun zum ersten Mal in Deutschland ein großes einheitliches Wirtschaftsgebiet, in dem die Binnenzölle (d.h. die im Landesinneren erhobenen Zölle) zwischen den einzelnen Provinzen entfielen. Dadurch wurde die Ausbildung einer einheitlicheren Volkswirtschaft möglich. Die Idee dazu stammte von Friedrich **List**. Weitere Versuche, auf wirtschaftlichem Gebiet eine Einigung herbeizuführen und sich zugleich Preußens Einfluss zu entziehen, führten zur Bildung von mehreren vorläufigen zollpolitischen Arrangements, z.B. dem Württembergisch-Hohenzollerischen (1824), dem Bayerisch-Württembergisch-Hohenzollerischen (1828), dem Preußisch-Hessischen und dem Mitteldeutschen Handelsverein etc. Aus einem komplizierten Geflecht territorialer Splitterstaaten und Teilinteressen ging dann am 1. Januar 1834 der noch unvollständige Deutsche Zollverein hervor. Mit diesem Zusammenschluss, einer Zollunion, verzichteten die Regierungen der meisten deutschen Staaten freiwillig auf Teile ihrer Rechte im Interesse der Gemeinschaft, ohne jedoch einen Staatenbund zu bilden. Es eröffnete sich jedoch die Möglichkeit einer Einigung Deutschlands über den engeren wirtschaftlichen Rahmen hinaus, gefördert durch das Wachstum des Handels und *„durch das alle Territorialgrenzen sprengende Wesen der Eisenbahnen“*[36].

Von nun an konnte man eher von einem deutschen Wirtschaftsgebiet sprechen und Deutschland wurde gegenüber den anderen Staaten befähigt, eine gemeinsame Wirtschaftspolitik zu betreiben. 1835 kamen dann Baden, Nassau und 1836 Frankfurt/Main zum Zollverein[37].

Die Lage des Handels nach den Napoleonischen Kriegen war gekennzeichnet durch das Übergewicht Englands, das auf der einen Seite durch hohe Schutzzölle die deutschen Waren von seinem Markt ausschloss, auf der anderen Seite aber eine mit allen Mitteln gestützte Exportpolitik betrieb. Durch den Zusammenschluss im Zollverein wurden die deutschen Staaten gegenüber dem Ausland aktionsfähiger.

Vor dem Abbau von Zollschranken und dem Eisenbahnbau bestanden Verflechtungen im deutschen Binnenhandel, die nach Begründung des Zollvereins noch wesentlich dichter wurden. Im Binnenhandel hatte das

---

[36] Treue, Wilhelm: Wirtschaftsgeschichte der Neuzeit. Das Zeitalter der technisch-industriellen Revolution 1700 bis 1966, Stuttgart 1966, S. 526.

[37] Die Reichsgründungsverträge und die Reichsverfassung von 1871, die das Reich zum Zoll- und Handelsgebiet machten und ihm die Zollgesetzgebung und die Außenzollerträge zuwiesen, machten den Zollverein überflüssig. Es ist jedoch zu berücksichtigen, dass z.B. Hamburg bis 1888 nicht zum deutschen Zollgebiet gehörte.

Getreide Bedeutung, aber auch der Vieh- und Wollhandel. Ein Teil des Außenhandels ging über die deutschen Seehäfen an der Ost- und Nordseeküste. Hinzu kamen zahlreiche Austauschmöglichkeiten über Land nach den Niederlanden, Frankreich, Schweiz, Italien und Österreich.

Darstellung 24: Die 39 Staaten des Deutschen Bundes II

Bundesstaaten:	Einwohner:	Bundesstaaten:	Einwohner:
Kaiserreich und Königreiche			
Österreich	9.482.227	Anhalt-Dessau	52.947
Preußen	7.923.439	Anhalt-Bernburg	37.046
Königreich Sachsen	1.200.000	Anhalt-Köthen	32.454
Bayern	3.560.000	Schwarzburg-Sondershausen	45.117
Hannover	1.305.351	Schwarzburg-Rudolstadt	53.937
Württemberg	1.395.462	Hohenzollern-Hechingen	14.500
Großherzog- und Herzogtümer:		**Fürstentümer:**	
Baden	1.000.000	Liechtenstein	5.546
Kurhessen	540.000	Hohenzollern-Sigmaringen	35.560
Großherzogtum Hessen	619.500	Waldeck	51.877
Holstein und Lauenburg	360.000	Reuss, ältere Linie	22.255
Luxemburg	214.058	Reuss, jüngere Linie	52.205
Braunschweig	209.600	Schaumburg-Lippe	24.000
Mecklenburg-Schwerin	358.000	Lippe	69.062
Nassau	302.769	Hessen-Homburg	20.000
Sachsen-Weimar	201.000	**Freie Städte:**	
Sachsen-Gotha	185.682	Lübeck	40.650
Sachsen-Koburg	80.012	Frankfurt	47.850
Sachsen-Meiningen	54.400	Bremen	48.500
Sachsen-Hildburghausen	29.706	Hamburg	129.800
Mecklenburg-Strelitz	71.769		
Holstein-Oldenburg	217.769	Gesamt	30.094.050

Quelle: Lutz, Heinrich: Zwischen Habsburg und Preußen, 2. Aufl., Berlin 1985, S. 20.

Die Fertigwaren (Leinen-, Wollwaren) machten die Hälfte des Exports aus. Die Rohstoffe- und Halbfabrikate hatten einen Anteil von 30 Prozent, die Getreideausfuhr betrug etwa 8 Prozent. Mit etwa 50 Prozent hatten die Rohstoffe und Halbfabrikate beim Import die größte Bedeutung. 20 Prozent der Einfuhr entfiel auf Fertigwaren und etwa ebenso hoch war der Anteil der Kolonialwaren (Zucker, Kaffee) am Import. Im Gebiet des Zollvereins hatten die Kolonialwaren, Rohstoffe und Halbwaren etwa einen Anteil von 75

Prozent an der Gesamteinfuhr. Die Ausfuhr wurde zu 70 Prozent von Nahrungsmitteln und Fertigwaren gedeckt.

5.3.5. Innovationen und Wirtschaftswachstum

Die Dampfmaschine überwand die Abhängigkeit von den geographischen und klimatischen Zufällen der Wasserkraft und gestattete zum ersten Mal, große Mengen effizienter Antriebsenergie an einem Ort zu konzentrieren. In Deutschland verwandte man die Dampfmaschine zunächst vornehmlich im Bergbau- und Hüttenwesen. Der Bau von Dampfmaschinen, -schiffen und -eisenbahnen führte zur technischen Verbesserung, Spezialisierung und Vergrößerung der Maschinenbauwerkstätten sowie zur Steigerung des Eisenbedarfs.

In der Metallproduktion wurde die Gewinnung des Rohmetalles aus den Erzen nicht mehr mit Holzkohle, sondern mit Koks betrieben. Die Kapazität der einzelnen Hochöfen wurde erweitert und neue Verfahren zur Metallverarbeitung eingeführt: Reinigen des Roheisens mit Hochofengas (Gichtgase), Puddeln des Roheisens und Stahlherstellung durch Einpressen von Luft in ein mit Roheisen gefülltes Gefäß (Bessemer-Verfahren).

Der Maschinenbau brachte eine große Zahl von Neuerungen: Werkzeugmaschinen wie Dreh-, Hobel- und Bohrmaschinen, Textilmaschinen sowie Be- und Verarbeitungsmaschinen (z.B. Mühlen und Sägewerke). Im Textilgewerbe gab es ebenfalls wichtige Neuerungen, z.B. die Maschinenspinnerei im Bereich der Baumwolle und den mechanischen Webstuhl zur Gewebeherstellung. Die heranwachsende chemische Industrie gewann durch das Chlorbleichverfahren (Entfernung von Farbe aus Stoffen mittels Chlor), die Schwefelsäureproduktion, die Sodaherstellung und die Kohleverwertung mit dem Aufschwung der Textilindustrie an Bedeutung.

Durch ihre bis dahin in Deutschland nicht gekannte Nachfrage nach Erzeugnissen der Eisen- und Maschinenbauindustrie veranlasste die Eisenbahn die deutschen Unternehmen zu beträchtlichen Investitionen in den betroffenen Wirtschaftsbereichen. Diese bildeten die treibende Kraft des Aufschwungs der deutschen Wirtschaft zwischen 1840 und 1880. In dieser Zeit betrug der Anteil der **Eisenbahninvestitionen** etwa 15 bis 25 Prozent des gesamten Investitionspotenzials der deutschen Volkswirtschaft.

Der Bedarf der Eisenbahnen führte in den betroffenen Wirtschaftssektoren außer zu einer quantitativen Ausweitung der Produktion und der Produktionsmittel auch zu einer wesentlichen Verbesserung der qualitativen Zusammensetzung des Produktionsapparates und des Arbeitspotenzials. Mit Hilfe des Eisenbahnbaus wurde das Wachstum der Eisenindustrie und des Maschinenbaus entscheidend gefördert. Ohne die gleichzeitige Entwicklung dieser beiden Schlüsselsektoren aber wäre die Industrielle Revolution in Deutschland wahrscheinlich nicht oder nur in geringerem Ausmaß möglich gewesen.

So war der Industrialisierungsprozess durch zahlreiche Wechselwirkungen gekennzeichnet. Der steigende Bedarf der Eisenbahn an Produkten der Metallindustrie förderte die Industrialisierung. Umgekehrt trug erst die steigende Nachfrage eben dieser Industrien dazu bei, die Nachfrage nach Transportleistungen zu erhöhen, was wiederum dem Eisenbahnbau zugute kam.

Weitere wichtige Faktoren für die Industrialisierung Deutschlands waren die durch den Eisenbahnbau geförderte Entwicklung des Großbetriebs und die damit verbundene Verbesserung *der „economies of scale and scope“* sowie der *„economies of speed“*. Zusammen mit dem Ausbau der Infrastruktur und der Neuorganisation des Kapitalmarktes förderten diese Faktoren das Wachstum der deutschen Volkswirtschaft.

Die vom Eisenbahnbau auf die Industrialisierung ausgehenden Impulse wurden von einer spürbaren Entlastung des Arbeitsmarktes begleitet. In den 60 Jahren vom Beginn des Eisenbahnbaus bis gegen Ende des 19. Jahrhunderts haben über 300.000 Menschen nichts anderes getan als Eisenbahnen gebaut oder in der Zulieferindustrie gearbeitet. Unter Berücksichtigung des multiplikativen Effekts der Eisenbahnausgaben kann man davon ausgehen, dass zwischen 1840 und 1870 ca. 5 Prozent der deutschen Bevölkerung ihren Lebensunterhalt der Eisenbahn verdankten.

Neben diesen existentiellen Aspekten wirkte sich der Eisenbahnbau auch positiv auf die Ausbildungsqualität der Arbeiterschaft aus. Durch die hohen Anforderungen der Eisenbahn benötigte die Eisenindustrie erstklassig ausgebildete Arbeitskräfte. Nachdem zunächst für diese schwierigen Tätigkeiten meist Facharbeiter aus dem Ausland angeworben wurden, konnte in den 40er und 50er Jahren des 19. Jahrhunderts ein Stamm qualifizierter deutscher Arbeitskräfte herangebildet werden. Dieses Facharbeiterpotenzial hatte einen großen Anteil an der positiven Entwicklung der deutschen Eisen- und Stahlindustrie weit über die 1860er Jahre hinaus; es trug wesentlich zum Aufstieg Deutschlands zu einer bedeutenden Industrienation bei.

Darstellung 25: Die Industrialisierung Mitteleuropas um 1860

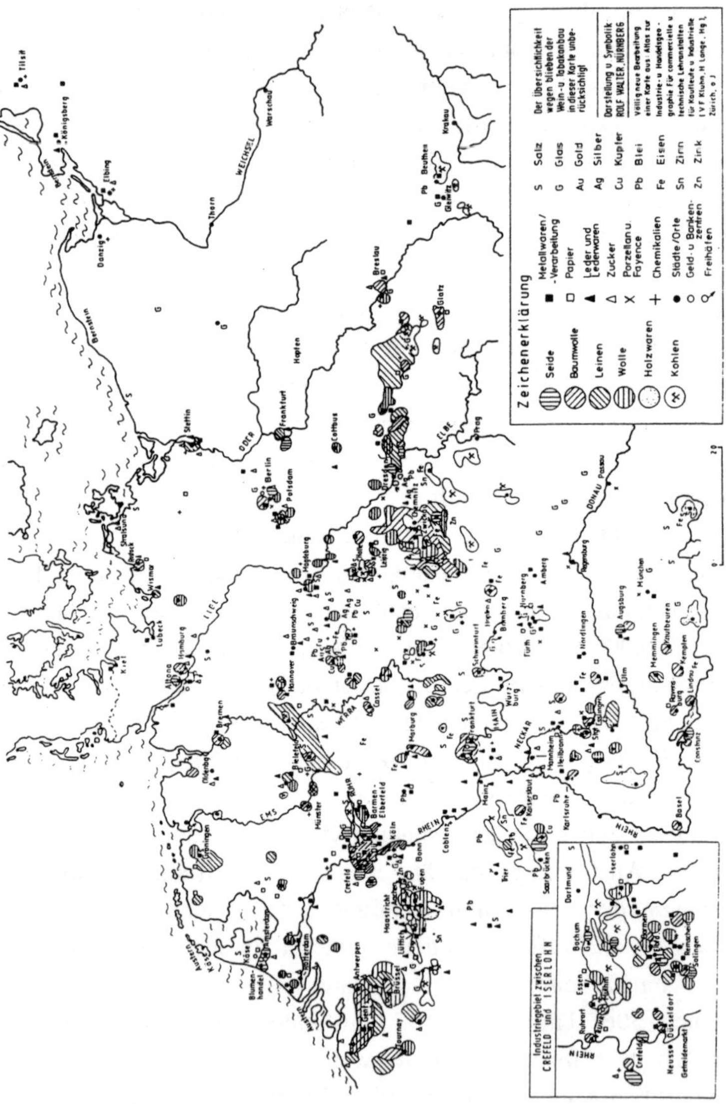

Quelle: Kellenbenz, Hermann: Deutsche Wirtschaftsgeschichte. Band 2: Vom Ausgang des 18. Jahrhunderts bis zum Ende des Zweiten Weltkriegs, München 1981, S. 72 f.

5.3.6. Bankwesen und Industriefinanzierung

Im Bereich der langfristigen Kredite, speziell der Hypothekarkredite, die oft von Privatleuten gewährt wurden, fehlte im frühen 19. Jahrhundert die Markttransparenz, so dass sich die Vermittlung schwierig gestaltete. Hier spielten die Notare eine zunehmend wichtige Rolle[38] als Integratoren. Diesen Aspekt sollte man unbedingt einmal einer speziellen Untersuchung unterziehen.

Die Frage ist: Wie sah der Kapitalmarkt im 19. Jahrhundert aus? - Welche Möglichkeiten der Finanzierung eröffneten sich den soeben im Entstehen begriffenen Unternehmen? Eine Zeitlang ging man davon aus, dass die verspätete Industrielle Revolution in Deutschland auf Kapitalmangel, insbesondere auf Mangel an liquidem Kapital, zurückzuführen sei, doch hat Knut **Borchardt** 1976 diese These widerlegt.

Die Verschuldungsbereitschaft bzw. Kreditneigung war generell gering[39]. Es gab nur wenige Banken, zu deren Geschäft die **Industriefinanzierung** gehörte. Es waren dies vor allem Frankfurter Bankiers sowie das Kölner Quartett (Herstatt, Oppenheim, Schaaffhausen, Stein) sowie die Preußische Seehandlung, die Königliche Württembergische Hofbank in Stuttgart und die Königliche Bayerische Bank in Nürnberg. Nach 1848 kamen einige Kreditinstitute auf Aktienbasis hinzu. Zunächst war dies der Abraham Schaaffhausen'sche Bankverein in Köln (1848), die Disconto-Gesellschaft, die 1851 in Berlin zunächst als Genossenschaft gegründet und 1856 in eine KGaA umgewandelt wurde. Sodann sind zu nennen die 1853 in Darmstadt gegründete Bank für Handel und Industrie und 1856 die Norddeutsche Bank in Hamburg sowie die Allgemeine Deutsche Credit-Anstalt in Leipzig.

Durch den 1870 abgeschafften Konzessionszwang für Aktiengesellschaften entstanden zwar eine Vielzahl neuer Banken, doch wurden viele bald darauf in der „Gründerkrise" insolvent. Einige überstanden die Krise und expandierten danach um so mehr. Zu ihnen gehörte die Deutsche Bank (Berlin, gegr. 1870), die Commerz- und Disconto-Bank in Hamburg (1870) sowie die Dresdner Bank (1872). Sie pflegten das Bankgeschäft bald universal.

---

[38] Gömmel, Industriefinanzierung, S. 17 f., unter Bezug auf: Thul, Aloys: Entwicklung des Hypothekar-Kredits, 1930, S. 132.

[39] Gömmel, Industriefinanzierung, S. 5 f.

Fragen wir uns einmal, wie die Zeitgenossen vorgingen, wenn sie eine Firma gründen wollten oder kapitalbedürftig waren. Welche Möglichkeiten boten sich ihnen?

Zunächst lässt sich um die Mitte des 19. Jahrhunderts eine gewisse Gründungsaktivität beobachten. Aktiengesellschaften waren - wie erwähnt - noch zustimmungsbedürftig; der Staat hatte hier noch das letzte Wort. Jedoch begannen die Banken in verstärktem Maße, sich in das Gründungs- und Umwandlungsgeschäft einzuschalten. Eine Hauptschwierigkeit bestand jedoch latent: es fehlte an Zahlungsmitteln. Dieser Mangel konnte etwa dazu führen, dass Industriefirmen z.B. den Erwerb von Maschinen beglichen, indem sie eigene Aktien in Zahlung gaben. Doch nicht jeder Lieferant ließ sich in Aktien auszahlen und die wenigsten Aktien waren bereits Inhaberaktien. Meist dürfte es sich um wenig fungible Namensaktien gehandelt haben.

Welche Erfahrungen gibt es mit der Finanzierung der Aktiengesellschaften im 19. Jahrhundert? - Unterschiedliche! Immerhin bot sich alternativ die Möglichkeit der Beteiligungsfinanzierung. Es war nicht einfach, den angemessenen Kapitalbedarf genau zu bestimmen. Oft gab die Antwort der Kapitalmarkt. Als 1840 etwa die Mechanische Baumwollspinnerei und -weberei Augsburg mit einem Grundkapital von 1,2 Millionen Gulden gegründet wurde und der Kurs der Aktien bald auf 70 Prozent fiel, entstand erheblicher zusätzlicher Kapitalbedarf in Höhe von 350.000 Gulden, wozu man die 1835 ins Leben gerufene Bayerische Hypotheken- und Wechselbank in Anspruch nahm sowie 15 weitere Kreditgeber[40]. Andere wiederum mussten Kapitalerhöhungen vornehmen, wie etwa die Stolberger Aktiengesellschaft für Bergbau, Blei- und Zinkfabrikation, die im Jahre 1855 ihr Grundkapital von zwei auf acht Millionen Taler vervierfachte und außerdem Obligationen in Höhe von 21 Millionen Talern in Anspruch nahm. Darüber hinaus benötigte sie einen Kredit über 800.000 Taler. Man kann sich vorstellen, in welche Schwierigkeiten solche Unternehmen in Banken- und Kapitalmarktkrisen gerieten. Man wird jedoch nicht umhinkommen, einige Schwierigkeiten dem Gesetzgeber anzulasten. So machte etwa das preußische Aktiengesetz von 1843 die Erteilung der Konzession von der Höhe des erforderlichen Kapitals abhängig, woraus natürlich eine starke Neigung zur Überkapitalisierung resultierte. Auch

---

40 Gömmel, Industriefinanzierung, S. 8, gestützt auf Zorn.

einer später nötigen Kapitalerhöhung, die wiederum genehmigungsbedürftig war, wollte man damit vorbeugen[41].

In den großen neuen Investitionsbereichen wie dem Eisenbahnbau reichten herkömmliche Finanzierungsformen einschließlich der Selbstfinanzierung zur Aufbringung nicht mehr aus. Hier erfolgte die Finanzierung hauptsächlich durch Gründung von **Aktiengesellschaften,** d.h. durch Beteiligungskapital. Bei der Emission der Aktien waren die Banken beteiligt, sodass sich eine gewisse Parallelität in der Entwicklung des Eisenbahn- und Bankwesens beobachten lässt. Noch 1870 bestand die Hälfte aller an der Börse gehandelten Wertpapiere aus Eisenbahnpapieren. Dazu kam, dass die Bereitschaft der privaten Kapitalgeber groß war, sich an den Emissionen der Eisenbahnpapiere zu beteiligen, hauptsächlich aus Spekulationsgründen. Der Staat förderte ebenfalls die Kapitalbildung, indem er die Aktien der Eisenbahnen mit einer Staatsgarantie ausstattete und für mündelsicher erklärte.

5.3.7. Die Industriellen Revolutionen und ihre Komponenten im internationalen Vergleich

Völlig zu Recht hat die jüngere Forschung auf die Pluralität der Entwicklung im Rahmen der Industrialisierung hingewiesen. Insbesondere hat man sich angewöhnt, von Industriellen Revolutionen zu sprechen. Dieser Plural ist Ausdruck der Tatsache, dass die Industrialisierungsmuster sich nicht nur von Land zu Land, sondern auch von Region zu Region wesentlich unterscheiden.

[41] L.c., S. 9, i. V. m. Blumberg, Horst: Die deutsche Textilindustrie in der industriellen Revolution, Berlin 1965, S. 174.

Der Reigen der Möglichkeiten reicht hier von der im wesentlichen auf Eisen, Kohle und Dampf beruhenden „klassischen" Industriellen Revolution Deutschlands, über die auf starker Spezial- und Nischenproduktion basierenden Entwicklung in der Schweiz bis hin zur dänischen Version, bei der die Agrarindustrie im Vordergrund stand. Wiederum wesentlich anders verliefen die Industriellen Revolutionen in Belgien, den USA, Frankreich und Russland. Wie gesagt: Die länderspezifische Betrachtung ist ein noch bei weitem zu grobes Raster, denn innerhalb der Länder gab es eine Vielzahl regional höchst unterschiedlicher industrieller Ausprägungen, die jedoch bei genauerem Hinsehen eine spezifische Kombination immer wieder auftretender Merkmale aufwiesen. Diese seien im folgenden nochmals kurz zusammenfassend genannt:

Darstellung 26: Wesentliche Komponenten industrieller Entwicklung

- Stand der **vorindustriellen Entwicklung**
  - Ansammlung von **Humankapital** in der Bevölkerung (Know-how, Fertigkeiten, Realbildung etc.)
  - Dichtes Netz marktlicher **Verflechtungsbeziehungen** (Multiplikatoreffekte, sich selbst tragendes Wachstum etc.)
  - Nicht zu ungleiche Einkommens- und Vermögens**verteilung** (Verhinderung des Abflusses kaufkräftiger Nachfrage ins Ausland)
- Eröffnung von Wegen hin zu extensivem Wachstum
- **Übergang von extensivem in intensives Wachstum** (Zunehmend produktive Nutzung überschüssiger Ressourcen)
  Beispiele: Land in den USA
  Arbeitskraft in Europa und Japan
- Ausbau des Bildungs- und Ausbildungswesens
  (Entwicklung der Fähigkeit zu **Imitation** und **Adaption** bzw. ***catching up***)
- Gewährleistung von **Eigentums-, Besitz- und Verfügungsrechten**
- Gewährleistung **freier Unternehmerinitiative**
- Etablierung von **Kreditinstituten**
- **Keine** direkten **Interventionen** von Seiten des Staates

Literatur:

Borchardt, Knut: Die Industrielle Revolution in Deutschland, München 1972; **Braun**, Rudolf et al. (Hg.), Industrielle Revolution, Wirtschaftliche Aspekte, Köln/Berlin 1972; **Buchheim**, Christoph: Industrielle Revolutionen, München 1994; **Fremdling**, Rainer: Eisenbahnen und deutsches Wirtschaftswachstum 1840-1879. Ein Beitrag zur Entwicklungstheorie und zur Theorie der Infrastruktur, Dortmund 1975; **Fremdling**, Rainer: Technologischer Wandel und internationaler Handel im 18. und 19. Jahrhundert. Die Eisenindustrien in Großbritannien, Belgien, Frankreich und Deutschland, Berlin/München 1986; **Hahn**, Hans-Werner: Geschichte des deutschen Zollvereins, Göttingen 1984; **Milward**, Alan S./**Saul**, B.S.: The Economic Development of Continental Europe 1780-1870, London 1973; **Siegenthaler**, Hansjörg: Industrielle Revolution. In: HdWW 4, 1988, S. 142-159; **Tilly**, Richard H.: Vom Zollverein zum Industriestaat. Die wirtschaftlich-soziale Entwicklung Deutschlands 1834 bis 1914, München 1990; **Wehler**, Hans-Ulrich: Deutsche Gesellschaftsgeschichte, Bd. 2, Von der Reformära bis zur industriellen und politischen 'deutschen Doppelrevolution' 1815-1845/49, 2. Aufl., München 1989.

Prüfsteine:

1. Was versteht man unter extensivem und intensivem Wachstum?
2. Was versteht man unter Agrarrevolution? Erklären Sie mögliche Zusammenhänge zwischen Agrarrevolution und Industrieller Revolution!
3. Erklären Sie den Zusammenhang zwischen demographischer und Getreidepreisentwicklung im 18. Jahrhundert!
4. Wie verlief die Bevölkerungsentwicklung zu Beginn der sog. Industriellen Revolution? (Graphische Darstellung erwünscht)
5. a) Welche konkreten Abhängigkeitsverhältnisse wurden im Rahmen der sog. „Bauernbefreiung“ aufgehoben? Nennen Sie drei!
   b) Welche Auswirkungen hatte die „Bauernbefreiung“?
6. Worum handelte es sich beim „Deutschen Zollverein“? Welches waren seine Vorläufer und wie lange existierte er?
7. Was unterscheidet die Manufaktur von der Fabrik? Zeigen Sie die Unterschiede anhand dreier Merkmale!
8. Wodurch wurde der Eisenbahnbau im 19. Jahrhundert finanziert? Nennen Sie drei Finanzierungsquellen!
9. Welche wesentlichen Komponenten sind bei der Erklärung der Industrialisierung heranzuziehen?

10. Die Entwicklung vom Agrar- zum Industriestaat war für die einzelnen Staaten Europas durch jeweils sehr unterschiedliche Wege gekennzeichnet. Vergleichen Sie die Entwicklung von Großbritannien, Dänemark und der Schweiz! Geben Sie mögliche Ursachen für die Unterschiedlichkeit an!
11. Im Verlauf der Industriellen Revolution fand eine umfassende Integration und tiefgreifende Dynamisierung des Lebens statt. Skizzieren Sie die Ausgangsbedingungen für eine Industrialisierung in Deutschland! Gehen Sie dabei auf die demographische Entwicklung und die Wirtschaftsverfassung im Deutschland des frühen 19. Jahrhunderts ein!
12. Ein bekannter amerikanischer Nationalökonom suchte in der 60er Jahren mit seinem Furore machenden Konzept eines *Take off* die Industrialisierung von Volkswirtschaften zu beschreiben und zu erklären. Beschreiben Sie sein Konzept und nehmen Sie kritisch dazu Stellung! Wie heißt der Herr, dessen Gedankengut Sie hier beurteilen?
13. Großbritannien verkörpert das „Mutterland“ der Industriellen Revolutionen. Belgien und die Schweiz sind zwei erfolgreiche „Nachzügler“. Ihnen gelang der rasche Anschluss an die britische Entwicklung, allerdings auf ganz unterschiedliche Art und Weise, will sagen: Jedes der beiden Länder beschritt einen ureigenen, individuellen Industrialisierungspfad. Benennen Sie Gemeinsamkeiten und Unterschiede ihrer Industrialisierungsmuster!

Exkurs: Verkehr, Kommunikation und Marktintegration

Zu Beginn des 19. Jahrhunderts war das Verkehrswesen in Deutschland noch relativ schwach entwickelt. Die Verkehrssituation erlaubte es nicht, die Güterverteilung zufriedenstellend zu regeln. Der Ausbau eines durchgängigen Verkehrssystems war daher für die Ausbildung der Volkswirtschaft von größter Bedeutung.

Der Chausseebau, also die Anlage von Landstraßen mit festem Steinunterbau, wurde erst unter Napoleon entscheidend weiterentwickelt, primär aus militärischen Gründen. In den ersten vier Jahrzehnten des 19. Jahrhunderts wurde das Schwergewicht auf die Verbesserung der Landstraßen gelegt, wobei die Initiative bei den einzelnen Staaten lag.

Das Aufkommen des Eisenbahnbaus brachte eine zunehmende Konkurrenz für die Straßen. Die erste deutsche Eisenbahn war sechs Kilometer lang und fuhr von Nürnberg nach Fürth (1835). Die erste bedeutende, längere Eisenbahnlinie verband Leipzig und Dresden. Es entstanden dann eine Reihe weiterer Bahnen: Berlin-Potsdam (1838), Braunschweig-Wolfenbüttel, München-Augsburg (1840), Mannheim-Heidelberg und Köln-Aachen-Antwerpen (1843), um nur die wichtigsten zu nennen. Schließlich versuchte man die einzelnen Teilstrecken miteinander zu verbinden, um längere Durchgangslinien zu schaffen. Das Ergebnis des Eisenbahnbaus war die Bildung eines einheitlichen Verkehrsgebietes und eines einheitlichen Marktes. Erst mit der Schaffung eines Eisenbahnnetzes ist einem großen Teil der modernen Industrie der Markt für einen Massenabsatz und damit der Massenproduktion gesichert worden.

Der Produktivitätseffekt der Eisenbahnen

Erst die Eisenbahnen ermöglichten den Austausch großer **Massen** lebensnotwendiger Güter zwischen den einzelnen, nicht durch Wasserstraßen erschlossenen Regionen. Das war ziemlich neu. Bisher hatte ein reger Güteraustausch nur an den Meeresküsten und entlang der Flüsse und Kanäle stattgefunden. Nun konnten auf relativ leichte Weise auch große Teile der Bevölkerung im Landesinneren versorgt und deren Produkte an den erweiterten Markt gebracht werden.

Die beträchtliche volkswirtschaftliche Wirkung der Eisenbahnbauten lag darin, dass sie die Wirtschaft zu Investitionen anreizten und neues räumliches Wachstum entstehen ließen. Solche Investitionen mit ihren Einkommens- und Kapazitätseffekten schufen neue Agglomerationen und erhöhten auf diese Weise das Sozialprodukt pro Kopf der Bevölkerung an diesen Orten.

Günstig auf die Industrialisierung wirkte sich auch die deutliche Verbesserung der Infrastruktur im Rahmen der Eisenbahnerschließung aus. Erst jetzt ergab sich auch abseits der Wasserstraßen und außerhalb enger Regionen ein gewisser Ausgleich unterschiedlicher Produktionskosten und die Verringerung interregionaler Preisgefälle. Dadurch wurde die regionale Chancengleichheit und die Markttransparenz verbessert. Das Siegerland ist ein gutes Beispiel dafür, wie mit Hilfe der Eisenbahn die Standortnachteile eines Gebietes egalisiert werden konnten. Da das Siegerland über keinen nennenswerten Wasserweg verfügte, der die Verschiffung von Massengütern erlaubt hätte, brachte die Eisenbahnerschließung eine erhebliche Aufwertung der Region und damit eine erheblich gesteigerte Wettbewerbsfähigkeit. Der Industrialisierungsprozess wurde dadurch stark angeregt[42].

Aber auch die natürlichen Wasserstraßen und die Kanäle hatten wegen der schlechten Verfassung der Landstraßen eine wichtige Funktion. Das Aufkommen der Dampftechnik brachte eine bedeutende Veränderung in der Schifffahrt. Die Verwendung der Dampfkraft für den Antrieb von Schiffen auf den Binnenwasserstraßen hat auch zur Intensivierung der wirtschaftlichen **Verflechtung** beigetragen.

[42] Kellenbenz, Hermann/Schawacht, Jürgen H.: Schicksal eines Eisenlandes, Siegen 1974, S. 115.

Darstellung 27: Das deutsche Eisenbahnnetz - Lists Entwurf von 1833 und seine Realisierung bis 1850

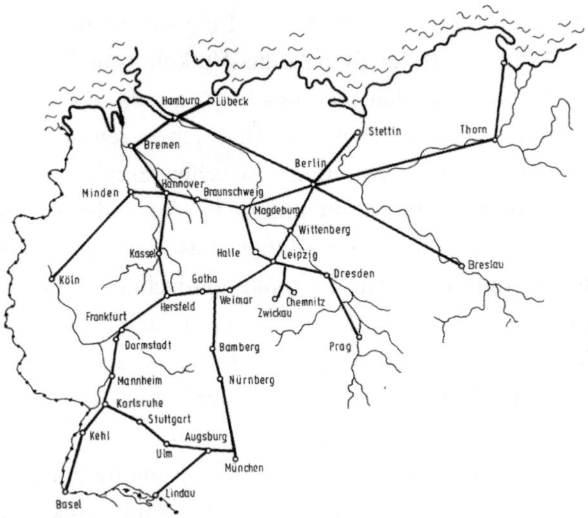

Entwurf Friedrich Lists von 1833

Bis 1850 eröffnete Eisenbahnstrecken

Quelle: Kellenbenz, Hermann: Deutsche Wirtschaftsgeschichte. Band 2: Vom Ausgang des 18. Jahrhunderts bis zum Ende des Zweiten Weltkriegs, München 1981, S. 120 f.

Durch die technisch-innovatorischen Errungenschaften im Zuge der Industrialisierung spielte die Kommunikation als marktintegrierende Kraft eine zunehmend wichtige Rolle. Dabei sei unter Kommunikation nicht nur die Mitteilung von Informationen zwischen Lebewesen und/oder Maschinen verstanden, sondern es soll der Begriff das Verkehrs- und Nachrichtenwesen mit einschließen. „Kommunikationsfortschritt" ist als die Summe derjenigen neuen Entwicklungen zu verstehen, die zu einer wesentlichen Erleichterung der realen und abstrakten Verbindung zwischen Sendern und Empfängern allgemein und zwischen Marktteilnehmern im Besonderen führte. Im Falle der ökonomischen Kommunikation können dies Verkäufer und Käufer sein, die am abstrakten (räumlich entfernten) ökonomischen Ort des Tausches oder am realen Markt (z.B. Großmarkt, Börse etc.) miteinander in Verbindung treten. Die Wachstumsgeschwindigkeit des Bereichs „Kommunikation" im 19. Jahrhundert legt es mithin nahe vom „Jahrhundert der Verkehrsrevolution" zu sprechen.

Wollte man es - wofür vieles spricht - auch als Jahrhundert der Integration auffassen, wäre grundsätzlich nach den Bestimmungsfaktoren räumlicher Integration zu fragen. Es lassen sich vier wesentliche Kriterien oder Maßstäbe herauskristallisieren, die es erlauben, räumliche Integration zu messen (nach Knut Borchardt):

a) Die **interräumlichen Leistungsgefälle**, wobei vom Aspekt des Handels her hierunter die interregionalen Preisdifferenzen fallen, also letztlich auch die Lohn- und Einkommensgefälle sowie die Produktivitäts- und Qualitätsgefälle, die im Preisgefälle ihren Niederschlag finden (Preis- und Qualitätskonkurrenz).
b) Einen Anhaltspunkt für Integration bieten ferner die **Möglichkeiten** und Wahrnehmungsgrade **des Austauschs von Informationen und Wissen** (Ausgleich durch Faktorenwanderung, z.B. Spezialisten).
c) Die Höhe der **Transferkosten** für Güter (z.B. beim Massengütertransport), Kapital (Kapitaltransfer), Personen (Arbeitskraft-Mobilität) und Nachrichten (Transport von Kommunikations-Know-how) bieten einen weiteren Anhaltspunkt für die Intensität und den Grenznutzen räumlicher Integration (Transportkosten, Zölle, Straßengelder, Postgebühren etc.) und schließlich können
d) gewisse mentale oder gesinnungs- und **verhaltensmäßige** Unterschiede als schwer messbare Determinanten den Integrationsprozess fördern oder hemmen. Hierzu gehören politische und weltanschauliche Einstellungen wie etwa der Nationalismus, der z.B. in der Weimarer Zeit bei der Diskus-

sion um eine Europäische Wirtschaftsunion eine wesentliche Rolle gespielt hat.

Diese Kriterien wurden bereits von den Zeitgenossen des 19. Jahrhunderts angesprochen. Am 23. Oktober 1828 schrieb ein berühmter Geist seiner Zeit z.B. folgendes: „*Mir ist nicht bange, dass Deutschland nicht eins werde; unsere guten Chausseen und künftigen Eisenbahnen werden schon das Ihrige tun. ... Es sei eins, dass der deutsche Taler und Groschen im ganzen Reich gleichen Wert habe; eins, dass mein Reisekoffer durch alle sechs und dreißig Staaten ungeöffnet passieren könne. Es sei eins, dass der städtische Reisepass eines weimarischen Bürgers von dem Grenzbeamten eines großen Nachbarstaates nicht für unzulänglicher gehalten werde, als der Pass eines Ausländers. Es sei von Inland und Ausland unter deutschen Staaten überall keine Rede mehr. Deutschland sei ferner eins in Maß und Gewicht, in Handel und Wandel und hundert ähnlichen Dingen, die ich nicht alle nennen kann und mag.*“ Der berühmte Zeitgenosse, der hier seine Vorstellungen über die ökonomische und nationale Integration äußerte, hieß Johann Wolfgang von **Goethe**.

Unter den vielen genannten Aspekten seien einige wenige herausgegriffen und dabei besonders die Marktintegration ins Auge gefasst, deren Vorhandensein und Intensität sich etwa an Preiszusammenhängen aufzeigen lässt.

Versteht man den idealtypischen, vollkommenen Markt (mit vollkommener Konkurrenz) im Sinne Erich **Gutenbergs** gleichzeitig als den am meisten integrierten, so wäre es sinnvoll, die Integrationsintensität und Qualität eines Marktes an den fünf Merkmalen des vollkommenen Marktes zu messen. Vollkommenheitskriterien sind dabei

- die sachliche Gleichartigkeit der Güter,
- das Fehlen persönlicher Präferenzen sowie
- räumlicher und zeitlicher Differenzierungen zwischen den beiden
- Marktseiten und
- die Markttransparenz.

Die Marktintegration findet dabei, wie in der obigen Darstellung ersichtlich, ihren Ausdruck im Preis, dem bedeutendsten Maßstab in marktwirtschaftlichen Systemen. Zusammenhänge von Konjunkturen und Preisen bilden damit Indikatoren für die ökonomische Integration. Dabei ist zu beachten, dass bestimmte Güter (z.B. Baumwolle, Weizen etc.) fungibler und dadurch schneller übertragbar sind als andere. Lange nach den Gütermärkten, doch noch vor dem Ersten Weltkrieg, nahm die Verflechtung der Kapitalmärkte rapide zu. Damit wurde die Übertragung von Trendwenden wahrscheinlicher, die Integrationskraft stärker[43].

Darstellung 28: Die Großhandelspreise in Deutschland, Großbritannien und Frankreich 1792-1913 (in Indexziffern)

1913 =100

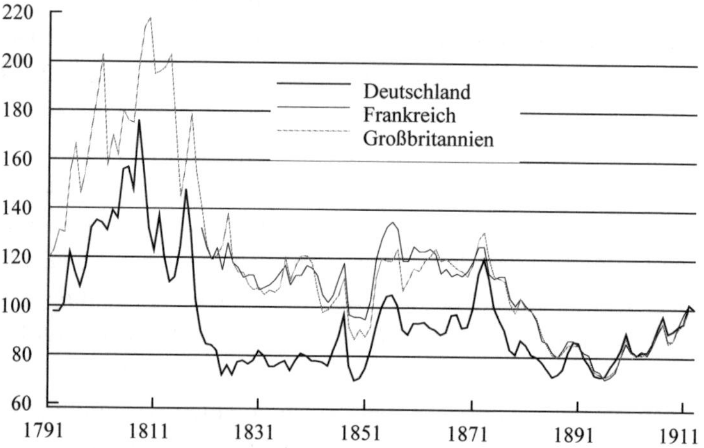

Quelle: Jacobs, Alfred/Richter, Hans: Die Großhandelspreise in Deutschland von 1792 bis 1934 (= Sonderheft des Instituts für Konjunkturforschung. Nr. 37), Berlin 1935, S. 34, 82 f.

An zwei Beispielen soll versucht werden, eine im 19. Jahrhundert besonders auffällige preishistorische Erscheinung im Zusammenhang zu erklären. Als Beispiele dienen der Gütermarkt und der Kapitalmarkt.

Der Zusammenhang von Kommunikation und Integration am Beispiel des Getreidemarktes

Im 19. Jahrhundert vollzog sich „neben der Abnahme der zeitlichen Preisunterschiede **am gleichen Ort** (Spekulation, R.W.) gleichzeitig ein ununterbrochener Rückgang der räumlichen Unterschiede in den Preisen im gleichen Zeitpunkt (Arbitrage, R.W.)". Die Preisausgleichswirkung des Eisenbahnbaus,

43 Pohl, Hans: Aufbruch der Weltwirtschaft. Geschichte der Weltwirtschaft von der Mitte des 19. Jahrhunderts bis zum Ersten Weltkrieg (= Wissenschaftliche Paperbacks 24. Sozial- und Wirtschaftsgeschichte), Stuttgart 1989, S. 348 f.

also die Verbesserung der Getreideversorgung zwischen Überschuss- und Zuschussgebieten, lässt sich methodisch recht deutlich durch einen Vergleich der Preise in Hoch- und Niedrigstpreisgebieten und deren Entwicklung über einen langen Zeitraum zeigen:

Darstellung 29: Der Einfluss der Verkehrsentwicklung auf die Getreidepreise in Deutschland

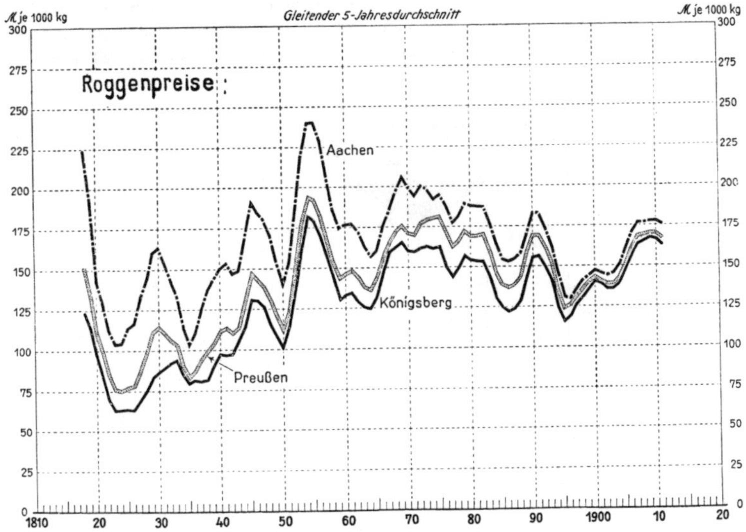

Datenquelle: Vierteljahreshefte zur Statistik des Deutschen Reichs 44 (1935), S. 291.

In der Zeit von 1816 bis 1860 hatte z.B. Aachen unter den wichtigsten preußischen Städten am häufigsten den höchsten Roggenpreis, Königsberg am häufigsten den niedrigsten. Je länger desto mehr näherten sich diese Preise jedoch dem Landesdurchschnittspreis und *„es ist kein Zufall, dass die Bewegung...erst seit dem Ende der 1830er Jahre solche Stetigkeit bekommt; in diese Jahre fällt der Beginn des Eisenbahnbaus in Deutschland. - Der preußische Statistiker Ernst* ***Engel*** *berechnete 1861, dass bei den üblichen Frachtsätzen für Chausseetransport die Fuhrkosten den Preis eines Zentners Roggen bei 60 bis 80 Meilen Entfernung verdoppelten* (d.h. bei ca. 450-600 km, R.W.). *Der Frachtsatz der Eisenbahnen von 2 Pfennigen je Zentner für die Meile* (ca. 7,5 km, R.W.) *ermöglichte die Versendung dieses Zentners Roggen auf die vierfache Entfernung* (ca. 1.800-2.400 km, R.W.) *und damit die Belieferung* *einer 11- bis 12fach größeren Fläche, ehe sein Preis sich verdoppelt hatte*"[44]. Versucht man nun, diesen von Ernst Engel angesprochenen Zusammenhang von Preis und Raum graphisch zu erfassen, so ergibt sich die Darstellung 30.

Darstellung 30: Der Launhardt'sche Trichter

Wilhelm Launhardt (1832-1918) war als Professor an der Technischen Hochschule Hannover tätig. Das unten abgebildete Trichtermodell entwickelte er in seinem Werk „Mathematische Begründung der Volkswirtschaftslehre" (Leipzig 1885). Seine zentrale Aussage: Die Größe des Absatzgebietes ist eine Funktion des Preises ab Werk und der Höhe des Frachtsatzes. Ferner: Markt und Konkurrenz sind wegen der sich aus der geographischen Entfernung zwischen Anbieter und Kunden ergebenden Präferenzen unvollkommen.

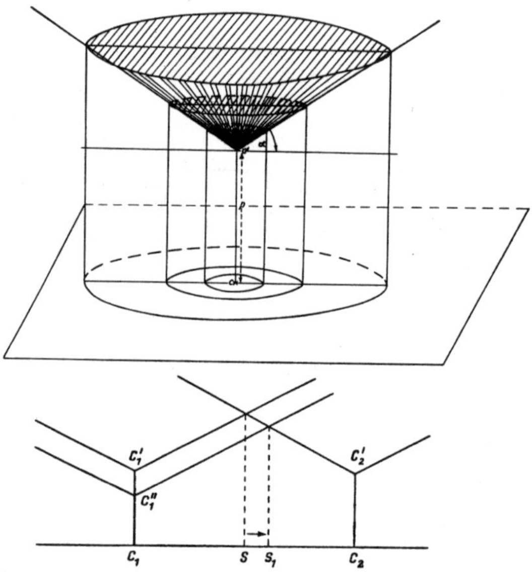

(1)	$p_e = p + f \cdot e$	e	=	Entfernung v. Produktionszentrum
(2)	$\tan \alpha = f$	f	=	Frachtsatz pro Mengeneinheit u. km (z.B. tkm)
		p	=	„Ortspreis"
		p_e	=	Preis in der Entfernung e v. Produktionszentrum

(3) Ein Punkt s bzw. s_1 der **Konkurrenzgrenze** muss der Bedingung

$p_1 + f_1 \cdot e_1 = p_2 + f_2 \cdot e_2$ genügen.

c1, c2 = Produktionszentren

c1', c1'', c2' = Produktionspreise ab Werk

Quelle der Abbildungen: Schneider, Erich: Einführung in die Wirtschaftstheorie, Tübingen 1961, S. 78/Fig. 27, S. 85/Fig. 33.

[44] Walter, Rolf: Märkte, Börsen, Messen, Ausstellungen im 19. und 20. Jahrhundert. In: Pohl, Hans (Hg.): Die Bedeutung der Kommunikation für Wirtschaft und Gesellschaft, Stuttgart et al. 1989, S. 379-440, hier: S. 382 f.

Was darin veranschaulicht wird, könnte man den **„Eisenbahneffekt“** nennen, nämlich das Erreichen derselben Marktentfernung mit erheblich geringeren Transportkosten oder umgekehrt die Vervielfachung der Marktgröße bei gleichbleibenden Transportkosten. Damit verbunden war die Erschließung niedrigerer Einkommensschichten. Aber nicht nur die Transportkosten wurden wesentlich reduziert, sondern auch der Zusammenhang der Preisschwankungen, d.h. die Differenzen zwischen Höchst- und Niedrigstpreisgebieten gestalteten sich immer geringer, besonders auffällig im letzten Viertel des 19. Jahrhunderts. Die Preisausgleichswirkung des Verkehrs- und Nachrichtenwesens war derart, dass große Preisdisparitäten ganzer Warengruppen, wie sie noch im 18. und in der ersten Hälfte des 19. Jahrhunderts beobachtbar waren, kaum mehr eingetreten sind. Insbesondere ordneten sich die landwirtschaftlichen Erzeugnispreise dem volkswirtschaftlichen Preisgefüge ein und machten im wesentlichen die Konjunkturschwankungen des Preisniveaus ab 1870 mit.

Darstellung 31: Der Weizenpreis in Deutschland und im Ausland 1871-1913

1913 = 100

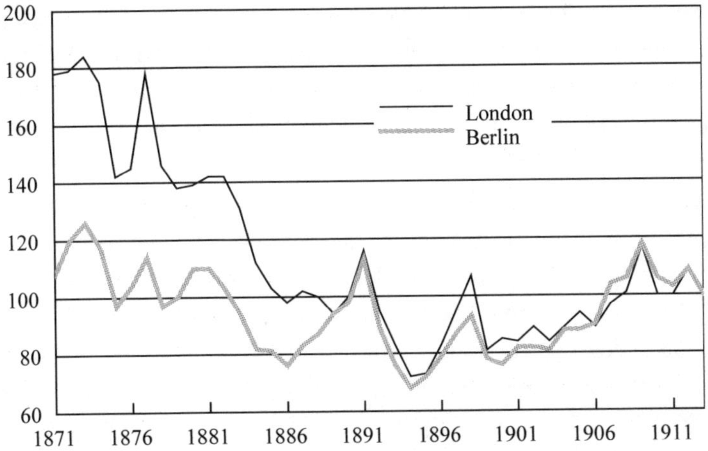

Datenquelle: Vierteljahreshefte zur Statistik des Deutschen Reichs 44 (1935), S. 298 f.

Derselbe Prozess, der sich so im regionalen und nationalen Raum abspielte, galt in ähnlicher Weise international und weltweit, wiederum besonders auffällig in den letzten drei Jahrzehnten des 19. Jahrhunderts: *„Ende der*

1870er Jahre weitet sich infolge des sich immer mehr verbessernden überseeischen Verkehrs und des Nachrichtenwesens der europäische Getreidemarkt zum Weltmarkt, auf dem die Ernten neu erschlossener Überschussgebiete in der ganzen Welt die Getreidepreise beschleunigt zum Sinken bringen, so dass die sinkende Tendenz in den europäischen Zuschussgebieten sich fortsetzt. In Deutschland aber, das nach 1870 - für Roggen schon 20 Jahre früher - ebenfalls Zuschussgebiet ist, vermag diese sinkende Grundtendenz sich nicht durchzusetzen, da - besonders deutlich bei Weizen, Gerste und Hafer zu beobachten - die Einführung der Schutzzölle 1880 und mehr noch ihre Verdreifachung 1885 die deutschen Preise in den Jahren 1887 bis 1890 an die Weltmarktpreise heranführt.“ Darstellung 31 verdeutlicht dies.

Darstellung des Zusammenhangs am Beispiel des Kapitalmarktes

Die am Beispiel eines Güter- bzw. Getreidemarkts beschriebene Marktintegration infolge verbesserter Kommunikation fand auch im Bereich der Kapitalmärkte statt. Die zunehmende Bedeutung des Bankensektors bei der Mobilisierung und Transformation von Aktienkapital ab der Mitte des 19. Jahrhunderts hing eng zusammen mit dem bereits im 18. Jahrhundert beginnenden Prozess der Durchsetzung der **Inhaberaktie** und der damit verbundenen Erleichterung der Übertragbarkeit durch Verzicht auf Zession. Neben diesen Maßnahmen zur Erleichterung des Kapitalverkehrs und zur Beschleunigung der Übertragungsmechanismen traten die umwälzenden Neuerungen in der Nachrichtentechnik, die für eine bis dahin nicht gekannte Markttransparenz sorgten.

So traten z.B. erstmals **Börsen-Blätter** als wichtige Kommunikationsmittel neben die politischen Tagesblätter und trugen so dem stark wachsenden Bedürfnis nach Information über den immer populärer werdenden Bereich „Börse“ Rechnung, wobei diese Entwicklung Hand in Hand ging mit der „Marktreife“ des **Telegraphen**. 1855 griff die Berliner Börsen-Zeitung erstmals auf Nachrichten aus *„Wolffs Telegraphischem Bureau“* zurück und brachte ab 1856 in der ersten Spalte die neue Rubrik *„Telegraphische Depeschen“*. Die Bedeutung des Telegraphen für die Herausbildung des Banken- und Börsensektors wurde meines Erachtens bislang zu wenig hervorgehoben. Die Innovationen auf nachrichtentechnischem Gebiet wurden begleitet von infrastrukturellen (Straßen-, Eisenbahn- und Kanalbau), verkehrstechnischen (Dampfschifffahrt 1816; 1827 Köln-Mainz; Regelmäßigkeit) und administrativen Neuerungen (z.B. Rheinschifffahrtsakte 1831 und 1868; Währungs- und Münzordnung 1838; Einführung des metrischen Systems 1857). Hinzu kamen institutionelle (z.B. Credit Mobilier, Darmstädter Bank, Disconto-Gesellschaft) und finanztechnische Neuerungen sowie politische (Zollverein) und nicht zuletzt rechtliche Verbesserungen. Hierzu zählt insbesondere die einschneidende Neuregelung durch das Aktiengesetz von 1870, das die staatliche Konzessionspflicht bei der Gründung von Aktiengesellschaften aufhob und damit einen wesentlich leichteren Zugang zum Markt für Beteiligungskapital schuf und ein starkes Integrationshemmnis auf demselben beseitigte.

Die sich Ende des 19. Jahrhunderts durchsetzende **Telefonie** bewirkte eine weitere Intensivierung der Marktintegration, trug also mit dazu bei, dass die Preis- und Kursgefälle zwischen denselben wesentlich verringert wurden. Die Möglichkeiten der Verdichtung des Weltkabelnetzes[45] und der damit verbundene Nachrichtenschnellverkehr steigerten die Markttransparenz weltweit erheblich, wobei freilich nicht alle Marktteilnehmer die Vorteile frühzeitiger Information in gleicher Weise nutzen konnten. Jedenfalls verstärkte sich der Trend zur Globalisierung und Integration der Finanzmärkte.

Die Bedeutung der Arbitrageure, der Kommunikatoren zwischen den Orten unterschiedlicher Kurse, nahm in dem Maße ab, wie sich der Ausgleich von Angebot und Nachfrage am Kapitalmarkt der Zeitgleichheit annäherte. Der sukzessive Abbau der Arbitragemöglichkeiten und Informationsvorsprünge mit Hilfe der Technisierung hob den Informationsstand aller Marktteilnehmer an und nivellierte ihn gleichzeitig.

Ähnlich, wie bei den Gütermärkten (siehe Getreidemarkt) zu beobachten, wurde auch im Bereich der Kapitalmärkte deren zunächst lediglich regionale Bedeutung aufgehoben. Dies ist ein Prozess, der ohne die wirklich revolutionären Fortschritte im Bereich der kabelmäßigen und kabellosen Kommunikationstechnik[46] nicht zu denken gewesen wäre.

---

45 Telegraphenleitungen weltweit: 1875: 400.000 km; 1905: 1,2 Mill. km; Übertragungsgeschwindigkeiten: 1805: Paris-Straßburg 1 Zeichen in 6 Minuten (= 0,02 Informationsbit/Sek.); 1835: Gauss/Weber-Telegraph: 7 Buchstaben pro Minute; 1915: Siemens/Halske-Telegraph: 1000 Zeichen pro Minute.

46 1915 Wellenfilter; 1935 Koaxialkabel (Kapazität: 1 Fernsehprogramm + 200 Ferngespräche); 1979: Erste Lichtwellenleiterstrecke (Glasfaser) in Deutschland; TAT 1 1956 32.000 Sprechkanäle. Lichtwellenleiter 800 Fasern von 0,125 mm Durchmesser; Faser-Bandbreite: 1 Gigaherz, d.h. 100 Fernsehprogramme; Fernsehen ab 5 MHz; Bewegtbild 1 MHz (Hz = Schwingungen/Sekunde).

Literatur:

North, Michael (Hg.): Kommunikationsrevolutionen. Die neuen Medien des 16. und 19. Jahrhunderts, 2. Aufl., Köln et al. 2001; **Pohl**, Hans (Hg.): Die Bedeutung der Kommunikation für Wirtschaft und Gesellschaft (= VSWG-Beiheft 87), Stuttgart 1989.

Prüfsteine:

1. Die regionale Wirtschaftsentwicklung war im 19. Jahrhundert sehr unterschiedlich. Nennen Sie mögliche Gründe für diese Disparitäten!
2. Wodurch wurden die überregionalen Disparitäten zum Ausgleich gebracht?
3. Erklären Sie den „Eisenbahneffekt" anhand des „Launhardt'schen Trichters"!
4. Anhand welcher Kriterien „messen" Sie den Integrationsgrad eines Wirtschaftsraumes? Beurteilen Sie anhand dieser Kriterien die Zu- oder Abnahme des Integrationsgrades im Deutschland des 19. Jahrhunderts!
5. Welche Bedeutung hatten die neuen Kommunikationstechniken des 19. Jahrhunderts für die Entwicklung des Kapitalmarktes?

6. Das Deutsche Kaiserreich 1871-1918

6.1. Von den „Gründerjahren" bis zum Ersten Weltkrieg

Darstellung 32: Wirtschaft und Gesellschaft 1871-1914

Charakterisierung der Epoche:

- Periode der Hochindustrialisierung
- Phase des Wandels vom Agrar- zum Industriestaat
- Starke nationalistische, imperialistische bzw. kolonialistische Prägung
- (Handelspolitische) Wende vom Liberalismus zum Protektionismus
- Institutionalisierung bzw. Organisation ökonomischer Interessen (Gewerkschaften, Kartelle, Verbände)
- Aufkommen industrieller Großunternehmen und Großbanken
- Systematische Anwendung wissenschaftlicher Erkenntnisse in der Industrie („Wissenschaftsindustrie"; Zweite Industrielle Revolution)
- Durchsetzung sozialpolitischer Forderungen (z.B. Sozialversicherung)

6.1.1. Die Einordnung in den langfristigen konjunkturellen Entwicklungszusammenhang

Um die gesellschaftliche und wirtschaftliche Entwicklung des letzten Drittels des 19. Jahrhunderts zu verstehen, sollte man zunächst versuchen, diese Phase in den langfristigen konjunkturellen Gesamtkontext einzuordnen. Dabei bietet sich eine Dreiteilung in die Phasen 1850 bis 1873, 1874 bis 1895 und 1896-1913 an. Im Falle der ersten und letzten Phase könnte man mit Arthur **Spiethoff** von „Aufschwungsspannen" und von der mittleren Phase als der „Stockungsspanne" sprechen. Die Aufschwungsspannen sind durch zyklische Wachstumsschübe charakterisiert, die länger andauerten und intensiver waren als die kurzen zyklischen Abschwünge. Trendmäßig stiegen die Preise in den Aufschwungsperioden, was mit den Goldfunden in Kalifornien (zeitgenössisch sprach man vom *„Gelben Kalifornium-Fieber"*), Australien (1848) und Südafrika (1890) zusammenhing. Durch die Liquidisierung des Geldsystems (Banknoten), Industriekredite (credit mobilier) und Aktien („Demokratisierung des öffentlichen Kredits" [Sombart] etc.) war die Nachfrage in diesen Perioden stark genug, um das Wachstum der Produktion bzw. die Erweiterung der Produktionskapazitäten im Allgemeinen zu tragen. Durch die spekulativen

Investitionschancen, die - trotz hoher Zinsen - Gewinne erwarten ließen, wurde das Unternehmertum veranlasst, die erzielten Überschüsse zu einem erheblichen Teil zu reinvestieren und im Produktions- und Absatzbereich zu expandieren. Die Exportquote der deutschen Industrie stieg in den 1850er Jahren und auch von 1896 bis 1913 beträchtlich.

Die Jahre 1874 bis 1895 (Stockungsspanne) wurden dramatisierend als die der „Großen Depression“ (Hans Rosenberg) bezeichnet. Dieser Ausdruck ist übertrieben, denn der langfristige Preisrückgang für Investitions- und Konsumgüter war zu einem erheblichen Teil das Ergebnis von Überinvestitionen in den Jahren 1871 bis 1873 sowie des technischen Fortschritts[47]. Doch wuchs die Wirtschaft auch in dieser Phase, wenn auch mit etwas abgeschwächter Dynamik, wobei man branchenmäßig stark differenzieren muss. Insbesondere entwickelte sich das Wachstum der Schwerindustrie zwischen 1880 und 1890 beachtlich.

6.1.2. Die französischen Kontributionen

Eine Serie von Insolvenzen endete 1869 mit der einsetzenden Investitionskonjunktur, die auch in anderen Ländern zu beobachten war, aber in Deutschland nicht zuletzt durch die französischen Kriegsentschädigungs- und Kontributionszahlungen in Höhe von 5 Milliarden Francs zuzüglich Zinsen und Kontributionen von 0,57 Milliarden Francs, insgesamt also 5,57 Milliarden Francs (etwa 4,45 Milliarden Mark) einen zusätzlichen Impuls erfuhr. Der internationale Kapitalmarkt stellte diese Mittel in Form zweier französischer Anleihen problemlos bereit, ja beide Anleihen wurden weit überzeichnet, die zweite sogar um das zwölffache[48]. Interessant ist in diesem Zusammenhang, dass ein Drittel der Anleihen von Deutschen, vor allem von Berlinern, gezeichnet wurde, was vor dem Hintergrund der Effektivverzinsung von 7,8 bzw. 7,9 Prozent durchaus verständlich wird. Mit den französischen Zahlungen waren die deutschen, insbesondere preußischen Staatsanleihen abgelöst und ein erheblicher Teil dieser Mittel in Berlin eingesetzt worden, worin einer der wesentlichen Gründe für die Expansion der Hauptstadt in dieser Zeit zu sehen ist.

---

47 Gömmel, Rainer: Entstehung und Entwicklung der Effektenbörsen im 19. Jahrhundert bis 1914, in: Deutsche Börsengeschichte. Hg. im Auftrag des Wissenschaftlichen Beirats des Instituts für bankhistorische Forschung von Hans Pohl, Frankfurt am Main 1992, S. 133-207, hier: S. 152.

48 Gömmel, Effektenbörsen, S. 153.

Im Gegensatz zu den Reparationen in der Weimarer Zeit stellte sich die Devisenbeschaffung für die französischen Zahlungen als unproblematisch heraus. 56,1 Prozent bestanden in deutschen, 29,0 Prozent in englischen, belgischen und holländischen Wechseln, 5,5 Prozent in französischen Goldmünzen, 4,8 Prozent in französischen Silbermünzen, der Rest aus französischen (2,5 Prozent) Banknoten und deutschen Noten und Münzen (2,1 Prozent)[49].

Darstellung 33: Die Verwendung der französischen Reparationszahlungen

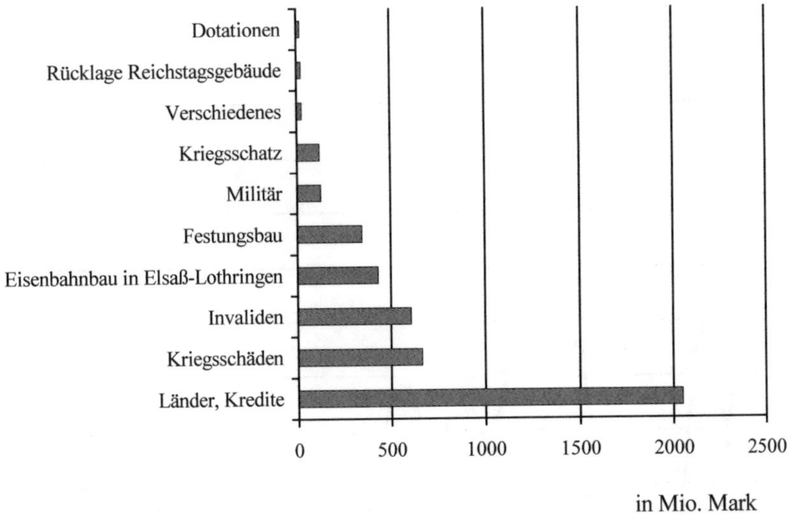

Datenquelle: Henning, Friedrich-Wilhelm: Die Industrialisierung in Deutschland 1800 bis 1914, 7. Aufl., Paderborn et al. 1989, S. 208.

Was schließlich die Mittelverwendung anbelangt, so wurden, wie oben dargestellt, mit 46,4 Prozent Länder und Kredite bedient, 15,1 Prozent für Kriegsschäden ausgeglichen, 13,8 Prozent an Invaliden ausbezahlt, 9,8 Prozent zweigte man für die Eisenbahn Elsass-Lothringen ab, mit weiteren 7,8 Prozent betrieb man den Festungsbau, 2,9 Prozent erhielt das deutsche Militär, 2,7 Prozent (120 Millionen Mark) wanderten in den Juliusturm nach Spandau und der Rest diente einer Rücklage für das Reichstagsgebäude in Berlin (24

49 Berechnet nach Henning, Industrialisierung, S. 208.

Millionen Mark = ca. 0,5 Prozent) sowie für Dotationen und sonstige verschiedene Zwecke[50].

6.1.3. „Gründerkrise" und Börsenturbulenzen

Die sog. „Gründerkrise" war insbesondere im Bereich der Produktion viel stärker als die erste Weltwirtschaftskrise von 1857 und trug in einigen Regionen Deutschlands zu erheblicher Massenarbeitslosigkeit bei. In ihrem Gefolge kam es zu umfangreicher Emigration.

Darstellung 34: Die deutsche Auswanderung 1870-1914

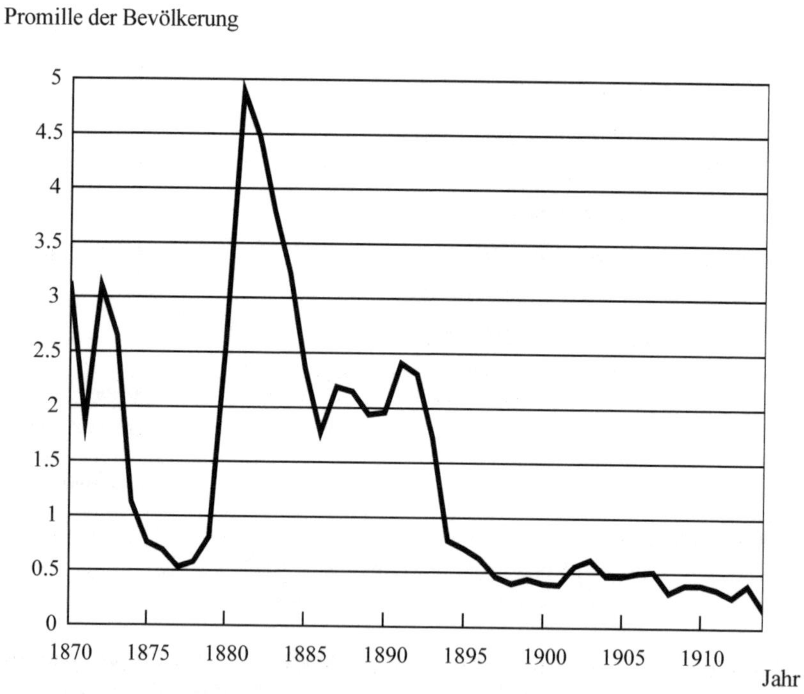

Quelle: Fischer, Wolfram: Deutschland 1850-1914. In: Handbuch der Europäischen Wirtschafts- und Sozialgeschichte. Bd. 5, S. 357-442, hier: S. 370.

Der deutschen Wirtschaft und Gesellschaft waren in Form der französischen Reparationen Mittel zugeflossen, die über den erforderlichen Kapitalbedarf

50 Berechnet nach L.c.

hinaus nach Anlage drängten. Neben sinnvollen Neuinvestitionen kam es dabei häufig zu rein spekulativen Anlagen besonders im Eisenbahn- und Schwerindustriesektor, die dann 1873/74 im großen Börsenkrach (enorme Kursstürze und damit verbundene Kapitalentwertungen) der Gründerkrise ihr Ende fanden.

Darstellung 35: Neugründungen von Aktiengesellschaften in Deutschland 1871-1892

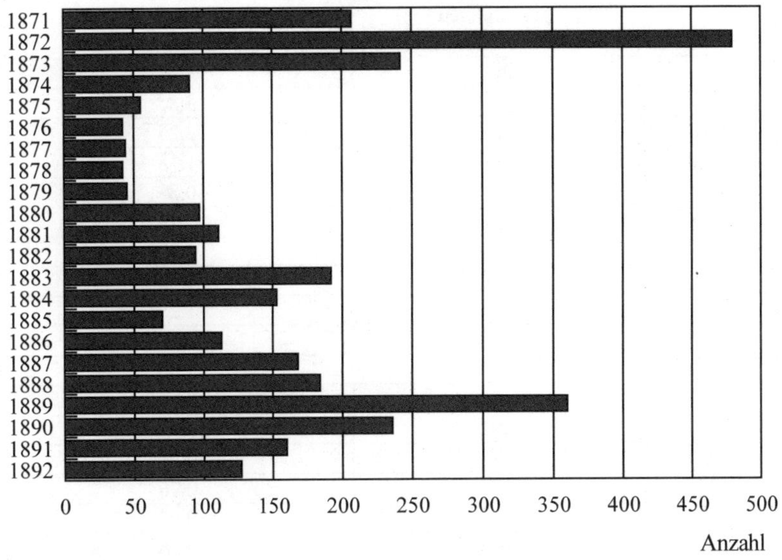

Datenquelle: Moll, Ewald: Statistik der Aktiengesellschaften. In: Handwörterbuch der Staatswissenschaften, Bd. 1, 4. Aufl., Jena 1923, S. 141-160, hier: S. 155.

Diese Krise war durch die Aktienrechtsnovelle vom 11. Juni 1870 wesentlich begünstigt worden, die das Konzessionssystem beseitigt hatte, d.h. die Gründung einer Aktiengesellschaft bedurfte nun nicht mehr der staatlichen Erlaubnis (Konzession). Damit erreichte auch das Aktienrecht seinen Höhepunkt, denn es entwickelte sich nun mehr und mehr zum Mittler zwischen Industrie und Banken[51].

In den Jahren 1871, 1872 und 1873 waren in Deutschland nicht weniger als 928 Aktiengesellschaften mit einem Gesamtkapital von 2,78 Millarden Mark

51 Gömmel, Effektenbörsen, S. 153.

gegründet worden. Diese Zahl erscheint um so beträchtlicher, wenn man bedenkt, dass im industriell führenden Preußen von 1851 bis in die Mitte des Jahres 1870 „nur" 295 Aktiengesellschaften mit einem Kapital von 2,4 Milliarden Mark gegründet worden waren, wobei 72 Prozent davon die Eisenbahn betrafen und 11 Prozent den Bergbau und die Hüttenbetriebe.

Darstellung 36: Aufgewandte Kapitalvolumina bei den Neugründungen von Aktiengesellschaften in Deutschland

Jahre	Anzahl der gegründeten Aktiengesellschaften	Aktienkapital pro Gesellschaft [Mio. Mark]
1871	207	3,65
1872	479	3,85
1873	242	2,25
1874	90	1,18
1875	55	0,83
1876	42	0,43
1877	44	0,99
1878	42	0,32
1879	45	1,27
1880	97	0,94
1881	111	1,80
1882	94	0,60
1883	192	0,92
1884	153	0,72
1885	70	0,76
1886	113	0,92
1887	168	0,76
1888	184	1,05
1889	360	1,12
1890	236	1,16
1891	160	1,56
1892	127	0,60

Quelle: Moll, Ewald: Statistik der Aktiengesellschaften. In: Handwörterbuch der Staatswissenschaften, Bd. 1, 4. Aufl., Jena 1923, S. 141-160, hier: S. 155.

Die graphische Darstellung 35 der Neugründungen von Aktiengesellschaften in Deutschland 1871-1892 zeigt deutlich die zeitlichen Gründungsschwerpunkte, nämlich 1872, 1883 und 1889. Darstellung 36, welche überdies die Kapitalaufbringung pro Aktiengesellschaft zum Gegenstand hat, macht ebenfalls die auffällige Überzeichnung zu Beginn der 70er Jahre deutlich.

Ein besonders beängstigendes Ausmaß nahm die Kapitalmarktentwicklung zunächst in Österreich-Ungarn mit seinem Börsenzentrum Wien an. Dort trieb die Gründungsmanie ihre besonderen Blüten. Zwischen 1867 und 1873 hatten sich die Eisenbahngesellschaften um 185 Prozent vermehrt, die Industrie- und Baugesellschaften um über 970 Prozent und die Aktienbanken um 305 Prozent. Die großzügige Handhabung des Konzessionswesens, gute Ernten in Ungarn und ein beträchtlicher Kapitalzufluss aus Deutschland (infolge der französischen Zahlungen) hatten diese übertrieben optimistische Entwicklung eingeleitet und im Frühjahr 1873 zu einem entsprechend dramatischen Zusammenbruch geführt, der mit Liquiditätsschwierigkeiten der Franko-Ungarischen Bank in Budapest und den Depotkündigungen bzw. Krediteinschränkungen der Österreichischen Credit-Anstalt begann und einige weitere seriöse Bankhäuser in Schwierigkeiten brachte. Zwischen dem 5. und 8. Mai 1873 kam es in Wien zu nicht weniger als 150 Zahlungseinstellungen, denen allein am Vormittag des 9. Mai weitere 120 folgten. Die Wertpapierkurse sanken drastisch in sich zusammen. Mithin sank der Kurswert sämtlicher österreichischen Aktien vom 31. März bis 28. Oktober 1873 von 2,714 Milliarden auf 1,546 Milliarden, was einer Minderung um durchschnittlich 43 Prozent entsprach. Besonders stark betroffen war der Baubereich mit einem Minus von 74 Prozent und der Bankensektor mit 58 Prozent Rückgang[52].

Im Oktober schwappte die Krise nach Berlin über, nachdem dort die Vereinsbank Quistorp & Co. failliert hatte. Der Kurswert von 444 deutschen Aktiengesellschaften sank 1873 gegenüber 1872 um 46 Prozent. Auch hier traf es den Bankenbereich besonders hart. Von den zwischen 1870 und 1872 gegründeten 107 Aktienbanken blieben bis Ende 1873 gerade noch 34 übrig[53].

Die Jahre 1873/74, die für alle Industriestaaten mit erheblichen Konjunktureinbrüchen verbunden waren, bildeten den Beginn einer Phase mit weniger starkem Wachstum, die sich - wie erwähnt - bis in die 90er Jahre hinzog.

Den „Gründerjahren“ 1871 bis 1873 war die „Gründerkrise“ gefolgt. So bezeichnete man verschiedentlich den Zeitabschnitt bis 1879. Es ist jedoch festzuhalten, dass in diesen Jahren in Deutschland auch einige wichtige wirtschafts- und finanzpolitische Maßnahmen ergriffen wurden, so z.B. 1875 die Gründung der Deutschen Reichsbank (bis 1945) als Zentralnotenbank durch Umwandlung der Preußischen Bank nach dem Reichsbankgesetz. Des weiteren wurde mit der Mark per 1. Januar 1876 eine **neue Währungseinheit**

---

52 Gömmel, Effektenbörsen, S. 155.

53 L.c., S. 156.

geschaffen, so dass der alltägliche Zahlungsverkehr erleichtert und die geldpolitische Heterogenität zurückgeführt wurde.

Darstellung 37: Die Münz-, Geld- und Bankenreform 1871-1876

Grundsätzlich: Übertragung der "Geldhoheit" von den Ländern auf das Reich durch die Reichsverfassung vom 16. April 1871.

Münzreform
Erste Reichsmünzen durch Gesetz über die Ausprägung von Reichsgoldmünzen am 4. Dezember 1871; Mark (100 Pfennig) neue Rechnungseinheit; Reichsgoldmünzen gesetzliche Zahlungsmittel im ganzen Reich. Aber: Münzen nach den alten Münzsystemen durften zwar nicht mehr geprägt werden, blieben jedoch vorerst in Umlauf. Faktisch gab es eine Doppelwährung, bestehend aus den Landeswährungen (vorwiegend auf Silberbasis) und der auf Gold basierenden Reichswährung. Kaiserliche Verordnung zum 1. Januar 1876: offizielle Einführung der Reichswährung (Mark) für das gesamte Deutsche Reichsgebiet. Aber: "Hinkende Goldwährung", da die alten Silbertaler (zu 3 Mark) in Umlauf blieben.

Papiergeldreform
Münzgesetz vom 9. Juli 1873, Art. 18: Ab 1. Januar 1876 durften nur noch Banknoten in Reichswährung (Mark) ausgegeben werden und in Umlauf bleiben. Zum selben Zeitpunkt war das Staatspapiergeld der deutschen Länder einzuziehen.

Bankenreform
Entstehung der Reichsbank als Zentralnotenbank, aber: Erhaltung einer Vielzahl von Privatnotenbanken (insgesamt 32).
Die Reichsbank ging am 1. Januar 1876 aus der Preußischen Bank hervor. Grundlage: „Bankgesetz" vom 14. März 1875. Sie sollte den Geldumlauf im Reichsgebiet regeln. Sie musste Barrengold zum Festpreis von 1.392 Mark/Pfd. Feingold ankaufen. Die Reichsbank stand unter Aufsicht und Leitung des Reiches (Reichskanzler). Das Kapital wurde von Privaten gehalten (1876: 8.177 Anteilseigner, 1913: 18.799).

6.1.4. Aktienkurse: Barometer der konjunkturellen Entwicklung

Die Aktienkurse reagieren recht sensibel auf das gesamtwirtschaftliche Geschehen sowie auf politische Strömungen und eignen sich deshalb in ganz besonderer Weise zur Einschätzung konjunktureller Entwicklungen. In ihnen spiegeln sich die Einschätzungen und Erwartungen des kapitalanlegenden Publikums wider.

Der Index der Aktienkurse an deutschen Börsen in den beiden Jahrzehnten 1870-1913 demonstriert nochmals eindrücklich, wie steil der Anstieg bis 1872 und wie tief der Fall nach 1873/74 war.

Die spätere Entwicklung zeigt, dass die Wirtschaft im Kaiserreich zwar von weiteren „Wellen" nicht verschont blieb; jedoch fielen diese, wie hier deutlich zu sehen ist, zunehmend moderater aus.

Darstellung 38: Aktienkurse in Deutschland 1870-1913

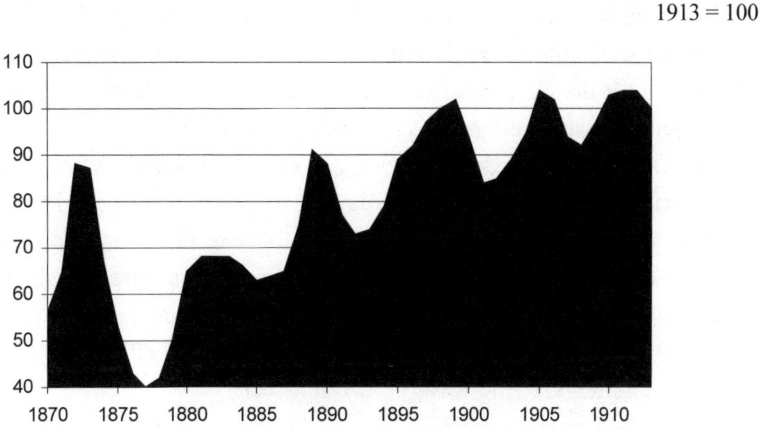

Quelle: Deutsche Bundesbank (Hg.): Deutsches Geld- und Bankwesen in Zahlen 1876-1975, Frankfurt am Main 1976, S. 295/Tab. 2.02.

6.1.5. Sektorale Betrachtung

Der Agrarsektor und die Schutzzollpolitik

Wir können unseren Stoff auf verschiedene Weise strukturieren: Man kann z.B. eine faktorale (Produktionsfaktoren Arbeit, Kapital, Boden und Technischer Fortschritt) und sektorale (Primärer, Sekundärer, Tertiärer Sektor) Betrachtung anstellen.

Wenn wir nun versuchen, den sektoralen Ansatz zu übertragen auf das Deutsche Kaiserreich, d.h. das Zweite Reich: wie sehen die einzelnen Sektoren aus? Wie ist der Primäre, also Landwirtschaft, Bergbau, Fischerei, Forstwesen etc. strukturiert? Welche Strukturveränderungen haben sich zwischen 1871 und 1918 ereignet? Der Primäre Sektor erlebte in Deutschland zwischen 1850 und 1910 einen Rückgang von 55 Prozent (der insgesamt in der Wirtschaft Beschäftigten) auf 34 Prozent. Was aber sollte man noch wissen über den Agrarsektor im Kaiserreich? In Darstellung 31 wurden bestimmte Preisentwicklungen angedeutet. Was genau verbarg sich hinter diesen Entwicklungen? Die Antwort führt zu einem neuen Begriff: **Agrarschutzzollpolitik**.

Zunächst ist festzuhalten, dass die Agrarpreise in der Betrachtungszeit eine deutlich sinkende Tendenz aufwiesen. Das freute zwar die Masse der brotessenden Konsumenten, keineswegs jedoch die Bauern, die für ihr Getreide einen immer schlechteren Preis erhielten. In der Zeit der steigenden Getreidepreise war es für die Großagrarier leicht, sich zum ökonomischen Liberalismus zu bekennen und den Freihandel gutzuheißen. Aber nun?

Bevor wir diese Frage der Reaktion der deutschen Landwirte auf den Preisverfall beantworten, sollten wir uns fragen, weshalb es zu dem Preisrückgang kam. Dazu muss man die Entwicklung in Übersee, insbesondere in den USA betrachten, daneben aber auch die Hauptgetreideexporteure Russland, Rumänien und Argentinien. Drei Dinge sollte man dazu wissen:

- Die USA dehnten ihre Getreideanbauflächen wesentlich aus.
- Sie produzierten kostengünstiger, produktiver.
- Die zusätzlich erwirtschafteten Mengen Getreide wurden nur zu einem Teil von der wachsenden amerikanischen Bevölkerung konsumiert. Entscheidend war, dass der Weizenverbrauch in den USA pro Kopf der Bevölkerung von 185 auf 160 kg jährlich fiel: es wurde mehr Fleisch gegessen. Dadurch wurden zusätzlich drei Millionen Tonnen Weizen für den Export frei.

Genügen diese Erklärungen allein schon, um den Preisverfall weltweit zu erklären? - Wohl kaum. Als Erklärungsfaktoren sind hinzuzufügen:

- die zunehmende Eisenbahnerschließung und Senkung der Transportkosten über Land und über Meer (man erinnere sich an den Launhardt'schen Trichter),
- die unterschiedlichen Preise für die Nutzung von Ackerland (Pacht) (USA: 10 Mark pro Tonne Weizen, Deutschland 28 Mark pro Tonne)
- Russlands Vorteil: sehr billige Arbeitskräfte, die hart am Existenzminimum lebten.

Wir hatten uns eine Frage aufgespart: Wie reagierten die deutschen Agrarier auf die Agrarpreissenkungen im globalen Maßstab?

Während die russischen Bauern die Einkommensreduktion hinnahmen, die amerikanischen Farmer durch Maschinisierung bzw. Technisierung ihre Einkommen zu halten versuchten und die englischen Landlords sich auf rentablere Agrarbereiche konzentrierten, versuchten sich in Frankreich und Deutschland die Großbauern politisch durchzusetzen, d.h. die Regierung zu Einfuhrzöllen auf ausländisches Getreide zu veranlassen. Wie war das möglich, Agrarschutzzölle durchzusetzen? - Dazu muss man wissen, dass das Reich über weit weniger Einnahmequellen verfügte, als etwa heutige Finanzminister. Das Reich war sehr stark auf die Länder angewiesen, die an das Reich sogenannte Matrikularbeiträge abführten. Die zweite wichtige Quelle der Reichsfinanzen waren die Zölle. So lag eine Zollerhöhung durchaus im Interesse der Reichsregierung. Dazu kam, dass Großagrarier in der Regierung größten Einfluss hatten, man denke nur an Bismarck selbst.

Das Merkwürdige aber war: auch die Industrie befürwortete Schutzzölle, obwohl der Teuerungseffekt die Realeinkommen ihrer Arbeiter schmälerte. Aber die Industrie hatte eben selbst unter der ausländischen Konkurrenz und Preisrückgängen infolge Überproduktionen zu leiden, so dass letztendlich Agrarier und Industrielle in Deutschland an einem Strang zogen und eine allgemeine Schutzzollpolitik ermöglichten. Dieser Übergang zum Protektionismus verlief in einzelnen Etappen. Während die Getreideeinfuhr nach 1865 zollfrei war, erhob man 1879 mit Wirkung ab 1. Januar 1880 (bis 1885) 10 Mark pro Tonne Weizen oder Roggen (dies entsprach einer Zollbelastung von ca. 5 - 6 Prozent (bei 175 Mark pro Tonne Roggen)). 1885 wurde der Zoll auf 30 Mark pro Tonne und 1887 auf 50 Mark pro Tonne angehoben, was einer Belastung von ca. 35 Prozent entsprach, bevor 1891 die Zollpolitik wieder gelockert wurde, die jedoch ab 1906 erneut stärkere Belastungen mit sich brachte.

Schließlich sollen noch einige **wichtige trendmäßige Entwicklungen** die Landwirtschaft des Kaiserreichs charakterisieren:

- Die tierische Produktion nahm zwischen 1873 und 1913 wesentlich stärker zu (140 Prozent) als die pflanzliche (Kartoffeln, Zuckerrüben, Flachs etc. 65 Prozent) und die Getreideproduktion (56 Prozent).
- In der Viehhaltung nahm die Schafhaltung stark ab und die Schweinemast stark zu.
- Es wurden zunehmend Kunstdünger eingesetzt.
- Die Landwirtschaft wurde zunehmend maschinisiert mit zwei wichtigen Effekten:

- Arbeitseinsparung beim Drillen, Mähen, Dreschen und Bewältigung der Spitzenzeiten (Bestellung, Ernte),
- Ertragssteigerung durch gleichmäßigere Bebauung und Verarbeitung (z.B. Dreschen) bei gleichzeitiger Qualitätserhöhung.
- Der Produktionswert je Arbeitskraft nahm in der Landwirtschaft zwischen 1873 und 1913 nur um 65 Prozent zu, d.h. die landwirtschaftliche Produktivität blieb hinter der im Sekundären und Tertiären Sektor zurück, weshalb es zu erheblichen Einkommensdisparitäten zwischen diesen Sektoren kam. Diese Zunahme der Realeinkommensunterschiede erklärt letztlich auch die beträchtliche Land-Stadt-Wanderung und die Verknappung der Arbeitskräfte auf dem Land in Phasen der Hochkonjunktur.

Der Sekundäre Sektor

Zunächst sollen ein paar Basisdaten die Gesamtentwicklung grob charakterisieren.

Der Anteil von Industrie und Handwerk an der Wertschöpfung aller Bereiche der Wirtschaft stieg 1850 - 1913 von 20 auf 40 Prozent, der Anteil dieses Sektors an der Beschäftigung erhöhte sich jedoch „nur“ von 25 auf 35 Prozent. Erst 1913 war die Zahl der in Industrie und Handwerk Beschäftigten so groß wie die Zahl der in Landwirtschaft, Forstwirtschaft und Fischerei Tätigen. Legt man den Anteil am Sozialprodukt als Maßstab an, war bereits 1890 das Jahr, in dem der Sekundäre Sektor den Primären an Bedeutung übertroffen hatte[54].

Industrie und Handwerk verdreifachten etwa die Zahl ihrer Beschäftigten 1850 - 1913 (1,9 Prozent jährlich) und verzehnfachten ihre Wertschöpfung (durchschnittlich 3,8 Prozent jährlich). Sie führten damit aber noch nicht die Hitliste der „Top-Ten“ unter den Wachstumsbereichen im Kaiserreich an: An der Spitze stand, wie oft genug betont, das Verkehrswesen mit durchschnittlich 3,3 / 6,4 Prozent jährlich, wie die folgende Darstellung zeigt.

[54] Borchardt, Knut: Die Industrielle Revolution in Deutschland 1750-1914. In: Cipolla, Carlo/Borchardt Knut (Hg.): Europäische Wirtschaftsgeschichte. Bd. 4: Die Entwicklung der industriellen Gesellschaften, Stuttgart et al. 1985, S. 135-202, hier: S. 172.

Darstellung 39: Die durchschnittliche jährliche Zunahme der stärksten Wachstumsbereiche 1850 - 1913 (in Prozent)

Bereich:	Beschäftigte:	Wertschöpfung:
Verkehr	3,3	6,4
Bergbau	3,2	5,1
Industrie/Handwerk	1,9	3,8
HBV	2,6	3,2

Quelle: Borchardt, Knut: Die Industrielle Revolution in Deutschland 1750-1914. In: Cipolla, Carlo M./Borchardt Knut (Hg.): Europäische Wirtschaftsgeschichte. Bd. 4: Die Entwicklung der industriellen Gesellschaften, Stuttgart et al. 1985, S. 135-202, hier: S. 174.

Interessant ist ein weiterer Trend, der sich in industrialisierten Volkswirtschaften ab einem bestimmten Stadium abzeichnete, nämlich die Tatsache, dass das Wachstum der Produktionsgüterindustrie das der Verbrauchsgüterindustrie beträchtlich übertraf. Die Produktionsgüterindustrien (Metallerzeugung, Eisen und Stahl, Metallverarbeitung) wuchsen im Schnitt mehr als die Konsumgüterindustrien. Von 1880 bis 1900 verzehnfachte sich z.B. die Stahlerzeugung.

War die industrielle Entwicklung in der Zeit des Deutschen Bundes noch wesentlich vom Eisenbahnsektor getragen worden, kamen nun neue Wachstumsbereiche hinzu, die zum einen aus der Kombination von Eisen und Kohle hervorgingen, zum anderen aber auf bedeutende Basisinnovationen, wie etwa die Elektrifizierung oder die Großchemie (die sog. „Erfindungsindustrien") zurückzuführen waren.

Die regionalen Wachstumsschwerpunkte bildeten sich zunächst in den Kohlerevieren, so im Ruhrgebiet, an der Saar, im rheinischen Braunkohlerevier und in Oberschlesien. Die Gesamtförderleistung an Braun- und Steinkohle steigerte sich von 41 Millionen Tonnen (1873) auf 300 Millionen Tonnen (1913), also um 732 Prozent. In engem Zusammenhang damit ist der Erzbergbau zu sehen, denn Stahl entstand erst aus der Kombination von Eisenerz mit Kohle unter Einsatz fortschrittlicher Techniken. Durch die Hinzugewinnung der Erzminen in Lothringen, die Verbesserung des Land- und Flusstransports sowie den Einsatz des aus England übernommenen **Thomas**-Verfahrens (1879) war es möglich, die vorhandenen Ressourcen aufzuwerten und bestimmte Entwicklungspole zu industriellen Agglomerationszentren ersten Ranges auszubilden.

Einen weiteren sehr wachstumsträchtigen Zweig stellte die aufkeimende Elektroindustrie dar, die sich stark auf Berlin konzentrierte, wo 1907 52 Prozent aller in dieser Branche Beschäftigten tätig waren. Ebenfalls überdurchschnittlich wuchs die chemische Industrie. Ihre Entstehung und Fortentwicklung war in hohem Maße der Wissenschaft zu verdanken. In dieser Branche hatte die Geburtsstunde des „scientific management" geschlagen und fanden in typischer Weise Ingenieure Eingang in die Leitungsebene der Unternehmen. Wesentliche Grundlage dieser „jungen" Industrie bildeten die Düngererzeugung sowie die Herstellung von Teerfarben. Dadurch wurde auch die Säure- und Sodafabrikation stark angeregt. Später kam die synthetische und pharmazeutische Industrie hinzu.

Von ziemlicher Bedeutung war schließlich auch die optische Industrie, wo in erster Linie die Erfindungen des gelernten Glasschleifers Joseph von **Fraunhofer** und des Physikers Ernst **Abbe** (Beugungstheorie) richtungsweisend wirkten. Abbe war seit 1866 der führende Kopf im Unternehmen von Carl Zeiß in Jena. Um die Qualität ihrer optischen Gläser noch zu steigern, engagierten Abbe und Zeiss den international angesehenen Chemiker und Glasmacher Friedrich Otto **Schott** (Erfindungen: Verbundglas, Beleuchtungsgläser etc.), der ihre Kenntnisse in idealer Weise ergänzte und den Grundstein für den Wohlstand einer ganzen Region legte.

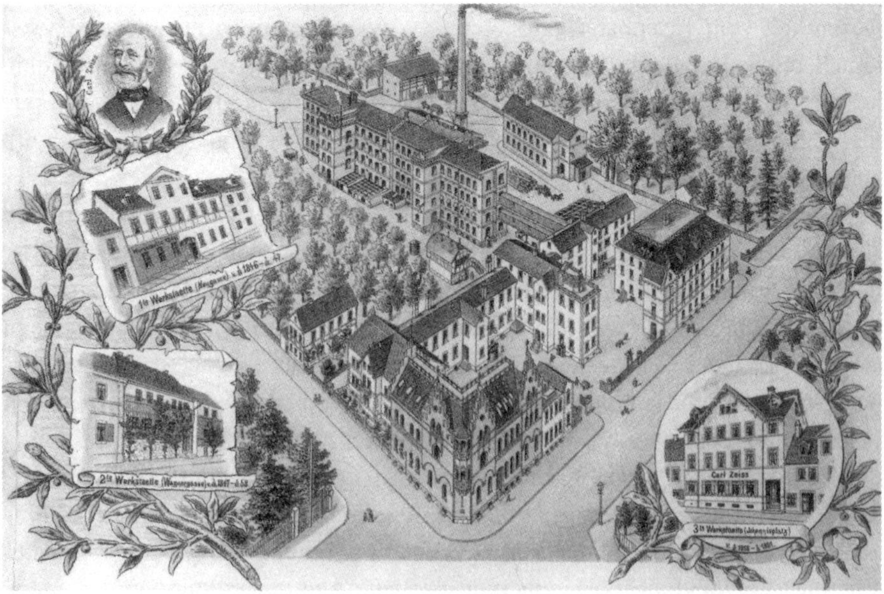

Darstellung 40: Basisinnovationen

	Erfindung	Innovation	Jahre
Puddelofen	1783	1824	41
Kokshochofen	1713	1796	83
Lokomotive	1769	1824	55
Telegraphie	1793	1833	40
Photographie	1727	1838	111
Glühlampe	1800	1879	79
Telefon	1854	1881	27
Benzinmotor	1860	1886	26
Kunstdünger	1840	1885	45
Insulin	1889	1922	33
Penicillin	1922	1941	19
Düsenmaschine	1928	1941	13
Radar	1887	1934	47
Radio	1887	1922	35
Raketen	1903	1935	32

Quelle: Mensch, Gerhard: Das technologische Patt. Innovationen überwinden die Depression, Frankfurt am Main 1975, S. 190.

Die jüngere wirtschafts- und technikhistorische Entwicklung gibt - je mehr man sich der Gegenwart nähert - zunehmend Hinweise auf die Verkürzung der Zeit zwischen der Erfindung und deren Einführung in den Markt (erst dann spricht man von Innovation), d.h. der Marktreifezyklus verkürzt sich zusehends. Darstellung 41 zeigt an einigen typischen Beispielen, wie lange es dauerte, Inventionen in Innovationen überzuführen. Die Verkürzung der Zeitspannen hing u.a. mit der Professionalisierung des Produkt-Managements und des Marketings schlechthin zusammen. Eine wesentliche Rolle spielten hierbei infrastrukturelle und institutionelle Verbesserungen, insbesondere die Standardisierung und Beschleunigung von Arbeitsprozessen in den Entwicklungsabteilungen und Produktionsstätten großer, meist multinational agierender Industrieunternehmen.

Durch bessere Ausbildung im naturwissenschaftlichen und gewerblich-technischen Bereich (Technische Hochschulen, Berufs- und Fachschulen) wurde zudem Humankapital generiert, das die Adaptions- und Imitationsfähigkeit der jungen Industrieländer erhöhte und so ausländische Erfindungen im „importierenden“ Land schneller zu Innovationen transformieren ließ.

Darstellung 41: Von der Invention zur Innovation
(Dauer in Jahren)

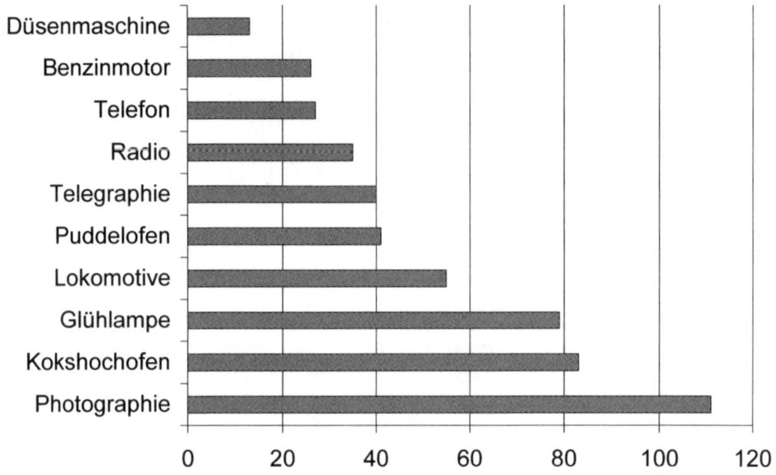

Datenquelle: Mensch, Gerhard: Das technologische Patt. Innovationen überwinden die Depression, Frankfurt am Main 1975, S. 190.

Der Tertiäre Sektor: Handel, Banken, Dienstleistungen

Die Tatsache, dass Deutschland zunehmend stärker auf den Import von Nahrungsmitteln, Rohstoffen und anderen Gütern angewiesen war, wenn es den Bevölkerungszuwachs und den erreichten Lebensstandard halten wollte, erforderte zwangsläufig die Erzeugung und Ausfuhr von Produkten, Dienstleistungen oder Kapital, die im Tausch an die Handelspartner gegeben werden konnten. So ist diese Periode durch ein kontinuierliches **Anwachsen der außenwirtschaftlichen Beziehungen** gekennzeichnet. Besonders die Fertigwaren gewannen innerhalb des deutschen Exports eine immer größere Bedeutung. Während sie 1873 nur 38 Prozent der gesamten Ausfuhr betrugen, erhöhte sich ihr Anteil bis 1913 auf 63 Prozent.

Seit den 90er Jahren vollzog sich auch der Umschwung zum Gläubigerland, obwohl die Einfuhr die Ausfuhr übertraf. Das war nur möglich geworden, weil Erlöse aus deutschen Kapitalanlagen im Ausland und Dienstleistungen, wie die Schifffahrt, das Versicherungswesen, etc. entsprechende

Gegenposten schufen, aus denen die Einfuhrüberschüsse bezahlt werden konnten.

Diese wenigen Hinweise sollen genügen, Deutschlands ständig zunehmende Bedeutung für den Welthandel zu beleuchten. Stand es 1880 als Exportland noch hinter den USA, Großbritannien und Frankreich an vierter Stelle, so gelang es dem Deutschen Reich binnen weniger Jahre Großbritannien und Frankreich zu überflügeln und sich hinter den USA an die zweite Stelle zu setzen.

Das seit den 50er Jahren weiterentwickelte **Bankwesen**, das die Industriefinanzierung in den Vordergrund stellte, erfuhr in den Jahrzehnten bis zum 1. Weltkrieg eine kontinuierliche Verbesserung und Vervollkommnung. Neben der Anlage eines Teils ihrer Mittel in festverzinslichen Werten (Staatsanleihen) sowie rediskontfähigen Wechseln steckte der größte Teil doch in den Anleihen und Aktien von Unternehmungen aus Handel und Industrie. Dies bedeutete, dass sie einen gewissen Einfluss auf die Industrie ausübten, der sich nicht zuletzt auch in den Verflechtungsbeziehungen der Aufsichtsräte äußerte.

Unverkennbar war auch ein Konzentrationsprozess im Bankensektor feststellbar. Es bildete sich ein System von Großbanken heraus, die ein weitverzweigtes Netz von Filialen im ganzen Reich errichteten und durch die Übernahme kleiner Privatbanken ergänzten. Der Konzentrationsprozess im Bankwesen erfolgte mit dem der Industrie nahezu parallel und bedingte sich vielfach wechselseitig.

Ganz allgemein trat im späten 19. und im frühen 20. Jahrhundert eine stärkere Kommerzialisierung ein, die zunehmend von den medialen bzw. kommunikativen Möglichkeiten der Zeit Gebrauch machte. Telefon und Telegraf, eine Vielzahl neuer Zeitungen mit vergrößertem Raum für Inserate, Anzeigen und dergleichen erleichterten den Anbietern den Zugang zu einer immer breiter werdenden Kundschaft. Schaufensterauslagen, Reklamesäulen, elektrische Lichtwerbung und andere Errungenschaften der **„Moderne“** trugen ein übriges zur zügigen Kenntnisnahme und Distribution eines exponenziell wachsenden Warenangebots in neuen Marktsegmenten bei. Das Fahrrad und die elektische Straßenbahn, die zu den wichtigsten Nahverkehrsmitteln der Vorkriegszeit wurden, beförderten Massen von Menschen zwischen den Vorstädten und den urbanen Zentren der Metropolen, die geradezu zum Sinnbild einer aufsteigenden Industrienation wurden.

6.1.6. Konzentrationstendenzen im Kaiserreich

Ein wesentliches Merkmal der Phase zwischen 1870 und 1914 ist die zunehmende Konzentration im Bereich der Wirtschaft in der Form vertikaler oder horizontaler Konzernierung bzw. Kartellierung. **Fusionen** im industriellen und Bankenbereich waren an der Tagesordnung. Die Kartell-Literatur wurde in dieser Zeit fast unübersehbar.

Kartelle sind „Kinder der Not". *„Sie sind vertragsmäßige, auf eine bestimmte Zeitdauer abgeschlossene Vereinigungen selbstständig verbleibender Unternehmungen, welche verwandten oder annähernd gleiche Interessen verfolgenden Industriezweigen angehören, zu dem Zwecke, sowohl die Produktion, als den Absatz nach gemeinsamen Gesichtspunkten und im gemeinsamen Interesse zu regeln"*[55]. Eine schärfere, vor allem in den USA übliche Form der Konzentration bildet der **Trust**. Hierbei handelt es sich um eine dauernde und organisch zusammengefasste Vereinigung von Unternehmen, die ihre Selbstständigkeit einbüßten. Kartelle bildeten sich vor allem im Bereich derjenigen Industrien, die vertretbare, also fungible Massenartikel herstellten, wie z.B. die chemische oder die Montanindustrie.

Monopolisierungstendenzen sind wohl so alt wie die Wirtschaft als solche. Insofern sind auch die Klagen über die ökonomische Konzentration nicht etwa erst im 19. Jahrhundert entstanden. Gleichwohl setzte in der zweiten Hälfte des vergangenen Jahrhunderts die Konzentration in einer Intensität und Breite ein, wie sie die Wirtschaftsgeschichte bis dahin noch nicht hervorgebracht hatte.

Die Kartellbildung ist nicht zuletzt vor dem Hintergrund der internationalen Preisentwicklung und der weltweiten Wettbewerbssituation zu sehen. Oft waren die Kartelle Gegenreaktionen auf einen schmerzlichen Preisverfall, dem man durch Preisabsprache bzw. Preisvereinbarung, Festlegung von Produktionskontingenten oder durch Absprachen bezüglich des Absatzsegments zu begegnen suchte. In diesen Kontext gehören allgemein auch die **Verbandsbildungen** bzw. die Gründung von **Interessengemeinschaften**, letztere vielfach bereits vor 1870. Schon 1862 bestand das Kartell der rheinischen Weißblechfabriken sowie das Kölner Weißblechkomtor. Im Jahr darauf war die Deutsche Schienengemeinschaft entstanden. Auf das Jahr 1868 ging das deutsche

[55] Riesser, Jacob: Die deutschen Großbanken und ihre Konzentration im Zusammenhange mit der Entwicklung der Gesamtwirtschaft in Deutschland, 3. Aufl., Jena 1910, S. 135 (Hervorh. i. Orig. nicht beachtet).

Salinenkartell zurück und im Jahr 1870 sind die Anfänge des Kalisyndikats zu sehen.

Betrachtet man die wirtschafthistorische Entwicklung, so fällt auf, dass konjunkturelle Depressionen, überhaupt Krisensituationen, die Neigung zur Konzentration beträchtlich erhöhten. So lässt sich eben als Folge des Krisenjahres 1873 eine solche Tendenz feststellen. Auch wenn eine amtliche Statistik über die Gesamtzahl der in der deutschen Industrie existierenden Kartelle bis zu Beginn des 20. Jahrhunderts nicht existierte, so finden sich doch vereinzelt Zahlenangaben darüber. Im Jahr 1896 wird die Zahl der in der gesamten deutschen Industrie vorhandenen Kartelle mit 250 angegeben. Davon entfielen ca. 25 Prozent auf die deutsche Eisen- und chemische Industrie, ein Sechstel auf den Sektor „Steine und Erden" und ein Neuntel auf die Textilindustrie. 1903 ist von 44 Kartellen (Konventionen, Syndikate) in der deutschen Eisenindustrie die Rede, wobei diese Zahl als absolutes Minimum anzusehen ist. Jedenfalls ging die Zahl der Betriebe in der Eisenindustrie bis Ende der 1880er Jahre von 218 auf 110 zurück, wobei man in diesem Zusammenhang auch vom **„Reinigungseffekt" der Gründerkrise** sprach.

In der Elektroindustrie beherrschten 1901 zwei Gruppen den Markt: Siemens und AEG. Im Chemiebereich bildeten 1904 zwei Farbkartelle eine „Interessengemeinschaft mit Gewinnausgleich" (I.G.), aus der später (1925) die I.G. Farbenindustrie als größtes deutsches Unternehmen hervorging.

Eine Denkschrift, die im Dezember 1905 dem Deutschen Reichstag vorgelegt wurde, nennt 385 inländische Verbände (Kartelle), davon 132 in der Ziegelindustrie, 62 in der Eisen- und Stahlindustrie, 46 in der chemischen Industrie, 31 in der Textilindustrie, 27 im Bereich der Industrie der Steine und Erden, 19 in der Kohlenindustrie, 17 in der Nahrungs- und Genussmittelindustrie, 11 in der Metallindustrie (außer Eisen), 10 in der Glasindustrie, je 6 in der Papier- und der Leder- bzw. Kautschukwarenindustrie, 5 in der Holzindustrie, 4 in der Tonwarenindustrie, 2 in der Elektroindustrie und 7 in sonstigen Industriebereichen[56]. Diese Kartelle umfassten ca. 12.000 Betriebe.

In dem genannten Jahr 1905 umfassten die Kartelle branchenbezogen folgende Marktanteile:

Darstellung 42: Marktanteile von Kartellen (branchenbezogen) im Jahre 1905

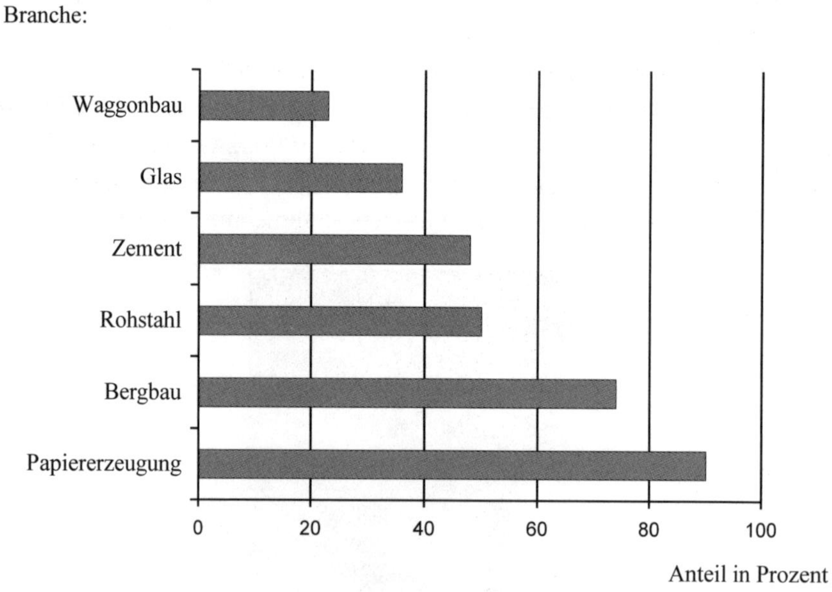

Datenquelle: Borchardt, Knut: Die Industrielle Revolution in Deutschland 1750-1914. In: Cipolla, Carlo M./Borchardt Knut (Hg.): Europäische Wirtschaftsgeschichte. Bd. 4: Die Entwicklung der industriellen Gesellschaften, Stuttgart et al. 1985, S. 135-202, hier: S. 183.

56 Riesser, Großbanken, S. 137.

Die Darstellung 42 zeigt deutlich den unterschiedlichen **Kartellierungsgrad** und die Notwendigkeit einer entsprechenden Differenzierung bei der Beurteilung der Konzentration der Wirtschaft. *„1907 waren schätzungsweise 82 Prozent der produzierten Steinkohlen, 100 Prozent des Kalisalzes, 48 Prozent des Zements, 50 Prozent des Rohstahls, 90 Prozent des erzeugten Papiers, aber nur 5 Prozent der Leder- und Linoleumproduktion, 20 Prozent der Eisen- und Stahlwaren, 2 Prozent der hergestellten Maschinen und Apparate kartelliert. Insgesamt wird die Kartellierungsquote für 1907 auf 25 Prozent geschätzt. Im Weltkrieg und in der Zwischenkriegszeit nahmen diese Werte in der Regel zu"*[57].

Die Preispolitik der Kartelle führte zu Beginn des 20. Jahrhunderts in Deutschland zu einer intensiven Diskussion und zur Einbringung von Enqueten in die politischen Beschlussgremien. Leider wurde die Legalität von Kartellen 1897 durch das oberste Reichsgericht bestätigt, wohingegen in Amerika zur selben Zeit der Sherman Anti-Trust-Act Kartelle für ungesetzlich erklärte[58].

6.1.7. Gesamtwirtschaftliches Wachstum

Überblickt man die Phase der Zweiten Industriellen Revolution und versucht deren gesamtwirtschaftliche Wirkungen abzuschätzen, so stellt man fest, dass die Intensität des Wachstums in der Phase zwischen 1890 und dem Ersten Weltkrieg deutlich stärker zunahm. Dies kann kaum verwundern nach dem, was bereits über die unterschiedlich verlaufende konjunkturelle Entwicklung erwähnt wurde. Besonders auffällig war in diesem Zusammenhang der enorme Bedeutungszuwachs des Produktionsfaktors Kapital. Die Kapitalintensität erlebte bis dahin nie gekannte Wachstumsraten.

Auch das Bruttoinlandsprodukt stieg ab den 1890er Jahren steiler als zuvor. Im internationalen Vergleich wuchs es zwar immer noch schwächer als das der USA, war jedoch - insbesondere nach der Jahrhundertwende bis 1914 - deutlich stärker als das Bruttoinlandsprodukt Großbritanniens (Darstellung 43), ohne damit der These vom „Aufholen" Deutschlands gegenüber England, das eine gänzlich andere ökonomische Grundstruktur aufwies, das Wort zu reden.

---

[57] Kocka, Jürgen: Unternehmer in der deutschen Industrialisierung, Göttingen 1975, S. 98.

[58] L.c., S. 97.

Darstellung 43: Entwicklung des Bruttoinlandsprodukts 1870-1913 in den USA, Großbritannien und Deutschland

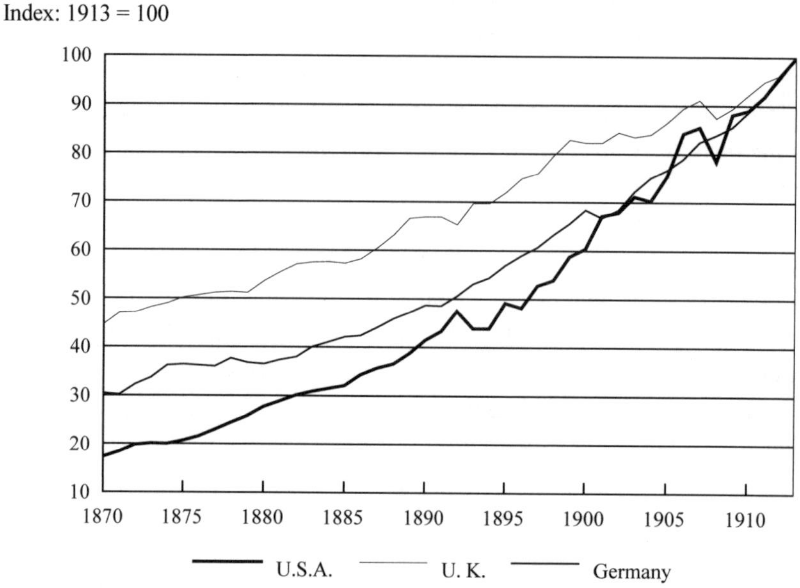

Datenquelle: Maddison, Angus: Measuring Long Term Growth and Productivity Change on a Macro-economic Level. In: Fremdling, Rainer/O'Brien, Patrick K.: Productivity in the Economies of Europe (Historisch-Sozialwissenschaftliche Forschungen. Band 15), Stuttgart 1983, S. 101-123, hier: S. 110 f.

6.1.8. Preis- und Einkommensentwicklung

Im späteren 19. Jahrhundert wurde - oftmals mit ideologischem Hintergrund - die Frage gestellt, ob der Durchschnitt der Beschäftigten real mehr oder weniger verdiente als im jeweils davorliegenden Zeitabschnitt. Um diese Frage zu beantworten, sollte man sich mindestens vier Indikatoren vor Augen führen:

1. die Entwicklung der Nominaleinkommen
2. die Preisentwicklung
3. die Zusammensetzung des Warenkorbs
4. die Kaufkraft bzw. das Realeinkommen.

Während die Nominaleinkommen in der ersten Hälfte des 19. Jahrhunderts nahezu konstant blieben, setzte nach 1852 ein deutlicher Aufwärtstrend ein, der zwar infolge der Weltwirtschaftskrise von 1857 wieder etwas abgeschwächt wurde, mit Beginn der 1870er Jahre allerdings einen bis dahin nicht erreichten Sprung vollzog. Ebenso deutlich war der Abschwung nach 1873/74 bis etwa 1879, wonach bis 1895 eine moderate Einkommenszunahme und nach 1895 eine ganz erhebliche Nominaleinkommenssteigerung zu verzeichnen war.

Da die Wohlfahrt der Menschen nicht von ihrem Nominaleinkommen abhängt, sondern davon, was und wie viel sie damit anfangen können, d.h. wie viel sie real verdienen, sollte grundsätzlich die Realeinkommensentwicklung als Maßstab der Beurteilung dienen. Da die Realeinkommen in der Regel nur durch entsprechende Gewichtung der Nominaleinkommen mit der Preis- und **Kaufkraftentwicklung** zu gewinnen sind, kommt letzterer eine besondere Bedeutung zu. Vereinfachend kann man den **Index der Lebenshaltungskosten** zur Gewichtung heranziehen, den der Regensburger Wirtschaftshistoriker Rainer **Gömmel** entwickelte und der bis ins Jahr 1810 zurückreicht (Darstellung 44).

Während seit den späteren 1820er Jahren eine langfristige Steigerung der Lebenshaltungskosten festzustellen ist, die mit dem Super-Preisauftrieb der frühen 1870er Jahre ein letztes Aufbäumen erfuhr, war die Zeit, die man mit „Depression“ umschrieb, nämlich die Jahre 1874 bis 1895, durch einen deutlichen Rückgang der Lebenshaltungskosten gekennzeichnet und dies bei steigenden Nominallöhnen. Zu deutsch: Die Reallöhne nahmen zum Vorteil der Konsumenten erheblich zu. Die Kaufkraft stieg wie noch nie - eine Entwicklung, die marxistische Darstellungen prompt widerlegte.

Die Entwicklung ab 1896 bis zum Ersten Weltkrieg zeigt zwar wieder einen deutlichen Anstieg der Lebenshaltungskosten. Genauso klar ist jedoch die noch wesentlich steilere Steigerungsrate der Nominaleinkommen, so dass auch in dieser Zeit ein - wenn auch nicht mehr ganz so gravierendes - Realeinkommenswachstum festzustellen ist. Mit anderen Worten: Die Arbeitnehmer waren in der Zeit des Kaiserreiches zunehmend vermögender geworden.

Darstellung 44: Einkommen und Lebenshaltungskosten in Deutschland 1870-1913

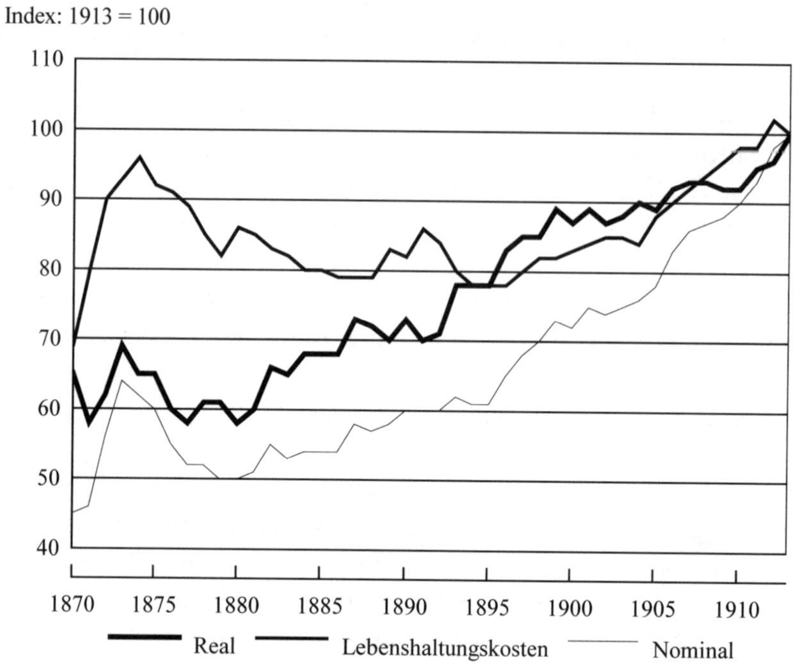

Datenquelle: Gömmel, Rainer: Realeinkommen in Deutschland. Ein internationaler Vergleich (1810-1914) (= Vorträge zur Wirtschaftsgeschichte. Heft 4), Nürnberg 1979, S. 28/Tab. 2.

6.1.9. Die gesetzliche Sozialversicherung

Zu den bedeutendsten Gesetzgebungswerken des Wilhelminischen Reichs gehörte die - unter erheblichem innenpolitischen Druck - entstandene gesetzliche Sozialversicherung der Jahre 1883, 1884 und 1889. Sie wurde den folgenden Grundsätzen entsprechend konzipiert (nach Volker **Hentschel**):

1. Das *Versicherungs*prinzip galt anstelle des *Versorgungs*prinzips (staatliche Fürsorge und Versorgung)
2. Die *Selbstverwaltung* trat anstelle der *Reichsanstalt* (Dezentralisierung statt Zentralisierung)

3. Die Mittelaufbringung geschah unter *Beteiligung der Versicherten* anstelle der ausschließlichen Finanzierung durch Arbeitgeber und Staat (Bewusstsein des *Anspruchsrechts* statt *dankschuldigem Wohlfahrtsempfang*).

Darstellung 45: Die gesetzliche Sozialversicherung

Gesetzliche Krankenversicherung (1883)

- Vereinheitlichung einer Vielzahl von Handwerks-, freien Hilfs-, Gewerksvereins-, Knappschafts- und ähnlichen Kassen.
- Versicherungs*zwang* für Arbeiter, die bislang in keiner Kasse waren.
- Beiträge: 2/3 Versicherte; 1/3 Arbeitgeber.
- Zunächst Mehrzahl der Kassen auf *Betriebs*ebene, später überwiegend *Orts*krankenkassen.
- 1919: Einrichtung neuer Betriebskrankenkassen verboten.

Gesetzliche Unfallversicherung (1884)

- Unternehmer haftete für alle Arbeitsunfälle, die in seinem Betrieb geschahen (Haftpflichtgesetz 1871: nur für jene, die er nachweislich verschuldet hatte).
- Versicherung wurde ausschließlich mit Unternehmerbeiträgen finanziert.
- Trägerorganisationen waren Berufsgenossenschaften.
- Das Reich trat nur als subsidiärer Garant der Leistungsfähigkeit der Berufsgenossenschaften auf.

Gesetzliche Invaliditäts- und Altersversicherung (1889)

- Paritätische Beiträge der Versicherten und der Arbeitgeber
- Von vornherein auch staatliche Zuschüsse (in Höhe etwa eines Drittels der Leistungen)
- In öffentlich-rechtlichen Anstalten organisiert und von Reichsbeamten verwaltet. Den Beamten wurden paritätische Arbeiter/Unternehmerausschüsse als Kontrollorgane beigesellt.

Quelle: Hentschel, Volker: Deutsche Wirtschafts- und Sozialpolitik 1815 bis 1945, Düsseldorf 1980, S. 46 ff.

Literatur:

Blaich, Fritz: Kartell- und Monopolpolitik im kaiserlichen Deutschland, Düsseldorf 1973; **Born,** Karl-Erich: Wirtschafts- und Sozialgeschichte des Deutschen Kaiserreichs (1867/71-1914), Stuttgart 1985; **Hentschel**, Volker: Wirtschaft und Wirtschaftspolitik im Wilhelminischen Deutschland. Organisierter Kapitalismus und Interventionsstaat? Stuttgart 1978; **Hoffmann**, Walther G.: Das Wachstum der deutschen Wirtschaft seit der Mitte des 19. Jahrhunderts, Berlin/Heidelberg/New York 1965; **Nipperdey**, Thomas: Deutsche Geschichte 1866-1918. Bd.I: Arbeitswelt und Bürgergeist, München 1990, Bd. II: Machtstaat vor der Demokratie, München 1992; **Pohl**, Hans: Aufbruch der Weltwirtschaft. Geschichte der Weltwirtschaft von der Mitte des 19. Jahrhunderts bis zum Ersten Weltkrieg, Stuttgart 1989; **Schwarz**, Angela: Der Schlüssel zur modernen Welt. Wissenschaftspopularisierung in Großbritannien und Deutschland im Übergang zur Moderne (ca. 1870-1914) (=VSWG-Beih. 153), Stuttgart 1999; **Wehler**, Hans-Ulrich: Deutsche Gesellschaftsgeschichte, Bd. 3: Von der „Deutschen Doppelrevolution" bis zum Beginn des Ersten Weltkrieges 1849-1914, München 1995.

Prüfsteine:

1. a) Wodurch war der Preisrückgang bei Getreide im letzten Drittel des 19. Jahrhunderts bedingt? Nennen Sie drei Gründe!
   b) Wie reagierte man in Deutschland auf den Preisrückgang? (Stichwort genügt.)
2. Wodurch wurde der „Schwenk" zum Protektionismus in den späten 1870er Jahren motiviert?
3. Wie entwickelten sich Nominaleinkommen, Lebenshaltungskosten und Realeinkommen 1850 bis 1914? Nehmen Sie in diesem Zusammenhang Stellung zur Marx'schen Verelendungstheorie!
4. Welchen Finanzierungsquellen entstammten die französischen Reparationszahlungen? Wozu wurden diese Mittel im wesentlichen verwendet?
5. Skizzieren Sie die Veränderungen der sektoralen Struktur der deutschen Wirtschaft 1880-1914! (Trendmäßiger Verlauf genügt.)
6. Erläutern Sie die Stichworte „Gründerkrise" und „Neomerkantilismus"!
7. Welchen Grundprinzipien folgte das Sozialversicherungswerk der 1880er Jahre?

6.2. Der Erste Weltkrieg

6.2.1. Das Wettrüsten vor 1914

Das Deutsche Reich hatte in den Jahrzehnten vor dem Ersten Weltkrieg eine ziemlich dynamische Wirtschaftsentwicklung durchlaufen und konnte den Abstand zur führenden Industriemacht Großbritannien nicht nur aufholen, sondern in einigen wichtigen Bereichen wie beispielsweise der Eisen- und Stahlindustrie, der chemischen und der Elektroindustrie überholen. Das Volumen des deutschen Außenhandels erreichte nahezu die britischen Ziffern, auch wenn der englische Handel weltweit verzweigter und nicht in dem Maße auf Europa beschränkt war wie der deutsche Handel. Vor Kriegsbeginn war Deutschland von der Außenwirtschaft relativ abhängig, was etwa dadurch deutlich wird, dass 45 Prozent seiner Einfuhr 1913 aus Rohstoffen bestand. Zu seinen besten Kunden zählte Großbritannien.

Darstellung 46: Gesamt- und Militärausgaben des Reiches 1910-1919

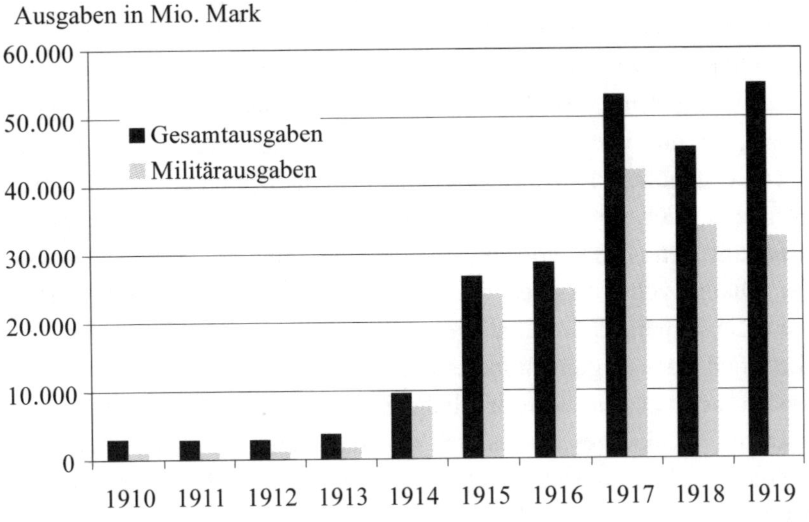

Datenquelle: Lapp, Klaus: Die Finanzierung der Weltkriege 1914-1918 und 1939-1945 in Deutschland, Diss. Nürnberg 1957, S. 67.

Eine Reihe von Krisen, u.a. die Balkan-Krisen, bewirkten in den Jahren vor dem Ersten Weltkrieg ein **allgemeines Wettrüsten** der europäischen Mächte.

Obwohl die **Militärausgaben** Deutschlands in den Friedensjahren 1910-1913 schon über eine Milliarde Mark betrugen und damit nahezu der Betrag pro Jahr erreicht wurde, den der Krieg von 1870/71 im Ganzen gekostet hatte, nämlich 1,75 Milliarden Mark, so waren sie durchaus nicht höher als die der anderen Großmächte. Bei Kriegsausbruch zeigte sich jedoch, dass die Vorstellungen hinsichtlich der Kriegskosten völlig unrealistisch waren. Allein die Mobilmachung kostete über zwei Milliarden Mark[59]. Insgesamt kostete der Erste Weltkrieg ca. 165 Milliarden Mark oder anders ausgedrückt: die Kosten beliefen sich auf 98 Millionen Mark täglich[60].

6.2.2. Deutschlands Wirtschaft im Krieg

Sicher ist durch die bisherigen Ausführungen klar geworden, dass es zum Verständnis gesellschaftlicher und wirtschaftlicher Entwicklung nicht genügt, sich nur auf makroökonomische Daten zu stützen. Es ist wichtig, auch die gesellschaftlichen und politischen Hintergründe zu kennen, um langfristige Zusammenhänge zu begreifen. Dies gilt in ganz besonderem Maße für das Verständnis des 20. Jahrhunderts, in das man mit größtem Optimismus blickte, das aber dann Kriege bringen sollte, deren Reichweite so groß war, dass man von Weltkriegen zu sprechen begann.

Vieles von dem, was in der Weimarer Zeit und unter dem Hitlerregime geschah, ist nur vor dem Hintergrund des Ersten Weltkrieges und dessen Folgen verständlich. Es darf wohl heute als unbestritten gelten, und dies wird zunehmend auch betont, dass die Hitler'sche Polemik niemals *die* Durchschlagskraft hätte haben können, wenn er nicht - und das tat er geschickt genug - das "Diktat" von Versailles, die Belastung der Wirtschaft durch die Reparationen, die Hyperinflation und die schweren ökonomischen Depressionen als sofort zündendes Argument gegenüber einer gebeutelten Wählerschaft hätte einsetzen können. Die wirtschaftliche Zerrissenheit und Instabilität als Folge des Ersten Weltkrieges erwies sich als fruchtbarer Nährboden für eine böse Saat, die zum Schlimmsten führte, was Menschen überhaupt erleben konnten. Aber zurück zur Zeit um 1914.

---

[59] Lapp, Klaus: Die Finanzierung der Weltkriege 1914-1918 und 1939-1945 in Deutschland, Diss. Nürnberg 1957, S. 66.

[60] Lütge, Überblick, S. 537.

Der Erste Weltkrieg bewirkte einen entscheidenden Wandel in der Struktur der Kriegswirtschaften. Durch die sich rasch fortentwickelnde Kriegstechnik, vor allem aber durch die neu angewandte Strategie der Materialschlacht, die in Bezug auf die Versorgung mit Kriegsmaterial in quantitativer und qualitativer Hinsicht immer größere Anforderungen an die gesamtwirtschaftliche Produktionsleistung stellte, gewann die güterwirtschaftliche Problematik ein ganz besonderes Gewicht. Das Neue am Ersten Weltkrieg war also die völlige Änderung des Wirtschaftsablaufes, bedingt durch die Umstellung der Produktion auf kriegswichtige Güter. Ein veränderter Wirtschaftsablauf bedingte jedoch auch eine Veränderung der Planung und Lenkung der Volkswirtschaft und der damit verbundenen wirtschaftspolitischen Maßnahmen. Diese Problematik wurde allerdings von der deutschen Regierung nicht richtig erkannt. Vor dem Ersten Weltkrieg wurde innerhalb des Generalstabes eine besondere Kriegswirtschaftspolitik oder Organisation der Wirtschaft für den Kriegsfall kaum in Erwägung gezogen. Die offizielle Konzeption beruhte auf dem **Schlieffen-Plan**, der im wesentlichen davon ausging, dass ein längerer Krieg für Deutschland unüberwindliche wirtschaftliche Schwierigkeiten mit sich bringen müsse und daher einem schnellen militärischen Vorgehen Priorität einzuräumen sei. Nach der ersten Marne-Schlacht im September 1914 wurde jedoch der Traum vom schnellen militärischen Sieg zerstört. Dies war gleichzeitig das Signal für die deutsche Kriegswirtschaft zum Umdenken.

Das Problem bestand - wie angedeutet - in erster Linie nicht darin, den Krieg finanziell durchzustehen, sondern die Schwierigkeit lag in der produktionsmäßigen Bereitstellung des erforderlichen Kriegsbedarfs zur Truppenversorgung und in der Sicherung der Volksernährung. Erschwerend für die Umstellung der Produktion wirkte vor allem die **Blockade** der Entente-Mächte. Für das auf vielen Gebieten rohstoffabhängige Deutschland ergab sich sowohl eine Verknappung der Güterversorgung in nahezu allen Bereichen, als auch die Notwendigkeit, den privaten Konsum rigoros zu beschränken.

All diese Erkenntnisse gewann man offenbar erst im Verlauf des Krieges und erhielt Anstöße für eingehendere Untersuchungen bzw. Analysen der wirtschaftlichen Grundlagen der Kriegsführung. Es geht also zunächst darum, die Problematik darzustellen, die sich für die Volkswirtschaft im Ersten Weltkrieg durch die Umstellung der Marktwirtschaft auf die Kriegswirtschaft ergab.

6.2.3. Die Finanzierung des Ersten Weltkriegs und die Währungs- und Finanzpolitik

Die Mehrheit der Politiker und Finanzexperten in Deutschland waren 1914 der Meinung, die deutsche Kriegsfinanzierung solle durch **Anleihen** erfolgen und Steuern nur zur Deckung der Kriegsschuld-Zinsen erhoben werden. Die Bevölkerung wurde durch Plakate und andere Medien zur Zeichnung von Anleihen aufgerufen.

Man verzichtete im ersten Kriegsjahr 1914/15 auf die Einführung neuer bzw. höherer Steuern. Insgesamt deckte Deutschland nur ca. 6 Prozent der Kriegskosten durch Steuern (u. a. Einführung der allgemeinen Umsatzsteuer 1916), wohingegen dies in England zu 20 Prozent und in den USA zu 23 Prozent geschah. Frankreich hingegen beschritt ausschließlich den Anleiheweg.

Für den ersten Bedarf im Rahmen der **finanziellen Mobilmachung** stand der im Juliusturm in Spandau liegende Kriegsschatz in Höhe von 120 Millionen Mark in Gold zur Verfügung, der aus den französischen Reparationen von 1870/71 stammte. 1913 hatte die Regierung aufgrund der Kriegsgefahr einen Silberschatz in gleicher Höhe angelegt.

Außerdem wurden die Banknoten zu gesetzlichen Zahlungsmitteln erklärt (1909) und die Goldreserven seit 1911 aufgestockt.

Für die Mobilmachung reichte jedoch die gehortete Geldmenge kaum aus. Nach sieben Wochen sah sich das Reich veranlasst, die **erste Kriegsanleihe** aufzunehmen. Danach wurden regelmäßig im Frühjahr und Herbst neue Anleihen aufgelegt. Insgesamt wurden zwischen 1914 und 1918 neun Kriegsanleihen begeben, und zwar in Form von 5-prozentigen Reichsanleihen ohne Tilgungsverpflichtung oder als 5-prozentige (später 4,5-prozentige) „Schatzanweisungen" mit verschieden langen Tilgungsfristen.

Durch die vier **Finanzgesetze** vom **4. August 1914** wurden für die Banken folgende Maßnahmen getroffen:

1. Die Pflicht zur Einlösung von Banknoten der Reichsbank wie auch der Privatnotenbanken in Gold wurde aufgehoben.
2. Die Notensteuer wurde abgeschafft. Sie betraf bis dahin den Teil des Notenumlaufs, der die steuerfreie Notenausgabe (Goldbestand bis 550 Millionen Mark) überschritt.
3. Es wurden Darlehenskassen eingerichtet.
4. Die Reichsbank wurde ermächtigt, dreimonatige Schatzwechsel[61] des Reiches in ihre Notendeckung und Darlehenskassenscheine in ihre Bardekkung einzurechnen.

Das erste Gesetz galt als Maßnahme gegen die Goldhortung. Die drei weiteren führten, gewollt oder ungewollt, zur Inflation. Es kam im Laufe des Krieges zu einer nie da gewesenen Aufblähung des monetären Volumens, wobei man von einer Verneun- bis Verzehnfachung des Geldumlaufs im

[61] Keine Effekten, sondern Geldmarktpapiere. Solawechsel, ausgestellt von der Schuldenverwaltung. - Schatzanweisungen: nicht wechselmäßige Zahlungsversprechen, 6-24 Monate.

Vergleich zu der Situation vor dem Krieg sprach. Die **Darlehenskassen** wurden eingerichtet, um für gewerbliche Zwecke Kredite zu beschaffen. Sie durften gegen Wertpapiere, die nicht als Sicherheit für die Refinanzierung bei der Reichsbank dienten, Darlehen gewähren. Die Geldmittel dafür lieferte die Notenpresse. Außerdem durften die Darlehenskassen in der Höhe der gewährten Kredite sog. **Darlehenskassenscheine** ausgeben, die **als gesetzliche Zahlungsmittel** galten. Der ungehemmten **Inflation** wurde jedoch vor allem dadurch Vorschub geleistet, dass die Reichsbank kurzfristige Schatzwechsel in **unbeschränkter** Höhe rediskontieren und dafür Banknoten ausgeben durfte. Die unmittelbare Folge war eine **Geldmengenvermehrung ohne Golddeckung**.

Die **Gesamtverschuldung des Reiches** betrug schließlich 1919 156,4 Milliarden Mark gegenüber 5,1 Milliarden Mark 1914, d.h. sie hatte sich um das 30-fache gesteigert.

6.2.4. Zwangseingriffe in die Wirtschaft

Nachdem klar wurde, dass der Krieg nicht nur, wie erwartet, einige Wochen dauern würde, stand man relativ unvorbereitet vor der Schwierigkeit der umfassenden Mobilisierung der industriellen Kapazität. Es ging darum, die industrielle Produktion von Friedensgütern auf Kriegsmaterial umzustellen, und dies nicht nur in Deutschland, sondern in allen beteiligten Industrieländern. Auf Grund der Fehleinschätzung der Länge und des Materialbedarfs des Krieges hatten die Firmen versäumt, größere Vorratshaltung zu betreiben. Ihre Vorräte deckten in der Regel den Bedarf eines halben Friedensjahres. Da die Industrie die Umstellung nicht allein zu bewältigen vermochte, wirkte sie darauf hin, dass auch staatlicherseits **Bewirtschaftungsstellen** eingerichtet wurden, so z.B. eine **Kriegsrohstoffabteilung.**

Es ist nicht zu übersehen, dass in diesem Zusammenhang für einige Rüstungsunternehmen die Chancen zu umfangreichen Gewinnmitnahmen eröffnet wurden. Auf der anderen Seite ist jedoch festzustellen, dass das Produktionsvolumen durch Mangelsituationen in einigen Bereichen deutliche Grenzen hatte. Dazu gehörte in erster Linie der Rohstoffsektor, sodann aber auch der Arbeitsmarkt, der natürlich in erheblichem Maß durch Abgänge an die Front beeinträchtigt war und im Übrigen war die gesamtwirtschaftliche Planung außerordentlich mangelhaft.

Darstellung 47: Kriegsgesellschaften des Ersten Weltkrieges
- Beispiele -

1. Kriegs GmbH
- Ausfuhr GmbH
- Devisenbeschaffungsstelle GmbH
- Kriegsnährmittelgesellschaft mbH
- Kriegsphosphat GmbH
- Zentral-Einkaufs GmbH (ZEG)

2. Kriegs-Abrechnungsstellen
- Baumwoll-Abrechnungsstelle bei der Deutschen Nationalbank, Bremen
- Kautschuk-Abrechnungsstelle bei der Deutschen Bank
- Kriegs-Abrechnungsstelle der deutschen Margarine- und Speisefettfabrikanten
- Kriegs-Abrechnungsstelle der deutschen Lackfabrikanten
- Rohbaumwoll-Abrechnungsstelle der Diskonto-Gesellschaft

3. Kriegsausschüsse
- Jute-Kriegsauschuss
- Kriegsausschuss für Textilersatzstoffe
- Kriegsausschuss für Kaffee, Tee und deren Ersatzmittel GmbH
- Kriegsausschuss für pflanzliche und tierische Öle und Fette GmbH
- Papiermacher-Kriegsausschuss

Quelle: Rohlack, Momme: Kriegsgesellschaften (1914-1918) Arten, Rechtsformen und Funktionen in der Kriegswirtschaft des Ersten Weltkrieges (= Rechtshistorische Reihe Bd. 241), Frankfurt a.M. et al. 2001, S. 215-219 (Auszug).

Die deutsche Regierung sah bald, dass nur durch Zwangsmaßnahmen das Problem der Güterversorgung in einer **Mangelwirtschaft** gelöst werden konnte. Im wesentlichen wurden auf die Initiative des Regierungspräsidenten von Ostpreußen, **von Batocki**, folgende **Maßnahmen** ergriffen:
- Einführung von Höchstpreisen
- Kontrolle der Ein- und Ausfuhr
- Einrichtung von Preisprüfstellen
- Beschlagnahme von Waren durch halböffentliche Kriegsgesellschaften (Darstellung 47)
- Verteilung der vorhandenen Vorräte nach einem Bezugsschein- und Lebensmittelkarten-System
- Förderung der Ersatzstoffwirtschaft (Surrogate!)
- Planmäßige Organisation der Abfallwirtschaft

- Einführung der Ablieferungspflicht, insbesondere für landwirtschaftliche Erzeugnisse.

Die Umstellung der Volkswirtschaft auf Rüstungsgüter hatte erhebliche **Störungen des gesamtwirtschaftlichen Systems** zur Folge (Darstellung 48). Dies galt umso mehr, als die Herstellung von Kriegsgütern nicht nur auf Kosten der Herstellung von Verbrauchsgütern, sondern von Investitionsgütern geschah. Das war z.B. dann der Fall, wenn eine Fabrik, die bisher Werkzeugmaschinen herstellte, völlig auf die Produktion von Waffen und Munition umgestellt wurde. Diese Art der Umrüstung wird auch als **Breitenrüstung** bezeichnet[62]. Die logische Folge war mit zunehmender Kriegsdauer ein erheblicher Rückgang der Zivilgüterproduktion. Aufgrund der Produktionsumstellung sank also im Ersten Weltkrieg das Produktionsvolumen zugunsten der Rüstungsindustrie rapide ab. Ausschlaggebend dafür war neben den genannten Faktoren der plötzliche Entzug gelernter Arbeitskräfte aus der zivilen Wirtschaft durch die Einberufung zum Militär.

Trotz eines akuten Mangels an spezialisierten Arbeitskräften stieg die **Arbeitslosigkeit** der gewerkschaftlich organisierten Arbeiter im Zeitraum von Juli 1914 bis Ende August von 2,9 Prozent auf 22,4 Prozent. Dies hing eben mit dem rapiden Abbau der Arbeitsmöglichkeiten im zivilen Bereich zusammen. Im Bereich der **Steinkohlenindustrie** sank z.B. innerhalb eines Monats die Erzeugung auf die Hälfte ab, nämlich von 16,6 Millionen Tonnen im Juli 1914 auf 8,5 Millionen Tonnen im August. Hinzu trat nach den ersten Kriegsmonaten durch die **unzureichende Rohstoffversorgung** eine Verschlechterung der allgemeinen Produktionsbedingungen. Kohle, Eisenerz, Blei und Zink waren zwar in Deutschland in entsprechender Menge vorhanden, doch Metalle bzw. Edelmetalle wie Chrom, Antimon, Nickel, Aluminium, Zinn und Mangan mussten eingeführt werden. Die Textilindustrie deckte z.B. 95 Prozent ihres Bedarfs an Spinnstoffen wie Baumwolle, Jute, Seide und Hanf über das Ausland. Insbesondere bei der Jute gab es schon im Herbst nach Kriegsausbruch Produktionseinstellungen, was unverzüglich zu einer **Beschlagnahmung** der Bestände und zu ihrer Verwendung ausschließlich für den Heeresbedarf führte.

---

[62] Das Gegenteil von Breitenrüstung ist die sog. Tiefenrüstung. Es handelt sich dabei um Produktionsstätten, die ausschließlich für die Herstellung von Kriegsgütern errichtet werden, wie etwa im Falle der atomaren Aufrüstung der USA während des Zweiten Weltkrieg. In Deutschland galt dies bezüglich der Herstellung von Treibstoffen und synthetischem Kautschuk.

Darstellung 48: Veränderung der industriellen Beschäftigungsstruktur während des Ersten Weltkrieges

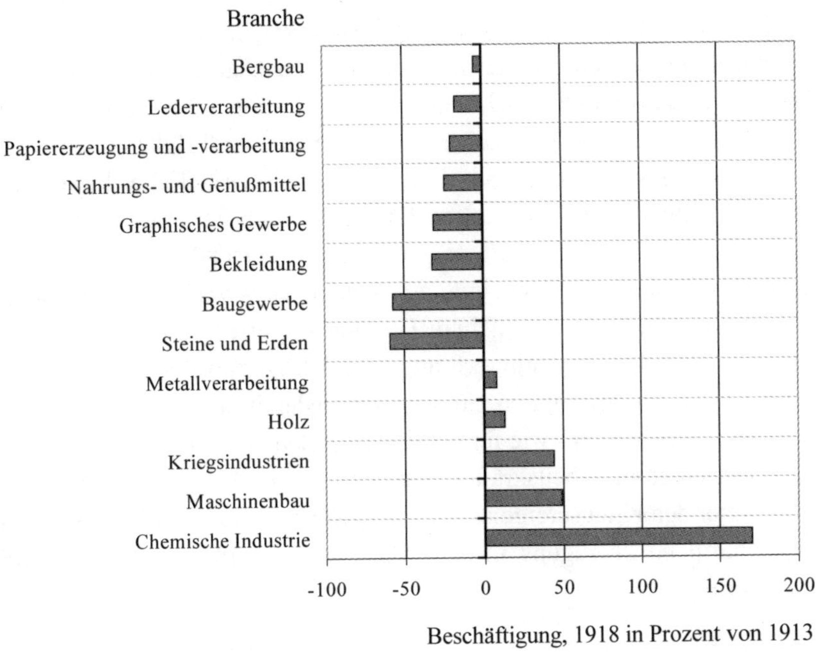

Datenquelle: Fischer, Wolfram: Bergbau, Industrie und Handwerk 1914-1970. In: Aubin, Hermann/Zorn, Wolfgang: Handbuch der deutschen Wirtschafts- und Sozialgeschichte. Bd. 2: Das 19. und 20. Jahrhundert, S. 796-844, hier: S. 800/Tab. 4.

Ähnliche Probleme ergaben sich bei der chemischen Industrie und in der **Landwirtschaft**. Durch die Blockade, d.h. das Abschneiden von wichtigen Rohstoffquellen und Weltmarktgütern durch Marinestreitkräfte (über Wasser und unter Wasser) der Entente-Mächte, entfiel der Import von Chile-Salpeter. Dadurch war die Munitions- und Handelsdüngerversorgung gefährdet. Der **chemischen Industrie** gelang es allerdings mit Hilfe des **Haber-Bosch-Verfahrens**, Stickstoff synthetisch herzustellen. Die Produktion der Spreng- und Stickstoffindustrie konnte somit aufrechterhalten werden.

6.2.5. Landwirtschaft und Ernährung

Man kann sich leicht vorstellen, dass durch das Kriegsgeschehen die internationale Arbeitsteilung erheblichen Störungen ausgesetzt wurde. Dies hatte zur Folge, dass zunehmend Eigenversorgung (**Autarkie**) im Bereich der Lebensmittel angestrebt werden musste. Im Vergleich zu Deutschland gelang es in England beispielsweise, die Nahrungsmittelproduktion während des Krieges noch deutlich zu steigern. Wie sah es in Deutschland aus? Bekanntlich war zu Beginn des Krieges ein erheblicher Teil, nämlich ein Drittel aller Erwerbstätigen in der Landwirtschaft beschäftigt. Es handelt sich um etwa 11 Millionen Arbeitskräfte. Die Landwirtschaft war in der Lage, etwa 80 bis 90 Prozent des Nahrungsmittelbedarfs Deutschlands zu decken. Dies war aber nur dadurch möglich, dass in nicht unerheblichem Umfang Importe von Stickstoff, Phosphatdüngern und Futtermitteln erfolgte. Im Übrigen waren die deutschen Ostgebiete in einem bestimmten Umfang auf ausländische Saisonarbeitskräfte angewiesen. Da es jedoch - wie für den industriellen Bereich erwähnt - auch in der Landwirtschaft an Arbeitskräften mangelte und im Übrigen die Düngemittelzufuhr unter den Kriegsereignissen zu leiden hatte, war es nicht möglich, die landwirtschaftliche Erzeugung in dem Maße zu steigern, wie es erforderlich gewesen wäre.

Darstellung 49: Landwirtschaftliche Erträge vor und während des Ersten Weltkrieges

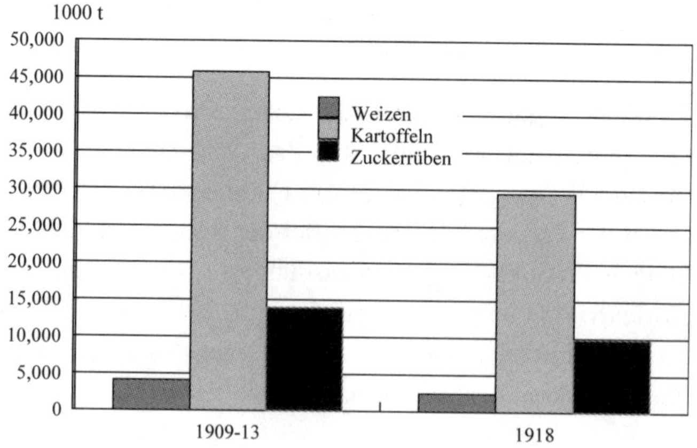

Datenquelle: Haushofer, Heinz: Die deutsche Landwirtschaft im technischen Zeitalter (= Deutsche Agrargeschichte. Bd. 5), Stuttgart 1963, S. 227.

Ganz im Gegenteil, die landwirtschaftliche Erzeugung sank (Darstellung 49), so dass zum Teil dramatische Versorgungsengpässe auftraten. Dem wurde anfänglich versucht, durch **staatliche Höchstpreisverordnungen** Einhalt zu gebieten. Doch scheiterten diese staatlichen Maßnahmen daran, dass **Graue und Schwarze Märkte** existierten, also Schwarzmarktpreise zum Maßstab des Handels und Wandels wurden. Rationierungen und der Versuch, die Verteilung zentral zu erfassen und zu regeln, hatten die Entstehung Schwarzer Märkte nicht verhindern können.

Darstellung 50: Not und Brot im Ersten Weltkrieg

- **Oktober 1914**: Einführung des sogenannten **K-Brots** (Kriegsbrot). Vorschrift über bestimmte Ausmahlungssätze und die Beimischung von Ersatzstoffen zum Mehl, z.B. Kartoffeln, Rüben o.ä.

- **25. Januar 1915**: Als erste Lebensmittelkarte wurde die **Brotkarte** eingeführt, d.h. es wurde die jedem Haushaltsmitglied zustehende Menge Brot festgesetzt. Es folgten: Fettkarte, Fleischkarte, Milchkarte, Butterkarte usw. **Ergebnis**: Kompliziertes Zuteilungssystem nach physiologischen und sozialen Merkmalen, z.B. erhielten „Schwerstarbeiter" mehr als „Schwerarbeiter", Kinder und schwangere Frauen bekamen zusätzliche Milchrationen. Ungefähre **Durchschnittsrationen**: 225 Gramm Brot oder 200 Gramm Mehl je Kopf und Tag, 56 bis 68 Gramm Fettstoffe (Butter, Schmalz oder Margarine) je Kopf und Woche.

- **Oktober 1915**: Wöchentlich zwei **fleischlose Tage** eingeführt, an denen Fleisch weder ge- noch verkauft noch in öffentlichen Gaststätten verzehrt werden durfte.

- Bezeichnendes Beispiel für Fehleinschätzungen und Misswirtschaft im Nahrungsmittelbereich: Der „**Schweinemord**". Herbst 1914: Verfütterungsverbot für Weizen und Roggen. Rationierung von Hafer und Gerste. Anfang 1915: Furcht vor Kartoffelknappheit, dem wichtigsten deutschen Volksnahrungsmittel, das angeblich in zu großer Zahl den Schweinen verfüttert wurde. Anordnung zur Zwangsschlachtung der Schweine. Es stellte sich heraus, dass man die Kartoffelernte unterschätzte und im Übrigen der Fettmangel sich verstärkte.

6.2.6. Die Einkommensverwendung

Das Hauptproblem der Wirtschaft im Ersten Weltkrieg bestand darin, dass einerseits die über den Zusatzbedarf für Kriegsgüter entstandenen Einkommen als Nachfragefaktor in Erscheinung traten, gleichzeitig aber durch die Umstellung von der Friedens- auf die Kriegswirtschaft dem vorhandenen Einkommen nicht genügend Güter gegenüberstanden, so dass es zu **Güterknappheit** bei weiter vorhandener Liquidität kam. Diese Güterknappheit wurde dadurch verstärkt, dass das wachsende Heer einen erheblichen Mehrbedarf an Nahrungsmitteln hatte.

Im Umfang der Güterverknappung (Angebotsverknappung) durch den Mehrbedarf hätte die Regierung das Einkommen und damit den Konsum (die Nachfrage) beschränken müssen, um die Preisstabilität einigermaßen zu gewährleisten. Zwar wurde der Konsum in der Tat durch **Lebensmittelkarten** rationiert, die Löhne und Preise jedoch nicht gesenkt. So kam es trotz zwangswirtschaftlicher Maßnahmen zu Lohn- und Preisauftrieben und damit zu einer zunehmenden **Schwächung der Kaufkraft des Geldes**.

6.2.7. Das Inflationsproblem in der Kriegswirtschaft

Durch die zusätzliche Beschäftigung von bisher erwerbslosen Bevölkerungsteilen verschärfte sich das Stabilitätsproblem. So wurde z.B. durch das **„Hindenburg-Programm“ 1916** jedem männlichen Staatsbürger vom 17. bis zum 60. Lebensjahr ein Arbeitsplatz im Hilfsdienst, in der Kriegsindustrie oder in der Landwirtschaft zugewiesen. Diese zusätzlichen Einkommen verschärften die Differenz zwischen der Menge an Einkommen und Gütern. In der angelsächsischen Theorie wurde dieses Phänomen als die **„inflatorische Lücke“** bezeichnet und als typische Begleiterscheinung der Kriegswirtschaft identifiziert.

Ein weiterer Hauptgrund für die inflationäre Entwicklung im Ersten Weltkrieg war die Kriegsfinanzierung durch Geldmengenvermehrung. Anstelle eines Lohn- und Preisstopps wurden den Rüstungsarbeitern laufend höhere Löhne bezahlt, was erhebliche Preissteigerungen zur Folge hatte. Dagegen kamen die Festbesoldeten, Sparer und Rentner zu kurz. Sie mussten Kaufkraftverluste hinnehmen. Es kam zu einer Verzerrung der Lohnstruktur und es mangelte an einer entsprechenden güterwirtschaftlichen Deckung.

Darstellung 51: Wirtschaftliche Daten zum Ersten Weltkrieg

	1914	1915	1916	1917	1918
Dollarkurs: Index 1913 = 100	102	116	132	157	143
Markkurs: Index 1914 = 100	(100)	86	76	64	71
Großhandelspreise: Index 1913 = 100					
Lebensmittel:	108	151	162	188	228
Industriestoffe:	99	124	134	161	195
Inlandswaren:	106	142	154	186	228
Einfuhrwaren:	102	134	141	147	172
Gesamtindex:	105	142	152	179	217
Realwochenlöhne (Mark):					
Ungelernte Arbeiter:	23,03	19,15	17,50	17,58	23,65
Hauer u. Schlepper:	37,80	32,94	30,12	25,38	25,80
Buchdrucker:	30,76	24,46	19,18	15,62	17,11
Goldmark 1914 = 100:	100	168	470	698	1190

Quelle: Petzina, Dietmar et al. (Hg.): Sozialgeschichtliches Arbeitsbuch. Bd. 3: Materialien zur Statistik des Deutschen Reiches 1914-1945, München 1978, S. 83.

Literatur:

Feldman, Gerald D.: Armee, Industrie und Arbeiterschaft in Deutschland 1914-1918, Berlin 1985; **Hardach**, Gerd: Der Erste Weltkrieg 1914-1918, München 1973; **Kielmannsegg**, Peter Graf: Deutschland und der Erste Weltkrieg, 2. Aufl. Frankfurt am Main 1980; **Lapp**, Klaus: Die Finanzierung der Weltkriege 1914-1918 und 1939-1945 in Deutschland, Diss. Nürnberg 1957; **Michalka**, Wolfgang (Hg.): Der Erste Weltkrieg. Wirkung, Wahrnehmung, Analyse, München 1994; **Rohlack**, Momme: Kriegsgesellschaften (1914-1918). Arten, Rechtsformen und Funktionen in der Kriegswirtschaft des Ersten Weltkrieges, Frankfurt am Main et al. 2001.

Prüfsteine:

1. Welche finanzpolitischen Regelungen wurden zu Beginn des Ersten Weltkriegs getroffen?

2. Wie wurde der Erste Weltkrieg finanziert?
3. Erklären Sie die Entstehung der „inflatorischen Lücke“!
4. Welche strukturellen Veränderungen in der Industrie brachte der Erste Weltkrieg mit sich?
5. Welche Funktion und Bedeutung hatten die Kriegsgesellschaften?
6. Welche Konsequenzen hatte der Erste Weltkrieg für die Position Deutschlands und der deutschen Unternehmen am Weltmarkt?
7. Welche Zwangsmaßnahmen wurden während des Ersten Weltkriegs ergriffen?
8. Welchen Zielen folgte das sogenannte "Hindenburg-Programm"?

7. Die Weimarer Republik 1918-1933

7.1. Die turbulente Nachkriegszeit

7.1.1. Die Nationalversammlung und der Versailler Vertrag

Der verlorene Krieg und der Verlust weitreichender Marktbeziehungen dezimierten die Wirtschaftskraft Deutschlands erheblich. Es kam zu umfangreichen Vermögensminderungen durch den Verlust deutschen Auslandskapitals, durch die Abtretung wertvoller Gebiete und von Kolonialbesitz und durch den Verlust der Handelsflotte. Es galt nun, in den turbulenten Nachkriegswirren die politische und wirtschaftliche Struktur im Rahmen des Möglichen zu stabilisieren.

Am 19. Januar 1919 wurde die Nationalversammlung, erstmals unter Beteiligung von Frauen, gewählt und trat am 6. Februar in **Weimar** zusammen, da die Lage in Berlin noch nicht sicher genug schien. Zunächst wählte man Friedrich Ebert zum Präsidenten und er beauftragte Philipp Scheidemann mit der Regierungsbildung. Die SPD hatte keine absolute Mehrheit und musste daher eine Koalition mit dem Zentrum und der Deutschen Demokratischen Partei eingehen.

Die Nationalversammlung hatte zwei Aufgaben zu bewältigen:

- Die **Ausarbeitung einer Verfassung**. Deutschland wurde eine parlamentarische Demokratie. An ihrer Spitze stand der Reichspräsident, der eine beträchtliche Machtfülle erhielt. Der Einfluss des Reichstages wurde gegenüber dem Kaiserreich erheblich ausgedehnt. Das Verhältniswahlrecht sorgte für ein Vielparteiensystem.
- Den **Abschluss eines Friedensvertrages**.

Dessen Bedingungen lösten in Deutschland jedoch Wogen der Empörung aus, worauf die Regierung zurücktrat. Der neue Kanzler Gustav Bauer (SPD) nahm die Versailler Verträge an. Die Bedingungen waren recht hart. Das Reich verlor 13,1 Prozent seines Vorkriegsgebietes und 10 Prozent der Bevölkerung. Deutschland musste auf 14,6 Prozent seiner anbaufähigen Fläche, 14,5 Prozent seiner Eisenerze und 26 Prozent seiner Kohlenförderung verzichten. Als

Sachleistungen waren alle Schiffe über 1.600 Bruttoregistertonnen, ein Viertel der Fischereiflotte, ein Fünftel der Fluss- und Binnenschiffe u.a. auszuliefern[63].

Nach den Artikeln 264 bis 267 des am 28. Juni 1919 unterzeichneten Versailler Vertrages hatte Deutschland allen Ländern die einseitige, uneingeschränkte und unkündbare Meistbegünstigung bis zum 10. Januar 1925 einzuräumen. Es darf jedoch nicht vergessen werden, dass die Ausschaltung Deutschlands aus dem zwischenstaatlichen Handel auch seinen ehemaligen Partnern beträchtliche Nachteile bereitete, so dass diese sich zunehmend über politische Bedenken hinwegsetzten und die Beziehungen zu Deutschland wieder aufnahmen.

7.1.2. Die Erzbergersche Finanzreform 1919/1920

Hatte die Weimarer Verfassung Rechte und Pflichten von Staat und Bürgern neu und demokratisch formuliert, so ging es nun auch darum, die Verteilungspolitik, d.h. Finanzen und Steuern, dementsprechend neu zu organisieren. Dies geschah im Rahmen einer Finanzreform, die den Namen des Mitunterzeichners des Waffenstillstands von Compiègne und Finanzministers der Reichsregierung Bauer trug: Matthias **Erzberger**. Auf der Basis der Weimarer Verfassung schuf der agile Schwabe eine zentrale Steuerverwaltung und stärkte so die Finanzhoheit des Reiches. Damit war der konfliktträchtigen finanzpolitischen Beziehungsebene zwischen Reich und Ländern ein gesetzliches Regelwerk zugrunde gelegt worden, das nicht nur die Staatseinnahmen insgesamt erhöhte, sondern auch bei der Verteilung zwischen Reich, Ländern und Gemeinden deutlich dem Reich Priorität einräumte. So flossen nach der Neuregelung von Reichsfinanzverfassung und Steuersystem dem Reich die gesamte Einkommensteuer, Körperschaftsteuer, Kapitalertragsteuer, Verbrauchsteuern, indirekten Abgaben sowie die Zölle zu. Zudem partizipierte das Reich mit 85 Prozent bei der Umsatzsteuer, 80 Prozent bei der Erbschaftsteuer und erhielt 50 Prozent der Grunderwerbsteuer, deren andere Hälfte den Ländern ebenso zustand wie 20 Prozent der Erbschaftsteuer und 10 Prozent der Umsatzsteuer. Den Gemeinden standen neben der Grundsteuer die Gewerbe- und Vergnügungsteuer komplett zu. Darüber hinaus stärkten noch 5 Prozent der Umsatzsteuer die Gemeindehaushalte. In Umkehrung zur Situation im Kaiserreich waren nun Länder und Gemeinden „Kostgänger des Reiches" geworden. Der

---

[63] Stolper, Gustav/Häuser, Karl/Borchardt, Knut: Deutsche Wirtschaft seit 1870, 2. Aufl., Tübingen 1966, S. 88 f.

politische Preis dafür war die Schwächung der föderalen Struktur, die dann 1934 mit der finanzpolitischen Allmacht des Reichs endgültig dahinsinken sollte.

In den letzten Monaten des Jahres 1919 wurde der Reichshaushalt ferner durch einige einmalige Abgaben gestützt, so durch **Kriegsabgaben** und das **Reichsnotopfer**.

Darstellung 52: Ergebnisse der Erzbergerschen Finanzreform

Grundanliegen

- Die nationale Gerechtigkeit kommt am Besten in einem sozialen Steuersystem zum Ausdruck.
- Zusammenfassung von 25 Nachkriegsstaaten in einem einheitlichen Finanzsystem.
- Die Einrichtung einer zentralen Reichsfinanzverwaltung für Reichs- und Landessteuern. Der föderale Staatsaufbau wich einem zentralen Staatsaufbau. Es entstand eine "materielle Finanzgemeinschaft" der öffentlichen Hand.
- Einkommensteuer und Staatshaushalte wurden zu einem herausragenden Instrument staatlicher Wirtschafts-, Sozial- und Konjunkturpolitik.

Gesetzgebung

1. Gesetz über die Reichsfinanzverwaltung (12.8.1919).
2. Steuerreformgesetzgebung.
3. Landessteuergesetz bzw. Finanzausgleichsgesetz.

Konkrete Maßnahmen:

- Die bisherige Länder-Einkommensteuer wurde durch eine einheitliche Reichseinkommensteuer ersetzt. Löhne und Einkommen wurden an der Quelle besteuert (Quellenabzug). Ferner wurden Körperschaft- und Ertragsteuern erhoben. Es erfolgten beträchtliche Tariferhöhungen.
- Fiskalische Soforthilfe zur Fundierung der schwebenden Reichsschuld versuchte man durch einmalige Sonderabgaben zu erreichen (abschließende Kriegsbesteuerung). 1919: außerordentliche Kriegsabgabe und Kriegsabgabe vom Vermögenszuwachs. 31.12.1919: "Reichsnotopfer" (10-65 Prozent vom Vermögen).
- Zölle in Goldmark statt in Papiermark erhoben.
- (indirekte) Umsatzsteuer von 0,5 auf 1,5 Prozent erhöht.
- 15 Prozent auf Luxusgüter.
- Genuss- und Lebensmittel stärker besteuert.
- Ausfuhrabgabe (Abschöpfung der Gewinne der exportierenden Wirtschaft).

Verteilung des Gesamtsteueraufkommens (nach dem Finanzausgleich, in Prozent)

	Reich	Länder	Gemeinden
vor der Reform	30	30	40
nach der Reform	39	23	38

7.1.3. Die Reparationsfrage

Das Jahr 1921 brachte eine Problematik mit sich, die die ganze Weimarer Zeit hindurch die Zeitgenossen in Atem halten sollte, nämlich die Reparationsfrage. Zunächst ging es darum, die Höhe der Schuld festzustellen. Die Ende April bis Anfang Mai tätige **Reparationskommission** (an der Deutschland nicht beteiligt war) ging zunächst von einer Schuld in Höhe von 132 Milliarden Goldmark aus. John Maynard **Keynes**, der später berühmte Nationalökonom („Economic consequences of the peace", 1919; „General theory", 1936) erklärte, dass diese Schuld dreimal so hoch sei, als sie Deutschland zu leisten vermochte[64]. Dieser Fragestellung, ob Deutschland die Reparationen überhaupt erbringen könne, hatte sich die Kommission und die Londoner Konferenz, die im Februar und März in der britischen Hauptstadt stattfand, jedoch kaum zugewandt. Die Forderungen wurden als sog. **„Londoner Ultimatum"** am 5. Mai 1921 an das Reich übergeben mit der Drohung, bei Nichtannahme das Ruhrgebiet zu besetzen, das zu dieser Zeit bestentwickelte Industriegebiet Deutschlands. Der Londoner Zahlungsplan sah eine jährliche Leistung von zwei Milliarden Goldmark sowie 26 Prozent des Wertes der Ausfuhr vor[65]. Die Reparationen beinhalteten nicht nur Geld, sondern auch Sachleistungen.

Einige Tage nach dem Ultimatum, am 10. Mai 1921, kam es in Deutschland zu einem erneuten **Regierungswechsel**. Nachfolger des Reichskanzlers Konstantin **Fehrenbach** wurde wiederum ein Zentrumspolitiker, nämlich Joseph **Wirth**, dem die schwierige und undankbare Aufgabe zufiel, sich zunächst mit dem Londoner Ultimatum auseinandersetzen zu müssen. Unter seiner Regierung wurde es vom Reichstag angenommen und sein Kabinett versuchte, die Forderungen der Alliierten weitgehend zu erfüllen, weshalb seine Politik auch als **„Erfüllungspolitik"** Eingang in die Geschichtsbücher fand. Letztlich ging es seiner Regierung darum, das Verhältnis zu den Siegermächten zu bessern, diesen jedoch auch vor Augen zu führen, dass die überhöhten Forderungen nicht zu erfüllen waren. Im August 1921 schlossen die USA bemerkenswerterweise Friedensverträge mit Deutschland und Österreich. Die USA hatten den Versailler Vertrag nicht ratifiziert. Kurz darauf wurde die politische Szene durch die Ermordung Erzbergers erschüttert und im Jahr darauf war es der Mord an Walther **Rathenau**, der unmissverständlich

64 Stolper/Häuser/Borchardt, Wirtschaft, S. 91.

65 Kaltefleiter, Werner: Wirtschaft und Politik in Deutschland. Konjunktur als Bestimmungsfaktor des Parteiensystems, Köln et al. 1966, S. 29.

deutlich machte, dass die extreme Rechte auch vor politischen Attentaten nicht zurückschreckte. Rathenau war einer der fähigsten Wirtschaftsexperten des frühen 20. Jahrhunderts. Er hatte bei der AEG die Wirtschaftspraxis kennen gelernt und war wesentlich an den Verhandlungen um den Versailler Vertrag beteiligt.

Einen Lichtblick brachte im April 1922 der Vertrag von **Rapallo** zwischen Deutschland und der Sowjetunion, in dem beide Staaten auf die Aufrechnung der Kriegskosten und Kriegsschulden verzichteten. Darüber hinaus wurden ein Meistbegünstigungsabkommen und die Wiederaufnahme diplomatischer Beziehungen vereinbart.

7.1.4. Der Ruhrkampf

1922 kam es zu einem erneuten Regierungswechsel. Mitte November trat Joseph Wirth zurück, der die Sozialdemokraten an der Regierungsverantwortung beteiligen und nicht ohne sie regieren wollte. Dem Rücktritt des Kabinetts Wirth folgte am 14. November 1922 die Bildung eines bürgerlichen Minderheitskabinetts unter dem Parteilosen Wilhelm **Cuno** aus Suhl, dem Generaldirektor der Hamburg-Amerika-Linie (HAPAG). Er war derjenige, der eine Regierung mit „diskontfähiger Unterschrift" präsentieren wollte.

In seine Regierungszeit fiel als bedeutendstes Ereignis der **Ruhrkampf**. Deutschland war mit seinen Sachleistungen (Telegraphenmasten und Kohlelieferungen) in Rückstand geraten, worauf französische und belgische Truppen am 11. Januar 1923 das Ruhrgebiet besetzten. Im Gegenzug stellte Deutschland die Reparationsleistungen an Belgien und Frankreich ein und rief zum passiven Widerstand auf, der vom 13. Januar bis 26. September 1923 andauerte. Den Beamten wurde die Ausführung von Anordnungen der Besatzungsmächte untersagt und den Eisenbahnern verboten, Kohlen für Frankreich zu transportieren. Die Besatzungsmächte reagierten ihrerseits mit der Übernahme der beteiligten Betriebe und Institutionen und mit Verhaftungen der Streikenden bzw. deren Ausweisung ins nichtbesetzte deutsche Gebiet.

Für den Fiskus war dies eine ungeheuere finanzielle Belastung, die mit ca. 40 Millionen Goldmark täglich zu veranschlagen ist. Diese Summe wurde benötigt, um die Streikenden zu unterstützen und die fehlenden Einnahmen aus diesem Gebiet auszugleichen. Monatlich ergab dies über die Hälfte der jährlich zu erbringenden Reparationsleistungen. Für Deutschland wurde es zunehmend schwieriger, diese Belastung durchzuhalten. Führende Leute der Wirtschaft und Politiker forderten daher zunehmend ein Einlenken. Reichskanzler Cuno war zu einseitig in seiner Widerstandsposition verharrt und so kam es zu einem erneuten Kanzlerwechsel. Gustav **Stresemann**, der Vorsitzende der Deutschen Volkspartei, übernahm am 13. August 1923 das Amt und bildete die erste „Große Koalition“ aus SPD, Zentrum, DDP und DVP. Auf Länderebene, nämlich in Preußen, hatte es bereits im November 1921 eine „Große Koalition“ unter dem SPD-Politiker Otto **Braun** gegeben.

Die Regierung Stresemann war bereit, den passiven Widerstand im Ruhrgebiet abzubrechen. Es kam zur Verhängung des Ausnahmezustandes und diese Entwicklung verlief parallel zur größten Inflation, die Deutschland je erlebt hatte. Noch während Stresemanns Kurzregierung wurden währungsstabilisierende Maßnahmen ergriffen.

7.2. Die große Inflation

7.2.1. Die Inflation - das unbekannte Phänomen

Das Bild, das wir heute von der Geschichte der Weimarer Republik haben, verbinden wir mit der Vorstellung struktureller Schwäche, traditionellen Wertvorstellungen und insbesondere ungünstigen politischen Machtverhältnissen, insgesamt also ein Bild des Scheiterns. Zu diesem Bild gehört unabdingbar die größte aller Inflationen, die Deutschland bis dahin erlebte.

Das Schreckgespenst „Inflation“ identifiziert man in Deutschland gemeinhin mit zwei historischen Abschnitten: mit den Jahren 1914 bis 1923 und 1934 bis 1948. Gewiss gab es bereits in früherer Zeit, vornehmlich im frühen 17. Jahrhundert, in der Zeit der „Kipper und Wipper“, Inflationen und entlang der historischen Wirtschaftsentwicklung den Versuch, durch übermäßiges Ausprägen von Münzen und durch unverantwortlich hohe Geldausgabe die Staatsfinanzen auf Kosten derer zu finanzieren, die dann unter dem Preisauftrieb zu leiden und für das Missverhältnis zwischen Güter- und Geldkreislauf zu zahlen hatten.

Die Zeitgenossen des 19. Jahrhunderts, also des Jahrhunderts, in dem die Banknote erstmals in nennenswertem Umfang in Umlauf kam, hatten das Phänomen der Inflation kaum gekannt. Natürlich waren auch im 19. Jahrhundert Preisauftriebe zu verzeichnen. Diese waren jedoch durch Knappheiten im Gütersektor bedingt und nicht durch übermäßiges Inanspruchnehmen der monetären Möglichkeiten. So ist auch zu verstehen, dass in den üblichen Enzyklopädien, Handbüchern und sogar in der Spezialliteratur des späten 19. und frühen 20. Jahrhunderts der Begriff Inflation überhaupt nicht auftaucht.

Das Wesen und die Gefährlichkeit eines Inflationsprozesses war also nicht in den Köpfen der Zeitgenossen, die vor dem Ersten Weltkrieg geboren wurden, und auch die Wirtschaftswissenschaft setzte sich damit kaum auseinander. Für die Bevölkerung der 20er Jahre wurde der Terminus „Inflation" jedoch schlagartig zu einem Begriff, mit dem sich das persönliche und kollektive Schicksal verband.

7.2.2. Ursachen der Inflation

Die Inflation war eines der einschneidendsten wirtschaftlichen Phänomene des 20. Jahrhunderts. Gemäß der Wechselkurstheorie war sie auf den Verfall der Wechselkurse zurückzuführen, mithin auf die Reparationen. Indes stand schon während des Krieges der Geldmenge kein entsprechendes Güterangebot gegenüber.

Betrachtet man die Geldseite, so wurde hier der Anfang mit der Aufhebung der Golddeckung im August 1914 gemacht. Zur Bezahlung des kriegsrelevanten Aufwands änderte man die Reichsbankverfassung, gab also der Zentralbank Finanzierungsspielräume, d.h. die Möglichkeit, das Militäraufkommen zu kreditieren. Damit kam ein erhebliches Kaufkraftvolumen zusätzlich in den Wirtschaftskreislauf, welches, da es unabgeschöpft blieb, inflationistisch, d.h. aufblähend (*inflare* = aufblähen) wirken musste. Einer unbegrenzten Vermehrung der Zahlungsmittel stand damit nichts mehr im Wege. Man bediente sich zur Finanzierung des Krieges der Notenpresse und löste damit einen inflationären Impuls aus. Die Geldmenge wurde vermehrt, das monetäre Einkommen und damit auch die kaufkräftige Nachfrage erhöht. Diese versuchte der Staat durch die Ausgabe von Anleihen abzuschöpfen. Das gelang ihm aber nur in den ersten Jahren.

Unter den Möglichkeiten, die dem Staat zur Abschöpfung zur Verfügung stehen, stehen meist zwei im Vordergrund: eine freiwillige und eine erzwungene. Die freiwillige Alternative wurde bereits genannt: die **Anleihe**. Jeder Kapitalmarktteilnehmer, jedes Wirtschaftssubjekt, konnte selbst entscheiden, ob es dem Staat durch den Kauf einer von diesem zu verzinsenden Anleihe Geld leihen wollte oder nicht. Im Umfang des Kurswertes dieser Anleihe leistete der Käufer freiwilligen Konsumverzicht.

Die andere gängige Alternative hierzu, die erzwungene, bestand in Form der **Steuern**. Hier wird der Steuerzahler zum Konsumverzicht gezwungen. Neben der offenen Frage, ob dieser Weg überhaupt politisch durchsetzbar ist, zumal wenn es sich bei den Steuerzahlern ja um potenzielle Wähler handelte (oder zumindest um etwa 50 Prozent der möglichen Wähler, denn alle Frauen zählten ja noch nicht dazu; die Frauen erhielten erstmals durch die Weimarer Verfassung von 1919 aktives und passives Wahlrecht), ist eine notwendige Bedingung, das das Steuersystem überhaupt weit genug entwickelt ist, um eine solche Besteuerung zu realisieren und damit verbunden die Frage, ob die erforderlichen Steuerbeträge in der in Kriegszeiten notwendigen Kürze der Zeit einhebbar sind. Dazu sollte man sich in Erinnerung rufen, dass das deutsche Steuersystem vor der Erzbergerschen Finanzreform nach dem Ersten Weltkrieg noch relativ schwach entwickelt war. Jedenfalls entschied man sich in Deutschland 1914 für die erste Alternative, also für die Anleihenfinanzierung und erst 1916 wurde Kaufkraft erzwungenermaßen steuerlich abgeschöpft, aber bei weitem nicht in dem Maße, wie dies zur Stabilisierung der Währung erforderlich gewesen wäre. Dabei spielte natürlich auch die allgemeine Einschätzung der damaligen aktuellen Situation eine Rolle. Man war kollektiv fest davon überzeugt, den Krieg zu gewinnen und damit war logisch die Erwartung verbunden, der besiegte Gegner würde die Zeche, d.h. die Kriegsverschuldung, bezahlen. Welch ein Irrtum!

7.2.3. Verlauf der Inflation

Nach dem Waffenstillstand stellte man fest, dass die Mark am Dollar gemessen 40 Prozent ihres Wertes verloren hatte. Vom Kriegsbeginn bis zum Kriegsende war der **Banknotenumlauf** auf das Sechsfache und das **Buchgeld** auf das Fünffache gestiegen. Es gelang jedoch nicht, die inflatorische Entwicklung aufzuhalten. Auf das Reich kamen zu große Belastungen zu. Neben den Reparationen war die eigene Schuldenlast in Höhe von 153 Milliarden Mark, d.h. das 30-fache des Vorkriegsstandes, zu berücksichtigen. Die Lage wurde durch die Kosten der Demobilisierung verschärft. Hinzu kamen die Kosten der Ruhrbesetzung. Das Reich bediente sich vehement der Notenpresse, um seine Ausgaben zu decken und vermehrte damit die Geldmenge. Ein wesentlicher Indikator für den Verfall der Mark war - wie gesagt - ihre Relation zu stabilen Währungen, z.B. zum US-Dollar. Der Außenwert der Mark spiegelte die Erwartung des Auslandes auf den weiteren Verfall wider. Dabei wurde der Kurs jedoch auch von Spekulationen und politischen Ereignissen erheblich beeinflusst, die nun zu entscheidenden Faktoren der Preisbildung wurden. Der Vertrauensverlust in die Mark führte schließlich so weit, dass die Kaufleute ihre Geschäfte über Mittag schlossen, um die neuen Kurse zur Kenntnis zu nehmen und am Nachmittag mit neuen Preisen öffneten.

Schließlich brannte jedem das Bargeld wie Feuer in der Tasche und es begann eine wilde **Flucht in die Sachwerte**. Die Umlaufgeschwindigkeit des Geldes hatte sich beängstigend erhöht. Der Zeitgenosse des Jahres 1923 lernte - um ein **Beispiel** zu nennen - innerhalb kürzester Zeit, was Inflation bedeutete. Es ist klar, dass jener Herr, der im Spätsommer 1923 ins Café ging, eine Tasse Kaffee für 5.000 Mark bestellte und schließlich 8.000 Mark bezahlen musste, als der Kellner nach einer Stunde die Rechnung brachte, in seinem weiteren Leben die Währungs- und Preisentwicklung sensibler beobachtete und empfindlicher reagierte als ein stabilitätsverwöhntes Wirtschaftswunderkind der Nachkriegsgeneration.

Darstellung 53: Die jeweilige Verzehnfachung des Dollarkurses seit dem Kriegsausbruch

1 Goldmark = Papiermark	Datum	Dollarkurs in Papiermark	Zeitraum
1	Juli 1914	4,20	
10	Jan. 1920	41,98	5½ Jahre
100	3. Juli 1922	420,00	2½ Jahre
1.000	21. Okt. 1922	4.430,00	108 Tage
10.000	31. Jan. 1923	49.000,00	101 Tage
100.000	24. Juli 1923	414.000,00	174 Tage
1.000.000	8. Aug. 1923	4.860.000,00	13 Tage
10.000.000	7. Sept. 1923	53.000.000,00	30 Tage
100.000.000	3. Okt. 1923	440.000.000,00	26 Tage
1.000.000.000	11. Okt. 1923	5.060.000.000,00	8 Tage
10.000.000.000	22. Okt. 1923	40.000.000.000,00	11 Tage
100.000.000.000	3. Nov. 1923	420.000.000.000,00	11 Tage
1.000.000.000.000	20. Nov. 1923	4.200.000.000.000,00	17 Tage

Quelle: Blaich, Fritz: Der Schwarze Freitag. Inflation und Wirtschaftskrise, 3. Aufl., München 1994, S. 163.

Die in den ersten beiden Jahrzehnten des 20. Jahrhunderts Geborenen lernten kennen, was Stefan **Zweig** einmal den *„Hexensabath der phantastischen Irrsinnszahlen von Billionen“* nannte und sie lasen Erich **Kästners** Gedicht *„Auf einer kleinen Bank vor einer großen Bank“* wo es heißt:

„Uns erfreut das bloße Sparen,
Geld persönlich macht nicht froh.
Regelmäßig nach paar Jahren
Klaut ihr's uns ja sowieso."

Sie erlebten den völligen **Verlust des Vertrauens**, von dem jede Währung der Welt lebt. Sie sahen mit eigenen Augen, wie große Unternehmen genötigt waren, zu den Bankfilialen Fahrer mit Lastkraftwagen oder Pferdefuhrwerken zu schicken, die dort das Papiergeld in Ballen aufluden. Kleine Betriebe beschäftigten Boten, die mit Waschkörben oder Kinderwagen zum Transport von Banknoten ausgestattet waren. Die **Berliner Handels-Gesellschaft** - eine der bedeutendsten Banken - stockte ihr Personal von 500 auf 1.000 Angestellte auf, die man allein zur Zählung der vielen Nullen brauchte. Ein kurzer Streik der Belegschaft der Reichsdruckerei genügte bereits, um am 11. August 1923 die Versorgung des Großraums Berlin mit Lohnzahlungsmitteln zusammenbrechen zu lassen[66].

[66] Blaich, Fritz: Der Schwarze Freitag. Inflation und Wirtschaftskrise, 3. Aufl., München 1994, S. 11.

7.2.4. Bekämpfung der Inflation und Einführung der Rentenmark

Wenn man in Geschichtsbüchern der damaligen Regierung den Vorwurf macht, sie habe eine schlechte Finanzpolitik betrieben, die öffentlichen Ausgaben zu wenig gedrosselt, die Steuern zu wenig erhöht oder eine zu kulante Steuerpolitik gegenüber der Großindustrie zugelassen[67], ist das theoretisch richtig, anderes wäre in der Realität sicher schwer zu verwirklichen gewesen. Eine konsequente Finanzpolitik hätte die von links und rechts bedrohte Demokratie möglicherweise gefährdet. Einschränkungen der Staatsausgaben hätten die Arbeitslosigkeit gefördert und damit die parlamentarische Linke radikalisiert, eine Erhöhung der Steuern, vor allem bei den Großverdienern, hätte die Rechte empört. Dass die deutsche Regierung durch die Reparationspolitik der Siegermächte geschwächt wurde und man auch hier mehr Verständnis hätte aufbringen müssen, ist ex post leicht gesagt. Zu dieser Zeit glaubte jedoch das Ausland, allen voran Frankreich, dass Deutschland seine Wirtschaft und Währung absichtlich ruiniere, um den Verpflichtungen nicht nachkommen zu müssen.

Darstellung 54: Entwicklung des Binnen- und Außenwertes der Mark 1914 - 1923

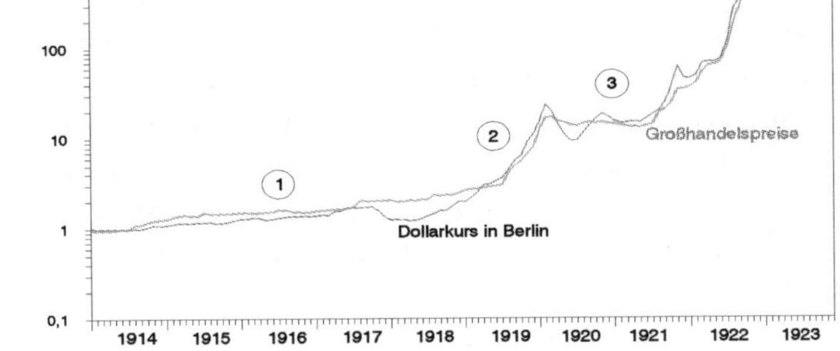

[67] Diesen Vorwurf erhob beispielsweise Lütge, Überblick, S. 401.

Nach der Geschwindigkeit, mit der die Mark entwertet wurde, können vier Phasen unterschieden werden (Darstellung 54):

1. „Schleichende", zurückgestaute Inflation während des Ersten Weltkrieges,
2. „Trabende Inflation" von November 1918 bis März 1920,
3. Stabilisierung von April 1920 bis Sommer 1921 und
4. „Galoppierende Inflation" ab Sommer 1921 und „Hyperinflation" im Herbst 1923.

Die Preise der öffentlichen Verkehrsmittel und der Versorgungsbetriebe sowie die Gebühren und Steuern folgten den allgemeinen Steigerungen nicht schnell genug und schädigten dadurch die öffentlichen Finanzen ganz erheblich. Der Vorsprung der Preise gegenüber den Löhnen vergrößerte sich immer mehr, das Geld verlor seinen Wert und man kehrte teilweise zum Tauschhandel zurück. Beschleunigt wurden die Maßnahmen der Regierung durch das Gerücht, die Landwirtschaft wolle ihre Ernte nicht für wertlos gewordenes Geld auf den Markt bringen. An der weiteren Versorgung der Bevölkerung mit Lebensmitteln musste also ernsthaft gezweifelt werden. Im Übrigen wurde der defizitäre Haushalt des Reichs mangels Alternativen durch die Aufnahme schwebender Schulden gedeckt, d.h. durch die schrankenlose Inanspruchnahme der Notenpresse. Im September 1923 beschloss die Regierung Stresemann, die Notenpresse stillzulegen und ihre Ausgaben rigoros einzuschränken.

Es hatte schon vor dem Herbst 1923 Versuche gegeben, die Währung wieder zu stabilisieren, insbesondere im Januar 1923, als sich 20 Tage nach dem Einmarsch der Franzosen im Ruhrgebiet der Dollarkurs nahezu verfünffacht hatte. Der Kurs konnte vorübergehend durch Intervention an den Devisenmärkten gesenkt und die Spekulation etwas eingedämmt werden, doch waren die Maßnahmen ungeeignet, die Wurzeln der Instabilität endgültig zu beseitigen.

Dies gelang erst im November mit der Schaffung einer **provisorischen Zwischenwährung**. In der Rentenbankverordnung vom 22. Oktober 1923 realisierte man einen großen Teil der Forderungen von Karl **Helfferich**, wählte allerdings nicht den Roggen als Wertgrundlage der neuen Währung, sondern griff auf die von dem damaligen Ernährungsminister Hans **Luther** vorgeschlagene **Rentenmark** zurück, die von der **Rentenbank** herausgegeben werden sollte. Am 15. November 1923 trat die Übergangswährung in Kraft und wurde im Verhältnis von einer Billion Mark zu einer Rentenmark umgetauscht. Das Verhältnis Rentenmark zu Dollar betrug 4,2 zu 1. Dies entsprach genau dem Stand des Dollars vor dem Krieg.

Die Reichsbank blieb zwar neben der Rentenbank bestehen, es wurde ihr jedoch untersagt, weiterhin Schatzanweisungen des Reiches und der Länder zu rediskontieren. Die Rentenbank erwarb eine auf Goldmark lautende **Grundschuld** an den Grundstücken, die dauernd land- und forstwirtschaftlichen oder gärtnerischen Zwecken dienten, sowie an den industriellen, gewerblichen und denen der Handelsbetriebe einschließlich der Banken in Höhe von 4 Prozent des Wehrbeitrages. In Höhe der dadurch entstandenen Gesamtschuld von 3,2 Milliarden Goldmark gab sie **Rentenbriefe** aus, die auf je 500 Goldmark lauteten. Die Rentenbank berechtigte man nun, ein neues Zahlungsmittel mit der Bezeichnung Rentenmark herauszugeben. Diese Ausgabe war begrenzt durch die gegen die Grundschuld ausgegebenen Rentenbriefe, da gegen einen auf 500 Goldmark lautenden Brief nur 500 Rentenmark ausgegeben werden durften. Dabei lag die Höchstgrenze bei 2,4 Milliarden Rentenmark, von denen die Regierung (als Überbrückungsdarlehen) und die Reichsbank (für Industriekredite) je die Hälfte als Kredit erhielten. Das neue Geld wurde nicht als gesetzliches Zahlungsmittel angesehen, musste aber von den öffentlichen Kassen angenommen werden und diente im Zahlungsverkehr als Banknotenäquivalent. Die Rentenmark wurde also nicht an Stelle der alten Mark in Umlauf gesetzt und man konnte alte Marknoten nicht gegen Rentenmark eintauschen. Vielmehr war die Rentenmark ein zusätzliches Zahlungsmittel, das lediglich die Funktion einer Übergangswährung erfüllen sollte. Genau genommen wurde die **neue Währung (die Reichsmark)**, die die Papiermarkwährung (Mark) ablöste, erst durch das **Münzgesetz vom 30. August 1924** geschaffen. Mit diesem Gesetz wurde eine **Goldkernwährung** festgelegt. Die noch vorhandenen Papiermarknoten konnten im Verhältnis eine Billion Mark gleich eine Reichsmark umgetauscht werden, ebenso die Rentenmark im Verhältnis eins zu eins.

Die Stabilisierung im November 1923 war immerhin so weitgehend gelungen, dass im Dezember das Reich dem Reichsbankdirektorium nahe legte, den Rentenmark-Kredit an das Reich von 1,2 auf 1,6 Milliarden zu erhöhen. Dieser Vorschlag wurde jedoch abgelehnt, was zweifellos dazu beitrug, das Vertrauen der Bevölkerung in die Währung zu steigern. In den Monaten März und April 1924 drohte der Wechselkurs erneut zu sinken, woraufhin am 7. April ein radikaler Kreditstopp erging, den Reichsbankpräsident Hjalmar **Schacht** als entscheidenden Akt der Stabilisierung ansah.

Bei genauerem Hinsehen verbirgt sich hinter dem, was man als „Wunder der Rentenmark" bezeichnete, ein psychologischer Kunstgriff, denn die

Deckung war rein fiktiv: sie konnte weder zur Wechselkursregulierung im Ausland noch zur Verflüssigung im Inland verwendet werden.

7.2.5. Auswirkung der Inflation auf die Betriebswirtschaftslehre[68]

Bei der **Bilanzierung** und **Erfolgsrechnung** wurde bis zur Inflation das Hauptaugenmerk auf nominale Werte gerichtet. Man vernachlässigte den Realwert und ging von der Unveränderlichkeit der Preise aus, die jedoch zwischen Beschaffungs- und Umsatztag stiegen. Für die Kostenrechnung galt, die Wertminderung richtig zu erfassen und nicht als Gewinn, sondern als Vermögenswertveränderung in Erscheinung treten zu lassen. Das Arbeiten mit nominellen Werten musste zu Fehldispositionen führen. Diese Unzulänglichkeit hatte Fritz **Schmidt**, der Lehrer von Erich Gutenberg, erkannt. Er empfahl deshalb an Stelle der überlieferten geldmäßig orientierten Rechnungslegung eine gütermäßig-reale Erfolgsermittlung. Dazu schlug er eine **„Organische Tageswertbilanz“** vor, wobei mit „organisch“ der Zusammenhang bzw. das Eingebundensein der Unternehmung in die Wirtschaft und ihren Ablauf zum Ausdruck gebracht werden sollte. Schmidt ging von einem einheitlichen Bewertungs-Ansatz zu Tagesbeschaffungspreisen (am Umsatztag) aus. Die Differenzen zwischen tatsächlichen Anschaffungspreisen und Tagesbeschaffungspreisen fing er auf einem sog. Wertänderungskonto auf. Es ging also nicht nur um die Veränderung der Sachwertschwankungen, sondern auch um das Festhalten der Geldwertänderungen. Im Grunde sollte mit der organischen Bilanz das Auftreten von Scheingewinnen bzw. -verlusten verhindert werden.

7.2.6. Opfer und Gewinner der Inflation

Zu den Opfern gehörten alle Staatsgläubiger sowie die große Zahl der Kriegsanleihezeichner. Unter ihnen befanden sich weite Teile des Mittelstandes, die während des Krieges dem Staat grenzenloses Vertrauen entgegengebracht hatten und nun immense Vermögensverluste erlitten. Damit war ein erheblicher Vertrauensverlust verbunden. Freilich gehörten auch private Gläubiger zu den Opfern. Die Rechtsprechung ging von dem **Grundsatz „Mark gleich Mark“** aus, so dass es möglich war, vor dem Krieg eingegangene Schuldverpflichtungen mit entwertetem Geld zu begleichen, wovon reichlich (nicht nur

---

[68] Schmidt, Fritz: Betriebswirtschaftliche Konjunkturlehre (4. erweiterte Auflage der Arbeit: Die Industriekonjunktur - ein Rechenfehler!), Berlin et al. 1933, S. 99-108.

von Privaten) Gebrauch gemacht wurde. Getroffen wurden die Arbeiter und kleinen Angestellten, deren monetäre Reserven zusammenschrumpften und deren Reallöhne immer stärker hinter den Preisen zurückblieben. Es setzte das ein, was man später „Proletarisierung des Mittelstandes“ nannte und worin man einen der Gründe für den späteren Erfolg des Nationalsozialismus sah.

Zu den Gewinnern gehörte einmal der Staat, der durch die Inflation einen erheblichen Teil seiner Schuldenlast loswurde, zum anderen die Industrie sowie Sachwertbesitzer, die auf Schuldenbasis ihre Anlagen erweiterten. Darüber hinaus gehörte das Ausland zu den Gewinnern, insbesondere die Angehörigen der Goldwährungsländer, die in dem besiegten Deutschland zu Schleuderpreisen aufkauften, was zu bekommen war; man sprach vom „Ausverkauf der deutschen Wirtschaft“.

Gute Geschäfte konnte man in Deutschland mit auf Papiermark lautenden Darlehen des Staates machen. Industrielle nahmen kurzfristige Bankkredite auf und verwandelten sie in langfristiges Sachkapital. Bei Fälligkeit der Rückzahlung waren die Darlehen soweit entwertet, dass die damit angeschafften Anlagen kaum etwas gekostet hatten. Daran konnte auch der meist in den Zinsfuß einbezogene Entwertungsfaktor nichts ändern, da dieser meist weit hinter der realen Entwicklung zurückblieb.

7.3. Zwischen Reform und Krise: Die angeblich „Goldenen Zwanziger“

Wenn man von den „Goldenen zwanziger Jahren“ spricht, meint man eher die kulturelle als die wirtschaftliche Blütezeit der Weimarer Republik. Die Wirtschaft durchschritt eine Phase der Reform und Konsolidierung und politisch konnte der Einfluss radikaler Elemente bzw. Parteien zurückgedrängt werden. Charakteristisch für die Zeit wurde auch die weitsichtige und erfolgreiche Außenpolitik Stresemanns und der Versuch, der Abwicklung der Reparationen eine Plangrundlage zu geben.

7.3.1. Die Schlieben-Popitz’schen Reformen 1925

Die Finanz- und Steuerpolitik der Jahre 1921 bis 1925 wurde in hohem Maße durch die inflationäre Entwicklung und die Turbulenzen im Zusammenhang mit den Ereignissen zwischen Herbst 1923 und Anfang 1924 konterkariert.

Im April 1922 kam es zu einer kleinen Finanzreform unter Reichskanzler Wirth innerhalb derer die Vermögensteuer zu einer laufenden Reichssteuer ausgebaut wurde. Andere Steuern wiederum, wie z.B. die Verkehr- und Verbrauchsteuern und hier insbesondere die Biersteuer, die Zuckersteuer und das Branntweinmonopol wurden einer starken Modernisierung und Systematisierung unterzogen. Im Übrigen kam es zu einer wesentlichen Verbesserung der Steuergesetze aus den Jahren 1919/20.

Wie gesagt, es war schwierig, die mit der fortschreitenden Geldentwicklung einhergehenden Konsequenzen für die Besteuerung frühzeitig zu erkennen. Im Grunde hatte man die Probleme bis 1922 nicht erkannt. Vielmehr hielt man z.B. an der Annahme eines "dauernden gemeinen Werts" fest. In sog. Steuernotverordnungen seit dem Dezember 1923 sah man dann entsprechende Übergangsregelungen vor. Darin enthalten waren z.B. sofort und meist einmalig erhobene Sonderabgaben, um eine entsprechende Liquidität der öffentlichen Kassen zu sichern. Dennoch stand die junge Reichsfinanzverwaltung in den Jahren größter Inflation vor nahezu unlösbaren Problemen. An eine grundsätzliche Neugestaltung des Steuersystems war eigentlich erst nach der Konsolidierung der Währung zu denken. Mithin begann man dann erst 1925, das Steuersystem mit den wichtigsten Einzelsteuern der neuen stabilen Währungsordnung anzupassen. Diese umfassende Reformgesetzgebung des Jahres 1925 scheint in der Literatur oft auch als **Schlieben-Popitz'sche Reform** auf. Johannes Popitz war 1925 bis 1929 Staatssekretär im Reichsfinanzministerium und einer der wichtigsten reformerischen Köpfe der Finanzverwaltung in der Weimarer Republik. Zu den Gesetzen jener Reform im August 1925 zählte insbesondere ein neues Einkommensteuergesetz, das Körperschaftsteuergesetz, das Gesetz über die Vermögen- und Erbschaftsteuer sowie eine Reihe von Einzelgesetzen.

Parallel dazu wurde ein **Reichsbewertungsgesetz** verabschiedet, dessen Fortschrittlichkeit vor allem darin bestand, dass es das materielle Bewertungsrecht auf allen Ebenen der öffentlichen Hand (Reich, Länder und Gemeinden) zusammenfasste und vereinheitlichte.

Immerhin stand ja noch das nicht unbeträchtliche Problem der Aufwertung alter Schuldverhältnisse an. Man kann sich leicht vorstellen, dass die Gläubiger (Besitzer von Geldforderungen) sich durch die Inflation schwer benachteiligt fühlten und sich nun zur Wehr setzten. Sie beobachteten, wie Schuldner die ehemals in harter Währung aufgenommenen Kredite später mit entwertetem Geld spielend zurückzahlten.

Es war die Justiz, die den alten Grundsatz „Mark gleich Mark“ revidierte, d.h. die Rückzahlung von Schulden mit entwertetem Geld sollte nach dem Spruch des Reichsgerichtes in Leipzig vom 28. November 1923 nicht mehr als

Tilgung der Schuld gelten. Es war jedoch den Gerichten überlassen, zu entscheiden, wie hoch der Rückzahlungsbetrag zu sein habe. Eine Prozesslawine war die unabdingbare Folge. Um eine Vorstellung davon zu geben: Allein in Preußen wurden bis zum 20. Januar 1928 2,8 Millionen Aufwertungssachen bei Gericht anhängig gemacht.

Den krönenden Abschluss der Währungsreformmaßnahmen stellte - wie gesagt - das **Aufwertungsgesetz** vom 16. Juli 1925 dar. Für Schuldverhältnisse, die vor dem 1. Januar 1918 entstanden waren, sah es folgende Regelungen vor:

- 25 Prozent für Hypotheken u.a. Grundpfandrechte (d.h. aus 1.000 Mark vor dem 1. Januar 1918 wurden nun 250 Reichsmark).
- 15 Prozent für Anleihen privatwirtschaftlicher Schuldner (also z.B. Industrieobligationen), zuzüglich bis zu 10 Prozent in Form eines „Genussscheins“ für „Altbesitzer“. Dies waren solche, die diese Wertpapiere spätestens seit dem 1. Juli 1920 besaßen.
- 15 Prozent für Schuldverschreibungen öffentlich-rechtlicher Unternehmen. Das waren z.B. Gas-, Wasser- und Elektrizitätswerke.
- Mindestens 12,5 Prozent für Sparkassenguthaben.
- Kontokorrenteinlagen (Sichteinlagen) und andere Bankguthaben wurden nicht aufgewertet, ebenso wenig Reichsbanknoten, Reichs- und Darlehenskassenscheine, die von vielen in Erwartung einer Aufwertung gehortet wurden.
- 15 Prozent für andere Vermögensanlagen (jedoch nicht für Staatsanleihen).

Die Aufwertung von Staatsanleihen wurde durch das **Anleiheablösungsgesetz** (ebenfalls am 16. Juli 1925) geregelt. Demnach wurden:

- Staatsanleihen (überwiegend waren es die Kriegsanleihen) im Verhältnis 40 : 1 gegen eine sog. Anleiheablösungsschuld umgetauscht, d.h. aus 1.000 Mark Staatsanleihen wurden 25 Reichsmark Anleiheablösungsschuld.
- Staatsanleihen im Betrag von unter 500 Mark wurden gar nicht eingelöst, es sei denn, der Besitzer gehörte einer einkommensschwachen Personengruppe an. Für diesen Fall war eine Barabfindung zwischen 8 und 15 Prozent vorgesehen.
- Gewinne privater Schuldner aus der Inflationszeit wurden z.T. durch Sondersteuern abgeschöpft.

Im Grunde genommen erlangte die Reformgesetzgebung, insbesondere die Finanzverwaltungsreform von 1919/20, erst durch die Reformgesetze des Jahres 1925 ihre eigentliche Wirkung und Bedeutung.

7.3.2. Der Dawes-Plan

Um die Jahreswende 1923/24 nahm unter dem Eindruck des Ruhrkampfes, der Inflation und der Stabilitätsbemühungen der Regierung die Bereitschaft der Alliierten zu, sich erneut der Reparationsfrage zuzuwenden. Neu und wesentlich war dabei auch, dass man diese Problematik nicht mehr in erster Linie unter politischen Gesichtspunkten untersuchte, sondern Sachverständige konsultierte, die das Ganze unter wirtschaftlichen Kriterien zu analysieren und zu regeln versuchten. Im Dezember 1923 waren dazu zwei Ausschüsse ins Leben gerufen worden, von denen der wichtigere von Charles G. **Dawes**, einem amerikanischen Finanzpolitiker und Republikaner, der auch Vizepräsident der USA war, geleitet wurde. Er legte einen Plan vor, der dann die Grundlage für die Reparationskonferenz in London bildete und der nach seinem Namen Dawes-Plan genannt wurde. Die **Londoner Vereinbarung** wurde im **August 1924** unterzeichnet.

Der deutschen Regierung kam es bei dieser Konferenz vor allem darauf an, die **Räumung des Ruhrgebietes** zu erwirkten, da dessen Besetzung wie erwähnt zu einer immensen Kostenbelastung wurde. Eine Zusage für die Räumung erhielten die Vertreter deutscher Interessen auf einer geheimen Konferenz; danach sollte das Ruhrgebiet innerhalb eines Jahres geräumt werden. Im Grunde wurde die wirtschaftliche Erholung ganz Europas durch den Ruhrkampf bedroht, weshalb die angelsächsischen Mächte im Interesse ihrer Exportwirtschaft auf ein Ende des deutsch-französischen Konflikts drängten.

Was war nun Gegenstand des Dawes-Plans? Die Sachverständigen waren zu der Feststellung gelangt, die Leistungsfähigkeit Deutschlands läge bei normaler Wirtschaftslage bei 2,5 Milliarden Goldmark. Da man jedoch die damaligen Verhältnisse kaum als normal ansehen konnte, billigte man dem Reich eine Art „Schonzeit" zu. So waren 1924/25 eine Milliarde Goldmark, bestehend aus 200 Millionen Goldmark **Eigenleistung** und 800 Millionen Goldmark Dawes-**Anleihe** zu leisten. Bei der Anleihe handelte es sich um einen **Stabilisierungskredit**. 1925/26 sollte die Leistung auf 1,22 Milliarden ansteigen, im Folgejahr 1926/27 1,5 Milliarden betragen, 1927/28 1,75 Milliarden und 1928/29 2,5 Milliarden Goldmark, also der Betrag des „Normaljahres". Es war die Möglichkeit gegeben, die Leistungen im Falle eines starken Aufschwungs zu erhöhen.

Darstellung 55: Aufbringungsrechnung/-quellen Dawes-Plan

Quellen / Jahre	Anleihe	Sonderbelastung Reichsbahn	Sonderbelastung d. dt. Industrie	Beförderungssteuer	Reichshaushalt	Summe
1. 1924/25	800	200	-	-	-	1000
2. 1925/26	-	595	125	250	250	1220
3. 1926/27	-	550	250	290	410	1500
4. 1927/28	-	660	300	290	500	1750
5. 1928/29	-	660	300	290	1250	2500
Insgesamt	800	2665	975	1120	2410	7970

(Beträge in Mio. GM)

Der Plan hatte, so realistisch seine Leistungen erscheinen mochten, einen gravierenden Nachteil: mit ihm wurde weiter wesentlich in die **Hoheitsrechte** des Reiches eingegriffen. Er bestimmte die Quellen, aus denen die Zahlungen aufzubringen waren. Einerseits sollte der **Reichshaushalt** belastet werden. Weiteres sollte die **Reichsbahn** beitragen, und zwar in Form von Obligationen. Andererseits wurde eine Beförderungssteuer erhoben. Alle großen deutschen **Industrieunternehmen** wurden mit 5 Milliarden und die Reichsbahn mit 11 Milliarden Goldmark durch Schuldverschreibungen belastet. Man wandelte die Bahn in eine autonome Körperschaft um und nahm in ihre Leitung ausländische Sachverständige auf. Auch der Status der **Reichsbank** wurde geändert. Man verwandelte sie in ein von der Regierung unabhängiges Institut und ordnete sie einem Gremium, das zur Hälfte aus Ausländern bestand, unter. Damit wollte man der Regierung die Möglichkeit nehmen, die Reichsbank in ein Instrument inflationärer Politik zu verwandeln. Neu war auch die Institution des **Reparationsagenten**. Er hatte die Verpflichtung, die Reparationen zu überwachen und der Reparationskommission Bericht über die Lage der deutschen Wirtschaft zu erstatten. Die Verpflichtung des Reiches war mit der Aufbringung der Reparationsleistung erfüllt. Der Reparationsagent hatte den Transfer vorzunehmen und dabei auf die Stabilität der deutschen Währung zu achten. War sie bedroht, so mussten die Beträge im Inland angelegt werden.

Als Reaktion auf die Realisierung des Dawes-Planes war die wachsende Bereitschaft des Auslandes, vor allem Amerikas zu sehen, Deutschland Darlehen zu gewähren. Da der Plan keine Gesamtsumme der Verpflichtungen nannte, wurde er in Deutschland von der Rechten angeprangert. Im Übrigen verurteilte man die Eingriffe in die Selbstständigkeit des Reiches[69].

Im Vorgriff: Der Young-Plan

Die Initiative, den provisorischen Dawes-Plan durch endgültige Vereinbarungen zu ersetzen, war bereits 1927 vom Reparationsagenten ausgegangen. In Deutschland war man vor allem bestrebt, die Souveränität wiederzuerlangen. Die Franzosen hatten verlauten lassen, dass sie eine vorzeitige Räumung des Rheinlandes mit der endgültigen Lösung des Reparationsproblems verknüpfen wollten. Außerdem hoffte man auf eine Herabsetzung der Beträge, die dann aber in der gewünschten Form nicht eintrat, weil die Entente an dem engen Zusammenhang zwischen Reparationen und Schulden an Amerika festhielt. Man machte Zugeständnisse an Deutschland von Zugeständnissen Amerikas abhängig[70].

Die Young-Plan-Konferenz begann im Februar 1929 in Paris unter dem Vorsitz des amerikanischen Bankiers und Managers Owen D. **Young**. In dieser Kommission waren im Gegensatz zur Dawes-Kommission auch deutsche Sachverständige (z.B. Reichsbankpräsident Schacht) vertreten.

Der neue Plan brachte den **Fortfall der internationalen Kontrolle** der deutschen Wirtschaft, der Reichsbahn und der Reichsbank. Allerdings beseitigte er mit dem Reparationsagenten auch den Transferschutz. Die Leistungen wurden mit den alliierten Schulden verknüpft, d.h. bei ihrem Rückgang sollten auch die Reparationszahlungen ermäßigt werden. Der Young-Plan brachte für Deutschland zunächst eine Atempause von zwei Jahren. In dieser Zeit wurden die Zahlungen um 2,5 Milliarden Mark bzw. 1,7 Milliarden Mark herabgesetzt. Dann sollten die Annuitäten steigen und im Jahr 1965/66 ihren Höchststand mit 2,4 Milliarden Mark erreichen und von da an bis 1987/88 auf 898 Millionen Mark absinken. Die Beträge sollten nur aus dem Reichshaushalt stammen.

An die Stelle der Aufsichtsorgane trat die Bank für Internationalen Zahlungsausgleich (BIZ) in Basel, die als Reparationsbank die empfangenen Beträge an die Gläubigerländer weiterleiten und als Zentralbank der Zentralbanken fungieren sollte.

Auf den Haager Konferenzen wurde über diesen Plan entschieden. Zum anderen konnte Stresemann eine Zusage für die Rheinlandräumung bis Juli

---

69 Fischer, Wolfram: Deutsche Wirtschaftspolitik 1918-1945, 3. Auflage, Opladen 1968, S. 30.

70 Stolper/Häuser/Borchardt, Wirtschaft, S. 111 f.

1930 erhalten. Die Große Koalition wurde primär durch die Interessen an der Entstehung des Young-Planes zusammengehalten. Nach seiner Paraphierung schien das Band zwischen den Parteien gerissen zu sein. Die Weltwirtschaftskrise hatte sich schon auf die Finanzen ausgewirkt. Die immer größer werdende Zahl von Arbeitslosen ließ das Defizit der Arbeitslosenversicherung steigen und damit die Darlehen an sie wachsen. Eine Reform schien unabdingbar. Dabei standen sich die beiden Flügelparteien SPD und DVP mit fast feindlicher Haltung gegenüber. Die Sozialdemokraten verlangten eine Heraufsetzung der Beiträge. Die DVP lehnte das ab, nahm aber einen Kompromissvorschlag der Demokraten und des Zentrums an, den jedoch die SPD ablehnte. Daraufhin beschloss die Regierung zurückzutreten. Die Große Koalition war beendet.

7.3.3. Die wirtschaftliche Entwicklung 1924-1929

Die Landwirtschaft

Der Landwirtschaft war es möglich, während des Ersten Weltkrieges und der nachfolgenden Inflation rund 17,5 Milliarden Mark Schulden zu tilgen. Man könnte annehmen, dass sie nun gesichert in die Zukunft blicken konnte. Das war jedoch nicht so. Schon vor dem Weltkrieg gelang es ihr nicht mehr mit den drei Hauptagrarländern Kanada, USA und Argentinien Schritt zu halten. Gerade sie hatten während des Krieges ihre Erzeugung gewaltig ausgedehnt. Ihr Angebot drückte die Weltmarktpreise.

Die Landwirtschaft, primär die Großbetriebe, nahmen zunächst Kredite auf, um zu rationalisieren. Die neue Verschuldung führte jedoch nicht wie erwartet zu einer Einnahmensteigerung. Die Weltmarktpreise sanken zu stark. Der deutsche Markt wurde von ausländischen Agrarprodukten überschwemmt. Das führte zu Zusammenbrüchen etlicher Großbetriebe, besonders im Osten Deutschlands, die auf Getreide spezialisiert waren. Die Regierung sah sich gezwungen, Schutzzölle einzuführen. Das Hauptproblem der zunehmenden Verschuldung bestand darin, dass nun Kredite nicht zu Investitionen, sondern zur Deckung von Betriebsverlusten aufgenommen wurden.

Maßnahmen der Regierung, die Landwirtschaft betreffend, bestanden nicht in einer Förderung der Produktionsumstellung, sondern in der Konservierung des überkommenen Zustandes durch Entschuldungsaktionen, verschärfte Schutzzölle und Stützungskäufe.

Die gewerbliche Wirtschaft und die Industrie

Die **Rationalisierungswelle** in Deutschland traf primär die Industrie. Sie baute einen modernen Produktionsapparat auf, mit dem sie den Kampf um die Rückgewinnung ihrer Weltmarktanteile aufnehmen konnte. Vor allem erlangten die Unternehmen in jenen Wirtschaftszweigen führende Positionen, in denen sie schon vor dem Weltkrieg erfolgreich waren, so in der elektrotechnischen, optischen, chemischen Industrie, Textilindustrie und im Maschinenbau.

Darstellung 56: Die Produktion wichtiger Güter 1900-1932

	1900	1913	1919	1925	1930	1932
Steinkohle [Mill. t]	109,3	190,1	116,7	132,6	142,7	104,7
Roheisen [Mill. t]	7,5	16,8	6,3	11,6	11,6	5,3
Rohstahl [Mill. t]	7,6	17,7	7,9	13,8	13,5	7,2
Elektrizität [Mill. kwh]	246	2.533	5.067	9.915	16.101	13.423
Wohnungen [1000 Einh.]	-	-	57	179	311	141

Quelle: Bracher, Karl Dietrich//Funke Manfred/Jacobsen, Hans-Adolf: Die Weimarer Republik 1918-1933, 2. Aufl., Bonn 1988, S. 637.

Die **Elektrifizierung** schritt in erheblichem Maße voran und auch Steinkohle wurde in zunehmendem Maße gefördert. Dagegen gab es auch Industriebereiche, deren Dynamik bescheiden war - um nicht von Stagnation zu sprechen - wie etwa die Roheisen- und Rohstahlförderung. Der **Wohnungsbau** nahm einen gewaltigen Aufschwung (Darstellung 56), angeregt durch staatliche Subventionen. Die Straßen wurden verbessert und es entstand eine neue Handelsflotte.

Da die Rationalisierungen die Finanzkraft vieler Großbetriebe überschritten, kam es zu vertikalen und horizontalen Zusammenschlüssen. Neben steuerlichen und technischen Gesichtspunkten war das **Streben nach Marktmacht** ein ausschlaggebender Faktor. Das freie Spiel der Kräfte wurde durch starke Kartellbildung beeinträchtigt. Man schätzte ihre Zahl in den zwanziger Jahren auf 2.500.

Einzelhandel und Reklame

Um 1925 existierten in Deutschland etwa 784.000 Einzelhandelsbetriebe mit insgesamt über 1,7 Millionen Beschäftigten. Dem ständig stärker werdenden Wettbewerb seitens der **Warenhäuser** mit zunehmend standardisierten Angeboten begegnete der Einzelhandel durch **Spezialisierung** im Bereich der Güter des gehobenen Bedarfs. Das Filialgeschäft und der Versandhandel wurden zügig ausgebaut. Einzelunternehmer wie Cornelius Stüssgen pflegten das Filialgeschäft mit maschinell verpackten Waren bei genauer Spezifizierung hinsichtlich Inhalt, Preis und Fülldatum. Außerdem sorgten die **Sortimentserweiterung** und **Produktdiversifizierung** für ein attraktiveres Angebot. Milchgeschäfte nahmen Nährmittel und Brotaufstriche hinzu und Eisenwarengeschäfte führten nun häufig auch Bauartikel sowie Haus- und Küchengeräte. Der Einzelhandel bediente sich zunehmend neuer Reklame- bzw. Werbeformen.

Nach der Katastrophe des Ersten Weltkrieges hatte auch die Werbung krisenhafte Jahre zu bewältigen. Zwischen 1914 und 1923 fielen die **Werbeumsätze** auf etwa die Hälfte des Vorkriegsstandes ab. Bestimmte Werbemittel wie die Lichtwerbung verschwanden aus Gründen der Energieknappheit vorübergehend völlig.

Der Krieg bedeutete im übrigen auch einen Verlust an Ästhetik. Die „Werbekunst" der Vorkriegszeit wich in den 20er Jahren der nüchternen, werbetechnisch-psychologisch orientierten **„Gebrauchsgraphik"**. Das **rationell-psychologische** war dem prunkvoll-ästhetischen der Vorkriegszeit gefolgt. „Werbepsychologie" war das Schlüsselwort der Stunde. Theodor Königs Würzburger Dissertation von 1922 über „die Psychologie der Reklame" wurde zum Standardwerk einschlägiger Reklamemacher. Die Unternehmen passten sich dem Trend schnell an. Waren es 1917 gerade mal drei Firmen, die sog. **„psychotechnische" Abteilungen** unterhielten, so gab es deren 1922 schon 170[71].

Glichen Anzeigen vor 1914 häufig einer künstlerisch orientierten Plakatgraphik, so setzten sich in der Weimarer Zeit die kommunikativen Eigenheiten der Anzeigenwerbung durch, d.h. v.a. die Nutzung der Möglichkeit einer im Verhältnis zum Plakat ausführlicheren textlichen Information. Der frühere

---

71 Reinhardt, Dirk: Vom Intelligenzblatt zum Satellitenfernsehen: Stufen der Werbung als Stufen der Gesellschaft. In: Peter Borscheid/Wischermann, Clemens (Hg.): Bilderwelt des Alltags. Werbung und Kultur des 19. und 20. Jahrhunderts, Stuttgart 1995, S. 51.

„Plakatstil" war werbepsychologisch unbefriedigend geworden. Der neue Werbestil im Anzeigengeschäft setzte sich 1924/25 in den deutschen Zeitungen durch. Eine ausgewogene Balance zwischen Text und Bild ließen den Werbezweck hinter informativen und ansprechenden Textpassagen und Abbildungen zunächst zurücktreten, um ihn dann durch das erregte Interesse um so stärker zur Geltung zu bringen. Die Photographie, die Realität widerspiegelte, spielte dabei als Gestaltungselement eine zunehmend wichtige Rolle.

Die **Anzeigenserie** entwickelte sich zur beliebtesten Präsentationsform. Sie hatte den Vorteil, innerhalb eines einheitlichen Rahmens Abwechslung und Kontinuität zugleich bieten zu können und kam damit der menschlichen Bedürfnisstruktur sehr entgegen (bekanntes Grundmuster, Neugierbefriedigung durch interessante Neuigkeiten).

Auch auf dem Gebiet anderer Werbemittel gab es in der Weimarer Zeit neue Entwicklungen. In der **Plakatwerbung** traten werbepsychologische Erwägungen in den Vordergrund. Die alte **Litfaßsäule** wurde nun nicht mehr mit einer Vielzahl von Plakaten beklebt, sondern durch die sog. „Ganzsäule" ersetzt, d.h. großformatig mit der Ankündigung einer einzigen Firma bemalt. Interessant ist, dass sich parallel dazu in der Straßenbahn- und Omnibuswerbung der „Ganzwagen" durchsetzt. So stand beispielsweise auf den Berliner Doppelstockbussen der mittleren 1920er Jahre die Aufschrift „Berlin raucht Juno". Auch die Bandenwerbung folgte demselben Prinzip. Die Geländerbande im Abstieg zur Berliner U-Bahn ließen weithin die Aufschrift „Salamander-Schuhe" erkennen.

7.4. Weltwirtschaftskrise und Auflösung der Weimarer Republik

7.4.1. Die Große Depression

Von den USA ausgehend, begann sich 1929 das weltwirtschaftliche Szenario dramatisch und in seiner Heftigkeit und Dauer unerwartet zu verändern. Aufgrund der starken internationalen Verflechtungen der Güter- und Kapitalmärkte konnte kein Land, das darin involviert war, verschont bleiben. Am wenigsten galt dies für Deutschland, in dessen Kapitalmarkt und Bankensystem in erheblichem Umfang Geld aus Übersee steckte. Obwohl der Ausbruch der Krise in Deutschland mit dem Beginn der amerikanischen zusammenfällt (Oktober 1929), war in der deutschen Wirtschaft hinsichtlich des Wachstums in der Industrie wie auch der Investitionen der Höhepunkt bereits seit 1928 überschritten und 1929 schon sinkende Tendenz eingetreten. Die deutschen **Aktienkurse** hatten bereits 1927 ihren Höhepunkt erreicht und anschließend eine langfristige Abwärtsentwicklung eingeschlagen, während sich in Amerika diese Erscheinung erst später abzeichnete.

Darstellung 57: Der „Schwarze Freitag“ an der New Yorker Börse

Der 25. Oktober 1929 ging als „Schwarzer Freitag“ in die Wirtschaftsgeschichte ein. Der Wiederaufbau Europas nach dem Ersten Weltkrieg, aber auch die Reparationsverpflichtungen Deutschlands wurden in erheblichem Umfang durch amerikanische Banken finanziert. So war die weltwirtschaftliche Situation am Ende der 20er Jahre durch eine weitgehende Abhängigkeit der europäischen Wirtschaften von der amerikanischen Konjunktur gekennzeichnet. Aufgrund eines seit 1922 anhaltenden Aufschwungs in den USA führten unrealistische Gewinnerwartungen im Konsumgüterbereich und in der Bauwirtschaft zu Überkapazitäten, ohne die tatsächliche Marktlage zu beachten.

Als in Amerika der Absatz langlebiger Verbrauchsgüter ins Stocken geriet, kam es zu dramatischen Kursverlusten am Kapitalmarkt. Dies führte binnen weniger Tage zu einer Panik, die sich am 23. Oktober bereits andeutete, sich am Folgetag („Black Thursday“) steigerte und schließlich am 25. Oktober 1929, dem sogenannten „Schwarzen Freitag“, ihren Höhepunkt erreichte und zu einem bis dahin nie gesehenen „Crash“ an der New Yorker Börse führte. Da die Banken nun von überall ihre kurzfristigen Kredite zurückriefen, weitete sich die Krise rasch auf Europa aus. Die einsetzende weltweite Depression hielt für Jahre an und destabilisierte insbesondere die Weimarer Republik.

Der rapide Kurssturz in New York kann demzufolge nur als **Auslöser** einer Krise gelten, deren eigentliche Ursachen jedoch lange zuvor sichtbar wurden. So erlahmte der **Konsum** bereits ab 1928. Ein kurzer Aufschwung nach 1926 hatte in der Industrie zu einer Überschätzung der Aufnahmefähigkeit des Marktes und zur Ausweitung der Produktionskapazitäten geführt. Die Auslastung der industriellen Kapazität lag 1929 nur noch bei ca. 75 Prozent und fiel danach jährlich um 10 Prozent, auf ungefähr 45 Prozent im Jahre 1932.

Ein weiterer Faktor, der die ausbrechende Krise verschärfte, war die „geborgte Zahlungsbilanz“. Der reparationsbedingt große Fremdkapitalbedarf und das **hohe Zinsniveau** Deutschlands lösten einen Zustrom ausländischen Kapitals aus, mit dessen Hilfe die Industrie den Aufschwung nach 1926 finanziert hatte. Da diese Gelder häufig gegen die üblichen Bankregeln kurzfristig eingelegt und langfristig ausgeliehen wurden (**Fristeninkongruenz**), war die Schuldenbilanz labil und konnte keiner krisenhaften Erschütterung standhalten bzw. musste bei grösserem Kapitalabzug kollabieren. Genau dies sollte in der späteren Phase der Weltwirtschaftskrise (Bankenkrise) geschehen.

Eine Möglichkeit, die Krisenproblematik durch Intensivierung des Exports zu lindern, war kaum gegeben, denn auch die Wirtschaftskraft der Partnerländer war durch die Internationalität der Krise geschwächt und im Übrigen durch zunehmenden **Protektionismus** erschwert. So hatten etwa die USA 1930 ihren bereits 1921 eingeführten Hochschutzzolltarif erhöht und andere Industriestaaten waren dem Beispiel gefolgt. Der internationale Handel wurde dadurch beträchtlich erschwert.

Schließlich trug auch die staatliche Finanzpolitik nicht dazu bei, die Krise zu lindern. Die Regierung Hermann Müller fand keinen Weg, die Wirtschaft kostenmäßig zu entlasten, im Gegenteil: der Beamtenschaft wurden Lohnzuwächse zugebilligt, die mit den Grundsätzen einer soliden Haushaltsführung bei sich verengenden Etats nicht in Übereinstimmung zu bringen waren. Mit dieser Sonderproblematik hatte sich nach Müllers Demission dann der neue Reichskanzler Heinrich Brüning auseinander zu setzen.

Die Agrarkrise

Die deutsche Landwirtschaft befand sich bei Ausbruch der Wirtschaftskrise bereits in einer prekären Situation. Am vorausgegangenen Aufschwung hatte sie kaum Anteil und versuchte, ihre Position auf dem Inlandsmarkt mit Hilfe protektionistischer Zölle zu behaupten. Dazu stieg die **Verschuldung:** Bedingt durch hohen Investitionsbedarf bei sinkenden Preisen für landwirtschaftliche Produkte war diese auf rund neun Milliarden Reichsmark im Jahre 1929 angestiegen. Über ihre starke Lobby hatten die Agrarier 1928 die **„Osthilfe“** eingeleitet, die Steuerstundungen, Umschuldungen und weitere Zollerhöhungen vorsah. Diese Maßnahmen kamen vorwiegend den Großbetrieben östlich der Elbe zu Gute. So kam es, dass die deutschen Getreidezölle 1931 mehr als doppelt so hoch waren wie jene auf dem Weltmarkt und im Frühjahr 1932 lagen sie gar um 250 Prozent darüber. Dies belastete die inländischen Privathaushalte erheblich und sorgte bei Konsumenten, agrarischen Klein- und Mittelbetrieben sowie auch bei der Industrie auf Unwillen und Ablehnung.

Ein kumulativer Schrumpfungsprozess setzt ein

Von 1928 bis 1932 ging der Bruttowert der deutschen **Industrieproduktion** von 84,3 auf 38 Milliarden Reichsmark, d.h. um ca. 55 Prozent zurück. Wegen der drastischen Preiseinbrüche war der wertmäßige Rückgang allerdings stärker als der mengenmäßige (43 Prozent). In der Agrarproduktion war - nicht zuletzt als Resultat der erwähnten Sonderhilfen - erst nach 1931 ein Rückgang eingetreten.

Die Preisentwicklung der Konsum- und Produktionsgüter verlief in Deutschland während der Weltwirtschaftskrise uneinheitlich. Ein Vergleich der Indexziffern (Basis 1913) ergibt für den Zeitraum von 1928 bis 1932 bei den **Produktionsgütern** eine Senkung von 137 auf 118 (15 Prozent) und bei den **Konsumgütern** von 175 auf 117 (32 Prozent). Dieser Unterschied war dadurch bedingt, dass die Preise der Produktionsgüter zu einem erheblichen Teil **durch Kartelle** und Syndikate **gebunden** waren. Die Agrarpreise zeigten eine analoge Entwicklung. Während die zollpolitisch gestützten Brotgetreidepreise annähernd gleich blieben, sanken die Preise für landwirtschaftliche Veredelungsprodukte durchschnittlich um 30 Prozent. Die Preisentwicklung gibt also Nachfrageschrumpfung und Kriseneinfluss nur verzerrt wieder.

Insolvenzen

Krisenbedingt häuften sich die Insolvenzen. Bei zahllosen Vergleichen, Zwangsversteigerungen und Konkursen standen gewaltige Vermögenswerte zur Disposition. Die Zahl der jährlichen **Konkursanträge** verdoppelte sich von 10.595 (1928) auf 19.254 (1931). Dies entsprach einem Anstieg der ausgewiesenen **Insolvenzverluste** von 418 auf 918 Millionen Reichsmark. Dazu kamen allein im Jahr 1932 **Kapitalsenkungen** bei den Aktiengesellschaften in Höhe von 2,3 Milliarden Reichsmark, denen Kapitalerhöhungen von lediglich 233 Millionen Reichsmark gegenüberstanden.

Freisetzung von Arbeitskräften

Mit der wirtschaftlichen Schrumpfung ging die zunehmende Freisetzung von Arbeitskräften einher. Angesichts der Wachstumsschwäche der Weimarer Republik war die Arbeitslosigkeit zwar latent existent, doch übertraf der Anstieg nach 1929 selbst die schlimmsten Prognosen. War die Zahl der **Arbeitslosen** 1927 unter eine Million gesunken, so kletterte sie im Dezember 1928 auf zwei Millionen und erreichte im Februar 1929 3,3 Millionen. 1932 wiesen die Statistiken jahresdurchschnittlich 4,5 Millionen aus. Während der Tiefpunkte im Winter 1931/32 (6,128 Millionen) und 1932/33 (6,014 Millionen) war schließlich jeder dritte deutsche Arbeitnehmer ohne Arbeitsplatz. Die Zahl der **Kurzarbeiter** erreichte überdies in den Tiefs etwa drei Millionen.

Das hartnäckige Anhalten der Depression überführte viele Arbeitnehmer in das Stadium der Dauerarbeitslosigkeit. Damit ging nicht selten das Erreichen der Subsistenzgrenze einher, da die Arbeitslosen nach neunmonatiger Unterstützung aus der Arbeitslosenversicherung ausgesteuert und auf die eher kümmerliche Wohlfahrtsunterstützung verwiesen wurden.

Das Volkseinkommen

Das deutsche Volkseinkommen nahm im Verlauf der Krise um ca. 40 Prozent ab, nämlich von 75,9 (1929) auf 45,3 Milliarden Reichsmark (1932). Bei den einzelnen Einkommensarten gab es gravierende Unterschiede. Während der Rückgang des Arbeitseinkommens etwa den genannten 40 Prozent entsprach, war er bei den Einkommen aus Gewerbebetrieb mit 49,2 Prozent weit stärker. Die Agrareinkommen sanken wegen der preisstützenden Maßnahmen weniger. Die Einkünfte von Privatpersonen aus Kapitalvermögen gingen erst während der Bankenkrise drastisch zurück.

Die Bankenkrise

Die Wirtschaftskrise wurde in Deutschland wesentlich von Missständen im Bankenbereich mitgeprägt. Maßgeblich dafür war vor allem die hemmungslos auf Expansion gerichtete Geschäftspolitik der Berliner Großbanken und einiger Landesbanken, die sich den Geboten solider Bilanzierung nicht genügend verpflichtet fühlten und weder über ausreichend **Liquidität** noch über genügend **Eigenkapital** verfügten. Latent wurde gegen die Grundregel gleicher Fristigkeit im Aktiv- und Passivgeschäft verstoßen. Infolge der internationalen Börsenmalaise kam es zu einer nie gesehenen **Entwertung der Effektenbestände** und die **stockende Rückzahlung von Krediten** durch die krisengeschüttelte Wirtschaft verschärfte die Lage der Finanzinstitutionen. Zudem waren ab Herbst 1930 vom Ausland umfangreich kurzfristige Mittel abgezogen worden und die Septemberwahl, bei der die NSDAP mehr als sechs Millionen Stimmen erhielt, ließ das Vertrauen in den Finanzmarkt Deutschland sinken und steigerte die Neigung ausländischer Gläubiger, ihre Kredite zu kündigen.

Der Run auf die deutschen Banken setzte jedoch erst nach dem Zusammenbruch der größten österreichischen und bedeutenden internationalen Bank, der Österreichischen Creditanstalt, ein. Von den deutschen Großbanken erlitt allein die **Danat-Bank** (Darmstädter und Nationalbank) Kreditorenabzüge in Höhe von 97 Millionen Reichsmark, die Dresdner Bank 79, die Deutsche Bank 51 und die Commerz- und Privatbank 36 Millionen Reichsmark. Insgesamt beliefen sich die Kreditabrufungen von Januar bis Juli 1931 auf etwa 3,5 Milliarden Reichsmark. Die **Danat-Bank** musste im Gefolge dieser Entwicklung am **13. Juli 1931** ihre Schalter schließen. Wegen des befürchteten Ansturmes auf die übrigen Kreditinstitute wurden durch Notverordnung zwei Bankfeiertage verordnet (14./15. Juli) und die Devisenbewirtschaftung eingeführt. Zur Überwindung der Bankenkrise garantierte die Regierung für die Einlagen der Danat-Bank und stellte die Mittel für die Fusionierung derselben mit der Dresdner Bank sowie für die Reorganisation und Stabilisierung der übrigen Großbanken zur Verfügung. Außerdem schlossen sich 43 größere Banken zu einer **Haftungsgemeinschaft** (unter Führung der Golddiskontbank) zusammen, um das Vertrauen wieder herzustellen. Zugleich erhielt die durch die Devisenabflüsse geschwächte Deutsche Reichsbank einen **Kredit** von 420 Millionen Reichsmark an Devisen von den Zentralbanken Englands, Frankreichs und den USA.

Eine wichtige Folge der Bankenkrise, bei der der Staat mit seinen gesamten Reserven zu Hilfe eilen musste, war, dass ein großer Teil der Kreditinstitute unter staatlichen Einfluss kam und damit ein weiter Bereich der Industrie in die Abhängigkeit des Reiches geriet.

Darstellung 58: Auswirkungen der Weltwirtschaftskrise in Deutschland

- Abzug der Auslandskredite
- Zunehmende Kapitalflucht
- Bankenzusammenbrüche und Kapitalmarktschwäche
- Rückgang von Produktion und Außenhandel
- Massenarbeitslosigkeit und soziale Verwerfungen
- Politische Auswirkungen

7.4.2. Brünings Deflationspolitik

Die Inflationsangst

Eines der wesentlichen Motive für das außerordentliche Beharren auf einer Politik der Geldwertstabilität und Haushaltskonsolidierung war die Erfahrung der Hyperinflation des Jahres 1923, die Abertausende Geldwertbesitzer an den Rand des Ruins führte. Jeder Politiker musste mit einer besonderen Sensibilität des wählenden Publikums rechnen, wenn er die Finanzierung staatlicher Vorhaben durch zusätzliche Verschuldung (*deficit spending*) vorschlug, ob dies nun beschäftigungspolitisch sinnvoll war oder nicht.

Unpopuläre Konsolidierungspolitik durch Notverordnungen

Die Politik des Kanzlers Heinrich **Brüning** (29. März 1930 - 30. Mai 1932) trug der Inflationsangst jedenfalls Rechnung und bestand aus unpopulären, **deflatorischen Maßnahmen**. Er wollte für einen ausgeglichenen Staatshaushalt sorgen, d.h. sowohl die Ausgabenseite kürzen als auch die Einnahmenseite stärken. Über die Beamtenbesteuerung entstand die erste harte Auseinandersetzung. Der Reichstag akzeptierte die Maßnahme nicht, woraufhin Brüning das Parlament auflöste. Die Besteuerung wurde dann mittels **Notverordnung** durchgesetzt, wozu der Reichskanzler durch Art. 48 der Weimarer Reichsverfassung ermächtigt war. Sie entledigte ihn der Notwendigkeit, für bestimmte Entscheidungen eine parlamentarische Mehrheit gewinnen zu müssen. Andererseits boten die Notverordnungen den Parteien die Möglichkeit, sich von unpopulären Maßnahmen fernzuhalten und diese der Regierung anzulasten. Mit Ausnahme einiger Steuersenkungen handelte es sich bei den Notverordnungen am Ende ausschließlich um Maßnahmen, die die verfügbaren Einkommen der Konsumenten verminderten, die Staatsausgaben kürzten und potenzielle Investoren eher veranlasste, von ihren Plänen abzurücken.
Bereits im **Dezember 1930** wurden per **Notverordnung** Beamtengehälter, Löhne, Wohnungsmieten, Darlehenszinsen und Preise herabgesetzt, sowie die Steuern auf Löhne, Gehälter und Einkommen erhöht und eine Reihe weiterer Steuern eingeführt. Die Quintessenz der Brüning'schen Deflationspolitik stellte schließlich die **4. Notverordnung vom 8. Dezember 1931** „zur Sicherung von Wirtschaft und Finanzen und zum Schutz des inneren Friedens" dar. Diese Notverordnung verfügte im einzelnen:

- Preis- und Zinssenkungen
  - für gebundene Preise um mindestens 10 Prozent
  - für freie Preise durch Vorschriften eines eingesetzten Preiskommissars
  - Zinssenkungen auf das Niveau von 6 Prozent
- Abbau der Hauszinssteuer, Senkung der Mieten
- Zwangsvollstreckungsschutz
- Herabsetzung der Leistungen der Sozialversicherung
- Senkung der Tariflöhne auf das Niveau vom 10. Januar 1927
- Erhöhung der Umsatzsteuer von 0,85 Prozent auf 2 Prozent und
- Gehaltskürzungen im öffentlichen Dienst um 9 Prozent.

Vierte Verordnung des Reichspräsidenten zur Sicherung von Wirtschaft und Finanzen und zum Schutze des inneren Friedens. Vom 8. Dezember 1931.

Erster Teil Preis- und Zinssenkung

Kapitel I
Anpassung gebundener Preise an die veränderte Wirtschaftslage

§ 1

(1) Gebundene Preise sind zur Anpassung an die veränderte Wirtschaftslage bis zum 1. Januar 1932 um mindestens zehn vom Hundert gegenüber dem Stande vom 30. Juni 1931 zu senken.

(2) Als gebunden gelten Preise, zu deren Einhaltung die Beteiligten sich durch Verträge oder Beschlüsse der im § 1 des Fünften Abschnitts der Verordnung des Reichspräsidenten zur Behebung finanzieller, wirtschaftlicher und sozialer Notstände vom 26. Juli 1930 (Reichsgesetzbl. I S. 311) bezeichneten Art für den inländischen Geschäftsverkehr verpflichtet haben (z. B. Kartelle, Syndikate und Preisbindungen der nächsten Stufe auf den Gebieten der Eisenwirtschaft, der Eisen- und Metallverarbeitungs-, Baustoff-, Chemie-, Papier-, Glas-, Keramik- und Textilwirtschaft sowie der Wirtschaft der künstlichen Düngemittel).

Kapitel II
Schutz gegen Überteuerung

§ 1

(1) Zum Schutze der Bevölkerung gegen Überteuerung von Preisen für lebenswichtige Gegenstände des täglichen Bedarfs und lebenswichtige Leistungen zur Befriedigung des täglichen Bedarfs wird ein Reichskommissar für Preisüberwachung bestellt. Er untersteht dem Reichskanzler und hat seinen Sitz in Berlin.

(2) Die Reichsregierung bestimmt die Dauer seines Auftrags.

§ 2

Der Reichskommissar hat die Aufgabe, die im § 1 genannten Preise sowie ihre Entstehung, insbesondere die den einzelnen Wirtschaftsstufen zufließenden Preisspannen und Zuschläge, ständig zu überwachen. Hält der Reichskommissar Preise, Preisspannen oder Zuschläge für überhöht, so trägt er für ihre Senkung Sorge.

Kapitel III
Zinssenkung

Erster Abschnitt

Kapitalmarkt

§ 1

(1) Der Zinssatz von Anleihen, die in öffentlichen Schuldbüchern eingetragen oder über die Teilschuldverschreibungen ausgegeben sind (Schuldverschreibungen des Reichs, der Länder, Gemeinden und Gemeindeverbände, Pfandbriefe, Kommunal- und Kleinbahnobligationen, Schuldverschreibungen von Kreditanstalten oder Ablösungsanstalten des privaten oder öffentlichen Rechtes, Obligationen von Aktiengesellschaften, Kommanditgesellschaften auf Aktien, Gesellschaften mit beschränkter Haftung, Genossenschaften, Einzelpersonen usw.), wird, wenn er 8 vom Hundert oder weniger, aber mehr als 6 vom Hundert beträgt, auf 6 vom Hundert, wenn er mehr als 8 vom Hundert beträgt, im Verhältnis von 8 zu 6 herabgesetzt.

(2) Soweit der Zinssatz mehr als 12 vom Hundert beträgt, wird der 12 vom Hundert übersteigende Teil des Zinssatzes im Verhältnis von 8 zu 4 herabgesetzt; im übrigen gilt Abs. 1.

§ 2

(1) Die Vorschriften des § 1 gelten entsprechend für Zinsen von Forderungen, einschließlich der Hypotheken, sowie von Grundschulden, wenn die regelmäßige Fälligkeit nicht früher als ein Jahr nach ihrem Entstehen eintritt.

Auszugsweise Wiedergabe RGBl. I, Nr. 79, vom 9. Dezember 1931.

Kein ‚deficit spending'

Brüning vermochte die wirtschaftlichen Probleme in Deutschland nicht zu beseitigen. Seine herkömmliche Fiskal- und Wirtschaftspolitik, die auf ausgeglichene Budgets und Zahlungsbilanzen abzielte, hatte die Krise eher noch verschärft. Im Laufe seiner zweijährigen Regierungszeit gewann Brüning zwar mehr und mehr die Einsicht in die Notwendigkeit aktiven staatlichen Eingreifens, wie dies von John Maynard **Keynes** bereits frühzeitig propagiert wurde, doch sah er mit Rücksicht auf die Außenpolitik zunächst wenig Alternativen für die Durchsetzung einer neuen wirtschaftspolitischen Konzeption. Die fälligen **Reparationen** beschränkten den wirtschaftspolitischen Spielraum. Dem diesbezüglichen Druck seitens der Alliierten war nur durch eine aktive Handelsbilanz bzw. Außenwirtschaftspolitik zu begegnen.

Trotz **Lohnstopp** und **Preissenkungen** verschlechterte sich die Lage weiter. Die ausländischen Guthaben wurden verstärkt abgezogen. Für Deutschland wurde es immer schwerer, den Reparationsverpflichtungen nachzukommen. Deshalb kam dem Reich das Angebot eines **Moratoriums** durch den amerikanischen Präsidenten **Hoover** im Juli 1931 sehr entgegen. Die Reparationsleistungen wurden Deutschland für ein Jahr erlassen. Brüning, der beabsichtigte, das Reich von der Reparationslast zu befreien, hatte so die Möglichkeit, weiter über eine Abänderung des Young-Planes zu verhandeln. Schließlich konnte Deutschland mit seinen ausländischen Gläubigern ein Stillhalteabkommen abschließen. Außerdem führte man die **Devisenzwangswirtschaft** ein. Durch diese Maßnahmen wurde der Abzug ausländischer Gelder gestoppt. Die Lage verschlechterte sich jedoch weiter und Ende des Jahres 1931 erklärte die Bank für internationalen Zahlungsausgleich den **Young-Plan** durch die Krise für **überholt**. Die Zahlungen sollten nach Ablauf des Hoover-Moratoriums nicht mehr fortgesetzt werden. Zur endgültigen Regelung wünschte die Regierung eine internationale Konferenz, die in Lausanne stattfinden sollte.

Der Wendepunkt

Der Tiefpunkt der Depression war im Sommer 1932 erreicht und die Zukunftsangst wich einem vorsichtigen Optimismus. Produktion und Beschäftigung sanken von nun ab nicht mehr, die Kreditkrise und der Einlagenschwund bei den Banken waren zum Stillstand gekommen. Der wirtschaftliche Wendepunkt fiel jedoch nicht mehr in die Regierungszeit Brünings, der am 30. Mai 1932 sein Amt aufgeben musste, sondern in die seines Nachfolgers v. Papen. Brüning war, wie er es später selbst formulierte, „100 Meter vor dem Ziel“ gescheitert.

7.4.3. Die wirtschaftspolitischen Maßnahmen unter v. Papen

Nach Brünings Demission wurde Franz von **Papen** mit der Kabinettsbildung beauftragt. Während seiner kurzen Amtszeit wurde auf der Konferenz von **Lausanne** die **Einstellung der Reparationszahlungen** beschlossen. Das Abkommen vom 9. Juli 1932 setzte die Restschuld auf drei Milliarden Reichsmark fest, deren Zahlung jedoch nicht mehr erfolgte.

v. Papens Präsidialkabinett brach mit der deflationistischen Wirtschaftspolitik des Vorgängers und machte die **Arbeitsbeschaffung** zu einem wesentlichen Bestandteil der Regierungsarbeit. Die wesentlichen Punkte des Papenprogramms waren die Vergabe von **Staatsaufträgen** in Höhe von 300 Millionen Reichsmark, eine Lohnprämie für zusätzlich eingestellte Arbeiter (insgesamt 700 Millionen Reichsmark) und die **Ausgabe von Steuergutscheinen**, die bei Bezahlung von rückständigen Steuern in Höhe von ca. 40 Prozent ausgegeben wurden und mit denen künftige Steuern beglichen werden konnten. Diese Gutscheine konnten auch gehandelt bzw. eingelöst werden und erhöhten so die momentane Liquidität der Unternehmer auf Kosten späterer Staatseinnahmen. Von weit größerer Bedeutung war jedoch der Einsatz von **Arbeitsbeschaffungswechseln**, mit denen öffentliche Arbeitsbeschaffungsprogramme vorfinanziert wurden. Die von den Unternehmen ausgestellten Wechsel wurden von den beauftragten Sonderkreditinstituten, z.B. der Gesellschaft für öffentliche Arbeiten A.G. (ÖFFA) akzeptiert. Die Wechsel konnten ein- oder mehrmals prolongiert (insgesamt bis zu fünf Jahren, wobei freilich der Wechsel dann vom Geldmarkt- zum Kapitalmarktpapier wurde) und bei der Reichsbank diskontiert werden. Damit wurde der Geldumlauf erheblich ausgeweitet.

v. Papen ging damit einen neuen Weg der Finanzierung des Arbeitsbeschaffungsprogramms und leitete so eine wirtschaftspolitische Wende ein. Sein Programm sah vor allem eine Finanzierung von **Ersatzinvestitionen** vor, wobei nun endlich die Reichsbank zur Mitwirkung herangezogen wurde. Die **Steuergutscheinaktion** stellte den Anfang einer echten Geldschöpfung dar. Bei Bezahlung von fälligen Steuern wurden Gutscheine ausgegeben, auf die in den Jahren 1934 bis 1938 alle Reichssteuern bezahlt werden konnten. Dies war ein Vorgriff auf Steuererträge künftiger Jahre. Am 4. September 1932 wurde dann die Verordnung zur Belebung der Wirtschaft erlassen. In ihr war die angekündigte Steuergutscheinaktion enthalten. Im einzelnen umfasste sie Maßnahmen zur Förderung von Ersatzbeschaffungen, Senkung der Löhne, Festsetzung der Höchstgehälter von Direktoren und leitenden Angestellten, in Betrieben, die staatliche Unterstützung beanspruchten, und eine Kontingentierung der landwirtschaftlichen Einfuhren. Das Programm v. Papens zeigte bald erste Erfolge.

Darstellung 59: Die Entwicklung der Aktienkurse seit 1924

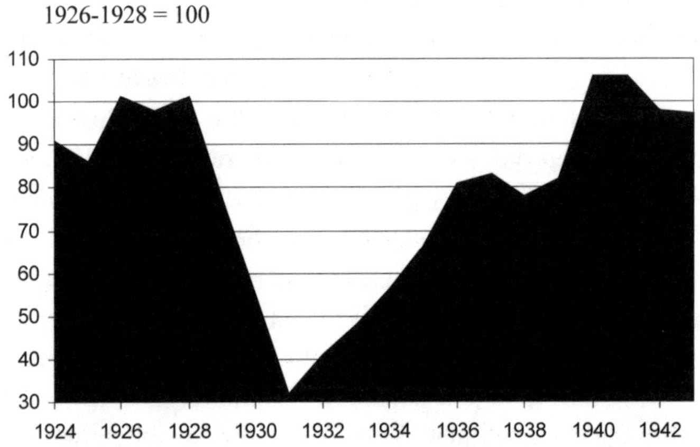

Quelle: Petzina, Dietmar/Abelshauser, Werner/Faust, Anselm (Hg.): Sozialgeschichtliches Arbeitsbuch. Bd. 3: Materialien zur Statistik des Deutschen Reiches 1914-1945, München 1978, S. 70.

Die Statistik bestätigt den Rückgang. In fast allen Bereichen lässt sich in den Monaten September und Oktober 1932 ein Stimmungsumschwung erkennen, der auf die Steuergutscheinaktion v. Papens direkt zurückgehen dürfte. So ist dafür besonders der **Umschwung an den Börsen** bezeichnend, wo der Aktienindex noch weit stärker kletterte, als die Produktion oder die Beschäftigung zunahmen. Dies zeigt deutlich, dass man der eingeschlagenen Wirtschaftspolitik relativ großes **Vertrauen** entgegenbrachte.

Bei den **Reichstagswahlen** im Juli 1932 wurde die NSDAP die stärkste Fraktion. Auch die KPD gewann neue Stimmen hinzu. Im August bot man Hitler die Mitarbeit als Vizekanzler in der Regierung v. Papen an. Er lehnte jedoch ab. Im September löste v. Papen den Reichstag nach einem erfolgreichen Misstrauensantrag auf. In den darauffolgenden Reichstagswahlen ging der Stimmanteil der NSDAP zurück, der der KPD stieg weiter. Die Regierung v. Papen konnte sich noch bis Anfang Dezember halten. Dann stellte sich ein Großteil des Kabinetts gegen den Kanzler, der daraufhin zurücktrat.

7.4.4. Die Wirtschaftspolitik des Kabinetts v. Schleicher

v. Papens Nachfolger Kurt von **Schleicher** (2. Dezember 1932 - 29. Januar 1933) beabsichtigte, sich mit den Arbeitern und Gewerkschaften auszusöhnen und die NSDAP zu spalten. Er behielt die eingeschlagene Wirtschaftspolitik und Warmbold als Wirtschaftsminister bei. Unter v. Schleicher wurde am 15. Dezember 1932 durch den Reichspräsidenten eine Notverordnung zur Förderung der Arbeitsbeschaffung und zur ländlichen Siedlung erlassen, die gleichzeitig die Einrichtung eines **Reichskommissariats zur Arbeitsbeschaffung** vorsah. Dieses wurde Günther **Gereke** unterstellt und sollte vor allem die verwaltungstechnischen Probleme der Arbeitsbeschaffung lösen.
Noch unmittelbar vor ihrem Sturz verabschiedete die Regierung v. Schleicher am 28. Januar 1933 das von Gereke erarbeitete Arbeitsbeschaffungsprogramm, das sogenannte **Sofortprogramm**. Es umfasste 500 Millionen Reichsmark, die den bereits mit der Arbeitsbeschaffung beauftragten Stellen als Reichsgarantie zur Verfügung gestellt wurden. Zur Finanzierung wurde wieder auf **Steuergutscheine** zurückgegriffen, da die Mittel aus v. Papens Programm noch nicht einmal zur Hälfte aufgebraucht waren. Allerdings verließ sich v. Schleicher nicht mehr nur auf die Privatinitiative, wie dies bei seinem Vorgänger der Fall gewesen war, sondern ging auch an die Vergabe von öffentlichen Aufträgen. Dabei konnte der Unternehmer Wechsel auf den Auftraggeber ziehen - meist die Gemeinden oder Gemeindeverbände -, die von einem staatlichen Kreditinstitut akzeptiert wurden und somit bei der Reichsbank rediskontiert werden konnten. Also auch unter v. Schleicher kam der Arbeitsbeschaffungswechsel wieder zum Einsatz.

v. Schleicher wurde am 29. Januar 1933 gestürzt. Die Gründe hierfür waren einmal die Wiederaufnahme des Siedlungsprogramms und die Intrigen v. Papens, der mit Hitler paktierte. Nun gelang es, den Reichspräsidenten v. Hindenburg zu überzeugen, man würde Adolf Hitler als Kanzler im neuen Kabinett so einrahmen können, dass er seine fanatischen Ideen nicht durchzusetzen in der Lage sei. Die nächsten Jahre zeigten den großen Irrtum.

Literatur:

Benz, Wolfgang/**Graml**, Hermann: Biographisches Lexikon zur Weimarer Republik, München 1988; **Blaich**, Fritz: Der Schwarze Freitag. Inflation und Wirtschaftskrise, 3. Aufl., München 1994; **Buchheim**, Christoph et. al. (Hg.): Zerrissene Zwischenkriegszeit. Wirtschaftshistorische Beiträge. K. Borchardt zum 65. Geb., Baden-Baden 1994; **Feldman**, Gerald D.: The Great Disorder. Politics, Economics, and Society in the German Inflation, 1914-1924, New York/Oxford 1993; **Feldman**, Gerald D./**Holtfrerich**, Carl Ludwig/**Ritter**, Gerhard A./**Witt**, Peter-Christian (Hg.): Die deutsche Inflation. Eine Zwischenbilanz, Berlin, New York 1982; **Fischer**, Albert: Luftverkehr zwischen Markt und Macht (1919-1937). Lufthansa, Verkehrsflug und der Kampf ums Monopol (=VSWG-Beiheft 167), Stuttgart 2003; **Fischer**, Albert: Die Landesbank der Rheinprovinz in der Zwischenkriegszeit, Köln et al. 1997; **Holtfrerich**, Carl-Ludwig: Die deutsche Inflation 1914 bis 1923. Ursachen und Folgen in internationaler Perspektive. Berlin, New York 1980; **James**, Harold: Deutschland in der Weltwirtschaftskrise 1924-1936, Stuttgart 1988; **Kolb**, Eberhard: Die Weimarer Republik, 2. Aufl., München 1988; **Wixforth**, Harald: Banken und Schwerindustrie in der Weimarer Republik (Wirtschafts- und Sozialhistorische Studien, Bd. 1), Köln et. al. 1995.

Prüfsteine:

1. Welche konkreten Änderungen brachte die Erzbergersche Finanzreform?
2. Welche Ursachen hatte die Geldentwertung nach dem Ersten Weltkrieg und welche Rolle spielten die Reparationen in diesem Zusammenhang?
3. Wie wurde die Ruhrbesetzung deutscherseits beurteilt, und wie reagierte die Reichsregierung (konkrete Schritte)?
4. Welche Maßnahmen wurden zur Bekämpfung der Inflation von 1923 ergriffen? Beziehen Sie die Regelungen der Jahre 1924 und 1925 mit ein!
5. Zur Abwicklung der Reparationszahlungen wurden zwei Pläne entwickelt. Benennen und erläutern Sie sie kurz!
6. Zuweilen ist von der „Wachstumsschwäche" der Weimarer Republik die Rede. Nehmen Sie dazu kritisch Stellung!
7. Diskutieren Sie Ursachen, Verlauf und Auswirkungen der Weltwirtschaftskrise!
8. Beurteilen Sie die Wirtschafts-, Finanz- und Arbeitsmarktpolitik der Regierung Brüning!
9. Welche Maßnahmen zur Bekämpfung der Arbeitslosigkeit wurden zur Zeit der Weimarer Republik ergriffen?

8. Der Nationalsozialismus 1933-1945

8.1. Wirtschaftliche Entwicklung und Wirtschaftspolitik 1933-1939

8.1.1. Wirtschaftliche Zielvorstellungen der Nationalsozialisten

Ein eigenständiges, in sich konsistentes, geschlossenes Wirtschaftsprogramm der NSDAP gab es zunächst nicht. Im Parteiprogramm von 1920 ist keine klare Konzeption im Bezug auf wirtschaftspolitische Fragen zu erkennen. Gefordert wurden *„Die Abschaffung des arbeits- und mühelosen Einkommens"*, die *„Brechung der Zinsknechtschaft"*, die *„Verstaatlichung aller (bisher) bereits vergesellschafteten Betriebe"* bzw. Trusts und eine Bodenreform mit *„Abschaffung des Bodenzinses und Verhinderung jeder Bodenspekulation"*. In der praktischen Politik der dreißiger Jahre sollten diese Punkte jedoch keine entscheidende Rolle spielen.

Die Wirtschaftspolitik war für Hitler nur eines von vielen Hilfsmitteln, um seine hochgesteckten Ziele zu erreichen. Die eigentliche Wirtschaftslehre des Nationalsozialismus, die sich hinter den vagen Formulierungen des Parteiprogramms verbirgt, war von Gottfried **Feder**, dem Wirtschaftsexperten der NSDAP konzipiert worden. Seine Lehre geht aus von der Unterscheidung zwischen **schaffendem** (= Industriekapital) und **raffendem** Kapital (= Handels- und Finanzkapital). Dabei wurde das jüdische Kapital als das raffende denunziert, das die Macht an sich gerissen und das Volk der Zinsknechtschaft unterworfen habe. Ebenfalls von Feder stammt die Idee, staatliche Geldschöpfung zum Zwecke der Realisierung bestimmter Güter bzw. Projekte - in erster Linie Bauprojekte - zu betreiben. Die Abkehr von den wirtschaftspolitischen Vorstellungen Feders kam 1932 mit der Entwicklung eines neuen Wirtschaftsprogramms durch Gregor **Strasser**. Entscheidend an dem Programm war der Vorrang, den die Arbeitsbeschaffung erhielt. Es enthielt bereits wesentliche Punkte der später tatsächlich durchgeführten Arbeitsbeschaffungsmaßnahmen.

Politische Grundprinzipien, die die Wirtschaftspolitik des Nationalsozialismus in Theorie und Praxis beherrschten, waren der (gewaltsame) Erwerb von **Lebensraum** und die **Autarkie** im Rahmen einer Großraumwirtschaft unter der politischen Führung Deutschlands.

8.1.2. Arbeitslosigkeit und Maßnahmen zu ihrer Beseitigung

Der wirtschaftliche Aufschwung unter dem Nationalsozialismus hatte seine Grundlage wesentlich in den erwähnten Maßnahmen der Regierungen Brüning, Papen und Schleicher, die nun im großen Stil fortgesetzt wurden. Es ist schwierig, bei der Beurteilung der nationalsozialistischen Politik eine klare Trennung zwischen den beiden Bereichen Arbeitsbeschaffung und Aufrüstung zu vollziehen. Während in der Öffentlichkeit nur die Anstrengungen im Kampf um die Wiederbelebung der Wirtschaft propagiert wurden, arbeitete Hitler von Anfang an auf sein politisches Ziel der *Erweiterung des Lebensraumes* hin, das die Vorstellung vom Krieg einschloss. Im Reichskabinett betonte Hitler am 8. Februar 1933 den **Vorrang der Rüstung** vor allen zivilen Maßnahmen: die nächsten fünf Jahre seien der „*Wiederwehrhaftmachung des deutschen Volkes*" zu widmen. Jede öffentlich geförderte Arbeitsbeschaffungsmaßnahme müsse unter dem Gesichtspunkt ihrer Notwendigkeit für die „Wiederwehrhaftmachung" beurteilt werden. Dieser Gedanke habe immer und überall im Vordergrund zu stehen.

Pläne und Gesetzesinitiativen

In der Regierungserklärung vom 1. Februar 1933 kündigte Hitler zwei Vierjahrespläne zur Reorganisation der Wirtschaft an. Dem ersten sogenannten Vierjahresplan, dessen Ziele waren, die Arbeitslosigkeit zu beseitigen und die Ernährung zu sichern, lag weder ein echter Plan zugrunde, noch war zu dessen Realisierung ein entsprechender Apparat vorhanden. In den ersten Monaten blieb die neue Regierung diesbezüglich ziemlich passiv. Zwischen Februar und Mai 1933 beschränkte sie sich auf die Ausführung des Sofortprogramms von Schleicher und Gereke, allerdings mit der erwähnten Ausrichtung auf rüstungswirtschaftliche Projekte und weitere kleinere Maßnahmen wie z.B. die Aufhebung der Kraftfahrzeugsteuer. Erst im Juni 1933 - nachdem sich Hitler die Zustimmung der Großindustrie geholt hatte - begann eine eigenständige Wirtschaftspolitik des Nationalsozialismus mit dem ersten Gesetz zur Verminderung der Arbeitslosigkeit, dem sogenannten **Reinhardt-Plan**, benannt nach Fritz Reinhardt, dem Staatssekretär im Reichsfinanzministerium. Nach diesem Plan wurde eine Milliarde Reichsmark in Form von Zuschüssen, Darlehen oder Steuervergünstigungen bereitgestellt, die vor allem der Förderung von Infrastrukturmaßnahmen und Wohnungsbaus dienen sollten. Nicht finanziert wurden mit diesem Programm militärische Projekte, da die Reichswehr Mittel schon aus dem Sofortprogramm erhalten hatte.

Das Reinhardt-Programm verband indirekte Stützungsmaßnahmen mit direkter staatlicher Auftragsvergabe. Das Ziel kurzfristiger Arbeitsbeschaffung war deutlich an den Ausführungsverordnungen zu erkennen. So mussten z.B. 80 Prozent der Neueingestellten bisher unterstützte Arbeitslose sein, durfte die Mehrbeschäftigung der Betriebe nicht durch erhöhte Arbeitszeit ausgeglichen werden und waren bei steuerabzugsfähigen Ersatzbeschaffungen die alten Maschinen zu verschrotten. Die durch das Programm begünstigte Arbeit musste von menschlicher Arbeitskraft ausgeführt werden, sofern maschinelle Hilfsmittel nicht unerlässlich waren.

Darstellung 60: Arbeitslosigkeit in Deutschland 1928-1938

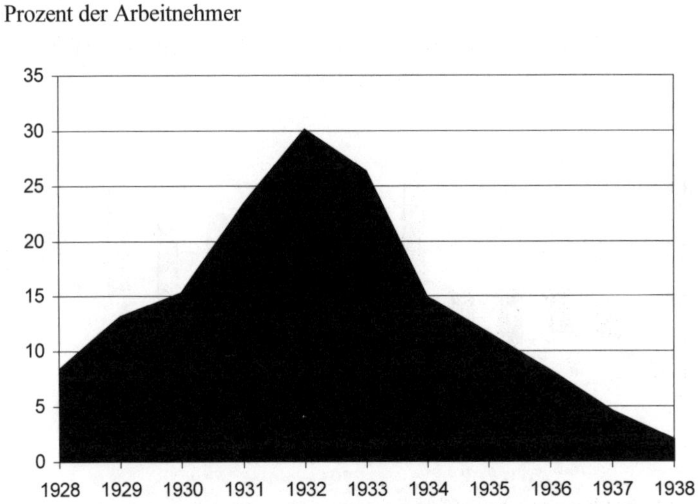

Datenquelle: Mitchell, B.R.: Statistischer Anhang 1920-1970. In: Cipolla, Carlo M./Borchardt Knut (Hg.): Europäische Wirtschaftsgeschichte. Bd. 5: Die europäischen Volkswirtschaften im zwanzigsten Jahrhundert, Stuttgart et al. 1986, S. 413-492, hier: S. 440.

Am 21. September 1933 folgte das zweite Gesetz zur Verminderung der Arbeitslosigkeit. Es stellte 500 Millionen Reichsmark für Instandsetzungsarbeiten an privaten Wohnbauten und Steuererleichterungen für die Landwirtschaft und den privaten Wohnungsbau zur Verfügung. Hauptziel war es, die ersten Anzeichen einer Konjunktur und die gesunkenen Arbeitslosenzahlen über den Winter zu retten. Ebenfalls im Herbst 1933 setzte das Autobahnprogramm ein (Gesetz über die Errichtung eines Unternehmens Reichsautobahn vom 27. Juli 1933). In sechs Jahren sollten 7.000 km Autobahn gebaut werden, wofür 3,5 Milliarden Reichsmark eingeplant wurden. Weitere flankierende Maßnahmen zur Senkung der Arbeitslosenzahlen bestanden in der Wiedereinrichtung eines freiwilligen Arbeitsdienstes (ab 1935 obligatorisch), der Einführung der allgemeinen Wehrpflicht 1935 und der überproportional großen Zahl von Einstellungen im Partei- und Staatsapparat.

Waren am 30. Januar 1933 noch 6,01 Millionen Arbeitslose registriert, so konnte im Verlauf der nächsten vier Jahre das Überangebot an Arbeitskräften praktisch vollständig abgebaut werden. Bereits 1936 traten Engpäße bei Facharbeitern auf. Die obige Graphik (Darstellung 60) führt die Entwicklung des Arbeitsmarktes vor Augen.

Darstellung 61: Wachstumsraten des realen Sozialprodukts 1928-1941

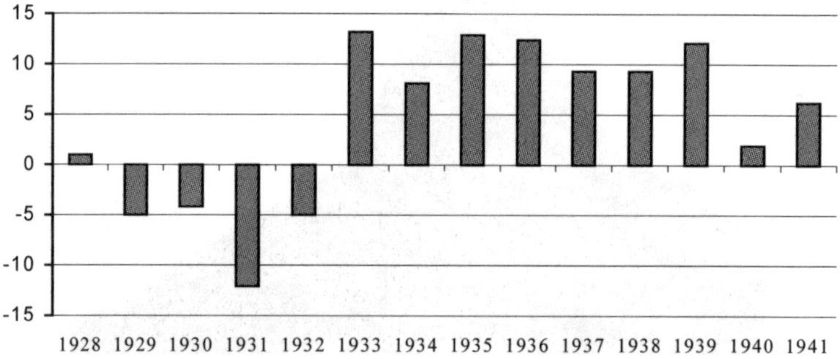

Quelle: Petzina, Dietmar/Abelshauser, Werner/Faust, Anselm (Hg.): Sozialgeschichtliches Arbeitsbuch. Bd. 3: Materialien zur Statistik des Deutschen Reiches 1914-1945, München 1978, S. 78.

1933 verstärkte sich der **Konjunkturaufschwung**, der sich bereits 1932 angedeutet hatte. Das **Volkseinkommen**, das 1928 75,4 Milliarden Reichsmark betragen hatte und bis 1932 auf 45,2 Milliarden Reichsmark zurückgegangen war, stieg wieder leicht auf 46,5 Milliarden an. Das reale Sozialprodukt pro Einwohner begann wieder zu wachsen. Für das NS-Regime hatte dabei von Anfang an der massenpsychologische Effekt schrumpfender Arbeitslosenzahlen eine wesentliche Rolle gespielt, zunächst sogar eine größere als das Ziel einer grundlegenden Gesundung der Wirtschaft. Darauf deutet jedenfalls das Absinken der Produktivität der deutschen Wirtschaft hin. Sozialpolitische Zielsetzungen hatten augenscheinlich Vorrang vor wirtschaftspolitischen.

Aufrüstungsprogramm

Wie bereits erwähnt, bekam die gesamte Arbeitsbeschaffungspolitik mit der Machtübernahme Hitlers ein rüstungspolitisches Vorzeichen. Der Ausbau des Verkehrswesens - insbesondere der Autobahnbau - und die Förderung des Fahrzeugbaus geschahen in engem Zusammenhang mit strategischen Überlegungen.

Von 1933 bis zum Ausbruch des Zweiten Weltkrieges wurden etwa 64 Milliarden Reichsmark direkt für die Rüstung ausgegeben. Im Vergleich dazu beliefen sich die Ausgaben für Arbeitsbeschaffungsmaßnahmen, die überdies teilweise indirekt der Aufrüstung dienten, auf rund 6 Milliarden Reichsmark. Dieses starke Ansteigen der Ausgaben für die Aufrüstung war ein wesentlicher Grund für die günstige wirtschaftliche Entwicklung. Nicht die relativ geringen Maßnahmen der Arbeitsbeschaffung, sondern die expansive Rüstung ermöglichte den raschen Aufschwung der deutschen Wirtschaft. Nach 1935/36 ging von diesem Sektor ein zunehmender inflationärer Druck aus. Eine weitere Folge in der einseitigen Orientierung der gesamten Volkswirtschaft war die ungleichmäßige Entwicklung einzelner Wirtschaftszweige. So erreichten z.B. die öffentlichen Investitionen in den Bereichen Wohnungsbau, Versorgung und öffentliche Verwaltung nicht einmal mehr die Höhe von 1928, ganz im Unterschied zu allen anderen öffentlichen Investitionen. Der Index der öffentlichen Investitionen (1928 = 100), der 1932 noch bei 47 lag, stieg bis 1939 real auf 377 (nominal 1932 = 36 und 1939 = 290). Der Anteil der öffentlichen Investitionen am Volkseinkommen stieg von 5,7 Prozent im Jahre 1932 auf 25,6 Prozent 1939.

8.1.3. Landwirtschaft und „Reichsnährstand"

Die Erholung der Landwirtschaft war für das Dritte Reich ebenso wesentlich wie die Konsolidierung der Industrie. Schon am 13. September 1933 wurde zwangsweise der ganze landwirtschaftliche Sektor im **"Reichsnährstand"** zusammengeschlossen. Er umfasste alle Erzeuger, also Grundbesitzer, Pächter, Verarbeiter, Großhändler und Einzelhändler landwirtschaftlicher

Erzeugnisse. In den Jahren 1934 und 1935 wurden dann sogenannte **Marktverbände** organisiert. Die Verbände hatten die Aufgabe, die Preise festzusetzen, die Anlieferungen zu regeln, die zulässige **Preisspanne** (Erzeugermindestpreise, später Festpreise) bei jedem Verarbeitungsvorgang zu bestimmen, z.B. wieviel der Müller für die Getreidevermahlung, der Bäcker für das Backen, der Einzelhändler für das Verkaufen des Brotes berechnen durfte, und später wurden alle landwirtschaftlichen Dispositionen den Verbänden unterworfen.

Am 29. September 1933 verkündete die Regierung das **Reichserbhofgesetz**. Ungefähr 500.000 Bauernhöfe wurden zu Erbhöfen erklärt. Die "Blutreinheit" der Bauern musste bis zurück zum 1. Januar 1800 nachgewiesen werden, d.h. also bis in die Zeit vor der Judenemanzipation. Wohl waren die Bauern durch das Gesetz gegen Verschuldung geschützt, doch andererseits hemmte das Gesetz auch die Entwicklungsmöglichkeiten, da Kapitalaufnahmen fast unmöglich waren, wenn der Grundbesitz nicht hypothekarisch belastet werden durfte.

Die Gesetzgebung folgte einem Agrarprogramm, das vollkommene Beherrschung von Märkten und Preisen vorsah, die Kreditbedingungen der Bauern regelte und die Raumplanung im Sinne der nationalsozialistischen Idee des Lebensraums beinhaltete. Obwohl dieses Programm nicht ganz verwirklicht werden konnte, ging es den Landwirten im Dritten Reich relativ gut, denn sie hatten über die gebundenen Preise ein relativ sicheres Einkommen, waren vom Weltmarkt unabhängig und so gegen größere Schwankungen geschützt. Trotz vieler Bemühungen (mehr Maschinen und andere technische Hilfsmittel, niedrige Kunstdüngerpreise, Steuersenkung von 1934 bis 1938 um 60 Millionen Reichsmark und Zinsermäßigung um 280 Millionen, Besorgung billiger Arbeitskräfte durch Jugendgruppen der Partei usw.) konnte Deutschland die Autarkie auf dem Agrarsektor nicht erreichen. Die landwirtschaftliche Erzeugung nahm von 1933 bis 1938 nur wenig zu, obwohl sich in dieser Zeit der Verbrauch an Kunstdüngern verdoppelte.

Durch die rasche Entwicklung der Industrie machte sich die (Land-)Flucht aus der Landwirtschaft dorthin immer stärker bemerkbar, denn die in Lohn arbeitenden Hilfskräfte und nicht hofgebundenen Kinder strömten in die Städte, um dort ein besseres Auskommen zu finden. Das war sicher einer der Gründe, weshalb die Partei ihr Ziel, die Selbstversorgung mit landwirtschaftlichen Erzeugnissen, verfehlte. Ein kleiner Fortschritt wurde bei Zuckerrüben erzielt, welche als Viehfutter indirekt zur Fettgewinnung und somit dazu dienten, die **Fettknappheit** zu beseitigen. Trotzdem blieb die Fettknappheit das Hauptproblem der deutschen Nahrungs- und Versorgungswirtschaft. Trotz vieler Bemühungen gelang es der Regierung nicht, die Fetteinfuhr durch inländische Produktion zu substituieren. Das Land blieb für zwei Drittel seines Fettbedarfs von der Einfuhr abhängig. Wieder standen Propaganda und Realität in einem auffälligen Kontrast zueinander.

8.1.4. Industrie und Deutsche Arbeitsfront (DAF)

Am 24. März 1933 bot der **Reichsverband der Deutschen Industrie** (RDI), die Dachorganisation der deutschen Industrie, Hitler seine Mitarbeit beim Wiederaufbau Deutschlands an und am 4. Mai 1933 wurde bekannt, dass nach Verlautbarung des Reichsverbandes dessen Präsident Krupp von Bohlen und Halbach in Anerkennung des Führerprinzips zur völligen institutionellen Umgestaltung der industriellen Verbände ermächtigt worden sei. Auf Anordnung des Reichswirtschaftsministers vom Juni 1933, verwandelte sich der RDI zunächst in einen **Reichsstand der Deutschen Industrie**. Ihm wurde die bisherige Vereinigung der deutschen Arbeitgeberverbände angeschlossen, die sich dann am 30. November 1933 auflösten. Am 3. Mai 1933 wurde ein **Reichsstand des Deutschen Handwerks** und tags darauf ein **Reichsstand des Deutschen Handels** errichtet. Am 15. Juli 1933 berief Hitler einen Generalrat der Wirtschaft, dessen Mitglieder die Aufgabe haben sollten, die Reichsregierung in allen wirtschaftlichen Fragen zu beraten. Er sollte nur auf besondere Einladung zusammentreten. Bereits ein halbes Jahr später gingen die genannten Reichsstände in einer neuen Organisation auf, denn am **27. Februar 1934** wurde das grundlegende **Gesetz zur Vorbereitung des organisatorischen Aufbaues der deutschen Wirtschaft** verkündet. Es war im Grunde nichts anderes als ein Ermächtigungsgesetz zur totalen staatlichen Kontrolle der Wirtschaft einschließlich aller Verbände und Personen unter Maßgabe des **Führerprinzips**.

Schließlich wurde die **Reichswirtschaftskammer** errichtet, die als Dachorganisation der gesamten deutschen Wirtschaft in Durchführung des Führerprinzips unmittelbar dem Befehl des Reichswirtschaftsministers unterstand. Zur Überwachung und Prüfung der Rohstoff- und Devisenzuteilung sowie Preisgestaltung wurden im Sommer 1934 **Reichsstellen** errichtet. Sie waren wesentlicher Teil des Lenkungsapparates, das den Unternehmern vorschrieb, was und wieviel sie zu produzieren hatten. Es wurden ihnen Rohstoffe zugeteilt, die Preise vorgeschrieben, der An- und Verkauf geregelt sowie die Prioritäten bestimmt.

Um das Interesse der Arbeitnehmer zu wahren, wurde bereits eine Woche nach Ausschaltung der Gewerkschaften am 2. Mai 1933 die **Deutsche Arbeitsfront (DAF)** unter Führung von Robert Ley gebildet. Unter ihrem Dach wurden sämtliche Arbeitnehmer- und Arbeitgeberorganisationen zusammengefasst.

Am 27. November 1933 wurde die Freizeitorganisation der DAF mit der pathetischen Bezeichnung "**Kraft durch Freude**" (KdF) ins Leben gerufen. Sie bot mannigfaltige Möglichkeiten der Freizeitgestaltung, unterhielt eigene Ferienanlagen und eine Flotte von Urlaubsschiffen[72], womit sich die nationalsozialistische Einflusssphäre nun auch auf die Bereiche außerhalb der Büros, Fabriken und Kasernen erstreckte. Auch um die Volksmobilität schien die KdF-Freizeitorganisation bemüht zu sein, hieß doch der Volkswagen-Käfer bis zum Kriegsende „**KdF-Wagen**" und die spätere Stadt Wolfsburg „Stadt des KdF-Wagens". Jeder sollte sich nach Hitlers Versprechungen einen Wagen leisten können und eine mobile deutsche Gesellschaft durch Volkswagen über ein Netz von Reichsautobahnen zueinander finden. Dazu wurde ein Sparmodell entwickelt und dem Volk einzureden versucht, es habe bei genügender Sparsamkeit bald die Chance, einen solchen Volkswagen zum Preis von unter 1000 Reichsmark zu erstehen. Dafür wurde auf Plakaten eindringlich geworben. Was im KdF-Werk am Ende tatsächlich vom Band lief, waren weniger Privatlimousinen vom Typ Käfer als vielmehr Kübelwa-

---

[72] Eines der KdF-Schiffe, die „Wilhelm Gustloff", war Gegenstand des jüngsten Buchs von Günter Grass.

gen und sonstiges mobile Kriegsgerät. Die angesparten Beträge kassierte das Reich und ließ sie wahrscheinlich stillerdings in die Kriegkasse einfließen. Bei Kriegsende warteten so immer noch über 250.000 betrogene KdF-Sparer auf das erhoffte Auto – vergeblich.

8.1.5. Finanzpolitik

Um die Investitionen im Rüstungsbereich sicherzustellen und die unmittelbare Aufrüstung finanzieren zu können, war die Umschichtung eines immer größeren Anteils des Sozialprodukts vom privaten Verbrauch hin zum Staat notwendig.

Das fiskalpolitische Steuern durch Steuern geschah vor 1936 durch eine Reihe neuer **Maßnahmen** bzw. in der Fortführung der bereits unter den Vorgängerregierungen eingeleiteten. So kam es wieder zur Ausgabe von **Steuergutscheinen**, die aus dem Papen-Programm übernommen wurden. Es handelte sich um marktfähige Papiere, deren Ausgabe im Zusammenhang mit der Einstellung Arbeitsloser erfolgte. Des weiteren wurde **Steuerfreiheit für Ersatzbeschaffungen** zugesichert, was zur Verbilligung von kurzfristigen Anlagegütern führte. Die **Aufhebung der KFZ-Steuer** war als Impuls für die

Automobilindustrie gedacht. Hinzu kam die moderate Senkung einiger Steuern (Umsatzsteuer und Grundsteuer) und zum Erlass von Steuerrückständen, wenn dafür neue Investitionen vorgenommen wurden.

Bei all diesen Maßnahmen spielte die Konsumförderung nur eine untergeordnete Rolle, da man diesen eher eindämmen und dafür die Investitionsgüterindustrie stärken wollte. Die Steuererhöhungen, die von Brüning eingeführt worden waren, wurden im Wesentlichen beibehalten. Da man einerseits nach 1936 größtenteils auf Steuererhöhungen verzichtete und andererseits erheblicher Mittel zur weiteren Aufrüstung bedurfte, vergrößerten sich das Haushaltsdefizit und der inflationäre Trend.

Die überwiegend durch staatliche Maßnahmen getragene Konjunktur der Jahre nach 1933 war im Wesentlichen kreditfinanziert. Nachdem Reichsbankpräsident Hans **Luther** im März 1933 Hitlers Begehren nach einer großzügigen Kreditausweitung mit Blick auf die einschlägige Gesetzgebung zurecht ablehnte, wurde er durch Hjalmar **Schacht** ersetzt. Damit erhielt die Kreditpolitik andere Akzente. Sie sah zwar zur Finanzierung von Arbeitsbeschaffung und Rüstungspolitik ein ***deficit spending***, also die weitere Verschuldung der öffentlichen Haushalte vor, doch musste dies finanztechnisch so unauffällig wie möglich geschehen. Eine Finanzierung über Schatzanweisungen wurde deshalb zurückgestellt, weil sich in der Bevölkerung damit unliebsame Erinnerungen an die Inflation verbanden und das Ausmaß der Verschuldung in der Öffentlichkeit bekanntgeworden wäre.

Darstellung 62: Deutsche Rüstungsausgaben 1933 bis 1939

(Mio. Reichsmark)

	1933	1934	1935	1936	1937	1938	1939	1934/39
Reichskriegsministerium bzw. OKW		3	5	128	346	452	258	1.192
Heer	478	1.010	1.392	3.020	3.990	9.137	5.611	24.160
Marine	192	297	339	448	679	1.632	2.095	5.491
Luftwaffe	76	642	1.036	2.225	3.258	6.026	3.942	17.128
Σ	746	1.952	2.772	5.821	8.273	17.247	11.906	47.971
Mefo-Wechsel		2.145	2.715	4.452	2.688	-	-	12.000
Σ	746	4.197	5.487	10.273	10.961	17.247	11.906	59.971

Quelle: Barkai, Avraham: Das Wirtschaftsystem des Nationalsozialismus, Köln 1977, Neuausgabe Frankfurt am Main 1988, S. 240.

Statt dessen forcierte man das System der „Vorfinanzierung" mit Hilfe von Arbeitsbeschaffungswechseln und damit eine Finanzierungstechnik, die man aus der Zeit v. Papens übernahm. Die Wechsel waren bis zu fünf Jahren prolongierbar. Sie wurden zwar in dem dafür vorgesehenen Zeitraum zurückbezahlt, aber in Höhe dieser Rückzahlung und weit darüber hinaus beschaffte man sich neuen Kredit mit nahezu gleichen Finanzierungsmethoden, insbesondere durch die sogenannten Mefo-Wechsel. Im Jahre 1934 stiegen die Rüstungsausgaben sprunghaft an. Soweit die Ausgaben nicht durch das Steueraufkommen gedeckt waren, wurden sie eben durch die Mefo-Wechsel finanziert. Worum handelt es sich dabei? - 1933 war die **Me**tallurgische **Fo**rschungsgesellschaft mit einem Kapital von einer Million Reichsmark gegründet worden. Gesellschafter der **MEFO** waren die vier Rüstungsfirmen Krupp, Siemens, Deutsche Werke (Gutehoffnungshütte) und Rheinmetall. Auf diese Scheinfirma zogen Unternehmen, die Anspruch auf eine Zahlung aus Rüstungsaufträgen hatten, einen Wechsel, der juristisch als Handelswechsel galt und somit von der Reichsbank diskontiert wurde (Darstellung 64). Durch die Tatsache, dass die Wechsel bis zu fünf Jahren prolongierbar waren, wurden sie allerdings zu mittelfristigen bzw. langfristigen Finanzierungswechseln, deren volkswirtschaftlicher Effekt in einer beträchtlichen Kreditschöpfung bestand.

Darstellung 63: Die Metallurgische Forschungsgesellschaft mbH

• Vorstand:	Ein Vertreter Reichswehrministerium Ein Vertreter Reichsbank
• Personal:	Reichsbankmitarbeiter
• Gesellschafter:	Krupp, Siemens, Rheinmetall, Deutsche Werke (Gutehoffnungshütte)
• Kapital:	Eine Mio. Reichsmark in vier Anteilen von je 250.000 Reichsmark
• Zweck:	Akzeptstelle für (prolongierbare) Drei-Monats-Wechsel, ausgestellt für Warenlieferungen
• Charakter:	Mefo-Wechsel = „als Warenwechsel getarnte, mittelfristige Finanzwechsel" (Hans Möller)

Der Grund für diese Art der Finanzierung war wie schon bei den Arbeitsbeschaffungswechseln die Verschleierung der tatsächlich eingegangenen Verschuldung des Reiches. Der Umfang der Finanzierungswechsel wurde auch erst nach dem Kriege bekannt. Insgesamt wurden mit dieser Methode 12 Milliarden Reichsmark für die Rüstung aufgebracht, was ungefähr 20 Prozent der Rüstungsausgaben entspricht. Die Finanzierung über Mefo-Wechsel sollte - so die Vereinbarung zwischen Reichsbankpräsident Schacht und dem Reichsfinanzminister v. Schwerin-Krosigk - bis Frühjahr 1938 beendet sein und die Rückzahlung oder Umwandlung in langfristige Schulden nach fünfjähriger Laufzeit im Jahre 1939 beginnen. Zu diesem Zeitpunkt wurden zwei Milliarden Reichsmark fällig, die vom Reich nicht eingelöst werden konnten, was mit ein Grund war, dass Schacht, der sich gegen eine uferlose Kreditausweitung ausgesprochen hatte, vom Amt des Reichsbankpräsidenten zurücktrat.

Darstellung 64: Die Funktionsweise der Mefo-Wechsel

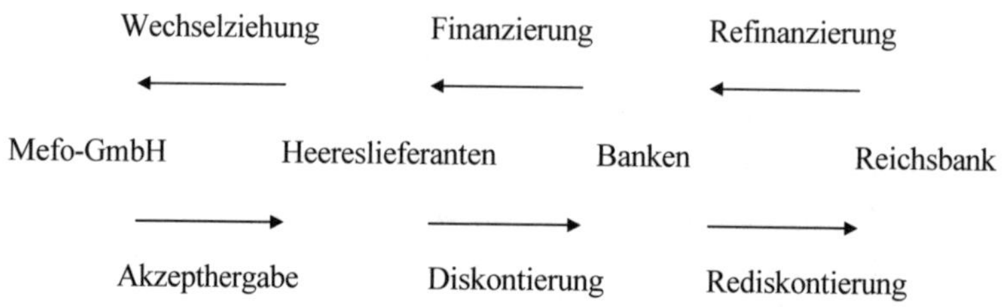

Die **Anleihepolitik** im Dritten Reich war der Versuch, die liquiden Gelder, die sich aus den steigenden Gewinnen der Unternehmen ergaben, vom Markt abzuschöpfen, um eine unerwünschte Nachfrage nach Konsumgütern zu bremsen. Nach dem Willen Hjalmar Schachts sollten die Anleihen der Konsolidierung der kurzfristigen Schuld dienen, in Wirklichkeit aber traten sie neben die schwebende Reichsschuld und riefen zusätzliche Geldschöpfung hervor. Schwebende Reichsschulden sind solche, deren Rückzahlung nach Vorlage des Schuldtitels erfolgen sollte, also z.B. Schatzanweisungen. Nach einer Emissionssperre, einer Erweiterung der Bankenkontrolle 1934 und einer Zwangskonversion 1935, konnten die Anleihen unabhängig vom Publikum bei den Banken untergebracht werden. 1938 wurde die Rüstungsfinanzierung über die Mefo-Wechsel aufgegeben und durch **Lieferschatzanweisungen** ersetzt, die bei der Reichsbank nicht diskontfähig, dafür aber lombardfähig waren.

Die gesamte Staatsschuld stieg von 14 Milliarden Reichsmark im Jahr 1933 auf 41,7 Milliarden Reichsmark 1938, wobei der Anteil der schwebenden Reichsschuld von 21 Prozent auf 43 Prozent anstieg. Problematisch an der starken Verschuldung war nicht so sehr deren absolute Höhe, als vielmehr die starke Geschwindigkeit der Erhöhung, der hohe Anteil der kurzfristigen Verschuldung und die Technik der Begebung der Anleihen, die im sogenannten **rollenden Verfahren** die Gelder, die sich bei den Kapitalsammelstellen anhäuften, abschöpfte und in Reichsanleihen umwandelte.

8.1.6. Außenwirtschaft

Binnenwirtschaftliche Expansion ohne außenwirtschaftliche Integration

Das Rüstungsprogramm der nationalsozialistischen Regierung belebte den Produktionsgütersektor und das betreffende Segment des Arbeitsmarktes. Damit verbunden war die Wiedereingliederung von Millionen Arbeitslosen in das Wirtschaftsleben und eine **Binnenkonjunktur**, die gekennzeichnet war durch eine relativ rasche Stärkung der Kaufkraft und einer beträchtlichen Steigerung der Rohstoffversorgung der deutschen Wirtschaft.

Darstellung 65: Die Steigerung der deutschen Rohstoffversorgung 1933 - 1936

	1933	1936	
	Inlandsprod./-förderung in t:		Steigerung in Prozent:
Blei (aus dt. Erz)	52.000	60.000	15
Zink (aus dt. Erz)	106.000	130.000	23
Aluminium	18.900	97.500	416
Eisenerz (Inlandsförd.)	2.550.000	6.812.000	167
Eisenerz (Fe-Gehalt)	928.700	2.140.000	130
Steinkohle	110 Mio.	158 Mio.	44
Treibstoffe und Öle	95.000	2.039.000	123
Kunstseide	28.700	46.100	60
Zellwolle	4.000	46.300	1.057

Quelle: Blaich, Fritz: Wirtschaft und Rüstung im „Dritten Reich“, Düsseldorf 1987, S. 72.

Die Außenwirtschaft konnte mit dem Tempo der binnenwirtschaftlichen Entwicklung nicht Schritt halten. Erschwerend hinzu kamen die Abwertungen in den wichtigsten Welthandelsländern (England 1931, USA 1933). Die seit 1933/34 wieder steigenden Rohstoffpreise auf dem Weltmarkt verteuerten die Produktion in Deutschland ebenso wie die deutschen Exporte und damit verringerte sich der Handelsbilanzüberschuss. Die Gold- und Devisenbestände der Reichsbank nahmen ebenfalls drastisch ab. 1934 wies die **Handelsbilanz** mit 373 Millionen Reichsmark erstmals wieder einen negativen Saldo auf, war also temporär passiv. Zur Überwindung dieser Handels- bzw. Zahlungsbilanzkrise gab es zwei Alternativen: Abwertung oder Devisenzwangswirtschaft. Eine Abwertung wollte man nicht vornehmen, da dies eine Vergrößerung der deutschen Auslandsschuld bedeutet hätte. Deshalb entschied man sich für die totale Bewirtschaftung des Außenhandels.

Bereits 1931 waren von der Regierung Brüning Devisenbeschränkungen angeordnet worden, die sich jedoch nicht exporthemmend auswirkten, solange die Inlandsnachfrage stagnierte und die Welthandelspreise auf ihrem tiefen Niveau verharrten. Nun hatten sich aber beide Sachverhalte gewandelt und so die Außenwirtschaftsproblematik verschärft. Im Juni 1933 versuchte man, die Schwierigkeit durch ein Transfermoratorium, also durch die befristete Stundung von Schulden (Zahlungsaufschub) für den Kapitaldienst auf Auslandsschulden zu lösen. Durch die Einrichtung einer Konversionskasse wurde der Schuldentransfer ausschließlich eine Sache des Deutschen Reiches. Im Juni 1934 wurden schließlich die Auslandsforderungen in reine Markforderungen umgewandelt, d.h. der ausländische Gläubiger konnte seine Forderungen nur noch durch den Kauf deutscher Waren zum Inlandspreis ausgleichen. Da das deutsche Preisniveau um 30 bis 40 Prozent über jenem des Weltmarktes lag, bedeutete dies eine drastische Verringerung der deutschen Auslandsschulden. Die Schwierigkeiten in der Zahlungsbilanz konnten aber auch mit all diesen Maßnahmen nicht beseitigt werden.

Der „Neue Plan“

Erst mit dem Neuen Plan des Wirtschaftsministers und Reichsbankpräsidenten Hjalmar Schacht gelang es, die Außenwirtschaftsproblematik zu lösen, ohne die expansive Rüstungspolitik einschränken zu müssen. Mit dessen Einführung vollzog sich ein grundsätzlicher Wandel im deutschen Außenhandel. Die wichtigsten **Merkmale** der neuen deutschen Außenwirtschaft waren die Importbeschränkung, Exportförderung sowie die Bilateralisierung und Verlagerung des Außenhandels. Der „Neue Plan“ ließ darüber hinaus aber auch erkennen, dass der gelenkten Wirtschaft wenigstens partiell ein Konzept zugrunde lag.

Um die Einfuhr bei den zur Verfügung stehenden Devisen möglichst effizient zu gestalten, wollte man sie vor allem auf die notwendigsten Güter beschränken, was gleichbedeutend war mit einer Konzentration des Imports auf Rohstoffe für die Rüstungsindustrie und auf Lebensmittel. Aus diesem Grund wurden **staatliche Überwachungsstellen** für den Import geschaffen, die jede geplante Einfuhr genehmigen mussten.

Wesentlich wichtiger als die Importkontrollen waren die Maßnahmen der Exportförderung. Um die Wirkung der eigentlich notwendigen, jedoch nicht durchgeführten Abwertung zu erreichen, wandte man differenzierte Wechselkurse im Außenhandel an. Es wurden **Preisprüfstellen** errichtet, die Ausfuhrsubventionen in Höhe der Differenz zwischen dem deutschen Exportpreis und dem ermittelten Konkurrenzpreis anderer Exportländer zahlten. Durch dieses Dumping-Verfahren gelang es der deutschen Industrie, die ausländische Konkurrenz bei wichtigen Produkten zu unterbieten. **Finanziert** wurden diese Subventionen durch eine Exportumlage der inländischen Industrie, die zusammen mit der Bevorzugung der Exportindustrie bei der Rohstoffzuteilung die Wirtschaft zum Export anreizen sollte.

Neben diesen Kontrollmaßnahmen wurde der Abschluss von **zweiseitigen Handelsabkommen** forciert. Mit Hilfe von Verrechnungs- und Clearingabkommen wollte man einen „Außenhandel ohne Devisen“ ermöglichen. Ziel dieser Verträge war die **Globalkompensation** zwischen Export und Import in den Handelsbeziehungen mit einem bestimmten Land. Zu diesem Zweck wurden in beiden Ländern sogenannte **Clearingstellen** eingerichtet, die den Zahlungsverkehr zwischen den Handelspartnern regelten, d.h. der deutsche Exporteur wurde nicht mehr von einem Vertragspartner bezahlt, sondern bekam den Erlös direkt von der deutschen Clearingstelle, ebenso wie der deutsche Importeur den Kaufpreis für Importe dorthin zahlte. Unter dem von Schacht propagierten Motto „Kaufe bei deinem Kunden“ wurden diese Verträge bald bestimmend für den Außenhandel. Die Clearingabkommen bestanden zwar schon seit 1932, sie kamen jedoch erst voll zur Geltung, nachdem sie mit den Einfuhrkontrollen verbunden wurden. Gleichzeitig wurde eine **Bilateralisierung des Außenhandels** erreicht, da der Staat nun die Handelspartner nach strategischen und politischen Gesichtspunkten auswählen konnte. Als Folge der staatlichen Eingriffe ging der Handel mit Westeuropa und den USA zurück, während an ihre Stelle Südosteuropa, Nordeuropa und Südamerika traten. Der Anteil der südosteuropäischen Staaten stieg in den Jahren 1932 bis 1938 an der Einfuhr von 5,1 Prozent auf 9,8 Prozent und an der Ausfuhr von 3,2 Prozent auf 7,8 Prozent. Der Anteil Westeuropas und der USA sank im gleichen Zeitraum an der Einfuhr von 33,3 Prozent auf 24,5 Prozent und an der Ausfuhr von 44,6 Prozent auf 30,3 Prozent.

Darstellung 66: Stichworte zur deutschen Außenwirtschaft in den dreißiger Jahren

- Abwertungen England 1931 / USA
- Passive Handelsbilanz
- Devisenzwangswirtschaft
- Transfermoratorium
- Konversionskasse
- Umwandlung von Auslandsforderungen in reine Markforderungen
- „Neuer Plan“
- Importbeschränkung
- Exportförderung
- Bilateralisierung
- Verlagerung des Außenhandels

Der Erfolg des Neuen Planes zeigte sich in dem **Überschuss der Handelsbilanz** 1935 von 111 Millionen Reichsmark. Darüber hinaus konnte durch die staatliche Kontrolle eine Umstrukturierung der Einfuhr auf rüstungswichtige Rohstoffe erreicht werden. Hemmend wirkte sich die Tatsache aus, dass durch den kompensatorischen Handel keine Devisen für eine Importsteigerung zur Verfügung standen. Auch wiesen die relativ schwach industrialisierten Länder, aus denen Agrarprodukte und Rohstoffe importiert wurden, eine mangelhafte Aufnahmekapazität für deutsche Fertigwaren auf.

Die **Gold- und Devisenbestände** der Reichsbank, die 1932 noch knapp eine Milliarde Reichsmark betragen hatten, sanken bis Ende 1934 auf 84 Millionen Reichsmark und verharrten in den nächsten Jahren auf niedrigem Niveau. Für die Rüstungsproduktion war wichtig, dass man auf dem indirekten Weg des zentralisierten Rohstoffeinkaufs und der Rohstoffverteilung die Produktion im Inland lenken und somit den nationalsozialistischen Zielen unterordnen konnte.

Darstellung 67: Indikatoren der deutschen Wirtschaftsentwicklung 1932 - 1936

	1932	1936	Zuwachs in Prozent Σ	pro Jahr
1. BSP in lfd. Preisen (Mrd. RM)	58	83	43	9,5
2. BSP in festen Preisen von 1928 (Mrd. RM)	71,9	101,2	41	9,0
3. NSP in lfd. Preisen (Mrd. RM)	50,8	78,9	55	11,6
4. VE pro Kopf d. Bev. (RM, lfd. Preise)	633	922	46	9,8
5. Prod.-Index v. Ind. u. Handw. (1913 = 100)	72,8	137,1	88	17,2
6. Beschäftigte insges. (Jahresdurchschnitt) Mio.	12,6	17,1	36	8,0
7. Arbeitslose insges. (Jahresdurchschnitt) Mio.	5,6	1,6		
8. Nettoinvestition in lfd. Preisen (Mrd. RM)	-2,1	9,0		
9. Privatkonsum in lfd. Preisen (Mrd. RM)	44,9	51,9	16	3,6
10. Öffentl. Ausg. für Waren u. Dienstl. (Reich, Länder u. Gem.) in lfd. Preisen (Mrd. RM)	9,5	21,9	130	18,7
11. Index der Großhandelspreise (1925/27 = 100), letztes Jahresviertel	67,8	75,8		
12. Index der Lebenshaltungskosten (1925/27 = 100), letztes Jahresviertel	82,3	86,4		

Quelle: Barkai, Avraham: Das Wirtschaftsystem des Nationalsozialismus, Köln 1977, Neuausgabe Frankfurt am Main 1988, S. 232.

8.1.7. Unabhängigkeit nach Plan - der Vierjahresplan

Im Frühjahr 1936 kam es trotz aller staatlichen Eingriffe erneut zu einer Außenhandels- und Devisenkrise. Mit ihr ging eine wesentliche Verschlechterung der *terms of trade* einher. Bis 1933 hatte die deutsche Wirtschaft von dem durch die Weltwirtschaftskrise bedingten niedrigen Preisniveau auf dem Weltmarkt profitiert. Danach stiegen die Preise für Rohstoffe und Nahrungsmittel, während die Preise für Fertigwaren auf einem Tiefstand verharrten. Durch einen Rückgang der landwirtschaftlichen Erzeugung wurde die Situation noch verschärft. Da mehr Devisen zur Sicherung der Ernährung der Bevölkerung benötigt wurden und durch die knappe Rohstofflage auch die Fortführung der langfristigen rüstungspolitischen Programme und damit die Grundprinzipien der nationalsozialistischen Politik überhaupt gefährdet wurden, setzte 1936 mit dem Vierjahresplan eine umfassende **Kontrolle** der Wirtschaft ein.

Zur Durchsetzung der für Nahrungsmittel und Rohstoffe verkündete Hitler im Herbst 1936 auf dem Nürnberger Parteitag: *"In vier Jahren muß Deutschland in allen jenen Stoffen vom Ausland gänzlich unabhängig sein, die irgendwie durch die deutsche Fähigkeit, durch unsere Chemie- und Maschinenindustrie, sowie durch unseren Bergbau, selbst geschafft werden können... Der Neuaufbau dieser großen deutschen Rohstoffindustrie wird auch die nach Abschluß der Aufrüstung freiwerdenden Menschenmassen nationalökonomisch nützlich beschäftigen".*

Dabei gab er folgende Richtziele vor:

- Die deutsche Armee sollte in vier Jahren einsatzfähig sein.
- Die deutsche Wirtschaft musste in vier Jahren kriegsfähig sein.

Spätestens hier zeigte sich, dass die Nationalsozialisten zielstrebig auf einen Krieg hinarbeiteten und ihn bewusst in die politische Planung einbezogen, um ihre Ziele der Großraumwirtschaft und des Aufstiegs Deutschlands zu einer Weltmacht zu erreichen. Durch Schwerpunktbildung sollte eine eindeutige Ausrichtung der Wirtschaft auf die Rüstung erfolgen. Gleichwohl stellte der Vierjahresplan eine relativ plan- und ziellose Verfolgung verschiedenartiger Wirtschaftsvorhaben ohne jede Rücksicht auf volks- oder einzelwirtschaftliche Belange dar.

Auf dem Gebiet der Rohstoffe und der Lebensmittel sollte die **Autarkie** gefördert und Deutschland für den Fall eines Krieges möglichst unabhängig von Einfuhren aus dem Ausland werden. Um dies zu erreichen, stand eine massive Förderung der inländischen **Ersatzstoffproduktion** auf der wirtschaftspolitischen Agenda. Besonders ging es dabei um den Ausbau der synthetischen Treibstoffproduktion, die Ablösung von Kautschuk durch synthetischen Gummi und eine Verbesserung der Eisenversorgung durch Förderung im Inland. Der wirtschaftliche Aspekt der Ersatzstoffherstellung, die Rentabilität, spielte für Hitler und **Göring**, der **Beauftragter für den Vierjahresplan** war, keine Rolle. Nicht zuletzt aus diesem Grund kam es zwischen Göring und Schacht, der langfristig eine Wiedereingliederung der deutschen Wirtschaft in die Weltwirtschaft anstrebte, zu Differenzen, die Letzteren schließlich im Herbst 1937 veranlassten, als Reichswirtschaftsminister und Beauftragter für die Kriegswirtschaft zurückzutreten.

Der Zweck des Vierjahresplans war letztlich die Erfüllung von Augenblicksforderungen und des Sofortbedarfs im Dienst totaler Kriegsvorbereitungen. Beeinträchtigt wurde die Effizienz des Vierjahresplans noch durch

Kompetenzstreitigkeiten zwischen den bereits bestehenden und extra geschaffenen Organisationen. Ein Merkmal des Plans war außerdem die Respektierung der privaten Wirtschaft (**Wirtschaftsführer**), worin sich zumindest die Einsicht der Nationalsozialisten in die Unverzichtbarkeit des Unternehmertums widerspiegelt. So kam es zu einer Kooperation von Staat und Großunternehmertum zur Verwirklichung der Autarkiepläne. Das Interesse eines Teils der privaten Wirtschaft korrespondierte mit dem Interesse des nationalsozialistischen Regimes an der Militarisierung. Der Industrie gelang es dadurch, ihren Einfluss auf die Wirtschaftspolitik zu verstärken. Der Industrie wurde vieles ermöglicht, etwa auch der Aufbau eines **Zwangsarbeitssystems**, dessen sich jedoch auch eine Vielzahl nicht-industrieller Organisationen bedienten.

Der wirtschaftliche Erfolg des Vierjahresplans bestand insgesamt in einer erheblichen Steigerung der Rohstoffproduktion, so dass es bis weit in den Zweiten Weltkrieg hinein auf diesem Gebiet zu keinen erheblichen Engpässen kam. Gleichwohl war die Autarkie in bezug auf die Ernährung und die rüstungswichtigen Rohstoffe zu Kriegsbeginn nicht sichergestellt.

Darstellung 68: Die deutsche Selbstversorgung mit Lebensmitteln 1927/28, 1933/34 und 1938/39
(Prozent des Eigenverbrauchs, gerundet)

	1927/28	1933/34	1938/39
Sämtliche Lebensmittel:	68	80	83
Brotgetreide:	79	99	115
Kartoffeln:	84	90	91
Fleisch:	91	98	97
Fette:	44	53	57

Quelle: Barkai, Avraham: Das Wirtschaftsystem des Nationalsozialismus, Köln 1977, Neuausgabe Frankfurt am Main 1988, S. 235.

Das Wachstum der deutschen Volkswirtschaft hatte sich in den ersten sechs Jahren der nationalsozialistischen Herrschaft etwa verdoppelt. Die Investitionen konzentrierten sich stark auf den öffentlichen Bereich, was vor dem Hintergrund der staatlichen Großprojekte auf dem Gebiet der militärischen und zivilen Infrastruktur nicht verwundert. 1938 kam es zu einem sprunghaften Anstieg der Wehrmachtsausgaben – ein Indikator dafür, was da auf Deutschland zukommen sollte.

Darstellung 69: Das Wirtschaftswachstum 1933 - 1939

[in Mrd. Reichsmark]	1933	1934	1935	1936	1937	1938	1939
Bruttosozialprodukt:	58	66	73	81	91	115	129
Volkseinkommen:	46,5	52,7	59,1	65,8	73,7	82,1	89,8
Neuanlageninvestitionen:	2,7	4,2	7,1	9,8	11,0	15,8	17,0
davon öffentlich:	2,5	3,6	5,7	7,2	8,0	11,2	12,5
Ersatzinvestitionen:	4,0	4,5	5,0	5,5	6,0	6,5	
Wehrmachts-Mehrausgaben gegenüber Vorjahr:	-	2,2	1,4	4,8	0,7	6,3	

Quelle: Boelcke, Willi A.: Die deutsche Wirtschaft 1930-1945: Interna des Reichswirtschaftsministeriums, Düsseldorf 1983, S. 220.

8.1.8. Die Verdrängung der Juden aus der Wirtschaft und die "Arisierung"

Im Vorkriegsjahr 1938 hatten die antijüdischen Maßnahmen der Nationalsozialisten eine weitere Grenze überschritten. Die zynischerweise so genannte Reichskristallnacht am 9. November war der vorläufige Tiefpunkt einer Serie von sich steigernden Schritten gegen das Judentum. Bereits zwei Monate nach der „Machtergreifung" war es im April 1933 zu Boykottmaßnahmen gegen jüdische Geschäfte gekommen. Eine Vielzahl staatlicher Einschränkungen jüdischen Lebens in Deutschland sollte auf scheinlegaler Grundlage in den nächsten Jahren folgen. Diskriminierungen aller Art bis hin zu Schädigungen in Form von Berufsverboten und Freitzügigkeitsbeschränkungen waren an der Tagesordnung. Die Juden wurden aus den Steuerausschüssen bei den Finanzämtern und aus der Steuerberatung ausgeschlossen.

Das 'Gesetz über den Widerruf von Einbürgerungen und die Aberkennung der deutschen Staatsangehörigkeit' vom 14. Juli 1933 richtete sich gegen die eingewanderten sogenannten Ostjuden, die größtenteils in den Großstädten im Handel tätig waren und teilweise gutgehende Geschäfte gegründet hatten. Ende September 1933 wurden die staatenlosen jüdischen Börsenmakler in Berlin ausgeschaltet. Das erwähnte Reichserbhofgesetz schloss die Juden vom Besitz eines Erbhofes aus, was sie zwar wenig berührte, da sich unter ihnen kaum Bauern befanden, andererseits aber zeigt, wie radikal die Juden aus allen Bereichen der Wirtschaft verdrängt werden sollten.

Auch dem Prozess der Gleichschaltung von wirtschaftlichen Kammern, Verbänden und Organisationen fielen besonders die Juden zum Opfer. Sie mussten aus allen leitenden Funktionen ausscheiden und verloren damit jeden Einfluss auf die Wirtschaftsführung. Aus der Deutschen Arbeitsfront (DAF) blieben die Juden ausgeschlossen, sofern sie nicht Unternehmer waren, und verloren alle Rechte und Ansprüche.

Weitere Maßnahmen 1934 und Anfang 1935 gegen jüdische Betriebe waren vor allem Verkaufsverbote und Verkaufsbeschränkungen. Hinzu kam immer wieder eine Behinderung der wirtschaftlichen Tätigkeit der Juden durch Propaganda, Erschwerung der Werbung, direkte Eingriffe, Kontrollen, Drohungen, Plakate und Schmierereien. Die örtlichen und regionalen Parteistellen sorgten quasi für ein Verbot ihrer Parteigenossen, in jüdischen Geschäften zu kaufen. Schilder zur Kennzeichnung 'deutscher' (nichtjüdischer) Geschäfte wurden ausgegeben. Um auch die jüdische und ausländische Verarbeitungsindustrie und den Großhandel zu treffen, brachte man Waren mit der Kennzeichnung 'Deutsches Erzeugnis' oder 'Rein deutsches Erzeugnis' auf den Markt. Nationalsozialistische Zeitungen verhängten eine Anzeigensperre für jüdische Firmen. Kunden jüdischer Geschäfte wurden in der Presse angeprangert oder mit Anprangerung bedroht. Jüdische Arbeitnehmer in Wirtschaft und Industrie wurden antisemitischen Repressalien ausgesetzt. Zahlreiche Firmen entließen unter dem politischen Druck ihre jüdischen Angestellten.

Mit den sogenannten „Nürnberger Gesetzen" des Jahres 1935 kam es zur Aberkennung von Grundrechten und im Rahmen des "Gesetzes zum Schutze des deutschen Blutes und der deutschen Ehre" zur gesellschaftlichen Ächtung des Judentums. Hier nahm die Arisierung, Zurückdrängung und planmäßige Ausschaltung der Juden ihren Anfang und erhielt durch juristische Bestimmungen wie die "Verordnung über die Anmeldung jüdischen Vermögens" von 1938 eine stetige Verschärfung. Nach dem erwähnten Novemberpogrom, bei dem nicht nur Synagogen zerstört, sondern auch Friedhöfe geschändet, Menschen ermordet und 29 Warenhäuser in Brand gesetzt wurden, kam es am 12. November 1938 quasi in Kontinuität der Zerstörungsaktionen des 9. November zum Erlass von drei für die Juden schwerwiegenden Verordnungen. Diese, nämlich die „Verordnung über eine Sühneleistung der Juden deutscher Staatsangehörigkeit", die „Verordnung zur Ausschaltung der Juden aus dem deutschen Wirtschaftsleben" sowie die „Verordnung zur Wiederherstellung des Straßenbildes bei jüdischen Gewerbebetrieben" war gleichbedeutend mit der wirtschaftlichen Vernichtung der Juden als einer Vorstufe ihrer physischen Ausschaltung im Rahmen der „Endlösung“ während des Krieges.

Da die Juden in Deutschland in vielen Bereichen des Handels, der Banken, Finanzen und Dienstleistungen am Beginn der nationalsozialistischen Herrschaft überproportional stark vertreten waren und entsprechende Vermögen daraus entstanden waren, kam der skizzierte Weg vom Boykott bis zur „Entjudung“ auch einer massiven gesellschaftlichen Umschichtung von Geld- und Sachkapital gleich. Es ist schwer zu ermitteln, in welchem konkreten Umfang jüdisches Kapital und Vermögen zwangsweise in die Realisierung der nationalsozialistischen Vorhaben geflossen ist, aber die Befunde, die die wirtschafts- und unternehmenshistorische Forschung in den letzten Jahren über die Arisierung jüdischer Firmen und Bankiers zusammentragen konnte, lassen vermuten, dass durch die Liquidierung des jüdischen Vermögens ein erheblicher Teil des Staatshaushalts ausgeglichen und die Rüstung finanziert wurde.

8.2. Die Wirtschaft im Zweiten Weltkrieg 1939-1945

Die wirtschaftliche Lage zu Beginn des Zweiten Weltkrieges lässt sich ungefähr folgendermaßen charakterisieren:

- Die **Autarkisierung** der Wirtschaft wurde in kurzer Zeit relativ weit vorangetrieben. Durch die Erweiterung der synthetischen Produktion und die Anwendung neuer industrieller Fertigungsverfahren wurden die Lücken in der Versorgung zwar teilweise geschlossen, aber ganz autark war Deutschland auch zu Beginn des Krieges nicht. Die Lebensmittelversorgung war nur zu ca. 80 Prozent gesichert. Besonders gravierend war aber die **Unterversorgung** mit industriellen Rohstoffen wie Mineralölen, Eisenerz, Buntmetallen und Textilien.
- In der **Produktionsgüterindustrie** waren die Kapazitäten stark ausgebaut worden. Der Investitionsgüterindex in diesem Bereich betrug im Jahre 1936 nicht ganz 116 (Basis 1928 = 100) und stieg bis 1939 auf 256. Besonders die Schwerindustrie erfuhr eine starke wirtschaftspolitische Förderung.
- Die **Rationalisierung** der Industrie wurde durch Typisierung, Normung und richtige Wahl der optimalen Betriebsgröße vorangetrieben, so dass eine Produktivitätssteigerung erzielt werden konnte. Insgesamt stieg das Produktionsvolumen von 1936 bis 1939 um 27 Prozent.

Für wirtschaftspolitische Fragen waren bei Kriegsausbruch drei verschiedene Organisationen zuständig:

- das Reichswirtschaftsministerium, das nach dem Rücktritt Schachts im Jahre 1937 von Walther **Funk** übernommen wurde;
- das Wehrwirtschafts- und Rüstungsamt der Wehrmacht unter General Georg Thomas;
- die **Behörde Hermann Göring**, die im Rahmen des Vierjahresplans geschaffen wurde. Im August 1939 übernahm Göring auch den Vorsitz des Ministerrats für die Reichsverteidigung und am Jahresende das Amt des Generalbevollmächtigten der Wirtschaft. Görings Ziel war eine Zusammenfassung der gesamten Kriegswirtschaft zu einem einheitlichen Apparat. Allerdings stieß er dabei auf den Widerstand der anderen Organisationen.

Kennzeichnend für die gesamten Kriegsvorbereitungen war die Ausrichtung der Kriegsproduktion auf **„Breitenrüstung“** (damit ist gemeint eine Vielfalt von Rüstungsgegenständen). Die Produktion war so gelenkt worden, dass zwar der verfügbare Bestand an Rüstungsmaterial sehr hoch, dafür aber das Rüstungspotenzial, d.h. die auf langfristige Produktion ausgerichteten Investitionen in der Basisindustrie relativ niedrig waren. Ein Zeichen dafür ist beispielsweise die Tatsache, dass man die langfristige Entwicklung von neuen technischen Geräten vollkommen vernachlässigte. Diese Art der Kriegsvorbereitung hing eng zusammen mit der Ausrichtung der deutschen Rüstung an der Konzeption des **Blitzkrieges**.

8.2.1. Die Strategie des Blitzkrieges

Die Blitzkriegstrategie bedeutete, dass man einen möglichst großen einsatzbereiten Vorrat an Waffen haben und eine äußerst flexible Wirtschaftspolitik betreiben musste, um sich auf Änderungen in der Kriegsführung des Gegners besser einstellen zu können. „Tiefenrüstung" hätte diese wirtschaftliche **Flexibilität** auf jeden Fall behindert. Deutschland hatte bis zum Kriegsbeginn stark genug gerüstet, um im Verhältnis zum Rüstungsstand der Gegner einen kurzen Krieg zu gewinnen. Für den Fall eines langen Krieges, in dem die Massenproduktion die entscheidende Rolle spielt, waren kaum Vorbereitungen getroffen. Wie man sieht, hatte man aus dem Ersten Weltkrieg nichts gelernt.

Darstellung 70: Der Anteil der Rüstungsproduktion an der gesamten industriellen Produktion 1938-1944 (in Prozent)

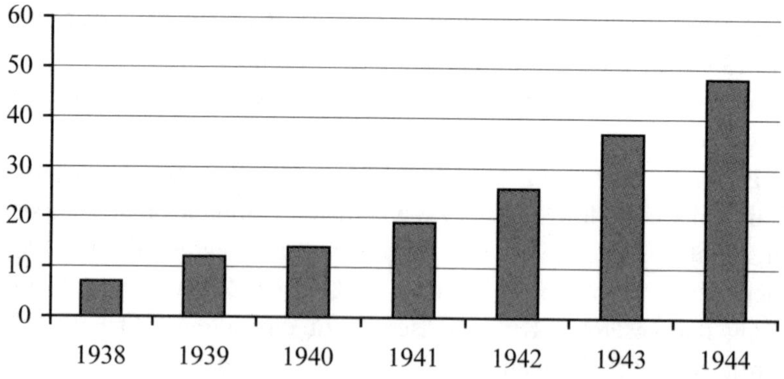

Datenquelle: Henning, Friedrich-Wilhelm: Das industrialisierte Deutschland 1914-1992, 8. Aufl., Paderborn 1993, S. 177.

Die erste Kriegsphase bis 1941

In der ersten Kriegsphase ging das Blitzkrieg-Konzept voll auf. Die eroberten Gebiete wurden jeweils in die Produktion eingegliedert, vorzugsweise in die Grundstoffindustrie. Auf diese Weise gelang zunächst die Sicherung des Rohstoffbedarfs. Die gesamte Rüstungsproduktion betrug 1941 noch unter 20 Prozent der industriellen Produktion.

Die industriellen Kapazitäten waren bei weitem nicht voll ausgelastet, was sich in dem nur geringfügigen Ansteigen der Arbeitszeit pro Beschäftigtem und dem bis zuletzt vorherrschenden Einschichtbetrieb zeigte. Die durchschnittliche wöchentliche Arbeitszeit stieg von 1939 bis März 1943 in der Industrie von 47,8 auf 49,1 Stunden. Die Reallöhne begannen erst nach 1941 zu sinken, da die Lebenshaltungskosten stärker stiegen als die Nominallöhne (Darstellung 71). Nun reagierte auch der Kapitalmarkt empfindlich (Darstellung 59).

Darstellung 71: Einkommen und Lebenshaltungskosten in Deutschland 1933-1944

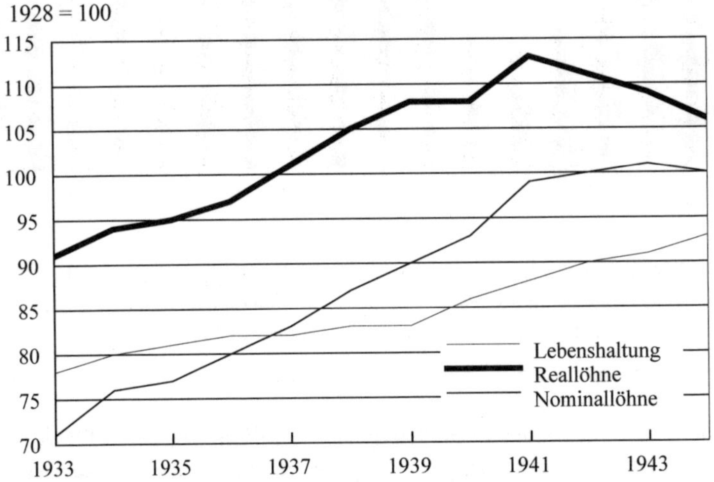

Datenquelle: Petzina, Dietmar/Abelshauser, Werner/Faust, Anselm (Hg.): Sozialgeschichtliches Arbeitsbuch. Bd. 3: Materialien zur Statistik des Deutschen Reiches 1914-1945, München 1978, S. 98, 107.

Auch kam es in der Wirtschaft zunächst nicht zu weitreichenden Produktionsumstellungen. Man erreichte durch Schwerpunktverlagerungen zwischen den Sektoren der Rüstungsproduktion eine für die einzelnen Feldzüge jeweils spezifische Produktionsausweitung. Die gesamte Industrieproduktion stieg von 1938 bis 1941 kaum an. Die Konsumgüterproduktion nahm nur unwesentlich ab (Darstellung 72).

Darstellung 72: Die Entwicklung der Industrieproduktion 1928-1944

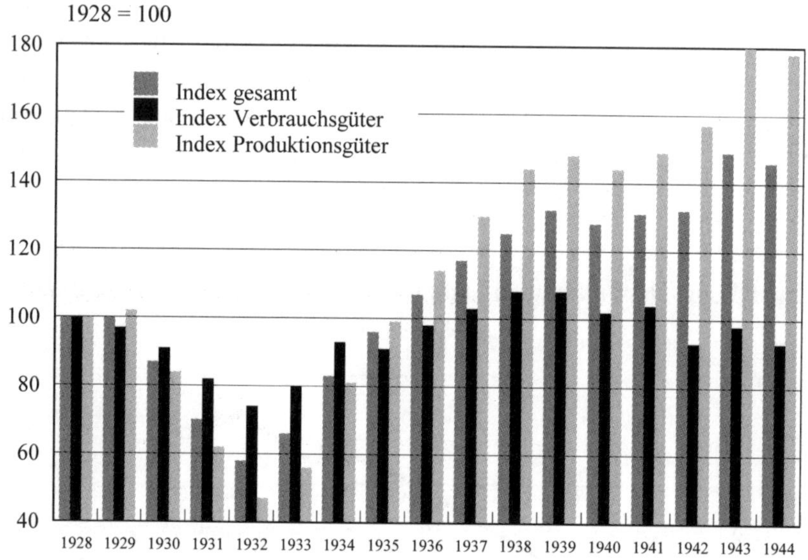

Datenquelle: Petzina, Dietmar/Abelshauser, Werner/Faust, Anselm (Hg.): Sozialgeschichtliches Arbeitsbuch. Bd. 3: Materialien zur Statistik des Deutschen Reiches 1914-1945, München 1978, S. 61.

Solange man militärische Erfolge sah, glaubte man die Produktion auf dem zivilen Sektor nicht stoppen zu müssen. Der Kapazitätsausbau für die Rüstung wurde sogar gebremst, da man mit der baldigen Besetzung der russischen Industriegebiete rechnete. Die Industrieorganisation beruhte in dieser Zeit mehr auf Improvisation als auf konsequenter Planung. Das Nebeneinander von verschiedenen Organisationen und das Fehlen einer zentralen Entscheidungsinstanz erlaubte keine Abgrenzung der Vollmachten und führte damit zu einem kräfteverschleißenden Kompetenzkampf. Auch in den besetzten Gebieten wurde die Wirtschaft nicht systematisch ausgebaut, sondern man beschränkte sich auf die wirtschaftliche Ausbeutung.

Durch die Rückschläge in Russland Ende 1941, die auf einer völligen Unterschätzung der russischen Rüstungsproduktion beruhten, stieg der Materialverlust. Der Einsatz an Soldaten musste verstärkt werden und die Produktion wurde forciert, wodurch sich der Facharbeitermangel in der Rüstungsindustrie verschärfte. Als im Dezember 1941 noch die USA in den Krieg eintraten, konnte die Blitzkriegskonzeption nicht mehr gehalten werden. Mit dem Frühjahr 1942 begann eine neue Phase der deutschen Rüstungsindustrie - mit der Umstellung auf die eigentliche Kriegswirtschaft.

Die Kriegswirtschaft ab 1942

Unter **Albert Speer**, der die meisten Ämter des im Februar 1942 bei einem Flugzeugunfall verunglückten Fritz Todt übernahm, erfuhr die industrielle Rüstungswirtschaft eine organisatorische Neugestaltung. Das Amt für zentrale Planung wurde geschaffen, in dem man die Aufträge der Wehrmacht, die bis dahin von jeder Waffengattung selbst an private Firmen vergeben wurden, zentralisierte. Die Unternehmen selbst fasste man zu Ausschüssen und Ringen zusammen.

Die **Ausschüsse** stellten Zusammenschlüsse der Betriebe der **Rüstungsendfertigung** (wie z.B. Panzer, Waffen usw.) dar. Die **Ringe** vereinigten die **Zulieferindustrie** (z.B. Elektrotechnik). Durch diese Zusammenschlüsse von Betrieben gleicher Fertigung unter kompetenter Führung sollten die Beziehungen zwischen den Zulieferindustrien und den Betrieben der Endfertigung effizienter gestaltet werden. Industrielle Selbstverantwortung wurde insoweit eingeführt, als die Unternehmen für technisch und wirtschaftlich rationelle Produktionsmethoden und bessere Ausnutzung der Kapazitäten zu sorgen hatten.

Da man aber die bisher bestehenden Organisationen nicht auflöste, ging ein beträchtlicher Teil der Effizienz wieder verloren. Dadurch, dass jeder Betrieb in mehreren Organisationen vertreten war, konnte die beabsichtigte Koordination nicht erreicht werden. Trotz dieser Hindernisse stieg der Index der Rüstungsendfertigung (Basis 1940 = 100) von 101 im Jahre 1941 auf 146 im Jahre 1942 und 229 im Jahre 1943, was wesentlich auf die von Albert Speer initiierte Einführung der Massenfertigung zurückzuführen war. Die erreichte Rationalisierung zeigte sich auch in einer erheblichen Materialeinsparung je Erzeugungseinheit. Weitere Erfolge zeigten sich in der Steigerung der Arbeitsleistungen und der technischen Neugestaltung und Vereinfachung des Rüstungsgeräts. Mit Ausnahme der landwirtschaftlichen Produktion, des Transportwesens und des Arbeitseinsatzes wurden schließlich alle Sektoren unter Speer zusammengefasst.

Mit der schwieriger werdenden militärischen Lage entstand ein Engpass im Bereich der Arbeitskräfte. Durch den Einsatz von Frauen, Kindern und ausländischen Arbeitskräften und die Steigerung der Arbeitszeit versuchte man die Schwierigkeiten zu überwinden. Drastische Beschränkungen im Konsumgüterbereich konnten nun nicht mehr umgangen werden. Unwichtige Konsumgüter wurden aus der Produktion genommen und die Betriebe auf Rüstungsfertigung umgestellt. Der Index der Konsumgüterproduktion fiel von 100 (1941) auf 90 (1944), wobei allerdings noch die teilweise erhebliche qualitative Verschlechterung der Produkte berücksichtigt werden muss. Der eigentliche Zusammenbruch der Versorgungswirtschaft setzte erst im Herbst 1944 ein. Mit der Einführung der **totalen Kriegswirtschaft** wurde die Rüstungsproduktion weiter gesteigert und der Index stieg auf 285 im Jahre 1944 (1940 = 100). Doch stieß man dann an die Grenzen der Rohstoffversorgung und der Kapazitäten.

8.2.2. Die Kriegsfinanzierung

Der Zweite Weltkrieg hat nach Schätzungen von Fritz Federau in Deutschland einen Geldbedarf von 657 Milliarden Reichsmark verursacht. Davon waren durch Steuereinnahmen 185 Milliarden (das sind 29,2 Prozent), durch Einnahmen aus Besatzungsgebieten bzw. Kontributionen 85 Milliarden (13,9 Prozent) und 45 Milliarden (5,8 Prozent) aus sonstigen Einnahmen gedeckt. 342 Milliarden Reichsmark (51 Prozent) mussten also durch **Neuverschuldung** aufgebracht werden.

Durch die Beschränkung der Konsumproduktion vor und während des Krieges war es bereits zu einer **Transformation** von Sach- in Geldkapital gekommen, wobei vor allem das Geldkapital auf Sparkonten zunahm. Um diese Divergenz zwischen Geldmenge und Gütermenge zu beseitigen, musste die überschüssige Geldmenge abgeschöpft werden. Die Folgen waren Erhöhung von Verbrauchsteuern, forcierte Gewinnabschöpfung und Steuerbegünstigungen für „eisernes Sparen".

Auf dem Kapitalmarkt herrschte wegen der rapiden Abnahme der privaten Kreditnachfrage große Liquidität, so dass die Banken ihre Mittel zwangsläufig in Schatzwechseln, unverzinslichen Schatzanweisungen oder Liquiditätsanleihen anlegen mussten. So waren die Geld- und Kapitalanlagen der Kreditinstitute bald von staatlichen Geldtiteln beherrscht. Bei der Begebung der Wertpapiere bediente man sich der sogenannten „geräuschlosen Finanzierung", indem man eine öffentliche Auflegung der Anleihen nicht zuließ. Hitler wollte eine „finanzielle oder ökonomische Volksabstimmung" vermeiden. Besonders bemerkenswert ist noch die Zunahme der kurzfristigen Verschuldung. Von der gesamten Schuldenzunahme durch Anleihebegebung in Höhe von 334 Milliarden Reichsmark bestanden 117 Milliarden aus lang- und mittelfristigen und 217 Milliarden aus kurzfristigen Schulden. Durch die Preis- und Lohnfestsetzungen schien die Geldwertstabilität nach außen hin bis Mitte 1944 weitgehend gesichert. Dann allerdings war die „zurückgestaute Inflation" nicht mehr aufzuhalten bzw. zu verbergen, der Geldüberhang drängte auf den Schwarzen Markt und das Vertrauen in die Währung schwand völlig.

8.3. Resümee

Als am 30. Januar 1933 Hitler und die Nationalsozialisten die Macht ergriffen, waren expansive Maßnahmen zur Überwindung der Arbeitslosigkeit bereits in Gang gesetzt worden. Unter Papen und Schleicher war die aktive Arbeitsbeschaffung durch den Staat und ihre Vorfinanzierung durch Arbeitsbeschaffungswechsel und Steuergutscheine in die wirtschaftspolitische Praxis eingeführt worden. Dies waren genau die Maßnahmen, die die Nationalsozialisten später benutzten, um den Konjunkturaufschwung zu erreichen. Die Methoden wurden übernommen und konsequent in ungleich größerem Umfang weitergeführt. Auch die im Dritten Reich werbewirksam propagierten Verkehrsinvestitionen, wie etwa der Autobahnbau, lagen 1933 bereits in detaillierter Planung vor.

Von Anfang an war die gesamte Wirtschaft dem Ziel der Vorbereitung auf den Angriffskrieg untergeordnet. Spätestens seit 1937 strebte man ihn kurzfristig an. In der kurzen Zeit, die zur Verfügung stand, konnte dieses Ziel nur bei weitgehender Beschränkung der Konsumenteninteressen und extremer direkter Eingriffe des Staates in die Wirtschaft erreicht werden.

In den ersten Jahren bestand kein Widerspruch zwischen der allgemeinen Wirtschaftsbelebung und der Aufrüstung, da freie Produktionskapazitäten vorhanden waren. Konjunkturpolitisch richtig war auch die Finanzierung des Aufschwungs durch *deficit spending*. Das Wirtschaftsgeschehen während der ganzen Phase des Dritten Reiches wurde dominiert von politischen Zielsetzungen und den daraus resultierenden Erfordernissen. Im Vordergrund stand die Bewältigung von momentanen Schwierigkeiten. Sie wurden gelöst durch dirigistische Eingriffe in die Wirtschaft, wobei aber kaum die Konsequenzen bedacht wurden oder eingeschätzt werden konnten, die sich daraus ergaben.

Probleme, die immer wieder auftauchten, waren nicht so sehr das Ergebnis mangelhafter wirtschaftspolitischer Fähigkeiten oder Einsichten, sondern sie ergaben sich aus den übersteigerten Forderungen, die an die Wirtschaft gestellt wurden, da die Nationalsozialisten nicht bereit waren, die politischen Ziele den Erfordernissen der Währungs- und Wirtschaftsstabilität unterzuordnen. Es galt also der Primat der Politik, d.h. der Wirtschaft wurde eine ausschließlich dienende Funktion zugebilligt.

Durch die Belebung der Binnenkonjunktur und ihre Finanzierung durch Kreditschöpfung ergaben sich Probleme im Außenhandel. Die Folge waren Importbeschränkungen und Rohstoffbegrenzungen. Die Übernachfrage nach Produkten als Resultat der Konsumbeschränkung führte zu Kontingentierungen und Rohstoffzuteilungen, die Übernachfrage nach Arbeitsplätzen zur Unterbindung des freien Arbeitsplatzwechsels. Solange noch Unterbeschäftigung herrschte, war die Währungsstabilität durch die Kreditfinanzierung nicht gefährdet. Dies änderte sich erst durch Weiterführung und Verstärkung des *deficit spending* nach Erreichen der Vollbeschäftigung.

Das Ansteigen des Lohn- und Preisniveaus versuchte man durch ein allgemeines Stoppsystem zu verhindern. Der durch Benachteiligung der Konsumgüterindustrie entstandene Kaufkraftüberhang wich auf andere Bereiche aus, so dass hier ebenfalls Knappheitserscheinungen auftraten und die Kontrolle weiter ausgedehnt werden musste, bis man schließlich alle wichtigen Rohstoffe und Güter der vollen Preis- und Mengenbewirtschaftung unterworfen hatte. Weiter wurden zur Drosselung der privaten Nachfrage eine Emissionssperre erlassen und die Kapitalmarktmittel abgeschöpft.

Durch wirtschaftspolitische Prioritäten und die ab 1936 erreichte umfassende Kontrolle bzw. Lenkung der Wirtschaft gelang schließlich die Absicherung der Rüstungsexpansion und die Vorbereitung auf den Krieg. Die Kosten der Kriegsvorbereitungen und des Krieges wollte man sich von den Besiegten zurückbezahlen lassen. Man riskierte bewusst den Ruin der deutschen Volkswirtschaft in der Hoffnung, sie durch Eroberungen wieder sanieren zu können.

Literatur:

Barkai, Avraham: Das Wirtschaftsystem des Nationalsozialismus, Köln 1977, Neuausgabe Frankfurt am Main 1988; **Barkai**, Avraham: Vom Boykott zur „Entjudung". Der wirtschaftliche Existenzkampf der Juden im Dritten Reich 1933-1943, Frankfurt am Main 1988; **Benz**, Wolfgang u.a. (Hg.): Enzyklopädie des Nationalsozialismus, Stuttgart 1997; **Blaich**, Fritz: Wirtschaft und Rüstung im „Dritten Reich", Düsseldorf 1987; **Corni**, Gustavo/**Gies**, Horst: „Blut und Boden": Rassenideologie und Agrarpolitik im Staat Hitlers, Idstein 1994; **Fischer**, Albert: Hjalmar Schacht und Deutschlands „Judenfrage" (Wirtschafts- und Sozialhistorische Studien, Bd. 2), Köln et al. 1995; **Harrison**, Mark (Ed.): The Economics of World War II. Six Great Powers in International Comparison, Cambridge U. P., Cambridge 1998; **Herbst**, Ludolf: Der Totale Krieg und die Ordnung der Wirtschaft. Die Kriegswirtschaft im Spannungsfeld von Politik, Ideologie und Propaganda 1939-1945, Stuttgart 1982; **Kopper**, Christopher: Zwischen Marktwirtschaft und Dirigismus. Bankenpolitik im „Dritten Reich" 1933-1939, Bonn 1995; **Mommsen**, Hans/**Grieger**, Manfred: Das Volkswagenwerk und seine Arbeiter im Dritten Reich, Düsseldorf 1996; **Petzina**, Dietmar: Autarkiepolitik im Dritten Reich - Der nationalsozialistische Vierjahresplan, Stuttgart 1968; **Weiß**, Hermann (Hg.): Biographisches Lexikon zum Dritten Reich, Frankfurt am Main 1998; **Wistrich**, Robert: Wer war wer im Dritten Reich? Ein biographisches Lexikon, Frankfurt am Main 1989.

Prüfsteine:

1. Gab es ein „Wirtschaftssystem des Nationalsozialismus“? Versuchen Sie eine systemtheoretische Verortung!
2. Wie wurden öffentliche Investitionen in den 1930er Jahren finanziert? (Oder allgemein: welche Möglichkeiten der Finanzierung öffentlicher Investitionen sehen Sie?) Nennen Sie drei!
3. Worum handelt es sich bei den sog. „Mefo-Wechseln“? Erläutern Sie!
4. Wie entwickelte bzw. veränderte sich das Geld- und Bankwesen während der nationalsozialistischen Herrschaft und welche Rolle spielten Schacht und Funk?
5. Welche Funktion und Bedeutung hatte die Deutsche Arbeitsfront (DAF)?
6. Welche Rolle spielte der „Reichsnährstand“ im Rahmen der nationalsozialistischen Wirtschaftspolitik?
7. Skizzieren Sie die Arbeitsbeschaffungspolitik der Nationalsozialisten in ihren wesentlichen Grundzügen!
8. Welche Maßnahmen beinhaltete Schachts „Neuer Plan“?
9. Welche wirtschaftspolitischen Vorstellungen lagen dem Vierjahresplan zugrunde? Nennen Sie die wichtigsten Bestimmungen, die er enthielt!
10. Welche Änderungen bzw. Neuregelungen gab es im Geld- und Bankwesen zwischen 1933 und 1939?
11. Welche ökonomischen Konsequenzen hatte die Vertreibung der Juden aus der deutschen Wirtschaft?
12. Wie wurde der Zweite Weltkrieg finanziert und welche Auswirkungen hatte dies auf die Geldwertstabilität?
13. Welche konkreten wirtschaftlichen Maßnahmen wurden im Rahmen der „totalen Kriegswirtschaft“ nach 1943 ergriffen? Nennen Sie drei!

9. Westdeutschland 1945 bis 1989

9.1. Die Entwicklung 1945 bis 1948/49

9.1.1. Die politische Entwicklung

Unmittelbare Nachkriegssituation

Mit der bedingungslosen Kapitulation der deutschen Streitkräfte am 7./8. Mai 1945 hatte das „Dritte Reich" aufgehört zu existieren. Politisch und wirtschaftlich lag Deutschland zerstört am Boden, ein Gebilde ohne Haupt und Glieder, von den Siegermächten vollständig besetzt. Die Menschen versuchten zu überleben, das Notwendigste an Nahrungsmitteln, Kleidung, Unterkunft zu organisieren. Diese Situation wurde noch durch die Masse der rund 15 Millionen Vertriebenen und Flüchtlinge im zusammengeschrumpften Gebiet zwischen Oder-Neisse und Rhein verschärft. Ein Drittel des deutschen Volksvermögens, zwei Fünftel der Verkehrsanlagen, ein Fünftel des Wohnraums und ein Fünftel der Produktionsmittel waren zerstört. Noch über zehn Millionen deutsche Gefangene lebten in Lagern mit der Hoffnung auf Heimkehr.

Die oberste Regierungsgewalt übten nach Kriegsende in ganz Deutschland die Vereinigten Staaten, die Sowjetunion, Großbritannien und Frankreich als Besatzungsmächte aus, die das Land in den Grenzen von 1937 gemäß den Beschlüssen von Teheran und Jalta in vier Besatzungszonen gliederten, wobei Groß-Berlin aufgrund der verschiedenen Sektoreneinteilung ein Sonderstatus zugedacht war. Durch den Alliierten Kontrollrat in Berlin sollte eine einheitliche Besatzungspolitik bis zum Abschluss eines Friedensvertrages erfolgen. Für den Fall unüberbrückbarer Gegensätze im Kontrollrat, der vom 30. August 1945 bis zum Auszug des sowjetischen Vertreters am 20. März 1948 unter der Voraussetzung einstimmiger Beschlüsse sehr schwerfällig funktionierte, hatte jeder Militärgouverneur in seiner Zone das Recht zu eigenen Entscheidungen gemäß den Weisungen seiner Regierung.

Darstellung 73: Die Konferenzen der Alliierten

Teheran, 28. November bis 1. Dezember 1943:
Roosevelt, Stalin, Churchill.
Deutschland soll in fünf selbstständige und zwei weitere Gebiete unter alliierter Kontrolle zerlegt werden.
Jalta, 4. bis 11. Februar 1945:
Völlige Entwaffnung, Entmilitarisierung und Zerstückelung Deutschlands, soweit dies die Alliierten für künftigen Frieden und Sicherheit als notwendig erachten.
Potsdam, 17. Juli bis 2. August 1945:
Truman, Stalin, Churchill/Attlee.
Deutschland ist als wirtschaftliche Einheit zu behandeln.
Deutschland wird zunächst unter alliierte Kontrolle gestellt.
Das deutsche Volk erhält die Möglichkeit zum Wiederaufbau.

Potsdamer Abkommen und Entschädigungsforderungen

Mit dem Potsdamer Abkommen vom 2. August 1945 sollte Deutschland für die grausamen Verbrechen während der Nazizeit zur Verantwortung gezogen werden. Das Abkommen entsprach nur teilweise dem vom amerikanischen Staatssekretär Henry Morgenthau entwickelten und nach ihm benannten Plan, der eine Rückstufung Deutschlands in ein Agrarland vorsah. Gleichwohl enthielt es politische und wirtschaftliche Forderungen an das zerstörte Deutschland.

Die Ergebnisse der Potsdamer Konferenz ermöglichten eine Festigung der russischen Machtausübung in den von der Roten Armee besetzten Gebieten. Die im **Osten** unter fremder Verwaltung stehenden deutschen Gebiete (24 Prozent des Reichsgebietes von 1937) umfassten 25 Prozent der landwirtschaftlichen Nutzfläche und 24 Prozent der Forstgebiete des Deutschen Reiches. Die Besetzung Oberschlesiens bedeutete einen schwerwiegenden Einschnitt für Deutschlands Bergbau und Schwerindustrie, zumal dorthin ganze Produktionsstätten wegen der andauernden Luftangriffe in Westdeutschland ausgelagert und vor Kriegszerstörungen auch bewahrt geblieben waren.

Der amerikanische Präsident Truman und der britische Premierminister Attlee sagten Stalin in Potsdam zu, bei einer Friedensregelung die sowjetische Forderung auf Abtretung Ostpreußens mit Königsberg an die Sowjetunion und die Anerkennung der Westgrenze Polens an der Oder-Neisse-Linie zu unterstützen, lehnten jedoch eine bindende völkerrechtliche Verpflichtung vor Abschluss eines Friedensvertrages mit Deutschland ab. Die Grenzregelung östlich der Oder-Neiße-Linie blieb einem Friedensvertrag vorbehalten. Das Saarland war zuvor unter französische Schutzherrschaft gestellt worden.

Aus wirtschaftlicher Perspektive bestimmte das Potsdamer Abkommen über das verlorengegangene Agrargebiet hinaus Entschädigungen in Form von Reparationen und Produktionsbeschränkungen. Ferner sah es die Entflechtung der Konzerne als wirksame Garantie gegen künftige Bedrohungen durch Deutschland vor. Die deutsche Industrie sollte nicht mehr in der Lage sein, Kriegsmaterial zu produzieren. Eine Bestimmung des Abkommens forderte strenge Kontrollen und Herstellungsbeschränkungen bei Metallen, Chemikalien, Erzeugnissen des Maschinenbaus und anderer Produkte. Nähere Ausführungsbestimmungen dazu erließ der Kontrollrat erst nach langwierigen Auseinandersetzungen im **Industrieplan** vom **28. März 1946**. Danach war vorgesehen:

a) die Konfiskation des deutschen Auslandsvermögens,
b) die entschädigungslose Übergabe der deutschen Kriegs-, Luft- und Handelsflotte als Kriegsbeute,
c) die Durchführung der Demontage von Industrieanlagen sowie
d) die Entflechtung und Dezentralisierung der deutschen Volkswirtschaft.

Aus Versorgungsgründen kam man in Potsdam überein, ganz Deutschland während der Besatzungszeit als wirtschaftliche Einheit anzusehen und die Bereiche Finanzen, Verkehr, Transportwesen, Außenhandel und Industrie unter der Aufsicht des Kontrollrates deutschen zentralen Verwaltungsstellen zu übergeben. Dazu kam es durch die sich verschärfenden Ost-West-Kontroversen jedoch nicht. Eine einheitliche Besatzungspolitik blieb aus.

Zusammenschluss der Westzonen als Vereinigtes Wirtschaftsgebiet

Auf der Konferenz der alliierten Außenminister vom 25. April bis 12. Juli 1946, welche die Deutschlandfrage ausklammerte, ließen die Sowjets wissen, dass sie in dieser Frage mit keiner anderen Regelung - außer unter kommunistischem Vorzeichen - einverstanden waren.

In der öffentlichen Rede des amerikanischen Außenministers **Byrnes** am 6. September 1946 in Stuttgart zeigten sich die USA und Großbritannien einig, ihre Zonen zu einem wirtschaftlichen Ganzen zu verschmelzen, um den kommunistischen Einfluss in Europa einzudämmen und eine Verbesserung der

Versorgung im hungernden Deutschland herbeizuführen. Eine deutsche Souveränität war hier noch nicht vorgesehen. Das Besondere an dieser Rede war, dass damit erstmals von amerikanischer Seite die Deutschen selbst angesprochen waren. Darüber hinaus wurde die Abtretung des Ruhrgebietes und der linksrheinischen Gebiete von Deutschland an Frankreich abgelehnt, der Regelung der Saarfrage aber im französischen Sinne - nämlich das Saarland wirtschaftlich Frankreich einzugliedern - entsprochen.

9.1.2. Die wirtschaftliche Entwicklung vor der Währungsreform

Zurückgestaute Inflation

Die Inflationen der frühen 20er Jahre und die nach dem Zweiten Weltkrieg unterscheiden sich vor allem dadurch, dass die erstere eine sogenannte offene und die letztere eine verdeckte Inflation war. Von offener Inflation spricht man, wenn die Verschlechterung des Geldwertes ganz offensichtlich ist, und zwar in Form fortschreitender Preis- und Lohnsteigerungen. Man hat sich ja angewöhnt, nach der Geschwindigkeit dieses Prozesses Begriffe aus dem

Pferdesport zu verwenden und spricht von schleichender, trabender und galoppierender Inflation. Der offenen steht die verdeckte bzw. oft auch zurückgestaut genannte Inflation gegenüber. Die Entwicklung der Geldwertverschlechterung ist hierbei nicht offen erkenntlich, da staatliche Eingriffe (Lohnstopp, Preisstopp) das Lohn- und Preisniveau festschreiben und die reale Entwicklung unklar bleibt. Natürlich hängen mit solcherlei Maßnahmen, die nicht marktkonform sind, vielerlei staatliche Lenkungsanstrengungen zusammen, beispielsweise die Rationierung, Produktionsregulierung, Devisenbewirtschaftung, Bezugsscheinsysteme, Festschreibung von Lieferverpflichtungen usw. Regelmäßig hat man es in diesem Zusammenhang dann mit der Herausbildung sogenannter grauer oder schwarzer Märkte zu tun, die sich dem Zugriff der Planungs- und Überwachungsorgane entziehen.

Kurze Retrospektive

Die wirtschaftliche Entwicklung in Deutschland nach 1945 wird nur verständlich, wenn man sich die zurückgestaute Geldentwertung in den Jahren der nationalsozialistischen Herrschaft zwischen 1933 und 1945 vor Augen hält. Auf die Hyperinflation der 20er Jahre, also die offene Inflation, wurde bereits eingegangen. Jedoch scheint es angebracht, auf die zurückgestaute Inflation zum besseren Verständnis nochmals kurz einen kritischen Blick zu werfen.

Darstellung 74: Die „zurückgestaute" Inflation

- Instrumentalisierung der Reichsbank 1933 ff.
- Aufweichung der Deckungsvorschriften im Reichsbankgesetz
- Geldwert staatlicher Willkür ausgesetzt
- „geräuschlose" Kriegsfinanzierung
  (Hitler: „keine finanzielle Volksabstimmung")
- Geldabschöpfung direkt bei den Kreditinstituten
- Hohe Liquidität und wenig Güterangebot
- Formell kurzfristige Verschuldung war tatsächlich langfristig
  (Problem der Fristenkongruenz)
- Dazu noch: Zufluss des Besatzungsgeldes
- Extremes Missverhältnis zwischen Güter- und Geldversorgung
- Schwarzmarktproblematik
- Zigarettenwährung

Die Entwicklung begann mit der Zug um Zug erfolgten **Instrumentalisierung der Reichsbank**, die in der Weimarer Zeit dem politischen Einfluss weitgehend entzogen war, in der Hitler-Zeit jedoch zunehmend wieder, bei Verlust ihrer Unabhängigkeit, unter den Einfluss der Politik geriet. Etappen dieser Entwicklung waren die Bankgesetznovelle vom 27. Oktober 1933, die mit dem Generalrat eines von drei Reichsbankorganen beseitigte und sich damit von ausländischem Einfluss freimachte. Aufgrund dieser Novelle wurden die Mitglieder des Reichsbankdirektoriums nur mehr durch den „Führer" ernannt und abberufen. Ein weiterer wesentlicher Schnitt erfolgte dann am 20. Januar 1939, als die Reichsbank durch eine Verordnung Hitlers angewiesen wurde, der Regierung jeden von ihr verlangten Kredit zu geben. Das war gleichbedeutend mit der völligen Entmachtung der Reichsbank (und ihrer Aufgabe als Hüterin der Währung).

Durch das Gesetz über die Deutsche Reichsbank vom 16. Juni 1939 wurde dann die deutsche Notenbank der uneingeschränkten Hoheit des Reiches unterstellt. Sie war als juristische Person des öffentlichen Rechts von diesem Zeitpunkt an dem „Führer und Reichskanzler" unmittelbar verantwortlich. In ihrer Organisation etablierte man das sogenannte „Führerprinzip", d.h. der Präsident der Deutschen Reichsbank, der dem Regime untergeordnet und ihm gegenüber völlig weisungsgebunden war, hatte die alleinige Entscheidungsbefugnis über anstehende Entscheidungen, wobei er pro forma jedoch die übrigen Direktoriumsmitglieder anzuhören hatte, die ebenfalls politisch indoktriniert waren. Finanztechnisch von ziemlicher Relevanz war die Neuregelung der sogenannten Deckungsvorschriften im Reichsbankgesetz, das nunmehr keinerlei Bestimmungen über die Noteneinlösung mehr enthielt, dafür aber als Notendeckung allgemeine Wechsel, Schecks, Reichsschatzwechsel (also Anweisungen auf den Staatsschatz), innerhalb eines Jahres fällige Reichsschatzanweisungen, amtlich notierte festverzinsliche Wertpapiere, Lombarddarlehen sowie Gold- und Devisenbestände zuließ. Unter den Wechseln waren solche minderer Güte und mit schwachen Akzepten. Jedenfalls wurde aus der Reichsmark eine reine Papierwährung und der Geldwert war von diesem Zeitpunkt an völlig der staatlichen Willkür ausgesetzt.

Darstellung 75: Die „geräuschlose“ Kriegsfinanzierung

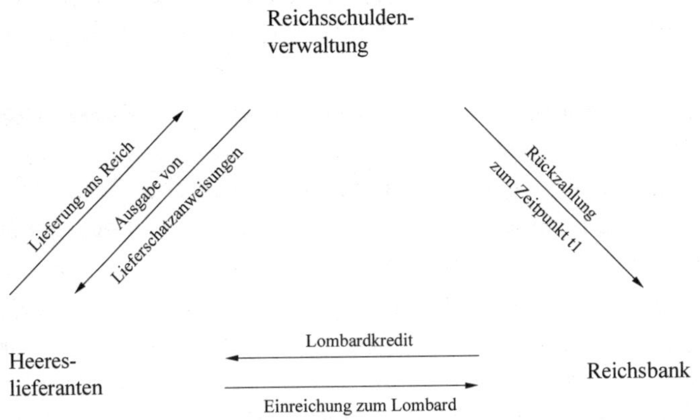

In diesen Zusammenhang gehört auch die sogenannte **„geräuschlose“ Kriegsfinanzierung**, mit Hilfe derer die NS-Führung den offenen Markt umging. Dies war auch die einzige Möglichkeit, wenn man bedenkt, dass das sparende Publikum in hohem Maße durch die 1923er Inflation sensibilisiert war und eine offene Inflation in jedem Fall das Vertrauen in die Staatsführung erheblich erschüttert hätte. Es ging also darum, öffentliche Mittel in beträchtlichem Umfang durch ein lautloses, sogenanntes rollendes Verfahren, zu beschaffen, keineswegs eine nur für den Nationalsozialismus typische Erscheinung. Lutz Graf Schwerin von Krosigk wies vielfach darauf hin, dass Hitler eine „finanzielle Volksabstimmung“, d.h. die Begebung öffentlicher Anleihen strikt vermeiden wollte und schildert die tatsächlichen Vorgänge: *„Der Sparer wurde unmittelbar, ohne es zu merken, Gläubiger des Reiches. Charakteristisch war weiter die zunehmende Entmaterialisierung. Die Reichsschuldverschreibungen wurden in Reichsschuldbuchforderungen umgewandelt. Deutschland hat durch die Sammelverwaltung als einziges Land in seinem Schuldenwesen das Wertpapier als gegenständliche Urkunde fast vollständig beseitigt. Auch diese Änderung wurde kaum bemerkt, da der Eigentümer der Sammelanteile durch börsenmäßigen Verkauf über sie verfügen konnte“*[73].

Die Reichsregierung schöpfte also die Einkommen der Bevölkerung nicht direkt ab. Man holte sich das Geld nicht unmittelbar über die Begebung von

---

73 Schwerin v. Krosigk, Lutz Graf: Staatsbankrott. Die Finanzpolitik des Deutschen Reiches 1920-1945, Frankfurt am Main et al. 1974, S. 297.

Reichspapieren, sondern direkt bei den Kreditinstituten, die ohnehin auf einer beträchtlichen Geldmenge saßen, da etwa Konsumkredite aufgrund der Rationierung aller Güter kaum nachgefragt wurden, Geld also gehortet wurde, wobei gleichzeitig das Horten von Geld für Nichtbanken unter Strafandrohung verboten war.

Die genannten Maßnahmen waren allesamt geeignet, Preisauftriebsprozesse, d.h. Inflationen langsam zurückzustauen. Neben diesen direkten Kreditaufnahmen bei den Banken, überwiegend in festverzinslichen Schatzanweisungen und Reichswechseln, existierte eine breite Palette von Finanzierungsinstrumenten. Sie reichte von sogenannten Arbeitsbeschaffungswechseln und Sonderwechseln (ÖFFA und MEFO) bis hin zu sogenannten Liquiditätsanleihen bei Sparkassen und Versicherungen. Steuergutscheine, Lieferschatzanweisungen sowie Solawechsel der Golddiskontbank gehören in diesen Zusammenhang nationalsozialistischer Finanzinnovationen, die alle dasselbe Ziel hatten. Die formell kurzfristige Verschuldung war jedoch tatsächlich und unter Verletzung grundsätzlicher Bankregeln eine recht langfristige. Aus dem Bankbereich kennt man das Problem unter der Bezeichnung *Fristenkongruenz*. Man kann sagen, dass der Geldumlauf durch diese Kreditinjektionen der Zunahme der Wirtschaftstätigkeit vorauseilte, und dass sich die Wirtschaft seit 1933 trotz wachsender Beschäftigung monetär immer mehr verflüssigte.

Die „Stunde Null“

Dies sollte man wissen, wenn man die Situation begreifen will, wie sie am **8. Mai 1945** in Deutschland vorherrschte, in der sogenannten **„Stunde Null“**, in der in den westlichen Zonen die USA auf den Plan traten, die zunächst die Wirtschafts- und Gesellschaftspolitik stark bestimmen sollten. Die politischen und ökonomischen Strategien der Alliierten fanden in Hunderten von Plänen ihren Niederschlag, die in unterschiedlicher Weise die politische und ökonomische Zukunft Deutschlands gestalten sollten. Der Bogen spannt sich hier vom sogenannten **Morgenthau-Plan** bis zum **Marshall-Plan**. Es ist keine Frage, dass die USA ihre Vorstellungen auch gegenüber den anderen Westalliierten durchzusetzen verstanden. Es galt vor allem, und dies wurde insbesondere seit Beginn des Jahres 1946 deutlich, für den Bereich der Währungssanierung.

Das **strategische Ziel**, insbesondere der Amerikaner, wurde spätestens im Sommer 1947 klar: die Rekonstruktion Deutschlands und Europas im Sinne der **Marktwirtschaft** und der **Westintegration**. Konkret zur Währung existierten jedoch zunächst keine genauen Pläne bzw. sie wurden nicht beachtet, wie etwa die Vorschläge der amerikanischen Nationalökonomen Howard Ellis und Gottfried Haberler, die unter dem Titel *„Recommended policies for the Allied Military Government in Germany"* aus den Jahren 1943/44 vorlagen. Aufgrund jüngerer wirtschaftshistorischer Untersuchungen ist davon auszugehen, dass die Rolle des Assistenten des Finanzberaters im Stab von General Clay, Edward **Tenenbaum** bisher etwas unterschätzt wurde. Tenenbaum war maßgeblich mit der Planung und Durchführung der deutschen Währungsreform betraut und hatte sich gegen erhebliche Widerstände auf deutscher und alliierter Seite, ja selbst manchmal gegen den Willen Washingtons, durchzusetzen. Er war einer derjenigen, die sich vor und mit Ludwig Erhard für einen scharfen Währungsschnitt und die Schaffung der D-Mark einsetzten. Seinen Namen sucht man leider in Geschichtsbüchern bis heute vergeblich.

Eckhard Wandel schreibt über diese Anlaufphase nach der „Stunde Null": *„Ganz allgemein erwarteten die Alliierten einen schnellen Verfall der Reichsmark und eine unkontrollierbare Inflation. Mit der Direktive JCS 1067 vom April 1945 hatte die amerikanische Militärregierung sogar noch ausdrücklich Weisung erhalten, sich nicht in die deutschen Währungsfragen einzumischen. Die Reichsmark wurde als 'Hitler money' abqualifiziert. Dennoch wollten selbst die strengsten Anhänger des Morgenthau-Planes einen finanziellen Zusammenbruch Deutschlands verhindern, denn damit wären die Besatzungskosten in die Höhe geschnellt. Im Potsdamer Abkommen war dann zwar eine gemeinsame Politik der Alliierten hinsichtlich Währung, Banken und Besteuerung festgeschrieben worden, woraus folgte, dass die Währungsreform zu den Aufgaben des Alliierten-Kontrollrats gehörte, doch zunächst einigten sich die vier Siegermächte lediglich auf die Verwendung eines einheitlichen Besatzungsgeldes, das nach amerikanischen Vorlagen gedruckt wurde"*[74].

Der ohnehin hohe Bargeldumlauf in Deutschland bis Anfang 1946 bekam noch zusätzlich durch den Zufluss des Besatzungsgeldes ein erhebliches inflatorisches Element, so dass es zunächst darum ging, die ungezügelte Erweiterung des Geldvolumens zu bekämpfen. In diesen Zusammenhang gehört die Maßnahme, dass die Besoldung der Besatzungstruppen von

---

74 Wandel, Eckhard: Die Entstehung der Bank deutscher Länder und die deutsche Währungsreform. Die Rekonstruktion des westdeutschen Geld- und Währungssystems 1945-1949 unter Berücksichtigung der amerikanischen Besatzungspolitik, Frankfurt am Main 1980, S. 96.

Reichsmark auf die jeweilige heimische Währung, d.h. also Dollar, Franc und Pfund umgestellt wurde. Durch die Abtrennung verschiedener Teile vom Reichsgebiet sowie durch Guthabenblockierungen gelang es, den gewaltigen **Geldüberhang** von über 300 Milliarden Reichsmark um etwa 138 Milliarden Reichsmark zu reduzieren. Im Frühjahr 1947 betrug das Geldvolumen dann „nur" noch 173 Milliarden Reichsmark. Selbst dieser verminderte Bestand an Liquidität stellte immer noch das 3½-fache des Volkseinkommens vom Herbst 1946 dar, was etwa der Hälfte des Volkseinkommens von 1936 entsprach. Wir haben es also in typischer Weise mit einem extremen Missverhältnis zwischen Güter- und Geldversorgung zu tun. Oder anders ausgedrückt: der Geldüberhang war zwar kleiner geworden, aber die Überschuldung des Staates war ebenso extrem wie die Überliquidität des privaten Sektors, d.h. die Währung war einem zunehmenden Vertrauensverlust durch die zurückgestaute Inflation ausgesetzt und erforderte zügiges Handeln.

Schwarzmarkt und Zigarettenwährung

Die Bedarfsdeckung erfolgte weitgehend außerhalb der Bewirtschaftung und des offiziellen Handels, d.h. die grauen und schwarzen Märkte blühten. Es gibt Schätzungen, wonach der Umfang des Schwarzmarktes, der über Reichsmark als Zahlungsmittel abgewickelt wurde, mengenmäßig, also in Gütertransaktionen gemessen, 10 Prozent betrug, andererseits jedoch 80 Prozent des umlaufenden Geldes auf diesen Schwarzmarkt strömten, so dass die Preise völlig aus den Fugen gerieten. So ist zu erklären, dass beispielsweise Grundgüter wie Nahrungsmittel und Fette bis zum hundertfachen über dem offiziellen Stopppreis gehandelt wurden. Die unten angeführten Beispiele verdeutlichen die hohen Differenzen zwischen dem letzteren und dem Schwarzmarktpreis Anfang 1947. Auf dem **„grauen" Markt** erfolgten Kompensationsgeschäfte, d.h. der direkte Tausch von Waren unter Verzicht auf das Geld als Medium.

Darstellung 76: Offizielle Preise und Schwarzmarktpreise 1946/1947

	Offizieller Preis (RM)	Schwarzmarkt-Preise (RM)	
1 kg Fleisch	2,20	60-80	
1 kg Brot	0,37	20-30	
1 kg Kartoffeln	0,12	4	
1 kg Zucker	1,07	120-180	
20 Zigaretten	2,80	70-100	(US-Zigaretten)
		50	(Franz. Zigaretten)
1 l Speiseöl	2,50	150-180 (1946)	
1 kg Butter	4,00	350-550	
1 Flasche Wein	2,00	30-40	
1 Stück T-Seife	0,35	30-50	

Quelle: Rothenburger, Karl-Heinz: Die Hungerjahre nach dem Zweiten Weltkrieg, Boppard 1980, S. 131.

Überhaupt haben wir es 1946 mit merkwürdigen Erscheinungen zu tun. Die Industriekapazität war auf 20 Prozent gesunken und trotz gleichzeitiger Beschäftigungsquote von offiziell 90 Prozent betrugen die Arbeitsleistungen nur die Hälfte des Vorkriegsjahres 1938. Es gab kaum Arbeitslose, da es wegen des fehlenden Angebots (zu offiziellen Preisen wenigstens) kaum möglich war, mit dem Arbeitslohn den Lebensunterhalt der Familie zu bestreiten, so dass die westdeutsche Bevölkerung dauernd umhersuchte. Der Wirtschaftspublizist Volkmar **Muthesius** schreibt in seinen Erinnerungen 1973 dazu folgendes: *„Noch heute ... empfinden meine Frau und ich als das bedrückendste Faktum jener Zeit den Zwang, sich ununterbrochen mit der Frage beschäftigen zu müssen, woher und auf welche Weise man sich etwas zu essen beschaffen könne. Dieser Zustand hat etwas Erniedrigendes an sich, etwas Entwürdigendes: die Konzentration der Gedanken auf die Deckung elementarsten Lebensbedarfs setzte den geistig gesunden Menschen gewissermaßen in der eigenen Achtung herab - auch ein Symptom der psychischen, man könnte sogar sagen der moralischen Schäden, welche die Inflation anrichtet. Wer dies nicht selbst erlebt hat, vermag wohl kaum zu verstehen, dass solche Erinnerungen noch nach Jahrzehnten bedrückend sind“*[75].

[75] Muthesius, Volkmar: Augenzeuge von drei Inflationen. Erinnerungen und Gedanken eines Wirtschaftspublizisten, Frankfurt am Main 1973, S. 102 f.

Heinrich Böll notierte über den Schwarzmarkt nach dem Krieg: *„Ich selbst übte damals eine undankbare Funktion in unserer unbescholtenen Familie aus: ich war vierzehn Jahre alt und das einzige Bindeglied zu jener denkwürdigen Institution, die wir Schwarzmarkt nannten. Mein Vater war gefallen, meine Mutter bezog eine winzige Pension, und so bestand meine Aufgabe darin, fast täglich kleine Teile unseres geretteten Besitzes zu verscheuern oder sie gegen Brot, Kohle und Tabak zu tauschen. Die Kohle war damals Anlaß zu erheblichen Verletzungen des Eigentumsbegriffs, die man heute mit dem harten Wort Diebstahl bezeichnen muß. ... So hatte ich die Aufgabe, ein Kopfkissen zu Brot, eine Sammeltasse zu Grieß und drei Bände Gustav Freytag zu fünfzig Gramm Kaffee zu machen, Aufgaben, denen ich zwar mit sportlichem Eifer, aber nicht ganz ohne Erbitterung und Angst oblag. Denn die Wertbegriffe – so nannten es die Erwachsenen damals – waren erheblich verschoben, und ich kam hin und wieder unberechtigterweise in den Verdacht der Unehrlichkeit, weil der Wert eines zu verscheuernden Objektes keineswegs dem entsprach, den meine Mutter für angemessen hielt. Es war schon eine bittere Aufgabe, als Vermittler zwischen zwei Wertwelten zu stehen, die sich inzwischen angeglichen zu haben scheinen.“*[76]

[76] Böll, Heinrich „Mein Onkel Fred“. In: Frankfurter Allgemeine Zeitung vom 12. April 1952.

Darstellung 77: Vergleich ausgewählter Größen 1936-1946

	1936	1939	1946
Bevölkerung	58	60	66
Volkseinkommen (Mrd. RM in Preisen von 1936)	58,7	76	32
Produktionsindex der Industrie (1936 = 100)	100	116	27
Kartoffelernte (Mio. t)	36	40	22
Brotgetreide (Mio. t)	9,2	10,3	5,5
Schweinebestand (Mio. Stück)	18,3	19,4	7,5
Beförderte Güter (Mio. t, nur Reichsbahn)	439	547	180

Quelle: Stolper, Gustav/Häuser, Karl/Borchardt, Knut: Deutsche Wirtschaft seit 1870, 2. Auflage, Tübingen 1966, S. 236; Winkel, Harald: Die Wirtschaft im geteilten Deutschland 1945-1970, Wiesbaden 1976, S. 20.

Statistisch gesehen stellte sich die Situation so dar: die Bevölkerung stieg von 1939 bis 1946 von 60 auf 66 Millionen, das Volkseinkommen hatte sich jedoch im selben Zeitraum von 76 auf 32 Milliarden Reichsmark (gemessen in Preisen von 1936) verringert. Rückgängig war auch der Produktionsindex der Industrie sowie - wie erwähnt - die Versorgung mit Gütern des täglichen Bedarfs, etwa Kartoffeln, Brot, Schweinefleisch usw. Es verwundert nicht, dass in dieser schweren Zeit sich merkwürdige Währungen, wie z.B. die **Zigarettenwährung** als zwar unerlaubter, aber realistischer Wertmaßstab durchsetzten (1 Camel = 1 Reichsmark). Sie war nicht nur ein universelles, billiges und einheitliches Tauschmittel unter den Besatzungstruppen, sondern wurde auch unter der Bevölkerung allgemein als Währung, also als Medium zur Transaktion verwendet. *„Sie war in der Lage, alle Geldfunktionen zu erfüllen und eroberte sich ihren Platz überall neben den bestehend gebliebenen Währungssystemen und Geldformen."* Der Wirtschaftswissenschaftler Günter **Schmölders** sagte einmal sehr richtig, es sei der Vorzug der Zigarettenwährung gewesen, dass die Geldeinheit automatisch aus dem Verkehr verschwand, nachdem sie ihren Dienst als Tauschmittel getan hatte und ihrer eigentlichen Bestimmung, d.h. also dem Konsum, zugeführt worden war. Sie sei zwar als Währung sehr kostspielig, aber inflationsfest und erstaunlich kursstabil gewesen. Keine Währung der Welt habe eine derart wirksame unerbittliche und zuverlässige Geldmengenregulierung aufzuweisen gehabt.

Währungsreformgespräche

Eine erste Runde von Währungsreformgesprächen wurde gegen Ende des Jahres 1945 im Alliierten Kontrollrat eingeleitet. Der Erfolg war gering, da die vier Besatzungsmächte wenig Interesse daran zeigten, das deutsche Geldwesen zu sanieren. Immerhin entschieden sich die Amerikaner jedoch, eine umfassende Bestandsaufnahme der Währungssituation in Deutschland zu veranlassen, die später dann in dem sogenannten Colm-Dodge-Goldsmith-Plan (CDG-Plan) ihren Niederschlag fand. Der Originaltitel lautete: *„A Plan for the Liquidation of War Finance and the Financial Rehabilitation of Germany."* Seine Verfasser waren Gerhard Colm, Joseph Dodge und Raymond Goldsmith. Der wichtigste unter ihnen war wohl Joseph **Dodge**, seit Anfang 1946 Finanzberater von General Lucius D. **Clay**. Dodge war es auch, der im November 1945 in Heidelberg mit Alfred Weber zusammentraf, der ihm den Rat gab, 95 Prozent der bestehenden Reichsschuld abzuschreiben und der ihn ermutigte, Alfred Manes Buch über *„Staatsbankrotte, wirtschaftliche und rechtliche Betrachtungen"* zu lesen. In diesem Buch war auch die Rede von der Annullierung der russischen Staatsanleihen Anfang Februar 1918, so dass man sich hier auf sowjetische Erfahrungen bzw. die vergleichbaren Vorgänge dort stützen konnte. Mitte Dezember 1945 fand in Frankfurt am Main auf Einladung von Dodge eine Konferenz mit deutschen Finanzwissenschaftlern statt: Zu diesen gehörten beispielsweise Wilhelm Matthes, Heinrich Hartlieb, Rudolf Müller, Otto Veith, Hans Gerloff, Hans Möller, Paul Binder, Otto Pfleiderer, Robert Noell von der Nahmer, Fritz Terhalle und Heinz Sauermann.

Im Januar 1946 folgte eine Beratung des amerikanischen Expertenteams mit deutschen Bankiers zu Währungsfragen. In diesem Zusammenhang wurde der frühere Reichsbankpräsident Hjalmar Schacht, der zwar als ausgewiesener Finanz- und Währungsexperte galt, jedoch aus politischen Gründen und auch weil er zu dieser Zeit in Nürnberg vor Gericht stand, nicht konsultiert.

Die Planung der Währungsreform war außerordentlich schwierig. Zuverlässiges statistisches Zahlenmaterial war entweder lückenhaft oder kaum auffindbar. Insgesamt waren es nicht weniger als 218 Reformvorschläge, die im Laufe der Zeit erarbeitet wurden, von denen etwa 30 von Colm, Goldsmith und Dodge in die engere Wahl gezogen wurden. Die drei Amerikaner berieten 10 Wochen lang nicht nur mit deutschen Währungsfachleuten, sondern konsultierten auch britische, französische, russische, österreichische und tschechoslowakische Sachverständige. Immerhin gelang es den Experten, bereits Anfang April 1946 eine erste Fassung des Entwurfs vorzulegen.

Darstellung 78: Die wichtigsten Komponenten des Colm-Dodge-Goldsmith-Plans

1. Offenlegung der monetären Folgen von Krieg und Zusammenbruch, die durch den aufgeblähten Geldüberbau verborgen sind.
2. Erhöhung des Arbeitsangebots und Unterstützung in der Wiederherstellung der Arbeitsdisziplin, da die Zahl derjenigen, die durch Verwendung ihrer angehäuften Mittel in teilweiser oder vollständiger Untätigkeit leben können, erheblich reduziert wird.
3. Wiederherstellung der Sparwilligkeit; Geld soll wieder ein Wertaufbewahrungsmittel werden.
4. Steigerung der Bereitwilligkeit und Notwendigkeit auf seiten der Bauern und anderer Produzenten, gegen Bargeld zu verkaufen.
5. Verminderung des Schwarzmarkthandels sowie der Schwarzmarktpreise und -gewinne sowie ihrer demoralisierenden und politisch gefährlichen Wirkungen.
6. Umkehrung der tendenziellen Auflösung Deutschlands in ein System örtlich beschränkter Tauschwirtschaften und Wiederherstellung der Grundlage für eine funktionierende Geldwirtschaft.
7. Schaffung der Grundlage für eine kontrollierte Wiederausweitung des Geld- und Kreditvolumens und dadurch eines Beitrags zur Erhöhung der Produktion.
8. Liquidation der finanziellen Hinterlassenschaft von Krieg und Zusammenbruch und Förderung der Entwicklung einer friedlichen demokratischen deutschen Wirtschaft und Gesellschaft.

Eine zweite Fassung folgte am 14. Mai, und schließlich präsentierte Clay am 20. Mai 1946 die letzte Ausformulierung. **Der Plan** galt für ganz Deutschland und enthielt wesentliche Bestandteile dessen, was später im Rahmen der Währungsreform wirklich durchgeführt wurde. Er umfasste über 200 Seiten und enthielt eine komplette Bestandsaufnahme der finanziellen Struktur im Nachkriegsdeutschland. **Der Plan**, der am 26. Juni 1946 vom State Department gebilligt wurde, bildete die Gesprächsgrundlage für die zweite Gesprächsrunde zur Währungsreform im Alliierten Kontrollrat, die im September 1946 begann. Grundsätzliches Einverständnis mit dem CDG-Plan kam nicht nur aus Paris und London, sondern auch aus Moskau. Elementare Meinungsunterschiede gab es hinsichtlich der Frage, wie scharf der beabsichtigte Währungsschnitt erfolgen sollte.

Die Interessenlage der Alliierten

Die Interessenlage der Alliierten war höchst unterschiedlich. Die **französische Militärregierung** stellte sich zunächst einer radikalen Währungsreform entgegen. In Paris war man der Auffassung, dass Deutschland mindestens ebenso stark unter der Inflation leiden sollte wie Frankreich. Außerdem konnte man sich in französischen Regierungskreisen **nicht** mit dem Gedanken anfreunden, Deutschland gemäß dem CDG-Plan vollständig **von der Staatsverschuldung** zu **befreien**.

Auch die **Briten** wandten sich gegen eine allzu radikale Form, da bei ihnen die Befürchtung vorherrschte, die geforderte oder erwünschte Kontrolle der deutschen Wirtschaft sei damit nicht mehr möglich. Auch wurde von Seiten Großbritanniens daran gedacht, dass eine scharfe Währungsreform einen zu starken Eingriff in das Privateigentum bedeutet hätte, was mit den konservativen Vorstellungen der britischen Militärregierung völlig unvereinbar war. Und schließlich ist festzuhalten, dass Großbritannien eine überhöhte Geldumlaufmenge in Deutschland nicht einmal unrecht sein konnte, denn die damit steigenden Preise bedeuteten einen relativen Wettbewerbsvorteil der britischen Anbieter auf dem deutschen Markt und die Bekämpfung eines unangenehmen Wettbewerbers.

Die **Sowjetunion** war dem amerikanischen Plan sehr gewogen und orientierte sich später an ihm im Rahmen ihrer eigenen Währungsreform. Nach Ansicht von Tenenbaum stammten eine Reihe konstruktiver Vorschläge von den Sowjets, auch wenn die Viermächte-Währungsverhandlungen dann an ihrem Widerstand scheiterten, und zwar wegen eines relativ nebensächlichen Problems, nämlich dem Notendruck. Die Sowjets bestanden auf den Druck der neuen Zahlungsmittel in Leipzig und Berlin, wobei die Amerikaner befürchteten, die Russen könnten die Notenpresse unkontrolliert oder womöglich zu ihrem eigenen Vorteil bedienen und akzeptierten nur einen einzigen Druckort, nämlich Berlin. Mit Beginn des Jahres 1947 wurde eine gewisse Verzögerungstaktik Moskaus auffällig; möglicherweise war man dort der Auffassung, ohne eine Währungsreform würde die Zeit für die Sowjets arbeiten. Die sowjetische Militärregierung ging nun stärker daran, scharfe Preiskontrollen einzuführen und das sozialistische System anstelle der Privatwirtschaft zu setzen. In diesen Kontext gehört auch die Auflösung verschiedener Finanzinstitute und die Verstaatlichung der Kreditwirtschaft, der Ersatz des Privatbankprinzips durch das Staatsbankprinzip und die Einschränkung der Preisfunktion durch Kontrollen und Rationierung. Vor diesem Hintergrund erschien natürlich eine Währungsreform wenig dringlich, um nicht zu sagen, unnötig. Dadurch wäre aus sowjetischer Sicht nur die Aufbringung der deutschen Reparationen und die Finanzierung der Besatzungskosten zusätzlich erschwert worden. Schließlich wäre auch an die 12 Milliarden Reichsmark Kassenreserven zu denken, die im Besitz der Sowjets waren und die mit der Währungsreform **wertlos** geworden wären.

Die Außenministerkonferenz in Moskau im Frühjahr 1947 stand schon ganz unter dem Eindruck währungspolitischer Diskrepanzen zwischen den beiden Lagern, wobei nunmehr die Frage in den Vordergrund drängte, wie sich die drei Westzonen auf das Währungsvorhaben einstellen sollten. Es wurde immer klarer, dass die sowjetische Zone bald Ausland sein würde, wobei mit dem Verlust der Reichsmark das letzte wirkliche Bindeglied zwischen den vier Zonen verschwand. Man kann jedoch nicht sagen, dass diese Trennung etwa leichtfertig herbeigeführt worden wäre, denn gerade Tenenbaum hat in seinen Niederschriften deutlich gemacht, wie groß der Wunsch war, die Sowjetunion in die Vereinbarungen einzubinden. Eine endgültige Entscheidung fiel im September 1947 in Washington. Vor dem Hintergrund der Tatsache, dass zur Herstellung und zum Transport der neuen Banknoten etwa neun Monate eingeplant werden mussten, wird möglicherweise auch die sowjetische Verzögerungstaktik verständlich. Und als dann im Herbst 1947 Gerüchte in Umlauf kamen, wonach die Sowjets bereits begonnen hätten, in Leipzig Noten drucken zu lassen, sahen sich die Amerikaner gezwungen, das Währungsreformvorhaben voranzutreiben, so dass ein regelrechter Wettlauf um die Währungsreform begann. Im Übrigen unterstrichen Äußerungen von Marschall Sokolowski im Alliierten Kontrollrat, dass die Sowjets sehr wohl über die Reformvorhaben in den westlichen Zonen Bescheid wussten. Die Währungsverhandlungen waren damit festgefahren und scheiterten endgültig mit dem Auszug der Sowjets aus dem Alliierten Kontrollrat am 20. März 1948.

Dies war den anderen Alliierten zu diesem Zeitpunkt gewiss nicht mehr unerwünscht, so dass in Washington die **Operation „Bird Dog“** anlaufen konnte. Währungsfragen waren schließlich auch Gegenstand des **Konklave von Rothwesten**, das am **5. April 1948** stattfand und das auf Veranlassung des Wirtschaftsausschusses der Bizone zustande gekommen war. Bei der **Bizone** handelte es sich um die Zusammenlegung und wirtschaftliche Integration der amerikanischen und der britischen Besatzungszone. Sie war am 1. Januar 1947 nach Unterzeichnung des Doppelzonenabkommens (Ende 1946 durch die britischen und amerikanischen Militärgouverneure) entstanden. In dieser Bizone entstanden deutsche Zweizonenverwaltungen für Wirtschaft, Ernährung, Landwirtschaft, Finanzen, Arbeit, Verkehr und Post. Am 29. Mai 1947 erhielt die Bizone eine parlamentarische Basis in Form eines Wirtschaftsrates in Frankfurt am Main, der durch Delegierte der Länderparlamente gebildet wurde. Durch den Anschluss Frankreichs im Jahre **1948** wurde aus der Bizone dann die **Trizone**.

9.1.3. Die Währungsreform

Mit den unüberbrückbar gewordenen Meinungsverschiedenheiten zwischen den Ost- und Westalliierten, dem Ende der sowjetischen Mitarbeit im Kontrollrat und der wirtschaftlich unhaltbaren Situation in Deutschland beschlossen die drei Westalliierten die Reform der Währung per **20. Juni 1948**.

Der Währungsreform ging der Aufbau der Landeszentralbanken nach amerikanischem Vorbild voran. In Frankfurt a.M. nahm am **1. März 1948** die **Bank deutscher Länder** als Bank der Banken, d.h. als Spitzeninstitut der Landeszentralbanken ihre Tätigkeit auf. Die Beschlüsse zu Fragen der Währungspolitik wurden im Zentralbankrat, in dem die Präsidenten der elf Landeszentralbanken vertreten waren, gefasst. Mit der Schaffung des Zentralbanksystems wurde die Umstellung der Währung auf ein neues Zahlungsmittel, die Deutsche Mark, ermöglicht. Die wesentlichen Komponenten der von den Militärregierungen der USA, Großbritanniens und Frankreichs gemeinsam verkündeten Währungsreform werden in der Übersicht benannt (Darstellung 79).

Darstellung 79: Maßnahmen und Folgen der Währungsreform 1948

1. Streichung der Verbindlichkeiten des Deutschen Reiches.
2. Erlöschen der Nostro-Guthaben der Geldinstitute.
3. Abwertung der Forderungen und Verbindlichkeiten im Verhältnis von 10 : 1 (bzw. 10 : 0,65) für Einlagen.
4. Einbußen durch Wertminderung von Hypotheken auf zerstörte oder beschädigte Grundstücke.
5. Verlust der Verfügungsmöglichkeit über Aktiva außerhalb des Währungsgebietes, insbesondere der sowjetischen Besatzungszone und der verlorenen Ostgebiete.
6. Starke Reduzierung des Debitorenbestands der Geldinstitute, da die Schuldner die Zeit des flüssigen Geldes vor der Währungsreform zur Rückführung ihrer Reichsmarkkredite nutzten.
7. Entstehung neuer Verbindlichkeiten der Notenbanken und der Landeszentralbanken dadurch, dass Bevölkerung, Wirtschaft und öffentliche Hand mit neuem Geld ausgestattet und entsprechende Guthaben in Deutsche Mark eingeräumt werden mussten.

Durch das Umtauschverhältnis von 10 : 1 und nur teilweiser Freigabe der gutgeschriebenen neuen Währung wurden schließlich aus 100 Reichsmark nur 6,50 Deutsche Mark. Komplizierter verlief die Umstellung für Banken und Versicherungen. Als Ausgleich für die Forderungen gegenüber dem Staat wurden den öffentlichen Institutionen neue Schuldtitel als Ausgleichsforderungen gegenüber den Ländern zugestanden. Darauf wird gleich nochmals zurückzukommen sein.

Mit der Währungsreform in den Westzonen und der kurz darauf folgenden in der russisch besetzten Zone kam auch die Teilung Deutschlands offen zum Ausdruck. Das Bestehen zweier verschiedener Währungen, zweier gegensätzlicher Wirtschaftsordnungen sowie die politische Grenzziehung zwischen den östlichen und westlichen Sektoren Berlins Ende 1948 machten auch dem Außenstehenden eine frühzeitige Entwicklung von zwei deutschen Staaten deutlich. Die Währungsreform lieferte Stalin den Vorwand, alle Versorgungswege mit Ausnahme der Luftwege von und nach Westberlin vom 23. Juni 1948 bis 11. Mai 1949 illegal zu blockieren. Damit wurde die westliche Solidarität sowie die Standhaftigkeit der Westberliner auf eine schwere Probe gestellt.

Darstellung 80: Die vier Gesetze der Währungsumstellung

1. Währungsgesetz vom 20. Juni 1948:
   Umtausch von 60 Reichsmark im Verhältnis 1 : 1; Übergangshilfen.
2. Emissionsgesetz vom 20. Juni 1948:
   Ausschließliches Recht der Notenausgabe für die Bank deutscher Länder; Begrenzung des Umlaufs an Noten und Münzen auf 10 Mrd. DM.
3. Umstellungsgesetz vom 27. Juni 1948:
   Regelung der Altguthaben und -forderungen; Umtausch im Verhältnis 10:1, davon 50 Prozent freigegeben, der Rest vorläufig auf Festkonten eingefroren; zur Finanzierung der freigegebenen Mittel erhalten die Geschäftsbanken Gutschriften in Höhe von 15 DM pro 100 DM Sichteinlagen und 7,50 DM pro 100 DM Termin- und Spareinlagen; bezüglich des Restes: Ausgleichsforderungen.
4. Festkontengesetz vom 4. Oktober 1948:
   Ersatzlose Streichung von 70 Prozent der laut Umstellungsgesetz gebundenen DM-Guthaben, 20 Prozent fortan frei verfügbar, 10 Prozent zur Anlage in Wertpapieren verwendbar.

Die Ausgleichsforderungen

Es ist nun die Frage, welcher Instrumente sich der Wirtschaftsrat zur Sanierung der westdeutschen Finanzwirtschaft bediente. Hierzu gehören in erster Linie die sogenannten Ausgleichsforderungen. Die Ausgleichsforderungen waren Schuldtitel der öffentlichen Hand und stellten ein finanztechnisches Hilfsmittel zur Reform der Währung 1948 dar.

Zunächst zu Begriff und Wesen dieser Ausgleichsforderungen. Es wurde bereits erwähnt, dass die gewaltige Verschuldung des nationalsozialistischen Regimes („geräuschlose Kriegsfinanzierung") vor allem über Geldinstitute erfolgte, so dass sich in den Bilanzen der kreditierenden Unternehmen - wozu Geschäftsbanken und die Deutsche Reichsbank ebenso gehörten wie Versicherungsunternehmen und Bausparkassen - erhebliche Posten an verbrieften und unverbrieften Forderungen gegen das Deutsche Reich niederschlugen. Diese Forderungen betrugen im Durchschnitt etwa 60 Prozent des Vermögens dieser Unternehmen. Etwa 75 Prozent der Gesamtverschuldung des Deutschen Reiches entfielen auf derartige Verbindlichkeiten.

Wie konnte es dazu kommen? Normalerweise wären die Einlagen im Aktivgeschäft zur Kreditgewährung bzw. zur Ausreichung von Hypotheken, den Kauf von Wertpapieren usw. zins- bzw. gewinnbringend reinvestiert worden. In der Kriegszeit jedoch fehlten alternative Anlagemöglichkeiten im kurz-, mittel- und langfristigen Bereich, so dass die Kreditinstitute praktisch gezwungen waren, ihre Finanzmittel in Reichswerten anzulegen. Durch die allgemeine hohe Liquidität im Kriege und die darniederliegende Wirtschaft fehlte es an Nachfrage nach Krediten und Hypothekendarlehen. Andererseits hatten die Kreditinstitute ihren Einlegern im Rahmen des Passivgeschäftes natürlich Zinsen zu bezahlen und suchten Gegenposten, die diese Zinszahlung ermöglichten und in der Tat gab es hier kaum einen anderen Ausweg als dem Deutschen Reich Mittel zur Verfügung zu stellen.

Die Folge all dieser Umstellungsregelungen war das Entstehen einer Lücke auf der Vermögensseite der Bilanzen und eben diese Lücke wurde durch den Posten Ausgleichsforderungen geschlossen, d.h. der Fehlbetrag in der Bilanz wurde per Umstellungsstichtag abgedeckt. Gesetzliche Grundlage für diese Währungsumstellung der Finanzinstitute war das sogenannte **Umstellungsgesetz** vom 27. Juni 1948 mit den entsprechenden Durchführungsverordnungen. Im Rahmen dessen waren zur technischen Durchführung sogenannte **Umstellungsrechnungen** individueller Art vorgesehen, die der Bestätigung durch die Bankenaufsichtsbehörde bedurften. Die personelle Zuständigkeit lag bei zehn deutschen Vertretern des Währungsausschusses und einer Gruppe alliierter Experten, deren Aufgabe es war, die Währungsreform durchführungsreif zu machen. Der Begriff **Ausgleichsforderungen** beinhaltet also sowohl die **Aufgabe** (den Ausgleich der Bilanzen der Finanzinstitutionen) als auch den **Inhalt** (Geldforderung gegen die öffentliche Hand); trotz seiner Wichtigkeit erfreut sich der Fachterminus dieses speziellen Sanierungsinstrumentes jedoch einer erstaunlichen Unbekanntheit.

Dem Charakter nach sind die Ausgleichsforderungen also **Buchforderungen gegen den Staat**, die in die Schuldbücher des Bundes und der Länder eingetragen wurden und sich gegen das Bundesland richteten, in dem das Finanzinstitut seinen Sitz hatte. Der Begriff Ausgleichsforderungen ist auch nicht zu verwechseln mit dem Begriff Deckungsforderungen der Geldinstitute und der Bundespost, die erst später in Verbindung mit dem Lastenausgleichsgesetz entstanden. Sie dienten der Deckung von Entschädigungsansprüchen der Vertriebenen für Sparguthaben, Altsparanlagen sowie für Berechtigte aus dem Lastenausgleich allgemein. Sie waren erst 1980 restlos getilgt.

Ausgleichsforderungen = Buchforderungen gegen den Staat
Ausgleich = Ausgleich der Bilanzen der Finanzinstitutionen/Banken
Forderung = Geldforderung gegen die öffentliche Hand

Der **Gesamtbetrag** der Ausgleichsforderungen der Bank deutscher Länder nach der Umstellungsrechnung vom Stand 31. Dezember 1948 betrug 5429 Millionen DM. Davon entfielen auf die Auszahlung der Kopfbeträge 2782 Millionen, auf die Auszahlung der Geschäftsbeträge 472 Millionen, auf die Ausgabe neuer Kleingeldzeichen 28 Millionen, auf die Erstausstattung von Post, Eisenbahn und Besatzungsmächten 1087 Millionen sowie auf die Versorgung der Landeszentralbanken mit Zentralbankgeld 960 Millionen. Zur Überbrückung von Liquiditätsschwierigkeiten waren die Landeszentralbanken berechtigt, die Ausgleichsforderungen von Geldinstituten zu beleihen oder gar in Ausnahmefällen anzukaufen. Durch die Gewährung der Ausgleichsforderungen wurde im Grunde den Finanzunternehmen ein bilanzmäßiger Ausgleich ihrer Umstellungsrechnungen ermöglicht und damit eine Überschuldung verhindert.

Die kontroverse Diskussion über die Bedeutung der Währungsreform und der Ordnungspolitik

Die Einschätzung bzw. Bewertung des Zusammenhangs zwischen Wirtschaftsordnung und Wirtschaftswachstum in der Diskussion über das Nachkriegsdeutschland verläuft höchst kontrovers. Während der Wirtschaftshistoriker Werner **Abelshauser** die Meinung vertritt, die Bedeutung der Währungsreform von 1948 (für das „Wirtschaftswunder“) dürfe nicht überbewertet werden, da bereits 1946/47 ein beträchtliches Wirtschaftswachstum eingesetzt habe und die Wirtschaft einem trendmäßigen Wachstumspfad folgte, hält ihm der Volkswirt Rainer **Klump** die These entgegen, erst die konsequente Ordnungspolitik, wie sie Ludwig Erhard realisierte, habe das „Wirtschaftswunder“ bewirkt.

In diesem Zusammenhang werden drei Hypothesen vorgetragen, die der theoretischen Erklärung des langfristigen Wirtschaftswachstums dienen sollen.

Die **Strukturbruchhypothese** geht davon aus, dass es seit 1900 drei oder vier Phasen gab, die aufgrund der Brüche im sozialen und ökonomischen Rahmen so unterschiedlich waren, dass eine einheitliche, Kontinuität behauptende Interpretation der wirtschaftlichen Entwicklung unmöglich erscheint. Die Strukturbruchhypothese spricht für die, durch staatliche Wirtschaftspolitik geschaffenen, Wachstumsbedingungen nach 1945 und mithin für die Auffassung Klumps.

Ein zweites Interpretationskonzept stellt die sog. **Lange-Wellen-Hypothese** dar. Sie geht aus von zyklischen Wachstumsmustern (nach Spiethoff Aufschwungs- und Stockungsphasen). Schumpeter stellte einen solchen Zusammenhang von Zyklen mit Basisinnovationen durch dynamische Unternehmer her. Zugleich auftretende Innovationsstöße sind demnach von entscheidender Bedeutung für den konjunkturellen Aufschwung und es wird ein enger Zusammenhang zwischen langfristigem Wirtschaftswachstum und Investitionstätigkeit behauptet. Das „Wirtschaftswunder" wird nach dieser Hypothese als neuer „Kondratieff" interpretiert, also als Element einer über 50 bis 60 Jahre schwingenden Zyklizität. Verantwortlich für das Nachkriegswachstum wären demzufolge die Basisinnovationen in den 1930er und 1940er Jahren gewesen. Das Nachlassen des Wirtschaftswachstums wäre mithin auf eine Abschwächung des Innovationsschubs in den 60er Jahren zurückzuführen.

Einen dritten theoretischen Ansatz bildet schließlich die **Trend- bzw. Rekonstruktionshypothese**, die davon ausgeht, dass ein langfristiger Trend seit dem Kaiserreich vorhanden war, d.h. es wird ein konstanter linearer Wachstumspfad angenommen, wobei die Weltwirtschaftskrise (1929-31) und zwei Weltkriege den Trend unterbrachen, aber in Rekonstruktionsperioden immer wieder dem säkularen Wachstumstrend gefolgt wird. Diese Rekonstruktionsphase der langsamen Wiederannäherung an den langfristigen Wachstumstrend sieht Werner **Abelshauser** in der Nachkriegswirtschaft als gegeben an.

Dem hält nun Klump folgende **Kritik** entgegen:

1. Es sei nicht zulässig, in allen Ländern von einem langfristig konstanten und unabänderlichen Trend des Wirtschaftswachstums auszugehen.
2. Eigentlich hätte es auch in Großbritannien zu „Wachstumsspurts" nach dem Zweiten Weltkrieg kommen müssen. Mit 2,7 Prozent der durchschnittlichen Wachstumsrate des realen Bruttoinlandsprodukts 1949-1954 hielt sich die Entwicklung dort jedoch deutlich zurück. Hingegen wies z.B. die Schweiz, die vom Krieg kaum beeinträchtigt war, ein BIP-Wachstum von 5,7 Prozent auf[77]. Dies deutet nach Auffassung von Klump klar darauf hin, dass Wirtschaftsförderung und Wirtschaftspolitik eine zentrale Rolle spielten.

Begleitet wird Klumps Kritik durch Hinweise auf methodische Unzulänglichkeiten Abelshausers. Insbesondere wirft er ihm vor, sein eigenes Zahlenmaterial (bereinigt oder unbereinigt) nicht richtig zu interpretieren. Abelshauser hatte mit Hinweis auf die Unzuverlässigkeit der amtlichen Zahlen über die Produktion nach dem Zweiten Weltkrieg wegen Warenhortung und Schwarz-

---

77 Klump, Rainer: Wirtschaftsgeschichte der Bundesrepublik Deutschland. Zur Kritik neuerer wirtschaftspolitischer Interpretationen aus ordnungspolitischer Sicht (Beiträge zur Wirtschafts- und Sozialgeschichte. Band 29), Wiesbaden 1985, S. 43.

marktgeschäften eine Neuschätzung des Index der industriellen Produktion vorgenommen und dabei den industriellen Stromverbrauch der Bizone als Indikator der wirtschaftlichen Aktivität herangezogen. Abelshausers Ergebnis war, die industrielle Produktion sei bereits vor der Währungsreform am 20. Juni 1948 weitaus höher gewesen, als bis dahin angenommen, mithin sei *„der Wiederaufbau der westdeutschen Wirtschaft ... schon seit Monaten im vollen Gange“*[78] gewesen. Was immer dies heißt, Faktum ist folgendes:

1. Die amtliche Statistik gibt sehr wohl die Produktionsentwicklung auch vor der Währungsreform wieder, sofern man sie nur um die monatliche Zahl der Arbeitstage bereinigt, wie Albrecht **Ritschl** feststellte[79].
2. Auch die bereinigten Zahlen von Abelshauser beweisen immer noch den sprunghaften Anstieg der Produktionsziffern im dritten Quartal 1948, wenn auch nicht mit der Intensität, die die amtliche Statistik ausweist[80]. Mithin unterstreichen sogar Abelshausers Zahlen die Auffassung von Klump.
3. Klar ist demzufolge, dass die Herstellung eines neuen ordnungspolitischen Rahmens, konkret: die Wiedereinschaltung des Marktmechanismus, eine im Kern entscheidende Weichenstellung bedeutete.

Diese Weichenstellung beinhaltete nun nicht nur die Währungsreform vom 20. Juni 1948, sondern vor allem die Maßnahmen im Rahmen des vier Tage später erlassenen „Gesetzes über Leitsätze für die Bewirtschaftung und Preispolitik nach der Währungsreform“. Damit wurden zahlreiche Bewirtschaftungsvorschriften schlagartig außer Kraft gesetzt und die meisten Preise im gewerblichen Bereich freigegeben, d.h. für die meisten Konsumgüter existierte nun wieder ein realistischer Maßstab aufgrund des freien Spiels von Angebot und Nachfrage. Staatlicher Reglementierung unterlagen nun nur noch einige Preise von Grundnahrungsmitteln, Agrarprodukten und Rohstoffen. Flankiert wurde die Freigabe der meisten Preise durch eine **Steuerreform**. Sie beinhaltete die Senkung der direkten Steuern, die Steuerbefreiung von Überstundenvergütungen, großzügige Abschreibungsmöglichkeiten für die Betriebe sowie Steuervergünstigungen für nicht ausgeschüttete Gewinne. Im Übrigen versuchte man, durch eine Politik des „knappen Geldes“ stabilitätspolitische Signale zu setzen. Es war also ein ganzes Bündel, ein System, von

---

[78] Abelshauser, Werner: Wirtschaft in Westdeutschland 1945-1948. Rekonstruktion und Wachstumsbedingungen in der amerikanischen und britischen Zone, Stuttgart 1975, S. 62.

[79] Ritschl, Albrecht: Die Währungsreform von 1948 und der Wiederaufbau der deutschen Industrie. Zu den Thesen von Mathias Manz und Werner Abelshauser über die Produktionswirkungen der Währungsreform. In: VfZG 33 (1985), S. 135-165, hier: S. 136 ff.

[80] Klump, Wirtschaftsgeschichte, S. 50 i.V.m. Abelshauser, Westdeutschland, S. 57.

Anreizmitteln, die letztlich das „Wirtschaftswunder" bedingten, das aus demselben Grund nicht als „Wunder" bezeichnet werden sollte, es sei denn, man wollte eine konsequente und umsichtige Wirtschaftspolitik bereits so benennen.

Da mit der DM auch wieder Waren in die Regale kamen und die Kaufkraft stieg, von der nur ein kleiner Teil und die Überstunden überhaupt nicht wegbesteuert wurden, nahm die Neigung zur Arbeit erheblich zu. Es wundert daher nicht, wenn die durchschnittliche Wochenarbeitszeit von 39,1 Stunden (1947) auf 48,2 Stunden (1950) zunahm. Unterstrichen wird die Bedeutung dieser Wirtschaftsreformmaßnahmen noch durch den Hinweis darauf, dass diese in der französischen Zone zunächst unterblieben und ebendort die Industrieproduktion im Vergleich zur Bizone zurückblieb, da es dort weiterhin Preisstopps und Zwangszuteilungen gab.

Literatur:

Abelshauser, Werner: Wirtschaft in Westdeutschland 1945-1948. Rekonstruktion und Wachstumsbedingungen in der amerikanischen und britischen Zone, Stuttgart 1975; **Ambrosius**, Gerold: Die Durchsetzung der Sozialen Marktwirtschaft in Westdeutschland 1945-1949, Stuttgart 1977; **Buchheim**, Christoph: Die Wiedereingliederung Westdeutschlands in die Weltwirtschaft 1945-1958, München 1990; **Buchheim**, Christoph (Hg.): Wirtschaftliche Folgelasten des Krieges in der SBZ/DDR, Baden-Baden 1995; **Fisch**, Jörg: Reparationen nach dem Zweiten Weltkrieg, München 1992; **Hoppenstedt**, Wolfram: Gerhard Colm. Leben und Werk (1897-1968), Stuttgart 1997; **Klump**, Rainer: Wirtschaftsgeschichte der Bundesrepublik Deutschland, Stuttgart 1985; **Möller**, Hans: Zur Vorgeschichte der Deutschen Mark. Die Währungsreformpläne 1945-1948, Tübingen 1961; **Schröder,** Hans-Jürgen (Hg.): Marshallplan und westdeutscher Wiederaufstieg, Stuttgart 1990; **Wandel**, Eckhard: Die Entstehung der Bank deutscher Länder und die deutsche Währungsreform 1948. Die Rekonstruktion des westdeutschen Geld- und Währungssystems 1945-1949 unter Berücksichtigung der amerikanischen Besatzungspolitik, Frankfurt am Main 1980; **Weisz**, Christoph: OMGUS-Handbuch. Die amerikanische Militärregierung in Deutschland 1945-1949, München 1994.

Prüfsteine:

1. Wie kam es zur „zurückgestauten Inflation“ und wie wurde das Problem nach dem Zweiten Weltkrieg gelöst?
2. Welche politischen und welche wirtschaftsrelevanten Maßnahmen sollten nach Auffassung der Teilnehmer der Potsdamer Konferenz ergriffen werden? Nennen Sie mindestens je drei!
3. Legen Sie dar, welche Vorstellungen und Pläne seitens der Alliierten während und nach dem Zweiten Weltkrieg von der deutschen Wirtschaft existierten und wie diese letztlich (vor 1949) realisiert wurden!
4. Was beinhaltete der „Industrieplan“ von 1946?
5. Was beinhaltete der Colm-Dodge-Goldsmith-Plan?
6. Welche konkreten Maßnahmen beinhaltete die gemeinsame Währungsreform der drei Westzonen im Juni 1948?
7. Worum handelt es sich bei den sog. „Ausgleichsforderungen“?
8. Die Vorstellungen vom Zäsur-Charakter der Währungsreform von 1948 gehen in der Wissenschaft weit auseinander. Gehen Sie auf die Kontroverse ein und begründen Sie Ihren eigenen Standpunkt!

9.2. Die Entwicklung in der Bundesrepublik Deutschland 1949-1989

9.2.1. Die Soziale Marktwirtschaft in der Theorie

Das Verhältnis von Staat und Gesellschaft

Bevor die Theorie der Sozialen Marktwirtschaft näher beleuchtet wird, ist zunächst auf das Verhältnis zwischen Staat und Gesellschaft und die Stellung von Interessengruppen einzugehen.

Im Staatswesen der Bundesrepublik, das nach Artikel 20, Absatz II, Satz 1 Grundgesetz demokratisch organisiert sein muss, gibt es zwei Arten von Freiheit, nämlich die **Freiheit *im* Staate** z.B. in Form der Wahlbeteiligung, aber auch die **Freiheit *vor dem* Staate** in Form der Grundrechte als Abwehrrechte. Die wirtschaftlich relevanten Grundrechte, wie z.B. Art. 2, 3, 9, 12, 14 Grundgesetz weisen darauf hin, dass dem Staat bei der Regelung des Wirtschaftslebens Grenzen gezogen sind. Eine konsequent durchgeführte Zentralverwaltungswirtschaft wird hierdurch unmöglich. Vielmehr besteht die Aufgabe des Staates in der Bereitstellung einer Rahmenordnung, um das Funktionieren der Wirtschaftsordnung zu sichern und Spannungen innerhalb der Gesellschaft auszugleichen. Insofern ist der Staat kein „Nachtwächter" mehr, sondern hat auch Gestaltungsfunktion.

Die Gesellschaft und die ihr gegebene Wirtschaftsverfassung haben für den Staat also stets den Charakter von etwas, um das er sich zu kümmern hat, das er jedoch nicht in sich aufnehmen darf. Die Verbände und Interessengruppen, wie z.B. die Unternehmerverbände und Gewerkschaften, sind sogenannte **intermediäre Gruppen**, d.h. sie stehen zwischen dem Staat und der Gesellschaft. Dabei sind Unternehmerverbände und Gewerkschaften Ausdruck des in der Wirtschaftsordnung angelegten Gegensatzes zwischen Kapital und Arbeit. Die in Art. 9, besonders Abs. 3, verankerte Vereinigungsfreiheit bzw. Tarifautonomie soll in Form von Lohn- und Tarifverhandungen die beiden Interessengruppen zusammenführen und auf diese Weise zur Kommunikation und zum gegenseitigen Einvernehmen zwingen. Der Staat muss sich hierbei enthalten, kann aber für die Inanspruchnahme der Vereinigungsfreiheit gewisse Bedingungen setzen, z.B. wenn der Gesetzgeber im Tarifvertragsgesetz den Tarifvertrag für allgemeinverbindlich erklären lässt. Des Staates Einfluss auf die Verteilung des Sozialproduktes spiegelt sich in der Steuer- und Sozialpolitik wider.

Die Theorie der Sozialen Marktwirtschaft

Hatte noch im 19. Jahrhundert die soziale Verelendung und Erniedrigung breiter Volksmassen den Ruf nach dem Staat ertönen lassen, so erhielt die soziale Frage in den Augen Walter **Euckens** und der „Freiburger Schule" im 20. Jahrhundert eine vollkommen neue Dimension.

Darstellung 81: Die sogenannte „Freiburger Schule"

Vertreter:	Walter Eucken, Franz Böhm
Geistige Nähe:	Wilhelm Röpke, Alexander Rüstow, Alfred Müller-Armack, Ludwig Erhard
Organ:	Jahrbuch ORDO
Anliegen:	• Gewährleistung einer freiheitlichen Wettbewerbsordnung • Soziale Ausrichtung der Wirtschaftspolitik
Aufgabe des Staates hierbei:	• Schaffung der Grundlagen einer funktionsfähigen Marktwirtschaft • Sorge für die Einhaltung der marktwirtschaftlichen Spielregeln

Eucken erblickte sie in der wachsenden Machtfülle des Staates innerhalb der Zentralverwaltungswirtschaft, die den Menschen zu knechten und zu erdrücken beginne. Die neue soziale Frage ließ sich in den Augen Euckens nicht durch eine Gegenüberstellung von Sozialismus und Kapitalismus beantworten, sondern nur durch die Analyse der Ordnungsformen eines Wirtschaftssystems. Das Ausmaß der Freiheitssphäre des Einzelnen korreliere mit der Wirtschaftsordnung. Eucken sprach sich deshalb ganz entschieden für die Wettbewerbsordnung aus, da nur sie, neben einer optimalen Versorgung der Bevölkerung mit Gütern, die Freiheit des Einzelnen sichern könne. Die Freiheit war somit zu einer wirtschafts- und ordnungspolitischen Aufgabe geworden. Im Gegensatz zu Adam Smith betrachtete Eucken eine solche **Wettbewerbsordnung** jedoch nicht als ein unveränderliches Naturprodukt, sondern er erkannte, dass der Wettbewerb als ihr Ordnungsprinzip geschützt werden müsse **(Neoliberalismus)**. **Eucken** verwies dabei auf die von der Regierung gebilligte Bildung von Kartellen und Syndikaten zur Zeit der Jahrhundertwende, die den Wettbewerb gefährdeten und Machtpositionen in Form von Monopolen erzeugten. Private Macht war für Eucken also ebenso inakzeptabel wie kollektive Macht. Er forderte daher einen rechtlichen Rahmen, um eine echte Wettbewerbsordnung zu garantieren.

Mit ihrem Gesetz gegen Wettbewerbsbeschränkungen im Jahre 1957 erfüllte die Bundesregierung die Forderung Euckens.

Darstellung 82: Das Gesetz gegen Wettbewerbsbeschränkungen 1957

Inhalt:
- Kartellverbot (Horizontale Wettbewerbsbeschränkungen)
- Preisbindungsverbot (Vertikale Wettbewerbsbeschränkungen)
- Missbrauchsaufsicht über marktbeherrschende Unternehmen

Ausnahmen:
- Verkehrssektor
- Montanbereich
- Banken/Versicherung
- Landwirtschaft

Kontrolle?
- Anstieg der Unternehmenszusammenschlüsse von 15 (1950) auf 635 (1980)

Für den Fall, dass sich Monopole nicht kartellpolitisch auflösen ließen, empfahl Eucken eine **Wettbewerb-als-ob-Politik,** d.h. eine gesetzliche Beschränkung des Preises auf die Höhe, die er auch bei vollkommener Konkurrenz annehmen würde.

Dennoch ist Euckens wirtschaftspolitischer Aufgabenkatalog sicherlich unzureichend, um die modernen konjunktur- und sozialpolitischen Probleme zu lösen. Alfred **Müller-Armack** war es dann, der im Rahmen seiner **Theorie der sozialen Marktwirtschaft** zwar auf Eucken aufbaute, aber gleichzeitig eine stärkere Integration von Staat und Gesellschaft in das wirtschaftspolitische Blickfeld vollzog und damit über den Neoliberalismus hinausging.

Im Gegensatz zum Liberalismus, der die Marktwirtschaft als Weltanschauung und allgemeine Lebensregelung betrachtet hat, sah Müller-Armack in der Marktwirtschaft ein Instrument zur Verwirklichung wirtschaftlicher Ziele. Da diese in der Vergangenheit ökonomische Erfolge wie z.B. den Wiederaufbau der Bundesrepublik nach dem Zweiten Weltkrieg hervorbrachte, meinte Müller-Armack, dass wir in der *„Wahl der Wirtschaftsordnung nicht frei seien“.*

Kennzeichen der marktwirtschaftlichen Ordnung ist ein variables Preis- und Rechnungssystem, das sowohl die Dringlichkeit menschlicher Bedürfnisse als

auch die Seltenheit bzw. Knappheit eines Produktionsfaktors sichtbar macht. Es erlaubt deshalb eine optimale Allokation der Ressourcen.
Müller-Armack befürwortete die Marktwirtschaft nicht nur von der ökonomischen, sondern auch, ebenso wie Eucken, von der soziologischen Seite her. Da es in einer Marktwirtschaft Markt und Wettbewerb sind, die wirtschaftliche Macht eindämmen sowie Produzenten und Konsumenten in ein gegenseitiges Abhängigkeitsverhältnis stellen, findet eine Versachlichung und Ausbalancierung der Macht statt. Die Entscheidung für die Marktwirtschaft sei zugleich eine Entscheidung für die Freiheit, da nur die Gewaltenteilung in der Wirtschaft auch geistige und politische Freiheit garantiere.
Das Neuartige an Müller-Armacks Theorie der sozialen Marktwirtschaft ist dabei das Attribut „sozial". Eine Marktwirtschaft werde nämlich nicht schon aus sich heraus gerechte und soziale Lösungen hervorbringen. Deshalb sei neben der Wettbewerbspolitik (im Sinne von Eucken) eine **Korrektur der primären Einkommensverteilung** erforderlich. Der Steuer- und Sozialpolitik biete sich hier ein weites Aktionsfeld.

Müller-Armack sah die Marktwirtschaft also nicht nur als eine Ordnungsform, sondern als ein System, das nach sozialen, geistigen und ethischen Gesichtspunkten ausgestaltet werden kann. Die soziale Marktwirtschaft wird auf diese Weise zu einer „Stilformel", d.h. dem Gegenstand eines bestimmten wirtschafts- und sozialpolitischen Stils. Dieser Stil erhält sein Gepräge und seine Richtung durch die marktwirtschaftliche Ordnung, d.h. er muss einheitlich sein.

In Anlehnung an das Ordnungsdenken Euckens hebt Müller-Armack hervor, dass Wirtschaftspolitik *„von einer bestimmten Ordnungsidee her gemacht werden muss"*, dass wir in der Wahl unserer wirtschaftspolitischen Mittel eben nicht frei seien, sondern durch die Gesamtentscheidung für eine bestimmte Wirtschaftsordnung gebunden sind. Gerade die Sozialpolitik als Teil der Wirtschaftspolitik sollte immer in Einklang mit dem marktwirtschaftlichen Wirkungszusammenhang stehen, d.h. sie sollte marktkonform sein. Ein Mietstopp z.B. wäre marktinkonform, Mietzuschüsse dagegen marktkonform.
Marktkonformität gilt natürlich auch für die Geld- und Konjunkturpolitik. Sie sind unerlässliche wirtschaftspolitische Steuerungsmaßnahmen für eine Marktwirtschaft. Eine harte Währung ist die Voraussetzung für das Vertrauen der Menschen in die marktwirtschaftliche Ordnung, da sie die Ersparnisse in ihrem Wert stabil hält und Grundlage für die in die Zukunft gerichteten Wirtschaftspläne der Betriebe und Haushalte ist. Seit die Währung von der Goldparität befreit wurde, ist es die Aufgabe der Notenbank, die Geld- und

Kreditmenge durch eine gezielte Diskontsatz-, Mindestreserven- und Offenmarktpolitik im Sinne der Geldwertstabilität zu steuern und zu beeinflussen. Da eine Erhöhung bzw. Senkung der Geld- und Kreditmenge zugleich die Nachfrage auf den Gütermärkten beeinflusst, ist eine marktgerechte Geldpolitik zugleich ein wichtiges Instrument der Konjunktursteuerung.
Die Meinungen über die Bedeutung der Geldpolitik im Rahmen der Konjunktursteuerung gehen allerdings auseinander. Während die Monetaristen glauben, dass der private Sektor relativ stabil sei und nur das Wachstum der Geldmenge gesteuert werden muss, empfehlen die Postkeynesianer im Gefolge von Keynes eine gezielte und aufeinander abgestimmte Geld-, Fiskal- und Außenwirtschaftspolitik zum Ausgleich von Nachfrage- bzw. Konjunkturschwankungen.
Keynes war es, der die „revolutionäre" Entdeckung machte, dass sich das volkswirtschaftliche Gleichgewicht, d.h. ein Ausgleich zwischen Investitions- und Sparvolumen auch auf einem Produktionsniveau mit Unterbeschäftigung bilden könne. Im Mittelpunkt der keynesianischen Analyse stand dabei die gesamtwirtschaftliche Nachfrage. Er leugnete die Selbstheilungskräfte des Marktes und wies darauf hin, dass Nachfrageausfälle z.B. im Investitionsgüterbereich auf Grund geringerer Gewinnerwartungen der Unternehmer über den Akzelerator- und Multiplikatoreffekt einen sich selbst steigernden Prozess auslösen könnten, der die Gesamtproduktion auf ein Niveau der Unterbeschäftigung drückt. Keynes erblickte eben im Gegensatz zur Klassik, zum Neoliberalismus und den Monetaristen im Marktmechanismus eine „Rationalitätsfalle", d.h. was aus einzelwirtschaftlicher Sicht vernünftig erscheine, könne aus gesamtwirtschaftlicher Sicht unvernünftig sein. Dieses Problem könne die Wirtschaftspolitik jedoch durch gezielte Maßnahmen zur Belebung der gesamtwirtschaftlichen Nachfrage (wie z.B. Steuersenkungen und Ausgabenprogramme) lösen.

9.2.2. Die Soziale Marktwirtschaft in der Praxis

Wirtschaftsaufbau (1948/49-1951)

Oft taucht die Frage auf, welches das kompetente Regierungsorgan war, bevor der Deutsche Bundestag gegründet wurde. Dieses Vorparlament war der **Frankfurter Wirtschaftsrat** mit 102 Abgeordneten. Der Wirtschaftsrat erließ wichtige Gesetze, etwa das sogenannte **„Leitsätzegesetz"** vom 24. Juni 1948, dessen erste drei Leitsätze von ziemlicher zukünftiger Bedeutung waren. Sie lauteten:

1. Der Freigabe der Bewirtschaftung ist vor ihrer Beibehaltung der Vorzug zu geben.
2. Der Freigabe der Preise ist vor der behördlichen Festsetzung der Vorzug zu geben.
3. Soweit der Staat den Verkehr mit Waren und Leistungen nicht regelt, ist dem Grundsatz des Leistungswettbewerbs Geltung zu verschaffen.

Die Geldausstattung der Unternehmen wurde zunächst bewusst niedrig gehalten. Dadurch zwang man die Wirtschaft, die laufende Produktion schnell anzubieten und vorhandene Lager aufzulösen[81]. Einen weiteren Leistungsanreiz bot die Steuerfreiheit für Überstundenverdienste. Zur besseren Markt- und Preistransparenz erfolgte eine periodische Veröffentlichung von Preisspiegeln (erstmals 11. September 1948) sowie das sog. „Jedermann-Programm", im Rahmen dessen bestimmte Produkte (z.B. Straßenschuhe) zu besonders scharf kalkulierten Preisen produziert wurden. Um das Spekulantentum einzuschränken, wurde am 7. Oktober 1948 das Gesetz gegen Preistreiberei erlassen.

Die erste Phase des Wiederaufbaus war, wie gesagt, gekennzeichnet durch Preisturbulenzen bei eher nachlassenden Preisen, steigendem Nominaleinkommen und Produktionsanstieg. Mit anderen Worten: es kam zu einer beträchtlichen Reallohnsteigerung. Die gesamte Industrieproduktion stieg (ohne Bauhauptgewerbe) vom zweiten Quartal 1948 zum vierten Quartal 1948 von 52,1 auf 75,4 Prozent (Basis 1936 = 100). Am stärksten war der Anstieg in der Investitionsgüterindustrie (von 46,6 auf 75,7 Prozent).

Auch in der zweiten Phase kam es zum Absinken der Preise bis zum Ausbruch der Korea-Krise. Der Preisindex für die Lebenshaltung (1950 = 100) sank von 107 (1949) auf 100 Prozent (1950). Während in Westdeutschland die Preise sanken, stiegen sie in Frankreich von 90 auf 100 und in Großbritannien von 97 auf 100 Prozent, d.h. die Reallohnsteigerung war in Westdeutschland in diesem Jahr besonders kräftig. Der Reallohnschub war also ein Charakteristikum der Post-Reform-Ära.

Die Bruttostundenverdienste der männlichen Industriearbeiter stiegen von 1,22 DM im Dezember 1948 auf 1,33 DM im Dezember 1949, um bis Juni 1950 auf 1,36 DM zu klettern. Die Reallöhne der Industriearbeiter (hier

---

[81] Der nächste Abschnitt nach: Erhard, Ludwig: Wohlstand für alle, Düsseldorf 1957, S. 26, 29, 35-40.

ausgedrückt als Relation zwischen Bruttowochenverdiensten und dem Lebenshaltungskostenindex) stiegen im Jahre 1949 um 20,5 Prozent.

Darstellung 83: Steuerpolitik

Die Steuerreform im Überblick:

- Senkung der direkten Steuern
- Steuerbefreiung von Überstundenverdiensten
- Großzügige Abschreibungsmöglichkeiten
- Steuervergünstigungen für nicht ausgeschüttete Gewinne

Die Steuergesetze im Einzelnen:

- Gesetz Nr. 64 vom 22. Juni 1948 über die vorläufige Neuordnung von Steuern: Zahlreiche steuerliche Sondervergünstigungen zur Investitions- und Sparförderung (z.B. steuerliche Abzugsfähigkeit von Lebensversicherungsprämien und Bausparleistungen)
- 2. Gesetz zur vorläufigen Neuordnung von Steuern vom 20. April 1949: Weitere Steuervergünstigungen
- Gesetz zur Änderung des Einkommensteuergesetzes und des Körperschaftsteuergesetzes vom 29. April 1950:
  - Senkung der steuerlichen Belastung bei der Einkommensteuer
  - Begünstigung des nicht entnommenen Gewinns bei den Unternehmen, d.h. Unterstützung der Selbstfinanzierungsmöglichkeiten sowie erleichterte Kapitalbildung
- Einkommen- und Körperschaftsteuergesetz vom 27. Juli 1951: Teilweise Aufhebung der gezielten Steuervergünstigungen wegen spürbaren Wachstumserfolgen und gesteigerten Haushaltsanforderungen
- Weitere Gesetze 1951/52:
  - Exportförderungsgesetz vom 28. Juni 1951
  - Investitionshilfegesetz vom 7. Januar 1952
  - Kapitalmarktförderungsgesetz vom 15. Dezember 1952

So gewann der Konsument in dieser Phase zunehmend an Marktmacht, der Käufer prägte den Markt, d.h. es herrschte ein **„Käufermarkt“**. Auf der Unternehmerseite erhielten ebenfalls marktwirtschaftliche anstelle produktionswirtschaftlicher Überlegungen stärkere Betonung. Die **Rationalisierungsinvestitionen** erhielten Vorrang. Ihr Effekt lässt sich an der **Produktivitätsentwicklung** ablesen: Von Dezember 1948 bis Juni 1950 steigerte sich die Leistung je Beschäftigtenstunde von 70,3 auf 89,0 Prozent (1936 = 100), wobei die Rationalisierung besonders dort durchgriff, wo der Konkurrenzdruck am stärksten spürbar war. Dies wird besonders deutlich, wenn man etwa den

Fahrzeugbau mit der Kohlenindustrie, die noch außerhalb der Marktwirtschaft stand, vergleicht. Im Fahrzeugbau steigerte sich die Produktivität (1936 = 100) von 49,1 auf 65,7 Prozent, im Kohlenbergbau dagegen gerade mal von 61,3 auf 62,5 Prozent. Es ist keine Frage, dass erst durch diese Rationalisierungserfolge die Lohnerhöhungen ohne Gefährdung der Preisstabilität ermöglicht wurden.

Der Kunde war inthronisiert - wie aber sah es mit dem Arbeitnehmer aus? Wie immer waren die Rationalisierungen mit dem Wegfall von Arbeitsplätzen verbunden. Die damalige Regierung war jedoch geduldig genug, ihre Auffassung durchzusetzen, dass nur rationelle Arbeitsplätze auf Dauer sichere Arbeitsplätze waren. Ludwig **Erhard** wurde in Anbetracht der Tatsache, dass die Arbeitslosigkeit von 760.000 Ende 1948 auf 1,56 Millionen Ende 1949 gestiegen war, der Zusammenbruch seiner Wirtschaftspolitik vorgeworfen. Dass die Zahl der Arbeitsplätze nur um 150.000 zurückging, der Rest arbeitslos Hinzugekommene waren, wurde geflissentlich übersehen.

Ein Blick auf die Außenwirtschaft zeigt, dass es ein recht mutiger und keineswegs unumstrittener Schritt war, die deutsche Außenhandelspolitik völlig neu zu gestalten und die deutsche Wirtschaft dem internationalen Wettbewerb auszusetzen. In diesen Zusammenhang gehört die **Abwertung** der DM am 19. September 1949 um 20 Prozent und die Neufestsetzung der Dollarparität von 3,33 DM auf 4,20 DM. Die Exporte verdreifachten sich von Oktober 1949 bis Dezember 1950, doch die Importe schnellten noch kräftiger empor, so dass die ersten Jahre der Bundesrepublik durch eine eindeutig passive Zahlungsbilanz gekennzeichnet waren. Das Defizit betrug 1949 1,114 Milliarden Dollar und 1950 723 Millionen Dollar. Es war nicht leicht, in Anbetracht der starken Forderungen von alliierter Seite (USA, England), einer Politik des „billigen Geldes" zu widerstehen.

Sehr sorgfältig bediente man sich der währungspolitischen Instrumentarien. Die Bank deutscher Länder löste am 1. Juni 1949 vorsichtig die Kreditschraube, indem sie die Mindestreservesätze von 15 auf 12 Prozent bzw. von 10 auf 9 Prozent ermäßigte. Am 27. Mai 1949 und am 14. Juli 1949 senkte sie den Diskontsatz um je ½ Prozent, d.h. von 5 auf 4 Prozent. Im Spätsommer 1949 erhielten die Geldinstitute zudem eine einmalige Refinanzierungshilfe für langfristige Produktions- und Investitionskredite in Höhe von 300 Millionen DM. Weitere Senkungen folgten und wurden begleitet von Finanzhilfen für Arbeitsbeschaffungsprogramme und Wohnungsbauunterstützung.

Die CDU hatte ihre wirtschaftspolitischen Aussagen einer Verstaatlichung der Grundstoffindustrien gemäß dem Ahlener Programm mit den Düsseldorfer

Leitsätzen vom 15. Juli 1949 aufgegeben und den Wahlkampf zum ersten Bundestag mit dem Schlagwort „Soziale Marktwirtschaft“ geführt.

Das **Besatzungsstatut** vom 21. September 1949 enthielt noch einige Souveränitätsbeschränkungen und war revisionsbedürftig. Eine zentrale Frage spielte dabei das zuvor am 29. Dezember 1948 erlassene **Ruhrstatut**, das praktisch eine Kontrolle der deutschen Wirtschaft durch die drei Westalliierten und durch die Beneluxstaaten vorsah. Im Deutschen Bundestag kam es über diese „Fremdherrschaft“ im Ruhrgebiet zu großen Auseinandersetzungen. Mit Abschluss des **Petersberger Abkommens** durch die Bundesregierung und die drei Hohen Kommissare in der provisorischen Hauptstadt Bonn am 22. November 1949, das die Beteiligung der Bundesrepublik an internationalen Organisationen regelte und wirtschaftliche Erleichterungen sowie den Demontagestopp für einige größere Werke brachte, erkannte die Bundesrepublik das Sicherheitsbedürfnis der Westalliierten gegenüber Deutschland durch ihren am 30. November 1949 erfolgten Beitritt zum Ruhrstatut an. Dadurch zeichneten sich für Deutschland die Möglichkeit eines Mitwirkens an den Beschlüssen dieser Kontrollinstanz und einer westeuropäischen Integration ab. Das Petersberger Abkommen kündigte gleichzeitig das Europäische Wiederaufbauprogramm (**European Recovery Program**) an. Im krassen Widerspruch zu den Auslandshilfen standen allerdings die noch nach Gründung der Bundesrepublik vereinzelt vorgenommenen Demontagen.

Exkurs: Der Marshall-Plan

Die Auslandshilfen wurden über die Organisation für europäische wirtschaftliche Zusammenarbeit (**Organization of European Economic Cooperation, OEEC**), der die Bundesrepublik Ende 1949 beitrat, den Mitgliedsstaaten für eine Förderung des freien Handelsverkehrs zur Verfügung gestellt. Der vom amerikanischen Außenminister George C. Marshall am **5. Juni 1947** vor Harvard-Studenten verkündete Plan sollte über eine Wirtschaftshilfe hinaus dem darniederliegenden Europa zur politischen Stabilisierung dienen und dem kommunistischen Expansionsdrang Einhalt gebieten (**Truman-Doktrin**). Die ERP-Auslandshilfe allein belief sich für die 18 in der OEEC zusammengeschlossenen Länder in den Jahren von 1948 bis 1952 auf 14,7 Milliarden US-Dollar. Die Bundesrepublik erhielt in diesem Zeitraum 1,585 Milliarden US-Dollar.

Die Leistungen aus dem **ERP-Fonds** an Deutschland wurden als „claim against Germany“ gewährt, enthielten keine Rückzahlungsmodalitäten und waren als echte Zuschüsse („*grants*“) zu betrachten. Sie trugen mit dazu bei, die entstandene **„Dollarlücke“** - den Mangel an Dollar für Güterimporte - zu beseitigen. Die ERP-Hilfe stellte Dollar bzw. Güter zur Verfügung, die in der Bundesrepublik mit Inlandswährung bezahlt wurden. Somit konnte die Bundesrepublik ein „ERP-Sondervermögen“ erstellen, das in der Bundesrepublik zur Finanzierung von Investitionsprojekten und Aufbauvorhaben in Form von günstigen Darlehen auch über das Ende der ERP-Hilfe 1952 hinaus diente und etwa 1975 als Konjunkturspritze der Bauwirtschaft zugute kam.

Darstellung 84: Marshallplan - European Recovery Program (Europäisches Wiederaufbauprogramm) (1948-1952)

- Verkündet durch eine Rede des amerikanischen Außenministers George Marshall am 5. Juni 1947 an der Universität Harvard.
- Hilfe zur Wiederingangsetzung der westeuropäischen Wirtschaft.
- Mischung aus politischen („*containment*“), ideologischen (Demokratie, Marktwirtschaft) und wirtschaftlichen Gründen (Absatzmarkt, Handelspartner).
- 3. April 1948: Amerikanischer Kongress verabschiedet Auslandshilfegesetz.
- 16. April 1948: 16 Länder unterzeichnen Konvention über europäische wirtschaftliche Zusammenarbeit.
- Hilfe bestand aus Darlehen (zum Teil ohne Rückforderungsrecht) und Sachleistungen.
- Wert der Güter, den die Westzonen bzw. die BR Deutschland erhielt: ca. 1,56 Mrd. US-Dollar (1948-1952).
- Verteilung in der BRD:

Verteilung in der BRD:	Landwirtschaft und Ernährung	42 Prozent
	Industrie und Handwerk	50 Prozent
	Transporte und Lieferungen	8 Prozent

- Die beteiligten Länder verpflichten sich zur Liberalisierung ihres Zahlungs- und Warenverkehrs.
- 1. Juli 1950: Gründung der Europäischen Zahlungsunion (EZU).
- Vor dem Marshallplan: Soforthilfe (vorwiegend Nahrungsmittel) im Rahmen von GARIOA (Government Appropriations and Relief for Import in Occupied Areas). Umfang: 1,62 Mrd. US-Dollar.

Freie Bahn
ZOLL
GRENZE
DEM
MARSHALLPLAN

Korea: Krise und Boom

Eine weitere gezielte Nachfragebelebung erfolgte im April 1950 mit dem Beschluss über Steuersenkungen und Steuerrückerstattungen, dem jedoch von Seiten der Alliierten die Genehmigung versagt blieb.

Gleichwohl gelang es, das Geld stabil zu halten und den **Produktionsindex** von 90,9 im Januar 1950 auf 107,6 im Juni 1950 (!), d.h. um 20 Prozent steigen zu lassen. Die Ausfuhr stieg von 485,5 Millionen DM im Dezember 1949 auf 651,9 Millionen DM im Juni 1950 an, wobei der Einfuhrüberschuss von 532,7 auf 198,6 Millionen DM zurückgeführt werden konnte.

Die Arbeitslosigkeit nahm in diesem Halbjahr um 760.000 ab, die Zahl der Beschäftigten stieg noch stärker. Dies ist jedoch nicht mit dem Korea-Boom zu erklären, im Gegenteil. Die **Korea-Krise** führte zwar zu Vorratskäufen bei überhöhten Preisen und mit wenig Rücksicht auf Qualität, sie brachten aber **Turbulenz** in die eben konsolidierte Wirtschaftsentwicklung, die wirtschaftspolitisch kaum wünschenswert sein konnte. Der Produktionsindex war von 107,6 im Juni auf 133,3 im November 1950 emporgeschnellt. Ähnlich gingen die industriellen Erzeugerpreise in die Höhe und der Lebenshaltungskostenindex kletterte von 148 im September 1950 auf 170 Ende 1951 (1938 = 100). In Anbetracht dieser Nervosität sahen nicht nur notorische Pessimisten ihre Konsumfreiheit bereits wieder schwinden. Selbst im Regierungslager begannen viele den soeben gewonnenen Glauben an die Marktwirtschaft zu verlieren und versuchten, Erhards Kompetenzen zu beschneiden. Diesem gelang es dadurch auch noch nicht, überfällige Preisentzerrungen im Roh- bzw. Grundstoffbereich vorzunehmen. Das **Investitionshilfe-Gesetz** konnte erst am 13. Dezember 1951 im Bundestag verabschiedet werden. Die USA drängten auf Bewirtschaftungsmaßnahmen und verzögerten die Freigabe aus dem Gegenwert-Fonds.

Dass die Indexziffern im Bereich Kohle, Eisen und Stahl noch relativ zurückblieben, konnte kaum, wie es von gewerkschaftlicher Seite getan wurde, der Marktwirtschaft angelastet werden. Im Gegenteil: gerade diese Bereiche waren stark bürokratisiert und gelenkt und sind leider bis heute nicht gründlich preisbereinigt worden. Es war jedoch marktwirtschaftlich fragwürdig, mit dem Investitionshilfe-Gesetz dem Grundstoffbereich eine Milliarde DM Kreditmittel zuzuführen (297 Mill. Eisen und Stahl, 228 Kohlenbergbau, 242 Elektrizitätswirtschaft, 106 Gas, 77 Wasser, 50 Bundesbahn), womit Investitionsvorhaben in Höhe von 4,745 Milliarden DM durchgeführt werden konnten.

Koreakrise und Kaufkraftzuwachs hatten die Importe derartig wachsen lassen, dass die deutsche Handels- und noch mehr die **Zahlungsbilanz** stark **passiv** wurde, soweit sogar, dass der von der **Europäischen Zahlungsunion (EZU)** eingeräumte Kreditrahmen von 320 Millionen Dollar bald erschöpft war. Die Planwirtschaftler fühlten sich wieder einmal bestätigt. Was konnte der Wirtschaftsminister tun? - Er zog Liquidität ab, indem er die Mindestreserven erhöhte, die Rediskontierung von Bankakzepten beschränkte und den Diskont- und Lombardsatz von 4 auf 6 Prozent bzw. 5 auf 7 Prozent heraufsetzte. Die sozialistische Seite forderte, den Preissteigerungen müssten unbedingt Lohnsteigerungen folgen. Erhard konterte, dies sei sogar bei Preissenkungen möglich, wenn sich die Produktivität entsprechend steigere. Ebendies bedeute Marktwirtschaft.

Außenwirtschaftlich brachte das Jahr, genauer: das zweite Quartal 1951, die Wende. Zwischen April und Juni wurde ein Aktivsaldo von 350 Millionen DM erwirtschaftet und leitete eine Entwicklung ein, die langfristig anhielt. Durch den stets verbesserten Ausgleich von Angebot und Nachfrage wurde der Preisanstieg gedämpft. Rohstoff- und Lebenshaltungskosten sanken. Sozialpolitischer Ausdruck dieser Aufwärtsentwicklung war das Ansteigen der Beschäftigtenzahl von 13,83 Millionen 1950 auf 15 Millionen 1952.

Im Zuge des Korea-Booms und der damit einsetzenden Rohstoffverknappung sowie Auslastung der westlichen Produktionskapazitäten, gelang es der deutschen Exportwirtschaft, auf dem Weltmarkt wieder Fuss zu fassen. Mit der Unterzeichnung des **Montanunion**-Vertrages am 18. April 1951 wurde nicht nur das Ruhrstatut abgelöst und die Bundesrepublik als gleichberechtigter Partner in die **Europäischen Gemeinschaft für Kohle und Stahl** aufgenommen, sondern dieser vom französischen Außenminister Robert **Schuman** entworfene **Plan** sollte außerdem den Anfang der europäischen Einigung darstellen. Sowohl international wie auch national befand sich die Bundesrepublik nun im Aufwind. Dies galt auch ökonomisch. Ende 1951 hatte die Bundesrepublik kaum mehr Probleme mit den Währungsreserven; ihr war der Wiederanschluss an die Weltwirtschaft gelungen.

Konsolidierung und Neuorientierung der Wirtschaftspolitik (1952-1958)

Nach den Jahren des Wiederaufbaus setzte im Zeitraum von 1952 bis 1958 im Rahmen der Sozialen Marktwirtschaft eine zweite Phase der wirtschaftlichen Entwicklung in der Bundesrepublik ein, die durch **hohe Wachstumsraten** des Bruttosozialprodukts vor allem im Bereich der industriellen Produktion gekennzeichnet war. Innerhalb von weniger als zehn Jahren setzte sich die Bundesrepublik an die Spitze der Industrie- und Handelsnationen. Die neue Ordnung hatte sich durchgesetzt und bewährt.

Im Mai 1952 wurde der **Deutschlandvertrag** unterzeichnet, der die Bundesrepublik aus der „Vormundschaft" der westlichen Alliierten entließ und ihr de facto die **volle Souveränität** schon vor Inkrafttreten der Pariser Verträge (5. Mai 1955) gewährte, die für die Bundesrepublik nicht nur eine Eingliederung in das westliche Wirtschaftssystem, sondern auch eine Integration in eine Verteidigungsgemeinschaft vorsahen. Zuvor am 9. Juli 1951 beendeten die USA, Großbritannien und Frankreich formell den Kriegszustand mit Deutschland; die UdSSR zog erst am 25. Januar 1955 nach. Teile der wiedergewonnenen Souveränität wurden in diesem Zeitabschnitt übernationalen Organisationen (Montanunion, NATO, EWG) übertragen.

Die Marktwirtschaft zeigte sich in diesen Jahren allen Anfechtungen gewachsen. Es war der SPD-Wirtschaftsexperte Karl Schiller, der 1952 im Dortmunder Aktionsprogramm die neue Wirtschaftsordnung mit der Formulierung *„Wettbewerb so weit wie möglich, Planung soweit wie nötig"* würdigte und sie somit im wesentlichen guthieß. Am 27. Juli 1957 trat das **Gesetz gegen Wettbewerbsbeschränkungen** in Kraft **(Kartellgesetz)**, das Kartelle mit einigen Ausnahmen verbot. Aufgrund der marktwirtschaftlichen Erfolge wurde die zunächst abgelehnte Wirtschaftsordnung von der SPD im September 1959 mit dem Godesberger Programm anerkannt. Damit schien die heftige Polarisierung der beiden größten deutschen Parteien auf diesem Gebiet beendet.

Im Alltag werden die **„freie"** und die **„soziale" Marktwirtschaft** häufig verwechselt. Dies ist nichts weniger als die Verwechslung des amerikanischen mit dem deutschen Wirtschaftssystem. Es kann kein Zweifel bestehen, dass - wie bereits ausgeführt - dem Attribut „sozial" ganz besondere Bedeutung zukommt. Dieser soziale Aspekt fand in der positiven Gesetzgebung, in der Formulierung gesellschaftlicher Normvorschriften, einen reichen und deutlichen Niederschlag. In keinem Land der Welt wurde in den 1950er Jahren so sozialreformerisch gewirkt wie in der Bundesrepublik Deutschland. Bestimmte Reformen, wie etwa die **Dynamisierung der Renten** im Jahre 1957, waren nirgendwo sonst zu dieser Zeit schon realisiert. Gerade diese Kombination sozialer Errungenschaften, wie sie in temporärem und keineswegs vollständigem Ausschnitt in Darstellung 85 festgehalten ist, bildet zusammen mit den festen wirtschaftspolitischen Grundsätzen (Stabilitätspolitik, antizyklische Konjunkturpolitik, Ordnungspolitik etc.) genau jene spezifische gesellschaftspolitische Mischung, die allein Soziale Marktwirtschaft genannt zu werden verdient.

Darstellung 85: Die Sozialgesetzgebung 1949-1957 (Auswahl)

- Sozialversicherungsanpassungsgesetz (1949)
- Soforthilfegesetz (1949)
- 1. Wohnungsbaugesetz (1950)
- Gesetz über Hilfsmaßnahmen für Heimwerker (1950)
- Bundesversorgungsgesetz (1950)
- Heimarbeitsgesetz
- Gesetz über Wohneigentum und Dauerwohnrecht
- Mitbestimmungs- und Kündigungsschutzgesetz
- Lastenausgleichsgesetz (1952)
- Mutterschutzgesetz (1952)
- Gesetz über die Festlegung von Mindestarbeitsbedingungen (1952)
- Schwerbeschädigtengesetz (1953)
- Betriebsverfassungsgesetz (1954)
- Kindergeldgesetz (1954)
- Gesetzgebung zur Sozialversicherung, z.B. Dynamisierung der Renten (1957)

Hochkonjunktur und fortgesetzter Neoliberalismus (1959-1966)

Zu Beginn der dritten Phase der wirtschaftlichen Entwicklung von 1959-1966 zeichneten sich Störungen im Wirtschaftsablauf ab. Die deutsche Kohlenwirtschaft geriet dadurch, dass Kohle billiger importiert und darüber hinaus zunehmend durch Öl substituiert wurde, in eine schwere Strukturkrise. Mehr als sieben Millionen Tonnen Kohle lagen auf Halde; diese Situation war für die Bevölkerung Jahre zuvor noch unvorstellbar. Staatliche Hilfen für Rationalisierungsmaßnahmen in diesem Bereich wurden notwendig. Insgesamt stiegen Produktion und Konsum; es kam zu einer Überbeschäftigung und trotz der Maßhalteappelle Erhards zu einer **Konjunkturüberhitzung**, bis 1966 der vorher durch den Sachverständigenrat aufgezeigte Konjunkturumschwung eintrat. Der Nachholbedarf der Nachkriegszeit war weitgehend gesättigt; die überdurchschnittlichen Wachstumsraten gingen auf ein normales Maß zurück. Politisch gesehen war diese letzte Phase der uneingeschränkten Sozialen

Marktwirtschaft auch das Ende der CDU/CSU-Regierung unter Adenauer und Erhard.

Mit dem Regierungswechsel im Dezember 1966 und der folgenden Regierung der großen Koalition von CDU/CSU/SPD unter Kanzler Kiesinger und Wirtschaftsminister Schiller begann auch eine neue wirtschaftspolitische Ära. Die marktwirtschaftliche Ordnung wurde beibehalten und um Elemente der gesamtwirtschaftlichen Rahmenplanung ergänzt (z.B. mittelfristige Finanzplanung, antizyklische Konjunkturpolitik, Globalsteuerung, Konzertierte Aktion, Leitziele im magischen Viereck etc.).

Das „Wunder" in der Krise und die neue Konzeption: Globalsteuerung (1967-1975)

Das im Anschluss an die Rezession der Jahre 1966/67 verabschiedete **Stabilitätsgesetz** forderte dann auch in Übereinstimmung mit Keynes eine **globale Wirtschaftssteuerung** zur Herstellung oder Aufrechterhaltung des gesamtwirtschaftlichen Gleichgewichtes.

Doch während es 1967 dem damaligen Wirtschaftsminister Karl **Schiller** auf Grundlage der keynesianischen Lehre gelang, einen Aufschwung nach Maß herbeizuführen, erwiesen sich die wirtschaftspolitischen Waffen von Keynes später als zu stumpf.

In Konsequenz der Tatsache, dass die Wirtschaft der Bundesrepublik nach dem Zweiten Weltkrieg 1966/67 erstmals eine leicht negative Wachstumsrate (BSP -0,2 Prozent) aufwies, sah sich die Bundesregierung zu umgehendem Handeln veranlasst. So wurde 1967 das sog. **Stabilitätsgesetz** erlassen, das auf drei wirtschaftspolitische Ziele ausgerichtet war, die man auch als „magisches Dreieck" bezeichnete: Vollbeschäftigung, Preisstabilität und außenwirtschaftliches Gleichgewicht. Zur Durchsetzung der Wirtschaftspolitik bediente man sich neuer wirtschafts- und stabilitätspolitischer Instrumentarien, zu denen die folgenden gehörten:

- Antizyklische Konjunkturpolitik und Konjunkturausgleichsrücklagen
- „Konzertierte Aktion"
- Prognoseverfahren und Finanzpläne
- Jahreswirtschaftsberichte
- Globalsteuerung.

Bei den Konjunkturausgleichsrücklagen handelte es sich um Mittel, die zu Zeiten der Hochkonjunktur zurückgelegt, d.h. bei der Bundesbank fest- bzw. stillgelegt wurden, um sie bei absterbender Konjunktur zur Belebung einzusetzen nach dem Motto: Spare in der Zeit, dann hast du in der Not!

Unter Globalsteuerung versteht man die wirtschaftspolitische Lenkung makroökonomischer Größen zur Stabilisierung der Wirtschaftsentwicklung. Voraussetzung dafür ist eine starke empirische Basis zur zuverlässigen Diagnostizierung und Prognostizierung der volks- und weltwirtschaftlichen Entwicklung sowie gesicherte Einsichten in den Wirkungsmechanismus finanz- und geldpolitischer Maßnahmen. In den Regelkreis der Globalsteuerung gehören auch Präventiv- bzw. Begleitmaßnahmen wie die erwähnte „Konzertierte Aktion", durch die mögliche Konflikte ausgeschaltet werden sollten. Dazu wurde in § 3 des Stabilitätsgesetzes ein Gremium vorgesehen, das den Versuch unternehmen sollte, einen Konsens über die Einkommen und deren Verteilung zu finden. Teilnehmer waren Vertreter des Staates, der Arbeitgeber, der Arbeitnehmer, der Notenbank sowie der Sachverständigenrat. Die Beschlüsse der Konzertierten Aktion waren nicht bindend, so dass ihre konjunkturpolitische Wirkung nicht überschätzt werden sollte. Die Gewerkschaften boykottierten schließlich die Aktion.

In der Tat kam es nach 1967 wieder zu einer starken „Konjunktur" mit Wachstumsraten von bis zu 8,2 Prozent (1969), die sich jedoch Anfang der 70er Jahre wieder abschwächte, um bis Sommer 1973 erneut anzuziehen. Die Entwicklung mündet schließlich - nicht zuletzt als Folge der Ölkrise von 1973 - in eine scharfe Rezession mit einem Rückgang der BSP um 1,8 Prozent.

Unangenehme Begleiterscheinung des Booms war eine angestiegene Inflationsrate, und im Kontext des Abschwungs erreichte die Arbeitslosenquote erstmals in der Nachkriegszeit über vier Prozent.

In der Konsequenz führte die neue Finanzpolitik - in Verbindung mit der seit 1969 unter der sozial-liberalen Koalition besonders forcierten Verteilungspolitik - zu einer erheblichen Ausweitung der Staatsverschuldung, die der damalige Finanzminister **Möller** 1971 nicht mehr weiter mitzutragen bereit war und zurücktrat. Karl Schiller versuchte sodann als „Superminister" einen prozyklischen Kurs der Konsolidierung der Staatsausgaben mit dem vorrangigen Ziel der Eindämmung der Inflation, doch gab die Ölkrise dem Preisauftrieb neuen Vorschub. Immerhin führte die beträchtliche Inflationsrate von sieben Prozent im Jahre 1973 dazu, dass endlich der Wechselkurs der DM gegenüber dem Dollar freigegeben wurde, wodurch der deutschen Geldpolitik neue Möglichkeiten eröffnet wurden, restriktive Maßnahmen zu ergreifen.

Was die Lohnpolitik anbelangt, war es infolge der inflatorischen Schwankungen zunehmend schwieriger geworden, die Lohnzuwachsraten anzupassen. Arbeitnehmer und Gewerkschaften orientierten sich an den höheren Preisen und formulierten entsprechend hohe Forderungen. Die Arbeitgeber andererseits versuchten, die Lohnsteigerungen über die Preise abzuwälzen. Schließlich erreichten die Tarifabschlüsse im öffentlichen Dienst Anfang 1974 12 Prozent, da man von einer zweistelligen Inflationsrate ausgegangen war. Es stellte sich jedoch bald heraus, dass der Erwartungswert wesentlich höher als der reale war. Die Reallöhne fielen nun so hoch aus, dass dies nicht ohne Konsequenzen für die Investitionstätigkeit blieb. Die Erscheinung, die man dann „Anspruchsinflation" nennen sollte, führte also im Ergebnis zu einer starken Rezession, in deren Gefolge die Arbeitslosigkeit weiter zunahm. Staat und Gewerkschaften hatten das Sozialprodukt so stark strapaziert und die private Wirtschaft darauf mit Preiserhöhungen und nachlassender Investitionstätigkeit reagiert, dass insgesamt eine deutliche Lähmung der Wirtschaft eintrat, zumal es in der Folgezeit üblich blieb, zu hohe Ansprüche zu formulieren, ohne die gesamtwirtschaftliche Substanz adäquat zu berücksichtigen.

Ölpreisschock, „Grüne Welle" und Übergang zum Monetarismus

Nach der Rezession im Jahre 1974/75 gab die Bundesregierung nicht weniger als 70 Milliarden DM aus, um die Konjunktur anzukurbeln und die Arbeitslosigkeit zu vermindern. Dennoch schwankte die jährliche Arbeitslosenrate um die 5 Prozent herum und auch später zeichnete sich keine Entlastung des Arbeitsmarktes ab. Die Wirtschaftspolitik kann eben nur **Investitionsanreize** in Form von Beihilfen und Steuernachlässen geben. Sie kann die Unternehmen nicht zum Investieren zwingen. Viele Unternehmen benutzen die Staatssubventionen auch zu arbeitssparenden Rationalisierungsinvestitionen, anstatt ihre Kapazitäten zu erweitern. Denn die unter nationalem und internationalem Konkurrenzdruck befindliche Industrie stand und steht unter dem Zwang einer ständigen Kostensenkung, was sicherlich auf der einen Seite die Leistungsfähigkeit und die technische Entwicklung fördert, auf der anderen Seite jedoch die sozialpolitische Gefahr arbeitsplatzsparender Investitionen (Rationalisierungs- und Auslandsinvestitionen als Antwort auf die hohen Lohnkosten) in sich birgt. Zwar ging **Keynes** von einer Flexibilität des Lohnniveaus auch nach unten aus, aber Lohnsenkungen erschienen auf Grund der bestehenden Machtverhältnisse illusorisch und nicht durchsetzbar (**„Anspruchsinflation“**). Die Senkung der Arbeitszeit bot hier eine mögliche Alternative.

Es blieb zunächst eben nur das Wirtschaftswachstum und eine Steigerung der Gesamtproduktion, um die durch Produktivitätsfortschritte freigesetzten Arbeitskräfte in den Arbeitsprozess zu reintegrieren. Die Bedeutung des wirtschaftlichen Wachstums für den Arbeitsmarkt ergibt sich aus dem Anteil der Nettoinvestitionen für Anlagen am Bruttosozialprodukt. Dieser Anteil betrug 1973 11 Prozent.

Doch neben der Schwierigkeit, wirtschaftliches Wachstum herbeizuführen, bestand das Problem, die erzeugten Güter wieder abzusetzen. Jeder Steigerung der Gesamtproduktion ist der Zwang zu einem höheren Konsum immanent.

Auch die **Rohstofffrage** und die **Umweltbelastung** müssen bei dem Streben nach ständigem Wirtschaftswachstum beachtet werden.

In den 1970er Jahren wurden die Verflechtung und die gegenseitige Abhängigkeit von Staat und Wirtschaft besonders im Energiebereich deutlich. Denn die Nutzung der Kernenergie ist angesichts der Milliarden-Investitionen nicht mehr nur eine energiepolitische, sondern auch eine wirtschaftspolitische Frage. Die neue Orientierung an **ökologischen** Problemstellungen gewann in den späten 1970er und in den 1980er Jahren erheblichen Aufwind und führte auch zu parlamentarischer Verankerung der „grünen Bewegung“ auf Bund-, Länder- und kommunaler Ebene.

Seit etwa 1976 folgte die Wirtschaftspolitik der Bundesrepublik einer geänderten Konzeption. Voraussetzungen dafür wurden u.a. mit dem Zerfall des Währungssystems von Bretton Woods im März 1973 geschaffen, die den größeren geldpolitischen Handlungsspielraum für den Umschwung brachte.

Anstelle der Makrosteuerung versuchte man nun eine regelgebundene, am Produktionszuwachs orientierte und so mittelfristig preisniveaustabilisierende Geldmengenpolitik. Die Globalsteuerung war in eine am **Monetarismus** orientierte Konzeption übergegangen.

Gleichwohl gelang die gewünschte Stabilisierung nicht. Der Wachstumsschub, der 1976 sichtbar wurde, ging bald in eine Schwächeperiode über, die jedoch auch extern begründet war (**zweiter Ölpreisschock 1980**). Der absolute Rückgang des Welthandelsvolumens und anhaltende binnenwirtschaftliche Probleme (Preisniveau 1980: 5,3 Prozent; anhaltend hohe Arbeitslosigkeit etc.) führten zu einer **Stabilisierungskrise** und **Rezession**. In dieser Zeit kam dann auch die politische „Wende“. Die Arbeitslosenzahl von zwei Millionen wurde (allerdings bei ständig zunehmender Erwerbsbevölkerung) 1982 erreicht und seitdem kaum mehr unterschritten.

Ein finanzpolitisch latentes Problem blieb die **Staatsquote** bzw. das **Haushaltsdefizit**. Nach dem Regierungswechsel wurde eine quantitative Konsolidierung der öffentlichen Haushalte auf der Ausgabenseite versucht, die immerhin zu einer Reduzierung der Neuverschuldung führte. Die qualitative Konsolidierung, insbesondere die steuerliche Entlastung der Einkommen, wurde jedoch kaum erreicht, da die ständig steigenden Sozialbeiträge die stufenweise Einkommensteuersenkung konterkarierten.

Der einem Wettbewerbssystem immanente Zwang zur Kostensenkung, zur Entwicklung neuer Produkte und neuer Technologien und überhaupt zur Marktanpassung, fördert sicherlich auch die Bildung von Großunternehmen und Konzernen. So ist festzustellen, dass sich der **Konzentrationsprozess** seit 1969 beschleunigt hat. Zwar lässt sich nicht exakt feststellen, ob die Wettbewerbsintensität abgenommen hat, da der Wettbewerb über die nationalen Grenzen hinausreicht, aber multinationale Großunternehmen haben die Möglichkeit, sich der Kontrolle nationaler Wirtschaftspolitik zu entziehen. Die aus öffentlichem Interesse, d.h. vor allem arbeitsmarktpolitischen Gründen stattfindenden Steuernachlässe und die Sozialisierung von Verlusten führen zudem zu einer Ungleichbehandlung großer und kleiner Betriebe.

In den 1980er Jahren wurden **wettbewerbspolitisch** kaum Fortschritte erzielt. So stiegen z.B. die Subventionen für unrentable wirtschaftliche Bereiche rapide an, wie der Sachverständigenrat in seinem Jahresgutachten 1989/90 beklagte. Ferner nahm die Tendenz zur **Unternehmenskonzentration** deutlich zu. Das Bundeskartellamt war kaum in der Lage, riesige Zusammenschlüsse und die Bildung neuer Konzerne zu verhindern. Im Revolutionsjahr 1989 lag die Zahl der Unternehmenszusammenschlüsse bei der traurigen

Rekordzahl von 1414. Marktbeherrschende Positionen sind in fast allen Branchen an der Tagesordnung. Hier wurde oft auf den Erhalt der globalen Wettbewerbsfähigkeit hingewiesen. In der Tat ist seit der Mitte der 1980er Jahre eine zunehmende Rücksichtnahme auf den internationalen Zusammenhang festzustellen. Für die Europapolitik galt dies in besonderem Maße.

9.3. Resümee

Deutschland war zwar 1945 in weiten - den strategisch wichtigen - Teilen zerstört und verlor neben seinem industriellen Potenzial auch Know-how-Ressourcen, Patente etc. Und nicht nur bei Carl Zeiss Jena sagten die Amerikaner 1945: *„We take the brain"* und deportierten führende Köpfe des Unternehmens bzw. nahmen brisante Unterlagen - hochtechnologisches Wissen vieler Jahrzehnte - kurzerhand mit.

Es ist jedoch nicht zu übersehen, dass ein Grundstock an Know-how und innovativ-intellektuellen und kognitiven Kapazitäten auch weiterhin vorhanden war, der - wenn die Rahmenbedingungen stimmten - schnell genutzt werden konnte. Sicher waren die materiellen **Anschubhilfen** (Marshallplan etc.) wichtig, aber von noch größerer Bedeutung war möglicherweise die **Adaptions- bzw. Imitationsfähigkeit** der deutschen Wirtschaft, also die generelle Voraussetzung zum **catching-up**. Die Westzonen versuchten, schnellstmöglich Anschluss an den amerikanischen Vorsprung zu erlangen und dies setzte ein hohes technologisches Know-how und eine differenzierte und tiefe Wissensstruktur voraus. Dass dieses Potenzial bei Kriegsende in der östlichen Zone ebenfalls in mindestens gleichem Maße vorhanden war, dann jedoch nicht auf denselben günstigen Nährboden fiel, da die Sowjetunion ein unflexibel-statisches und zudem stärker monostrukturiertes System aufbaute, gehört zu den tragischen Facetten der deutschen Nachkriegs-Wirtschaftsgeschichte. Während Russland auf den Ausbau der Schwer- bzw. Produktionsgüterindustrie setzte und die östliche Zone über die zentralverwaltungswirtschaftliche Planung „gleichschaltete", versuchte man in Westdeutschland und Westeuropa sowohl das Management fortschrittlich und weitenteils amerikanisch auszurichten als auch konsumorientiert zu wirtschaften. Dazu waren Investitionen erforderlich, für die die **Rahmenordnung**, insbesondere die **Steuergesetzgebung**, die nötigen Anreize bzw. Spielräume zu schaffen hatte. Die Steuergesetzgebung nach der Währungsreform 1948 sah denn auch großzügige Abschreibungshilfen ebenso vor wie sie Zusatzleistungen prämierte (wie z.B. steuerfreie Überstundenverdienste).

Hinzu kam - und dies ist nicht unwesentlich - dass die erreichten beträchtlichen Produktivitätszuwächse nicht sofort wieder durch noch stärkere Lohnzuwächse „aufgefressen" wurden, sondern die Gewerkschaftsverbände erstaunliche Einsicht übten, so dass gelegentlich in der neueren Literatur von einem **„Wachstumsbündnis"** die Rede ist, das die manchmal als „Wunder" bezeichnete wirtschaftliche Entwicklung der 1950er und 1960er Jahre kennzeichnete. Zu dieser relativ verhaltenen und im Ganzen konstruktiven Haltung der Gewerkschaften trug sicher die konsequente Stabilitätspolitik dieser Jahre bei. Durch die Preisstabilität blieb den Arbeitnehmern ihr nicht unbeträchtlich steigendes Nominaleinkommen auch real erhalten und verlieh ihnen Spar- und Konsummöglichkeiten, die der Gesamtwirtschaft zweifellos förderlich waren, zumal die Grenzen der Marktsättigung etwa im Bereich der langlebigen Konsumgüter noch in jahrzehnteweiter Ferne lagen.

Es wäre jedoch zu kurzatmig, die vehemente Nachkriegs-Wirtschaftsentwicklung nur auf günstige materielle Konstellationen zurückzuführen. Der psychologische Faktor sollte nicht übersehen werden. Lebensberichte aus der Nachkriegszeit und der Frühphase der zweiten deutschen Republik lassen es angezeigt erscheinen, auch die starken **mentalen Kräfte** zu betonen, die durch den endlich erlangten Frieden freigesetzt wurden. Disziplinierte Leistungsbereitschaft, zurückgeschraubte Erwartungshaltung, das Interesse an der Gestaltung einer friedlichen demokratischen Ordnung, diese Grundhaltung einer im physiologischen und ideell-psychischen Sinne hungernden Bevölkerung mag neben den sich zunehmend günstiger gestaltenden materiellen Bedingungen als ein wesentliches Element einer Entwicklung angesehen werden, die den Zeitgenossen subjektiv zwar wunderhaft erschienen sein mag, die es aber bei objektiver Betrachtung nüchterner wirtschaftlicher Instrumentarien und Zusammenhänge nicht gewesen zu sein braucht. Das gegenseitige Aufschaukeln von Produktivitätszuwächsen und Investitionsentscheidungen, das zumindest bis zur Krise 1967 die Wirtschaft prägte, war gewiss bemerkenswert, aber keinesfalls so einmalig, wie es der Begriff „Wunder" glauben machen will. Dass es der kriegsgebeutelten und ausgehungerten Bevölkerung, die den scharfen Winter 1946/47 überlebt hatte, subjektiv so vorkam, ist nachvollziehbar.

Doch nahezu einmalig waren die **internationalen Rahmenbedingungen**. Die langjährige Unterbewertung der Deutschen Mark stärkte die Position der deutschen Exporteure und begünstigte ihre Tauschfähigkeit, die *terms of trade*. Diese nachhaltige Tauschfähigkeit wurde zu größten Teilen auf stark expandierenden Märkten in unmittelbarer europäischer Nachbarschaft realisiert -

mithin auf den Wachstumsmärkten des dritten Viertels des 20. Jahrhunderts schlechthin. So gesehen zahlte sich die diplomatische Öffnung nach Westen und die Konsequenz der deutschen Europapolitik nicht nur politisch, sondern geradezu in barer Münze aus. Die Westintegration mit EZU, EWG usw. brachte ein Markt- bzw. Nachfragepotenzial mit sich, das zügiges Investieren im Produktions- und Konsumgüterbereich geraten und das Risiko annehmbar erscheinen ließ. Bessere Bedingungen für ein zügiges catching-up waren vorher und nachher nie vorhanden. Es spricht demzufolge einiges dafür, das sogenannte „Wirtschaftswunder" nicht allein einer zweifellos erfolgreichen und mutigen Wirtschafts- und Finanzpolitik in Deutschland zuzuschreiben, sondern einer **selten günstigen Konstellation** binnen- und außenwirtschaftlicher, politischer und mentaler Bedingungen in einer sich (vor allem auch sektoral) stark wandelnden und modernisierenden Wirtschaft und Gesellschaft.

So gesehen ist der These zuzustimmen, dass mit Blick auf die Zeit zwischen zweiter Republikgründung und Wende die erste Halbzeit viel stärker das Odium des Ungewöhnlichen, Außerordentlichen, ja historisch Singulären trug als die zweite, die eher ein gerüttelt Maß an Normalität aufwies. Dass ein solches „Wunder" zwar wohl etwas Besonderes aber kaum spezifisch Deutsches war, lässt sich nicht zuletzt an der ähnlich „wundersamen" Entwicklung der japanischen Wirtschaft ablesen, die in den 1970er Jahren sich anschickte, die amerikanischen und europäischen Anbieter im globalen Wettbewerb auf den Plan zu rufen. Es war höchste Zeit, die etwas selbstgefällig und undynamisch gewordenen, in Sachen Produktivitätsentwicklung und catching-up sowie Imitationsfähigkeit zurückfallenden Europäer wachzurütteln. Ein gewisser Grad an Wachheit ist seither wohl nicht zu verleugnen, wobei die asiatische Herausforderung zu einem verstärkten und generellen Nachdenken über den Wettbewerb der Systeme führte. Dass dabei das asiatische den anderen nicht unbedingt überlegen ist, zeigte die Entwicklung des Jahres 1998.

Literatur:

Abelshauser, Werner: Wirtschaftsgeschichte der Bundesrepublik Deutschland 1945-1980, Frankfurt am Main 1983; **Berghahn**, Volker: Unternehmer und Politik in der Bundesrepublik, Frankfurt am Main 1985; **Crafts**, Nicholas/**Toniolo**, Gianni (Eds.): Economic Growth in Europe since 1945, Cambridge 1996; **Hardach**, Gerd: Der Marshall-Plan. München 1994; **Klump**, Rainer: Wirtschaftsgeschichte der Bundesrepublik Deutschland. Zur Kritik neuerer wirtschaftshistorischer Interpretationen aus ordnungspolitischer Sicht, Stuttgart 1985; **Lindlar**, Ludger: Das missverstandene Wirtschaftswunder.

Westdeutschland und die westeuropäische Nachkriegsprosperität, Tübingen 1997; **Schulz**, Günther: Wiederaufbau in Deutschland. Die Wohnungsbaupolitik in den Westzonen und der Bundesrepublik von 1945 bis 1957, Düsseldorf 1994; **Winkel**, Harald: Die Wirtschaft im geteilten Deutschland 1945-1970, Wiesbaden 1974.

Prüfsteine:
1. Welche wirtschaftspolitischen Vorstellungen hatte die sog. „Freiburger Schule"? Wer gehörte diesem Kreis an?
2. Charakterisieren Sie kurz das ordnungspolitische Konzept Walter Euckens!
3. Welche Vorstellungen hatte Alfred Müller-Armack von der Sozialen Marktwirtschaft?
4. Was versteht man unter Globalsteuerung?
5. Worin besteht das Soziale in der Sozialen Marktwirtschaft?
6. Welche Bedingungskonstellation begründete das vermeintliche deutsche „Wirtschaftswunder"?
7. Was versteht man unter „catching up"?
8. Charakterisieren Sie die einzelnen Phasen der wirtschaftlichen Entwicklung der Bundesrepublik Deutschland zwischen 1949 und der Wiedervereinigung 1990. Welcher wirtschaftspolitischen Institutionen bediente man sich jeweils?
9. Beurteilen Sie das Gesetz gegen Wettbewerbsbeschränkungen in Hinsicht auf
   a) seine Bedeutung im Rahmen der marktwirtschaftlichen Ordnung
   b) seine tatsächliche Relevanz für den Wettbewerb.

10. OSTDEUTSCHLAND 1945 BIS 1989

10.1. Die Entwicklung in der Sowjetischen Besatzungszone (SBZ) von 1945 bis 1948/49

10.1.1. Neustrukturierung unter sozialistischem Vorzeichen

Wie bereits erwähnt, konstituierte sich am 30. August 1945 das einzige Gesetzgebungsorgan der vier Besatzungszonen, der **Kontrollrat**. Er versuchte, die Entwicklung in den einzelnen Zonen übereinstimmend zu regeln (Gebot der einstimmigen Entscheidung), scheiterte jedoch an den wachsenden Differenzen der Alliierten untereinander.

Die Eigenwilligkeit des Gouvernements der **Sowjetischen Besatzungszone** wurde bereits am 21. Juli 1945 deutlich, als alle Sparkassen und Banken entschädigungslos enteignet wurden. Die Enteignung des Gutsbesitzes und des Industrie- und Handelspotenzials folgte am 3. bzw. 30. September 1945. Rund ein Viertel des Industriebesitzes wurde in **Sowjetische Aktiengesellschaften** (SAG) umgewandelt („Juristische Demontage" ab 5. Juni 1945). Auf Initiative der bereits im Juni 1945 aus Moskau eingeflogenen kommunistischen Funktionäre Ulbricht, Pieck, Sobottka und Ackermann wurde am 21./22. April 1946 ein Bündnis zwischen SPD und KPD erzwungen und die Sozialistische Einheitspartei Deutschlands (SED) gegründet. Die Grenzsperre zwischen der sowjetischen und den westlichen Zonen am 30. Juni 1946 machte die Forderung der Sowjets nach wirtschaftlicher Selbstständigkeit besonders deutlich. Als Reaktion auf die Ablehnung der Russen, alle Besatzungszonen wirtschaftlich zu vereinigen, dokumentierten die Briten und Amerikaner politisch-wirtschaftliche Solidarität und schlossen sich zur sogenannten **Bizone** zusammen.

Als Zentralinstanz zur Durchsetzung der Wirtschaftspolitik der SED wurde am 14. Juni 1947 die **Deutsche Wirtschaftskommission** (DWK) gegründet. Zur selben Zeit entstanden die ersten **Volkseigenen Betriebe** (VEB) aus denjenigen Unternehmen, die nicht in eine SAG umgewandelt wurden. Schon 1947 war abzusehen, was am 20. März 1948 zur Tatsache wurde: die Funktionsunfähigkeit des Kontrollrats durch den Auszug des sowjetischen Vertreters, Marschall Sokolowski. Der „Kalte Krieg" erhielt erstmals einen sichtbaren Stempel. Einen weiteren Meilenstein auf dem nunmehr endgültig getrennten

Weg stellte im Mai 1948 die Errichtung des Bank-Zentralinstituts „Deutsche Emissions- und Girobank“ in der SBZ dar.

10.1.2. Kriegsfolgelasten und Demontagen

Die **Demontagen** der Sowjets erfolgten in mehreren Abschnitten und konzentrierten sich teilweise sogar auf industrielle Kapazitäten, die für eine Friedenswirtschaft unentbehrlich waren wie z.B. Textil-, Papier- und Zuckerfabriken. Von Mai bis Anfang Juli 1945 erweiterte die Besatzungsmacht ihr Demontagegebiet, so dass Betriebe aller Größenordnungen und Branchen in der gesamten Zone betroffen waren. Die zweiten Gleise der Eisenbahnen blieben davon ebenfalls nicht verschont. Vom Frühjahr bis Spätsommer 1946 wurden 200 große Industriebetriebe nach einer vorbereiteten Liste demontiert. Obwohl Marschall Sokolowski bereits am 21. Mai 1946 die Demontage für abgeschlossen erklärt hatte, wurden von Oktober 1946 bis Frühjahr 1947 weitere Großwerke abgebaut, wie z.B. das Zeisswerk in Jena und verschiedene Kraftwerke. Von einer neuen Demontagewelle ab Herbst 1947 war v.a. die Grundstoffindustrie betroffen (Braunkohlewerke).

Bereits seit dem 5. Juni 1946 wurden rund 200 Großbetriebe der Metallurgie, Chemie und des Maschinenbaus in Sowjetische Aktiengesellschaften umgewandelt, also in das Eigentum der Siegermacht überführt. Sie blieben zwar von der Demontage verschont, jedoch fehlte ihre Produktion der mitteldeutschen Industrie jahrelang. Zu einem Rückkaufpreis von insgesamt drei Milliarden Mark gingen die Sowjetischen Aktiengesellschaften bis 1954 wieder in das Eigentum der DDR über.

Die Demontageverluste zwischen 1945 und 1950 werden auf ca. 6,9 Milliarden Mark geschätzt. Dieser Verlust betrug etwa 40 Prozent der mitteldeutschen Industriekapazität von 1936. Da die sowjetische Besatzungsmacht weitaus größere Verluste hatte hinnehmen müssen als die anderen Alliierten, beanspruchte sie aus ihrer Zone und von der Gesamtzone wesentlich mehr als die Westmächte. So gingen 1946/47 an die Sowjets 26 Prozent des gesamten Zoneneinkommens. Kriegsfolgelasten im Sinne von Reparationen aus laufender Produktion entstanden mit ca. 4 Milliarden Mark für 1948 (vgl. Darstellung 86). Trotz solcher Auflagen hatte die Industrieproduktion 1946 bereits 60 Prozent des Vorkriegsstandes von 1936 erreicht (westliche Besatzungszonen: 35).

Darstellung 86: Reparationen in materieller Form der SBZ/DDR an die Sowjetunion seit 1948

1.700.000	Schreibmaschinen (seit 1960) vom Kombinat Robotron Dresden
600.000	Getriebemotoren vom Kombinat Elektromaschinenbau Dresden
200.000	Fernschreiber vom Kombinat Nachrichtentechnik
120.000	Werkzeugmaschinen, darunter
7.000	Großdrehmaschinen vom Drehmaschinenwerk Karl-Marx-Stadt
100.000	Saatgutreinigungsanlagen vom Kombinat Landmaschinen Neustadt
75.000	Schienenfahrzeuge vom Kombinat Schienenfahrzeuge, darunter
38.000	Schienenfahrzeuge (Kühlwagen) vom Waggonbau Dessau
50.000	Dieselmotoren vom Schwermaschinenbaukombinat Magdeburg
40.000	selbstfahrende Feldhecksler vom Kombinat Neustadt
40.000	selbstfahrende Schwadmäher vom Kombinat Neustadt
40.000	Kartoffelerntemaschinen vom Kombinat Neustadt
40.000	Drucker vom Robotron-Büromaschinenwerk Sömmerda
35.000	Halmfutterkomplexe vom Kombinat Landmaschinen Neustadt
34.000	LKW W50 vom Automobilbau Ludwigsfelde
10.000	Buchungs- und Fakturierautomaten „Robotron 1720" vom Büromaschinenwerk Sömmerda
10.000	Verpackungsmaschinen vom Kombinat Nagema Leipzig
5.000	Strickmaschinen vom Strickmaschinenwerk Karl-Marx-Stadt
5.000	Membranpumpen vom Betrieb Thuringia Sonneberg
3.700	Hochsee- und Binnenschiffe in 76 Typen, darunter
2.700	Fischereischiffe in 28 Typen, davon
1.332	Fischereischiffe von der Volkswerft Stralsund
732	Binnenschiffe von der Elbe-Werft Rosslau
182	Hochseeschiffe von der Mathias-Thesen-Werft Wismar
150	Hochseeschiffe von der Warnowwerft Rostock (seit 1958)
34	Binnenfahrgastschiffe von der Elbe-Werft Boizenburg
10	Schwimmbagger von der Neptun-Werft Rostock
3.000	Raupendrehkrane vom Förderanlagenbau Magdeburg
3.000	Eisenbahnkrane vom Kirow-Werk Leipzig
2.500	Hafenkrane vom Kranbau Eberswalde
1.700	Industrielokomotiven (bis 260 t) vom Lokomotivbau Henningsdorf
1.000	Hydraulikbagger vom Schwermaschinenbau Norbas Nordhausen
750	Fliesenpressen vom Betrieb Thuringia Sonneberg
350	automatische Fertigungslinien für Konservendosen vom Blechbearbeitungswerk Aue
200	Druckmaschinen vom Druckmaschinenwerk Plauen
100	Großrechner (Typ EC 1040) vom Kombinat Robotron Dresden
70	Schaufelradbagger für Tagebaue vom Lauchhammerwerk Lauchhammer
40	komplette Zementwerke vom Schwermaschinenbaukombinat Magdeburg
33	Erdölaufbereitungsanlagen (Jahreskapazität je 3 Millionen t) vom Kombinat Chemieanlagenbau Leipzig
30	komplette Walzstrassen (Jahreskapazität bis zu je 0,5 Millionen t) vom Schwermaschinenkombinat Magdeburg.

Quelle: Schneider, Gernot: Wirtschaftswunder DDR. Anspruch und Realität, 2. Aufl., Köln 1990, S. 34 f.

10.1.3. Bodenreform und Zwangskollektivierung

Auf Betreiben der sowjetischen Besatzungsmacht und auf Grund von Verordnungen über die damaligen fünf Provinzialverwaltungen sollten alle Privatbetriebe über 100 ha Betriebsfläche sowie Betriebe von *„Kriegsverbrechern und Naziaktivisten"* entschädigungslos enteignet werden. Dies geschah bis 1. Januar 1949 mit 7.112 Privatbesitzern, die mehr als je 100 ha Land besaßen (= 2,5 Millionen ha) und 4.278 Betrieben mit weniger als 100 ha (= 124.000 ha), zusammen also 2,624 Millionen ha. Davon wurden ca. 2,2 Millionen ha wieder an Bauern, Vertriebene, Arbeiter und Handwerker verkauft, die bar oder in natura in Raten mit einer Laufzeit bis zu 20 Jahren bezahlen konnten. Die Landzuteilungen wurden beurkundet und ins Grundbuch eingetragen. Mit dem Befehl 209 der Sowjetischen Militäradministration in Deutschland (SMAD) wurde ein Neubauernprogramm initiiert, welches zinsgünstige Kredite im Gesamtbetrag von nahezu einer Milliarde Mark vergab. Rund 550 Großbetriebe wurden als Spezialbetriebe in „Volkseigentum" verwandelt: Die **„Volkseigenen Güter" (VEG)** waren entstanden und wurden in der **„Vereinigung Volkseigener Güter" (VVG)** zusammengeschlossen. Sie existierten auf ca. 3 Prozent der landwirtschaftlichen Nutzfläche der SBZ. Ihr Schwerpunkt lag in der Saat- und Tierzucht. Trotz der relativ geringen Zahl der VEG wurde ihnen jedoch im ideologisch-politischen Zusammenhang große Bedeutung zuteil.

Damit war die erste Phase der Wandlung der mitteldeutschen Agrarstruktur beendet. Die neu entstandenen landwirtschaftlichen **Kleinbetriebe** widersprachen nun aber ganz der marxistisch-leninistischen Theorie, wonach der Kleinbetrieb die erstrebenswerte Entwicklung der gesellschaftlichen Produktivkräfte naturnotwendig ausschließt. Also mussten sozialistische Großbetriebe die Kleinbetriebe ersetzen.

Die Bildung von Maschinen-Ausleih-Stationen (MAS) 1945/46 und ab 1953 der staatlichen Maschinen-Traktoren-Stationen (MTS) dienten der Unterstützung der Bauern und Neubauern. Landwirtschaftliche Produktionsgenossenschaften (LPG) entstanden ab 1952. Es existierten drei Typen, die sich u.a. durch den Grad der Vergesellschaftung der Produktionsmittel unterschieden. Die LPG wurden offiziell durch Begünstigungen wie Senkung des Ablieferungssolls, bevorzugte Kreditgewährung und Steuerermäßigungen dermaßen gefördert, dass allen außerhalb stehenden Landwirten langsam die Existenz entzogen wurde. Die Zwangskollektivierung verlief in unterschiedlichem Tempo ab Juli 1952, bis am 14. April 1960 der letzte Bezirk die **„Voll-**

sozialisierung" melden konnte. Diese wurde, wie man heute weiß, in Wirklichkeit nie erreicht.

10.1.4. Die Währungsreform in der Ostzone (24. Juni 1948)

Drei Tage nach dem Westen und unter Ablehnung der neuen DM (Befehl Nr. 111 der Sowjetischen Militäradministration) führte die Sowjetische Besatzungszone am **24. Juni 1948** eine eigene **Währungsreform** durch. Aufgrund ihres ohnehin bestehenden Kontroll- und Zuteilungssystems war es ihr möglich, die Umstellungsregelungen weitaus elastischer zu handhaben als die Westzonen. Etwa zur selben Zeit begann in **Berlin** die **Blockade** durch Stilllegung von Eisenbahnverkehr und Betrieben.

Im Rahmen der Währungsreform in der Ostzone wurden Noten bis zu einem Betrag von 70 Reichsmark im Verhältnis 1 : 1 umgetauscht (Kopfquote). Für übrige Noten erhielten die Bewohner der Ostzone lediglich 1 Mark pro 10 Reichsmark. Anders verhielt es sich bei den Spareinlagen. Sie wurden bis zu 100 Reichsmark im Verhältnis 1 : 1, darüber hinaus bis zu 1.000 Reichsmark mit 5 : 1 und Beträge bis 5.000 Reichsmark im Verhältnis 10 : 1 umgewandelt.

Die Guthaben der öffentlichen Haushalte und volkseigenen Betriebe stellte man im Verhältnis 1 : 1 um. Weniger günstig war die Umtauschrelation für Guthaben bei den Sozialversicherungsträgern (2 : 1) und für solche bei den Versicherungsanstalten galt nur ein Verhältnis von 5 : 1. Und was geschah mit den Guthaben der Unternehmen? - Industrielle Unternehmen erhielten einen Betrag in Höhe eines Wochenumsatzes sowie der Lohnrückstände 1 : 1 umgewertet. Nicht-industrielle Unternehmen erhielten die 1 : 1-Umwandlung nur in Höhe der wöchentlichen Lohnsumme, wurden also deutlich diskriminiert. Die übrigen Beträge der industriellen und nicht-industriellen Unternehmen wurden im Verhältnis von 10 : 1 abgewertet.

Für die eigenen Geldmittel der Banken sowie für die Konten von Partei und Gewerkschaften galt das Umstellungsverhältnis von 1 : 1.

Bei Barbeständen und Guthaben von über 5.000 Reichsmark wurde generell deren rechtmäßiger Erwerb überprüft. Für den Fall ihrer Identifizierung als „Kriegsgewinn" oder als Besitz von „Kriegsverbrechern" erfolgte sofortiger Einzug. Besitzer, deren gesparte Guthaben aus der Kriegszeit stammten, d.h. vor dem 9. Mai 1945 angesammelt wurden, erhielten 10 Prozent ihres Vermögens gewandelt und bekamen dafür lediglich staatliche Schuldverschreibungen.

Wer hingegen noch Schulden hatte, blieb auf diesen komplett sitzen. Ausnahmen bildeten hier Agrarkredite, die im Zusammenhang mit der Bodenreform gewährt wurden. Sie stellte man im Verhältnis 5 : 1 um. Außerdem stellte man Versicherungsverpflichtungen mit 3 : 1 um.

10.2. Die DDR 1948/49-1989

10.2.1. Die Institutionalisierung der Zentralverwaltungswirtschaft

Die verfassungsmäßige Verankerung des Wirtschaftssystems

Nach der Annahme der DDR-Verfassung am 19. März 1949 wurde diese am 30. Mai vom 3. Volkskongress bestätigt. Der vom Volkskongress neugewählte Volksrat konstituierte sich am 7. Oktober 1949 als „Deutsche Volkskammer" und setzte die Verfassung in Kraft. Die **Trennung Deutschlands** in Bundesrepublik und Demokratische Republik war **endgültig vollzogen**.

Da **Marx** das Privateigentum an den Produktionsmitteln als eigentliche Quelle der Ausbeutung ansah und hinter dem Wettbewerb Anarchie erblickte, wurden in der **Verfassung** der DDR in Art. 9, Abs. 1 das Gemeineigentum an den Produktionsmitteln fixiert und in Abs. 3 desselben Artikels die sozialistische Planwirtschaft vorgeschrieben, *„in der zentrale staatliche Leitung und Planung der Grundfragen der gesellschaftlichen Entwicklung mit der Eigenverantwortung der örtlichen Staatsorgane und Betriebe sowie der Initiative der Werktätigen verbunden ist"*. Darüber hinaus wurden die Preise beinahe sämtlicher Güter und die Löhne und Tarife (mit Hilfe eines Lohngruppenkataloges) zentral festgelegt. Ein Verstoß gegen die Preis- und Lohnvorschriften galt als Verstoß gegen eine gesetzliche Regelung.

Da in der Staats- und Wirtschaftsordnung der DDR und anderer sozialistischer Staaten des Ostblocks die Trennung zwischen Staat und Gesellschaft bzw. Staat und Wirtschaft formell aufgehoben war (nach der Staatsauffassung von Marx), veränderte sich auch die Stellung und Bedeutung der Organisationen und Gruppen. Die Gewerkschaften z.B. waren nach sozialistischem Selbstverständnis nicht die Interessenvertreter der Arbeiter und Werktätigen - da diese ja der Ideologie nach die herrschenden Klasse waren - sondern standen quasi im Dienste der politischen Machthaber und hatten instrumentalen Charakter. Ihre Aufgaben lagen z.B. in der Festlegung der Löhne im Zusammenhang mit Rahmenkollektivverträgen, die zwischen den wirtschaftsleitenden Organen und den zuständigen Gewerkschaften des FDGB für die einzelnen Wirtschaftszweige geschlossen wurden. Grundlage solcher Rahmenkollektivverträge war aber immer der zentral festgelegte Lohngruppenkatalog (an seiner Abfassung waren der Ministerrat, aber auch die Gewerkschaften beteiligt), der eine Differenzierung der Arbeitslöhne nach der volkswirtschaftlichen Bedeutung der Wirtschaftszweige und der Betriebsklassen vorsah. Ein einheitliches Tarifsystem für alle Werktätigen existierte nicht.

Das staatliche Außenhandels- und Valutamonopol

Bereits mit Gründung der DDR 1949 hatte es die SED-Führung erreicht, dass mehr als die Hälfte des produzierten Nationaleinkommens (Sozialprodukts) durch **Staatsbetriebe** realisiert wurde. 1986 waren 90 Prozent der Betriebe staatlich kontrolliert.

Einen besonders sensiblen Bereich stellten in diesem Zusammenhang die **Außenbeziehungen** dar. Der Machtgewinn bedurfte der Absicherung vor ausländischem Einfluss, so dass Maßnahmen eingeleitet werden mussten, den Zu- und Abfluss von Gütern und Geld lückenlos zu überwachen. Durch die Wahl des Plans bzw. der Planbilanzen als Knappheitsindikator anstelle des Preises verzichtete man auf die Signale der internationalen Märkte. Der weitgehend vom Westen isolierte Inlandsmarkt konnte sich dem Wettbewerb entziehen und in einer bequemen Monopolstellung verharren. Damit entfiel der Zwang zur ständigen Marktanpassung und zur Innovation bzw. Diversifizierung.

Die Kontrolle des Binnenmarkts konnte nur über die Monopolisierung der Außenbeziehungen, das heißt über ein **Außenhandels- und Valutamonopol,** erreicht werden. So war der Außenhandel als außenpolitische Waffe instrumentalisierbar[82]. Die Institutionalisierung des Außenhandelsmonopols erfolgte zunächst dadurch, dass die Verwaltung für Außenhandel bei der Sowjetischen Militäradministration Export- und Importgenehmigungen erteilte und die Initiative zur Anbahnung von Handelsbeziehungen zum Ausland ergriff. Im Juni 1947 entstand dann die Deutsche Verwaltung für Interzonen- und Außenhandel, die die Sicherung des Außenhandelsmonopols durchzuführen hatte und im Frühjahr 1948 der Deutschen Wirtschaftskommission (DWK) unterstellt wurde. Hinzu kam im April 1948 die Deutsche Handelsgesellschaft mbH. In ihr war ein Fachdirektor für die Interzonen- und Außenhandelsverträge zuständig. Ab Juni 1949 gingen aus der Handelsgesellschaft die ersten

82 Schneider, Gernot: Wirtschaftswunder DDR. Anspruch und Realität, 2. Aufl., Köln 1990, S. 24 f.

staatlichen Außenhandelsunternehmen hervor, die dem Ministerium für Innerdeutschen Handel, Außenhandel und Materialversorgung (MIAM) administrativ zugeordnet wurden. Später (1974) wurde das staatliche Außenhandelsmonopol als Verfassungsgebot fixiert.

Das **Valutamonopol** versuchte man bereits 1945 durch die Schließung der alten Banken und Sparkassen und die Sperrung der vor dem 9. Mai 1945 entstandenen Guthaben organisatorisch durchzusetzen. An ihrer Stelle entstanden nach einem SMAD-Befehl vom 23. Juli 1945 über die „Neuorganisation der deutschen Finanz- und Kreditorgane" neue staatliche Provinzial- und Landesbanken sowie Sparkassen auf Landesebene, wodurch die Finanzströme der mitteldeutschen Wirtschaft unter politische Kontrolle gerieten. Danach erfolgte auf Staatsebene mit der Einrichtung der **Deutschen Emissions- und Girobank** im Mai 1948 die Etablierung eines zentralen staatlichen Bankinstituts, das dann nach der SBZ Währungsreform (24.-28. Juni 1948) in die **Deutsche Notenbank** und schließlich Ende Oktober 1951 in die **Staatsbank der DDR** umgewandelt wurde. Der internationale Zahlungsverkehr wurde durch die Deutsche Außenhandelsbank AG bzw. die Deutsche Handelsbank AG abgewickelt.

Das Valutamonopol war ein mögliches Instrument, die internationalen Geldbeziehungen den Erfordernissen des Staates unterzuordnen. DDR-Unternehmen, die ins Ausland verkauften, hatten nicht - wie dies normalerweise üblich wäre - einen Anspruch auf Devisen, sondern erhielten einen staatlich festgelegten Betrag in DDR-Mark auf ein Konto gutgeschrieben, das bei der Staatsbank geführt wurde. Umgekehrt bezahlten Importeure der DDR den Gegenwert ihrer Güter in DDR-Mark, wobei die Verrechnung mit dem ausländischen Zulieferer in Devisen zentral durch staatliche Stellen erfolgte.

Dies war der eine Aspekt des Valutamonopols. Der andere betraf die monopolistische Beherrschung der Inlandsnachfrage durch die politische Führung. Voraussetzungen dafür waren das staatliche Preissenkungsmonopol sowie eine **nichtkonvertierbare Inlandswährung**, deren Aus- und Einfuhr man bei Strafe verbot. Unter diesen Bedingungen besaß die DDR-Mark nur im Inland Kaufkraft, d.h. Angebote anderer Märkte konnten praktisch nicht wahrgenommen werden. Dem Verbraucher blieb somit nur die Entscheidung, sein Geld im Rahmen des Güterangebots des Staatsmonopols konsumtiv einzusetzen oder zu sparen. Eine mögliche Alternative, z.B. das Geld zu kapitalisieren, dafür also z.B. Wertpapiere (Aktien, Anleihen etc.) zu kaufen, bot sich aufgrund des Nichtvorhandenseins eines entsprechenden Marktes nicht.

Pläne und Bilanzen

Um eine machtorientierte Wirtschaftspolitik zu etablieren, bediente man sich in der DDR ordnungspolitisch des Mediums des **Staatsplans**. Politik und Ökonomie sollten eine Einheit bilden. Die Vorstellung, ein Plansystem sei auch das wirtschaftlich leistungsfähigere, war damals relativ weit verbreitet. Nachdem die Sowjetische Militäradministration bereits ab Herbst 1945 Vierteljahrespläne für strategisch wichtige Güter (Kohle, Gas, Brennstoffe etc.) entworfen hatte, wurden dafür 1946 Ämter für Wirtschaftsplanung bei den Länderverwaltungen geschaffen, die den Betrieben Planaufgaben, d.h. Produktionsbefehle erteilten. Aus der Vierteljahresplanung wurde dann die Halbjahresplanung und aus der länderbezogenen Planung die länderübergreifende, zentralistische Wirtschaftsplanung, zu deren Umsetzung im Juni 1947 die **Deutsche Wirtschaftskommission** ins Leben gerufen wurde. Sie stellte für Juli bis Dezember 1948 einen **Halbjahresplan** auf. Dieser Übergangsplan betraf nur die zu dieser Zeit überaus wichtige **Grundstoffindustrie**, wobei prozentuale Steigerungsraten bereits als Planziele benutzt wurden. Im Juli 1948 begannen schon die Vorbereitungen für den als **„Anlaufplan"** gedachten **Zweijahr-Plan 1949/50**.
Aus einigen Zwischenlösungen (Hauptverwaltung Planung, Statistisches Zentralamt, Hauptverwaltung für Wissenschaft und Technik) ging 1949 das Ministerium für Planung hervor, das 1950 in die **Staatliche Plankommission (SPK)** umgewandelt wurde, die zukünftig oberste Planungsbehörde war. Dabei gab die SED-Spitze den Rahmen, gewissermaßen die „machtpolitischen Korsettstangen"[83] vor, den die Staatliche Plankommission an die Industrieministerien, Kombinate und Betriebe als „produktkonkrete Lieferbefehle" und/oder Bezugsansprüche in Form von **MAK-Bilanzen** (**M**aterial, **A**usrüstung, **K**onsumgüter), Staatsplanbilanzen **(S-Bilanzen)** oder **M**inisterbilanzen **(M-Bilanzen)** weitergab (Darstellung 87). Im Falle der Produktion brisanter Güter wurde den Betrieben zuweilen ein spezieller Kontrolleur (Parteikontrolleur, Militärabnehmer) zugeordnet.

Der **Primat der Politik** vor der Wirtschaft lässt sich im Rahmen der zentralstaatlichen Wirtschaftsplanung und -bilanzierung etwa daran erkennen, dass die **Volkswirtschaftspläne** zwar alljährlich mit großem pseudodemokratischen Spektakel im Parlament debattiert und als Gesetz verabschiedet wurden, das Sekretariat des Zentralkomitees der SED sich aber stets heraus-

---

83 Schneider, Wirtschaftswunder, S. 30.

nahm, Planauflagen nachträglich ohne parlamentarische Zustimmung grundlegend zu verändern. Später nannte man so etwas dann „zeitweilig operative Steuerung".

Darstellung 87: Die MAK-Bilanzierung

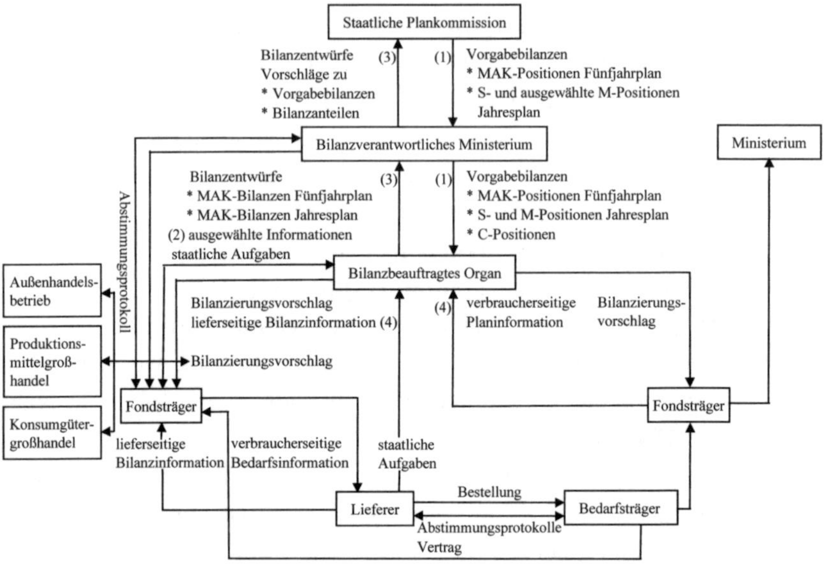

Quelle: Gabler, Ursula: Plan - Bilanz - Vertrag. Sicherung einer bedarfs- und vertragsgerechten Produktion, Berlin 1978, S. 12.

Im Übrigen gab es ständige oder zeitweilige **Sonderbedarfsträger**, die beim Abschluss von Verträgen bevorzugt behandelt wurden. Dazu gehörten verschiedene Ministerien (Inneres, Nationale Verteidigung, MfS etc.) ebenso wie staatliche Stellen (Zollverwaltung, Verwaltung der Staatsreserve, Waffenhandel (= „Ingenieurtechnischer Außenhandel"), SPK, Gesellschaft für Sport und Technik (GST) etc.). Darüber hinaus ist an die **Sonderanforderungen** des COMECON im Rahmen der Beziehungen zur Sowjetunion ab Herbst 1950 zu denken. Hier kam es zu einem umfassenden Technologietransfer, sei es durch Maschinen- und Transportausrüstungslieferungen oder durch andere Techniklieferungen.

Durch das Nichtvorhandensein eines marktorientierten variablen Preis- und Rechnungssystems musste der Bedarf durch **Prognosen** ermittelt werden. Da die Produktionsfaktoren und die Produktionsmittel knapp waren, musste die Zentrale anschließend eine Vorauswahl der Ziele und Bedürfnisse treffen, die in der nächsten Planungsperiode befriedigt werden sollten. Hierbei hatte sie sich an den Zielen lang- und mittelfristiger Pläne zu orientieren und darauf zu achten, welche der dort festgelegten Vorgaben bereits erfüllt waren und welche nicht. Das auf diese Weise gefundene Zielprogramm wurde in den Bedarf **Güter erster Ordnung** umgerechnet. Dies waren Konsumgüter des privaten und gesellschaftlichen Bedarfs. Es folgte die Aufstellung sog. **Güterbilanzen**. Zur Herstellung eines gesamtwirtschaftlichen Rechnungszusammenhangs und zum Zwecke einer objektiven Bewertung sämtlicher Güter musste jedes Gut gesondert bilanziert, d.h. jedes Gut erster Ordnung in den Bedarf an **Gütern zweiter Ordnung** (das sind die zur Herstellung nötigen Produktionsfaktoren) umgerechnet werden usw. Diese Bilanzierung setzte man fort bis zu den Gütern letzter Ordnung. **Güter letzter Ordnung** waren Engpassgüter, d.h. meistens Primärgüter, deren Fehlmengen nicht mehr auf Güter höherer Ordnung weitergewälzt werden konnten. Sie signalisierten die volkswirtschaftlichen Knappheitsgrade. Auf ihrer Grundlage mussten die Güter der vorgelagerten Stufen bewertet werden. Eine solche Totalbilanzierung war jedoch ebenso ineffizient wie praktisch undurchführbar. So plante man in große Toleranzen und verschwendete dabei Ressourcen in großem Maßstab.

Das Gegenstück zur güterwirtschaftlichen Planung stellte die **monetäre** Planung dar. Dieses geldwirtschaftliche Plansystem baute auf der Planung in naturalen Einheiten auf. Das Geld als allgemeine Recheneinheit diente der wertmäßigen Erfassung mehrerer Güterarten in einer Sammelposition und der Erleichterung einer Leistungskontrolle der Betriebe. Daneben gab es noch Verflechtungsbilanzen, die jedoch von untergeordneter Bedeutung waren.

Da wirtschaftliches Handeln eine Abstimmung von Preisen und Knappheitsgraden erforderte, hätten auch in einer Planwirtschaft theoretisch die Preise stets den sich ändernden Knappheitsgraden angepasst werden müssen. Dies geschah jedoch nicht, da die **Preise** über mehrere Jahre hinweg **festgeschrieben** waren. Der umgekehrte Weg, nämlich die Verteilung der knappen Güter auf Grundlage der Festpreise erschien wegen der Planungspraxis problematisch (siehe oben). Elastizität und Flexibilität des wirtschaftlichen Handelns waren somit erheblich eingeschränkt.

Darstellung 88: Bedarfs- und Produktionspläne

Bedarfsplan Schuhe					
Aufkommen			Verwendung		
Anfangsbestand	30	Stck.	Bedarf	200	Stck.
Anforderungsmenge	170	Stck.			
	200	Stck.		200	Stck.

Produktionsplan Schuhe					
Aufwand			Ertrag		
Arbeitszeit	200	Std.	Schuhe	170	Stck.
Leder	300	qm			
Masch.-Std.	30	Std.			

Bedarfsplan Leder					
Aufkommen			Verwendung		
Anfangsbestand	50	qm	Schuhe	300	qm
Anforderungsmenge	600	qm	Sessel	200	qm
			Taschen	150	qm
	650	qm		650	qm

Produktionsplan Leder					
Aufwand			Ertrag		
Arbeitszeit	100	Std.	Leder	600	qm
Vieh	200	Stck.			
Masch.-Std.	50	Std.			

Bedarfsplan Vieh					
Aufkommen			Verwendung		
Bestand	840	Stck.	Leder	200	Stck.
Fehlmenge	40	Stck.	Milchversorgung	680	Stck.
	880	Stck.		880	Stck.

Quelle: Leipold, Helmut: Wirtschafts- und Gesellschaftssysteme im Vergleich, 5. Aufl., Stuttgart 1988, S. 214.

10.2.2. Phasen der wirtschaftlichen Entwicklung

Der „Anlaufplan" 1949/50

Das **Ziel** des „Anlaufplans" war die Wiederherstellung der zerstörten und demontierten Anlagen und die Sicherung der Reparationen aus der laufenden Produktion. Ferner ging es darum, die Infrastruktur aufzubauen und den Vorkriegsstand des Produktionsvolumens zu erreichen, um solcherart gerüstet den „Systemwettlauf" aufzunehmen.

Exkurs: Interzonenhandel bzw. innerdeutscher Handel

In dieser Aufbauphase ging es auch darum, die Außenhandelsbeziehungen mit der Bundesrepublik neu zu regeln. Grundlage dafür, d.h. die erste innerdeutsche Vereinbarung, war am 8. Oktober 1949 das **Frankfurter Abkommen**, das den Interzonenhandel regelte, der später als „Innerdeutscher Handel" bezeichnet wurde.

Am 29. September 1950 schloss sich die DDR dem **Rat für gegenseitige Wirtschaftshilfe (RgW)** an. Entsprechend den Vorschlägen dieser Organisation wurden bald mit den wichtigsten Ostblockstaaten langfristige Handelsabkommen abgeschlossen, wobei das mit der Sowjetunion vom 23. September 1951 vor allem die Erfüllung der Reparationsinteressen zum Inhalt hatte.

Darstellung 89: Innerdeutscher Handel

Am 20. September 1951 erfuhr der innerdeutsche Handel eine Neuregelung durch das **Berliner Abkommen**, das 1968 neu gefasst wurde. Zur Überwindung der Währungsunterschiede wurde die Bezeichnung **„Verrechnungseinheit"** (1 DM-West = 1 DM-Ost = 1 VE) eingeführt. Die Abwicklung der Zahlungen erfolgte über die Deutsche Bundesbank und die Staatsbank der DDR. Die beiden Zentralbanken räumten sich gegenseitig einen **zinslosen Überziehungskredit** ein **(Swing)**. Abwicklungsorgane waren in der Bundesrepublik die „Treuhandstelle Industrie und Handel" (bis 1981 Treuhandstelle für den Interzonenhandel) in West-Berlin und das Ministerium für Außenhandel in Berlin-Ost.
Der innerdeutsche Handel galt weder als Außen- noch als Binnenhandel, unterlag vielmehr besonderen Regeln. Die **EWG behandelte** den **innerdeutschen Handel jedoch als Binnenhandel**, weshalb die DDR in den Genuss von EWG-Vergünstigungen kam und quasi Mitglied der Gemeinschaft wurde.

Handel, Konsum und sozialistische Ästhetik

Ebenso wie im Bankensektor kam es im Bereich des Groß- und Detailhandels frühzeitig zu Enteignungsmaßnahmen. Bis Mitte 1950 schuf man einen staatseigenen Großhandel in Form der **Deutschen Handelszentralen (DHZ)**. Ihre Aufgabe war es, Industrie, Landwirtschaft und Einzelhandel mit Produktionsmitteln sowie Konsumgütern zu versorgen. Der staatseigene **Großhandel** realisierte 1950 bereits 67 Prozent und 1965 95 Prozent des gesamten Großhandelsumsatzes. Die Organisation und Strukturbildung im **Einzelhandelsbereich** erfolgte durch den **Neuaufbau der Konsumgenossenschaften**, auf die 1950 17 Prozent des gesamten Einzelhandelsumsatzes entfielen. Ab 1948 gab es die **Staatliche Handelsorganisation (HO)**, deren Aufgabe es anfänglich war, lang entbehrte Gebrauchsgüter und Lebensmittel ohne Lebensmittelmarken anzubieten. Bereits 1950 existierten fast 2.300 HO-Läden, die ca. 26 Prozent des Einzelhandelsumsatzes erzielten. Doch dominierten um diese Zeit noch die privaten Verkaufsstellen, nicht weniger als 219.000 an der Zahl, deren Umsatzanteil 53 Prozent betrug (41 Prozent privater Handel, 12 Prozent Handwerk). Im Vorgriff: 1960 entfielen auf die HO-Läden 77 Prozent des Einzelhandelsumsatzes. 1986 deckten die rund 90.000 Läden des sozialistischen Handels, davon 1.250 sogenannten **„Kaufhallen“**, ca. 89 Prozent des gesamten Detailhandels ab[84].

Nicht nur Landwirtschaft, Industrie und Banken wurden politisch „gleichgeschaltet“. Auch wie ein **Produkt** auszusehen hatte, oder besser wie nicht, wurde letztlich vom Parteitag der SED definiert. Die Produktgestaltung war politisch determiniert, spätestens als Lenin postulierte: *„Sozialismus ist undenkbar ... ohne planmäßige staatliche Organisation, die Millionen Menschen zur strengen Einhaltung einer* ***einheitlichen Norm in der Erzeugung und Verteilung*** *dieser Produkte anhält“*[85] (Hervorh. R.W.). Die Berücksichtigung individueller Bedürfnisstrukturen musste unter diesen ideologisch-planwirtschaftlichen Vorgaben als reaktionär gelten. Handel und Absatz, das Marketing schlechthin, erhielten den Beigeschmack des Opportunistischen. Kunst war nach der Erklärung des III. Parteitages ein „ideologisches Gebiet“ und Design als angewandte Kunst politisch zu definieren, d.h. die Bekämpfung des Formalismus in der DDR hatte auch damit zu tun, dass

---

[84] Schneider, Wirtschaftswunder, S. 22 f. u. 30.

[85] Zit. nach: Bertsch, Georg C.: Historischer Überblick. In: Bertsch, Georg C. et al.: SED. Schönes Einheits-Design, Köln 1994, S. 17-36.

dieser in den USA oder allgemein „im Westen“ erfolgreich war. Ästhetische Erscheinungen unterlagen der Kontrolle des Regimes. Dem praktischen und preis-, weil produktionsgünstigen Baukastenprinzip wurde als einem Ausbund des Funktionalismus und damit des „Klassenfeindlichen“ der Kampf angesagt. So entschied etwa der III. Parteitag der SED 1950, dass der **Formalismus**, also die schlichte reine unverschnörkelte Form, **sozialismusfeindlich** sei, ja geradezu eine „Waffe des Imperialismus“, oder eine „volksfeindliche Strömung“. Man kann sich vorstellen, was das bedeutete: keine Tasse mehr ohne Blümchen, kein Besteck ohne Ornament, himmelblau und pink statt Elementarfarben. Anstelle des Formalismus trat also „unsere Heimatkunst“ und „Deutscher Stil“. Dabei war es technisch viel schwieriger und damit teurer, den kunsthandwerklich orientierten Volksstil zu realisieren. Auf jeden Fall aber sollte der sozialistische Stil sichtbar sein.

Erster Fünfjahresplan und „Neuer Kurs“

Die Aufstellung der **Perspektivpläne** erfolgte generell in Abstimmung mit jenen der sowjetischen Vormacht im Block-Kontext von RGW bzw. COMECON. Sie bestimmten die Schwerpunkte der strategischen Wirtschaftsentwicklung. Der erste Fünfjahr(es)plan folgte einer klaren **Zielsetzung**. Im Wesentlichen ging es um den Aufbau einer eigenen Schwerindustrie, die Steigerung der Industrieproduktion um 190 Prozent (1950-1955) und um die Unabhängigkeit der Zonenwirtschaft in den Industriebereichen Metallurgie, Schwermaschinenbau und chemischer Industrie vom NSW (Nicht-Sozialistischen Wirtschaftsgebiet). Außerdem sollte der Wiederaufbau kriegszerstörter Städte und Wohnungen zum Abschluss kommen und die Rationierung abgeschafft werden.

Die gesteckten Produktionsziele in der Schwerindustrie wurden jedoch nicht erreicht. Beispielsweise sollte die Erzeugung von Rohstahl in Blöcken 2,5 Millionen Tonnen pro Jahr betragen; tatsächlich erreichte sie jedoch nur zwei Millionen. Bei Briketts wurde das Planziel um 13 Millionen Jahrestonnen verfehlt. Die Rationierung konnte im Lebensmittelbereich erst 1958 und im Energiebereich 1960 aufgehoben werden. Die Schwierigkeit, „Soll“ und „Ist“ bei der strategischen Planung in Übereinstimmung zu bringen, trat also bereits im Rahmen des ersten Mehrjahresplans offen zutage.

Nach Stalins Tod im März 1953 versuchte sein Nachfolger **Malenkow**, der Steigerung der Konsumgüterproduktion mehr Priorität einzuräumen. Aus einer Reihe von Gründen unterblieb 1953 die obligatorische Frühjahrshilfe für die

DDR. Der Einfluss des „Neuen Kurses“ bot Veranlassung, den Volkswirtschaftsplan 1953 und schließlich den Fünfjahresplan fundamental zu revidieren. In Projekten wie dem Eisenhüttenkombinat Stalinstadt stellte man z.B. nur wenige der geplanten Teilabschnitte fertig. In der Großkokerei Lauchhammer sollten statt zwölf Hochofenbatterien nur sechs montiert werden. Ähnliche Objekte wollte man „planmäßig“ stilllegen - in den Augen der Arbeiter höchst unliebsame Maßnahmen. Sodann verstieg sich die SED-Führung in Aktionen, die letztlich zum Aufstand vom **17. Juni** 1953 führten. Ausschlaggebend war die am 14. Mai 1953 beschlossene **Erhöhung der Arbeitsnormen** um 10 Prozent, nachdem die SED mit Hilfe des FDGB vergeblich versucht hatte, die Arbeiter zu „freiwilligen“ Normerhöhungen zu bewegen. Hinzu kamen noch die **verspätete Auszahlung von Löhnen** infolge der Begrenzung betrieblicher Umlaufmittel und einige Preissteigerungen.

Unmittelbar nach dem Aufstand sagte Moskau jegliche Hilfe zu. Die SED-Führung nahm die Normerhöhung zurück und verbesserte die Löhne, so dass die Kaufkraft der Bevölkerung anstieg, bevor ein genügend großes Angebot die Käuferwünsche befriedigen konnte. Dadurch entstand ein **Kaufkraftüberhang** von gut einer Milliarde DM, der sich vergrößerte und später im Rahmen einer stillen Währungsreform abgeschöpft wurde.

Die generelle Versorgungsproblematik blieb auch nach den Spontanmaßnahmen im Gefolge des 17. Juni bestehen, zumal mit dem Erstarken des Chruschtschow-Flügels in der UdSSR die **Förderung der Schwerindustrie** den absoluten Vorrang gegenüber dem Konsumgüterbereich genoss. Diese Prioritätensetzung prägte auch die nächste Planphase.

Der zweite Fünfjahresplan (1956-1960)

Das volkswirtschaftliche Leistungsvermögen der DDR ab 1956 war erheblich belastet durch die **Rückstände** des ersten Fünfjahresplanes. Der zweite Fünfjahresplan wurde erst am 9. Januar 1958 verabschiedet und war als Versuch der Fortsetzung des ersten gedacht, d.h. die Schwerindustrie sollte - wie gesagt - primär gefördert werden. Weitere Planziele waren nun die Steigerung der Industrieproduktion um 20 Prozent, die verstärkte **Integration** der DDR-Wirtschaft in die Wirtschaft der Ostblockstaaten sowie die weitere staatliche Beteiligung an Betrieben, wozu im Januar 1957 beim Zentralkomitee der SED ein besonderer Beirat geschaffen wurde.

Die Tatsache, dass die Hauptziele des zweiten Fünfjahresplanes erst im Oktober 1957 bekannt gegeben werden konnten, hatte vorwiegend politische

Gründe. Durch den politischen Umschwung in **Polen** im Herbst 1956 unter Gomulka, den Volksaufstand in **Ungarn** Oktober/November 1956 und die **Suezkrise** 1956 waren die Perspektivpläne dieser Staaten schon vor 1958 abgebrochen oder geändert worden. Da die DDR mit diesen Ländern politisch und wirtschaftlich eng verflochten war, wurden die Zielsetzungen des zweiten Fünfjahresplanes vom März 1956 unrealistisch, da unter diesen Prämissen die Materialbilanzen nicht auszugleichen waren. So blieben z.B. seit Oktober 1956 die polnischen Steinkohle- und Kokslieferungen aus und brachten schwere Störungen des Wirtschafts- und Planungsablaufs mit sich.

Etwa zu dieser Zeit traten in der DDR neben den wirtschaftlichen Schwierigkeiten politische Spannungen auf: Eine Gruppe von „Revisionisten", darunter Philosophen (Bloch), Wirtschaftswissenschaftler (Behrens und Benary), SED-Führungsmitglieder (Oelßner, Ziller), bemühte sich um den Beweis der Missstände, die durch Ulbrichts Anwendung der stalinistischen Wirtschaftsdoktrin in der Gesellschafts- und Wirtschaftspolitik aufgetreten waren.

Die Sozialisierung erfolgte in manchen Bereichen auf Umwegen. In die Phase des zweiten Fünfjahresplanes fiel z.B. die Entstehung der **„Betriebe mit staatlicher Beteiligung"** (BSB, seit 1956), d.h. Betrieben in der Rechtsform der **Kommanditgesellschaft**, die durch die Aufnahme einer staatlichen Beteiligung ihres privatwirtschaftlichen Charakters beraubt wurden. (Im Mai 1972 wurde dann die Überführung der BSB und aller privaten Industrie- und Bankbetriebe in „Volkseigentum" propagiert, wodurch mit den Resten kapitalistischer Tätigkeit endgültig aufgeräumt werden sollte).

In der **Landwirtschaft** reduzierte sich die von Privatbetrieben bewirtschaftete Fläche allein von 1952 bis 1953 von 93 auf 74 Prozent. Bis 1959 wurde dieser Anteil weiter auf 52 Prozent gesenkt, bevor 1960 die **„Vollsozialisierung"** (die de facto nie eintrat) verkündet wurde, die nur noch 7,6 Prozent Privatnutzfläche zurückließ, darunter überwiegend nebengewerblich genutzte Güter.

Im Rahmen des zweiten Fünfjahresplanes erreichte man immerhin die Fertigstellung einiger Großprojekte wie des Braunkohlen-Großkombinats „Schwarze Pumpe" (begonnen 31. August 1955), den Bau der ersten vollautomatischen Schnellwalzanlage (2. Mai 1957) sowie die Übergabe des ersten Atomreaktors (16. Dezember 1957). Trotz dieser Fortschritte wurde der Plan Anfang 1959 im Zusammenhang mit dem vorzeitigen Abbruch der sowjetischen Planperiode außer Kraft gesetzt.

Die zweite Währungsreform

Im Laufe der 50er Jahre traten neben der offensichtlichen Unerfüllbarkeit der Perspektivpläne auch andere gravierende Mängel des zentralverwaltungswirtschaftlichen Systems zu Tage. Nicht nur im güterwirtschaftlichen, sondern auch im monetären Bereich wurden einschneidende Kurskorrekturen erforderlich. Eine solche erfolgte im Rahmen der in der Fachliteratur selten erwähnten zweiten Währungsreform, zu der Harald **Winkel** schreibt: *„Am 13. Oktober 1957 wird die Bevölkerung mit einer zweiten Währungsreform überrascht, die eine geschätzte Bargeldhortung von 1,5 Milliarden DM für Schwarzmarkt- und Gelegenheitskäufe beseitigen und die Beendigung der Lebensmittelrationierung vorbereiten soll. Offenbar war es den bisher schon frei verkaufenden HO-Läden* (Läden der Handelsorganisation, ursprünglich auf den Verkauf von Industriemangelwaren und bestimmter Lebensmittel eingestellt, bis 1958, Anm. R.W.*) trotz ihrer hohen Preise, die die Wirkung einer Verbrauchsteuer hatten, nicht gelungen, so viel Geld abzuschöpfen, dass man eine allgemeine Freigabe riskieren konnte ohne einen Nachfrageüberhang und Preisanstieg zu befürchten. Durch Vernichtung dieses Geldüberhanges sollte eine neue Preissteigerung unmöglich gemacht werden. ... Nur Sparkonten blieben unangetastet. ... Trotz der vorbereitenden Geldabschöpfung kam es zu Preissteigerungen*“[86].

Ein Umtausch 1:1 erfolgte je bis zu 300 DM. Darüber hinausgehende Beträge mussten auf ein Sonderkonto eingezahlt werden, das einer intensiven Nachprüfung unterzogen wurde, d.h. die Mittelherkunft nahm man genauestens unter die Lupe. Der Umtauschbetrag war vom Ergebnis dieser Prüfung abhängig. Der **Bargeldumlauf** reduzierte sich zwischen September 1957 und Januar 1958 von 5,48 Milliarden DM auf 3,71 Milliarden DM, d.h. um ca. ein Drittel.

Am 30. Juli 1964 erhielt die Deutsche Mark die Bezeichnung **„Deutsche Mark der Deutschen Notenbank“**, seit 1968 ist die Bezeichnung nur noch **„Mark“**, da die Deutsche Notenbank, die 1948 aus der „Deutschen Emissions- und Girobank“, hervorgegangen war, nun den Namen **„Staatsbank der DDR“** erhielt und die Zentralnotenbank der DDR wurde.

Nicht nur im monetären, sondern auch im **sozialen Bereich** ergaben sich in den 50er Jahren wesentliche Veränderungen. 1956 wurde die Verwaltung der

---

[86] Winkel, Harald: Die Wirtschaft im geteilten Deutschland 1945-1970, Wiesbaden 1974, S. 173 f.

Sozialversicherung dem Freien Deutschen Gewerkschaftsbund übertragen (FDGB). Dies war die Sozialversicherung der Arbeiter und Angestellten für Krankheit, Unfall und Rente. Andere Gruppen (Bauern, Handwerker, Selbstständige) wurden in einer **„Deutschen Versicherungsanstalt“** zusammengefasst.

Unerfüllte Pläne, sozialer Rückschritt und Mauerbau (1958-1962)

Bereits im Juli 1958 begannen die Arbeiten an einem neuen Siebenjahresplan. Der ständige Menschenverlust durch **Flüchtlinge**, darunter viele qualifizierte Arbeitskräfte, mit seinen folgenschweren Störungen für den Produktionsablauf war entscheidend für die Formulierung der Planziele des Siebenjahresplans. Zur „ökonomischen Hauptaufgabe“ wurde die Anpassung der Verbrauchsgüterversorgung an das westdeutsche Niveau erklärt: *„Die Erfüllung der ökonomischen Hauptaufgabe, durch Erhöhung der Arbeitsproduktivität und Steigerung der Produktion Westdeutschland im Pro-Kopf-Verbrauch bei den meisten industriellen Konsumgütern und Lebensmitteln bis Ende 1961 einzuholen und zu überholen, ist ein Teil der großen geschichtlichen Aufgabe, in Deutschland die Überlegenheit der sozialistischen Gesellschaftsordnung über die kapitalistische ... zu beweisen“*[87].

Dabei fällt auf, dass entgegen den Versprechungen, die Versorgung der Bevölkerung wesentlich zu verbessern, der Perspektivplan weiterhin dem Investitionsgüterbereich und nicht der Lebensmittelindustrie Priorität einräumte. Die Planvorgabe stand einmal mehr im Widerspruch zur sozialen Realität.

Von 1957 auf 1958 war die gesamtwirtschaftliche Zuwachsrate von 7 auf 12 Prozent gestiegen. Optimistisch sahen die Planer so dem Ziel entgegen, den privaten Verbrauch je Einwohner der Bundesrepublik, der 1959 35-40 Prozent über dem der DDR lag, bis 1961 zu erreichen. Jedoch gingen die Wachstumsraten von 1959 bis 1961 von 11 über 6 auf 4 Prozent zurück. Eine Steigerung der Quote des privaten Verbrauchs wäre aber nur bei hohem Wachstum möglich gewesen. So aber traten Versorgungsschwierigkeiten - auch als Folge einer Missernte - auf und führten mit den Kollektivierungsmaßnahmen des Jahres 1960 zu einem erneuten Anschwellen des Flüchtlingsstroms, der durch den **Mauerbau** vom 13. August 1961 gestoppt wurde. Dahinter verbargen sich

---

[87] Zit. nach: Buck, Hansjörg: Technik der Wirtschaftslenkung in kommunistischen Staaten. 2 Bde., Coburg 1969, S. 195.

fundamentale mikro- und makroökonomische Probleme, insbesondere völliges Planversagen und geringe Produktivität, was Ulbricht widersprüchlich begründete. Einerseits entstanden angeblich die *„Verluste ... durch Abwerbung und organisierte Republikflucht“*, andererseits bekannte er vor dem 15. Plenum den wohl triftigeren Grund einer gescheiterten Investitionspolitik: *„Wir müssen Schluß machen mit der Unzahl von Fällen der Vergeudung ... und Nichtausnützung unserer Möglichkeiten ... Neue hochleistungsfähige Maschinen, darunter Automaten, werden täglich nur wenige Stunden genutzt ... Bei den Nutzeneffektsberechnungen wird vorgegaukelt, dass die Maschine täglich 20 Stunden läuft. In Wirklichkeit ist das die Zeit, in der sie tagtäglich steht“*[88]. Eine Reform war jedenfalls überfällig.

Das Neue Ökonomische System - ein pseudoreformerisches Intermezzo (1963-1967)

Die bisherige Planung in Mengen (**„Tonnenideologie“**) führte lange Zeit zu Fehlinvestitionen und die Verzerrungen der Preisstruktur hatten Rohstoffverschwendung zur Folge. Darüber hinaus hemmte der Verzicht auf Delegation von Verantwortung die Initiative der Betriebe. Die Kritik an diesen Mängeln und eine bereits Ende der 50er Jahre einsetzende Reformdiskussion wurde von der SED unterdrückt. Aber erst das Fehlschlagen des Siebenjahresplans und der Eindruck, den die Thesen des Sowjet-Wissenschaftlers Liberman hinterließen, bewogen die Parteiführung der SED, grundlegende **Reformvorschläge** auf ihrem 6. Parteitag am 15. Januar 1963 zu unterbreiten. Ein halbes Jahr später erlangte das Neue Ökonomische System in Form einer Richtlinie Gesetzeskraft. *„Hauptziel dieser Reform war, ... die administrative Form der Planung und Leitung mittels zentraler Befehle durch eine Kombination zentraler Planung und eines sog. Systems ökonomischer Hebel zu ersetzen“*[89]. Die Einführung dieses Systems war gleichbedeutend mit der Wiederentdeckung des Gewinnes als Maßstab für ein rentabilitätsorientiertes Verhalten der Betriebe. Da diese am ehesten so handeln, wenn sie selbstständig entscheiden können, wurden sie nach dem Prinzip der Eigenerwirtschaftung der Mittel in die Verantwortung gezogen. Damit wurden die Volkseigenen Betriebe aufgewertet und die **„Vereinigungen Volkseigener Betriebe“ (VVB)** zu echten „ökonomischen Führungsorganen“.

---

[88] Auszugsweise zit. nach: Buck, Wirtschaftslenkung, S. 209.

[89] Zit. nach: Berg, Michael von: Die Wirtschaft der DDR. Autoren-Sonderdruck der „Neuen Züricher Zeitung“ Nr. 224 u. 225 vom 16. und 17.8.1968.

Um eine wirklichkeitsnahe, den tatsächlichen Aufwand der Betriebe erfassende Kostenrechnung zu ermöglichen, musste zunächst eine **Neufestlegung des Preis- und Bewertungssystems** vorgenommen werden. Am 30. Januar 1964 beschloss der Ministerrat die Neubewertung der Produktionsanlagen und die Korrektur der Abschreibungssätze. Durch die Umbewertung wurde das Brutto-Anlagevermögen der Industrie um 52 Prozent auf insgesamt 105 Milliarden Mark erhöht.

Eine Verbesserung des Preissystems wurde durch die Dynamisierung **(Industriepreisregelsystem)** und Kostenorientierung der Preise angestrebt. Eine Kosten-Nutzen-Analyse sollte die Rechnungsführung der Betriebe leistungsbezogener und dadurch effizienter gestalten. Den Rechten folgten die Pflichten: Ein erweitertes Vertragssystem sah bei Schlechterfüllung der Pläne **Sanktionen** gegen die Betriebe vor. Die Banken wurden finanziell weitgehend verselbstständigt und mit der Effizienzkontrolle der Investitionen betraut.
Was den Groß- und Einzelhandel anbelangt, so wurde dieser weitestgehend zentral kontrolliert. Man musste jedoch zu Anfang der 60er Jahre feststellen, dass die Industrie kaum absatzorientiert produzierte und formulierte dann im Rahmen des Neuen Ökonomischen Systems die „Sicherung der Mitverantwortung der Industrie für den Absatz“ mit der Folge, dass **Perspektivproduktionspläne als Absatzpläne** aufgestellt wurden. Aber auch dadurch konnte die Reagibilität der Produktion auf Veränderungen am Markt nicht hinreichend gewährleistet werden. Da der operative Absatzplan immer noch vom Jahresabsatzplan und dieser vom Perspektivplan abhing, konnten noch nicht einmal jene Abnehmer zufriedengestellt werden, die es sich vorbehielten, Einzelheiten über das (zu bestellende) Sortiment jeweils quartalsweise mitzuteilen, von solchen ganz zu schweigen, die in noch kürzeren Fristen disponierten. Dazu kamen erhebliche andere **Mängel**, etwa[90]:

- die *„angespannte Materiallage“*
- fehlende Lager- und Umschlagskapazität der Großhandelsbetriebe
- zu geringe (zu einfache) Sortimentierung, um den komplexen Anforderungen des Marktes zu genügen sowie
- die Vernachlässigung des Prinzips der wirtschaftlichen Rechnungsführung im Produktionsmittelgroßhandel.

---

90 Model, Horst: Bedarf, Produktionsprogramm, Absatz, Berlin 1964, S. 164 f.

Dies führte zwar zu der Forderung nach Entwicklung **direkter** Beziehungen zwischen **Produktion und Einzelhandel** und fand in einer Reihe konkreter Vorschläge seinen Ausdruck, z.B.:

- *„Übergabe von Testgeräten aus der Nullserie an den Einzelhandel im Interesse der Bedarfsforschung" oder*
- *„Nutzung der von den Produktionsbetrieben gebotenen Qualifizierungsmöglichkeiten für Fachverkaufskräfte" etc.*[91].

Doch unterstreichen solcherlei Beispiele eher die Unbeholfenheit, mit der man ganz grundsätzlichen systembedingten Problemen, nämlich der überbürokratischen Trägheit des Planungs-, Bilanzierungs- und Kennziffernsystems gegenüberstand, als dass sie wirklich Abhilfe schaffen konnten.

Um die Mitte der 60er Jahre kam es zu organisatorischen Veränderungen und Maßnahmen bei den Lenkungsgrößen. So wurde in einigen VVB z.B. die sechsprozentige **Produktionsfondsabgabe** und der fondsbezogene Preis als deren logische Ergänzung eingeführt. Die sechs Prozent „Zins" wurden vom vorhandenen Bruttovermögen genommen und waren aus dem Gewinn zu finanzieren, wodurch das Interesse der Betriebe auf optimalen Kapitaleinsatz gerichtet werden sollte. Die allein daraus resultierende Möglichkeit der Minimierung der Zinsabgabe konnte den verbleibenden Nettogewinn erhöhen.

In organisatorischer Hinsicht ist in dieser Zeit v.a. auf die Auflösung des „Volkswirtschaftsrates" und die Umwandlung seiner Industrieabteilungen in acht **Industrieministerien** hinzuweisen. Überdies wurde das Ministerium für Materialwirtschaft neu gebildet und ein Konzept entwickelt, das die Ausarbeitung der Wirtschaftspläne in zwei Phasen vorsah.

Zusammenfassend erscheinen vier Punkte des NÖS wesentlich: Die angestrebte „Verwissenschaftlichung" der Planung und Leitung der Wirtschaft, die stärkere Berücksichtigung von Marktelementen (Ökonomische Hebel), damit verbunden die Verlagerung der Entscheidungen auf die untere Ebene (Dezentralisierung) und schließlich die Entwicklung der VVB zur wichtigsten Organisationsform der mittleren Ebene.

---

[91] L.c., S. 167.

„Sozialistische Werbung" und Exportanpassung

Auch auf dem Sektor des Handels und der Produktgestaltung versuchte man, den Faktor „Markt" stärker zu berücksichtigen, wiewohl man von der Angebotsorientierung noch lange nicht abkam.

Wegen akuten Mangels an Entwurfskapazität war 1958 begonnen worden, Ingenieuren (!) in einem Zweijahreslehrgang die Grundlagen der **Formgestaltung** zu vermitteln[92]. Dies unterstreicht, wie wenig gestalterische Aufmerksamkeit und Professionalität man der Produktprofilierung zunächst entgegenbrachte. Doch dies sollte sich im Laufe der frühen 60er Jahre - zumindest nach außen - ändern, musste man doch einsehen, dass das nationale Kulturerbe zwar wohldefiniert, aber im Export chancenlos war. Und auf den Export war man zunehmend angewiesen. Nur folgerichtig war daher das 1965 in der Industriedesignerzeitschrift „form + zweck" geäußerte Eingeständnis: *„Die Theorie und die Ästhetik der Industrieformgebung befinden sich erst* ***in der Entstehung****"* (Hervorh. R.W.)[93].

Im Zusammenhang mit dem NÖS wurde neu über die Bedeutung der Werbung zu dessen Durchsetzung nachgedacht. Sie wurde dabei nicht als Instrument zur Profilierung neuer Produkte aufgefasst, sondern über „ökonomische Funktionen" definiert und hatte „politisch-ideologisch, moralisch und ästhetisch-erzieherisch" zu wirken. Neben dem **Gebrauchswert** sollte v.a. die *„neue sozialökonomische Funktion (der Produzenten) unter sozialistischen Produktionsverhältnissen"* dargestellt werden[94]. Werbung diente mehr der Darstellung der internationalen Arbeitsteilung unter den sozialistischen Ländern als zum Kaufanreiz für Produkte. Die Kontrolle und Koordinierung der Auslandswerbung für „devisenrentable" Produkte oblag der **„Außenhandels-Werbegesellschaft GmbH Interwerbung"**[95].

Die Anfang der 60er Jahre formulierten Prinzipien der **„sozialistischen Werbung"** sollten die Einheit von Ökonomie und Politik ebenso beinhalten wie Sparsamkeit, koordinierte Gemeinschaftsarbeit, Konzentration auf volkswirtschaftliche Schwerpunkte sowie die ***„Beachtung der marxistischen Ethik und Ästhetik"*** (Hervorh. R.W.)[96]. **Teilziele** davon waren: Die *„Erzie-*

---

92 Hirdina, Heinz: Gestalten für die Serie. Design in der DDR 1949-1985, Dresden 1988, S. 151.

93 Zit. nach: Bertsch, Überblick, S. 23.

94 Model, Bedarf, S. 132 ff.

95 L.c., S. 142; Vgl. Gesetzblatt der DDR, Teil III, Nr. 1/1960.

96 Model, Bedarf, Falttafel im Anhang, Abb. 13 (ohne Seitenangabe).

hung zu neuen sozialistischen Verbrauchsgewohnheiten“, die „*Unterstützung der politisch-ideologischen, moralischen und ästhetischen Erziehung der Konsumenten*“, die „*Einflussnahme auf die Durchsetzung der sozialistischen internationalen Arbeitsteilung*“, die „*Einflussnahme auf die Erschließung neuer Absatzmärkte in jungen Nationalstaaten und im kapitalistischen Wirtschaftsgebiet*“ sowie die „*Unterstützung der produktionstechnischen Propaganda*“[97].

[97] L.c.

Darstellung 90: Sozialistische Werbung

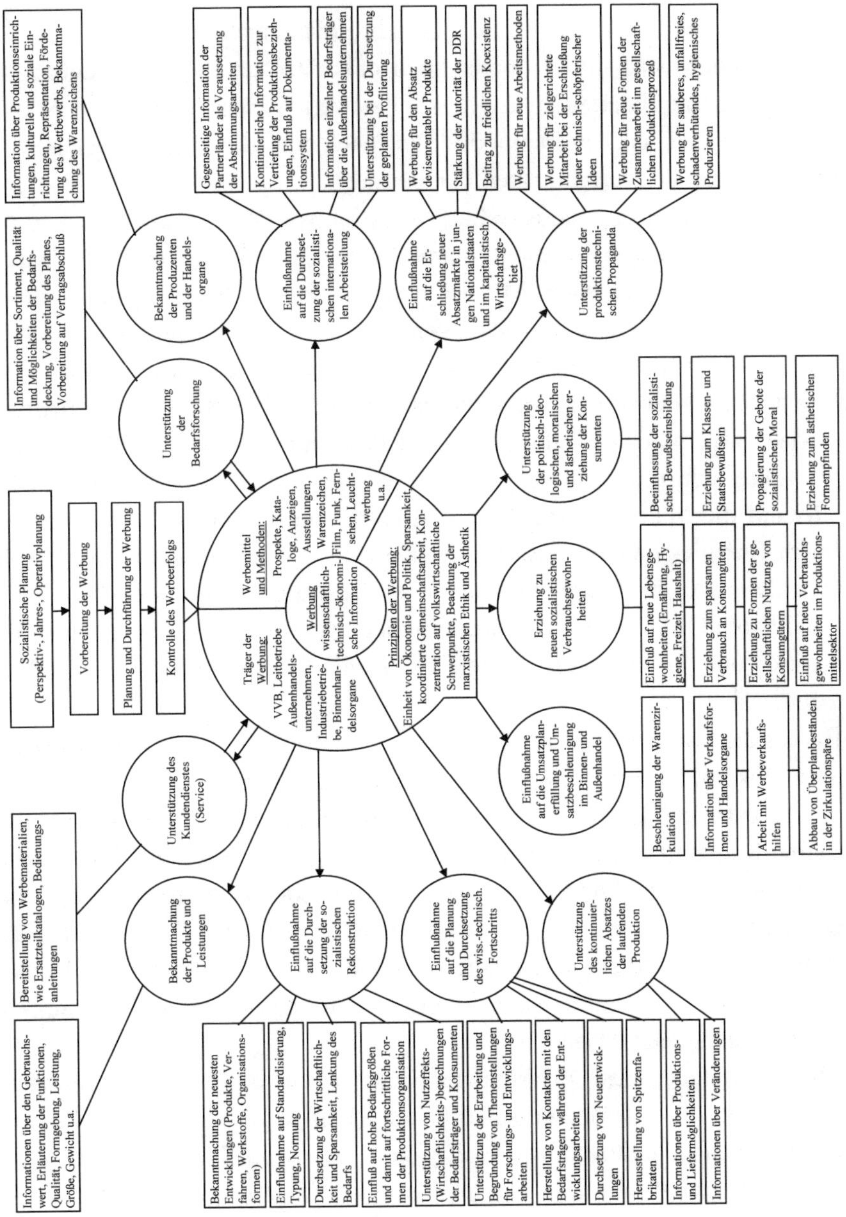

Quelle: Model, Horst: Bedarf, Produktionsprogramm, Absatz, Berlin 1964, Anlage, Abb. 13.

Von der Dezentralisierung zur Rezentralisierung (1967-1975)

Der im Mai 1967 verabschiedete Fünfjahresplan unterschied sich von den vorhergehenden v.a. durch seine **nüchterne Zielsetzung**, die durch die Vorgabe von **Bandbreiten** an Stelle von Festwerten unterstützt wurde. So war bereits nach Halbzeit der Planperiode zu erkennen, dass die Abweichungen geringer waren als in vergangenen Planperioden.

Als **Planziele** für die industrielle Produktion wurde eine Zunahme von 6,8 Prozent und für das Nationaleinkommen eine Zuwachsrate von 5,4 Prozent jeweils pro Jahr vorgesehen. Mit 6,3 bzw. 5,1 Prozent wurden die Planziele annähernd erreicht. Die Brutto-Anlageinvestitionen sollten in der Bandbreite zwischen 48 und 52 Prozent pro Jahr gesteigert werden. Schenkt man dem Erfüllungsbericht Glauben, wurde dieses Ziel mit 59 Prozent sogar übertroffen. Der Materialverbrauch konnte um ca. 12 Prozent vermindert werden. Außerdem wirkte sich die rechtzeitige Bereitstellung von Roh- und Werkstoffen positiv auf die Materialintensität aus. Andererseits hemmten Produktionsausfälle im Energie- und Brennstoffbereich in den Wintermonaten 1969/70 die Entwicklung. Auch Vertragsrückstände der zentralgeleiteten Industrie (1970: 2,2 Milliarden Mark) und Disproportionen zwischen den Kapazitäten der Zulieferer und Produzenten führten zu beträchtlichen Störungen des Wirtschaftskreislaufs.

Bereits die zweite Etappe des NÖS war als Überleitung zum **Ökonomischen System des Sozialismus (ÖSS)** gedacht. Die Umbenennung erfolgte 1967 auf dem VII. Parteitag der SED. Ganz allgemein trat mit dem ÖSS eine Phase der **Rezentralisierung** ein, nachdem das NÖS mehr durch dezentrale Hierarchien gekennzeichnet war. Eine mögliche Alternative hätte am Entscheidungspunkt 1967 darin bestanden, die Reformen in Richtung einer Verstärkung der Marktelemente weiterzutreiben, wie dies z.B. in Jugoslawien oder Ungarn geschehen war. Es charakterisiert die SED-Führung sehr, mit welcher Schärfe sie von solchen Ideen Abstand nahm.

Die Maßnahmen des ÖSS richteten sich v.a. auf die im NÖS begonnene Verbesserung der finanzwirtschaftlichen Lenkungsinstrumente (Produktionsfondsabgabe, Industriepreisregelsystem) oder von Spezialbereichen wie der Außenwirtschaft. Zu ihrer Komplettierung wurden neue Erfolgsanreize für die Devisenbewirtschaftung z.B. durch Gewährung eines Devisenbonus bei hervorragenden Exportleistungen geschaffen. Weiterhin wurde die Einführung einer **„sozialistischen Betriebswirtschaft“** proklamiert. Ferner sollte der Perspektivplan zum Hauptsteuerungselelement der Wirtschaft werden.

Angeregt durch den XXIV. Parteitag der KPdSU erklärte der VIII. Parteitag der SED Mitte 1971 die Erhöhung des materiellen und kulturellen Lebensniveaus der Bevölkerung zur Hauptaufgabe des Perspektivplanes, allerdings auf der *„Grundlage eines hohen Entwicklungstempos der sozialistischen Produktion, der Erhöhung der Effektivität, des wissenschaftlich-technischen Fortschritts und des Wachstums der Arbeitsproduktivität“*[98]. Das produzierte Nationaleinkommen sollte, zu konstanten Preisen gerechnet, 138 Milliarden Mark erreichen, d.h. 4,9 Prozent jährlich. Für die industrielle Arbeitsproduktivität war eine Erhöhung von 6,6 Prozent vorgesehen. Eine besondere Förderung sollte der **Engpasssektor Energie** erhalten. So war die Erhöhung des Elektroenergieaufkommens (Produktion und Import) von 1970 bis 1975 um 30 Prozent geplant.

Gegenüberstellungen von Soll- und Ist-Werten im Jahre 1973 deuteten darauf hin, dass die realistischer als in früheren Perioden formulierten Ziele auch erreicht wurden. Trotzdem blieben **störende Faktoren**:

- Infolge der Arbeitskräfteknappheit und der Schwierigkeiten bei der Rohstoff- und Materialbeschaffung konnten die Kapazitäten nur ungenügend auslastet werden.
- Der Werkzeugmaschinenbau geriet in einen Engpass, da er als Erzeuger von Exportgütern und Rationalisierungstechnik zunehmend überfordert wurde.
- Die Produktion konnte sich dem wandelnden Bedarf nicht schnell genug anpassen, wodurch Fehlproduktionen entstanden.

Langfristige Erwartungen

Vor der 9. Tagung des ZK der SED nannte Honecker als eine Art **„Orientierungsrahmen“** langfristige Entwicklungsvorstellungen bis 1990. Demnach sollte der durchschnittliche Zuwachs der **industriellen Arbeitsproduktivität** (von jährlich 6,5 Prozent) das gesamtwirtschaftliche Wachstum von 5 Prozent stützen. Das **Einkommenswachstum** war mit 3,5 Prozent auffallend niedrig angesetzt. Dem **Wohnungsbau** wurde Priorität eingeräumt und bis

---

98 Deutsches Institut für Wirtschaftsforschung (DIW): DDR-Wirtschaft. Eine Bestandsaufnahme, Frankfurt 1971 und 1974, S. 321.

1990 sollten 2,9 bis 3 Millionen Wohnungen neu gebaut oder modernisiert werden (bei 6,5 Millionen Haushalten).

Kultur, Wirtschaft und Formgestaltung

Einer der Leitgedanken des Parteitags 1971 war die Einheit von Wirtschafts- und Sozialpolitik. In diesem Rahmen wurde die kulturelle Prägung von Gesellschaft und Wirtschaft besonders betont. Ein Aspekt richtete sich dabei auf die Kontrolle des Produkt- und Formdesigns, die man durch die Einrichtung des Amts für industrielle Formgestaltung, das das Zentralinstitut für Gestaltung ablöste, gewährleisten wollte. Es war als Organ des Ministerrates auf der höchsten staatlichen Leitungsebene angesiedelt. In der Tat sollte das Amt *„eine Erhöhung der staatlichen Autorität ... der Formgestaltung zur Folge haben, den Weg zur Industrie verkürzen und zu einer straffen Koordinierung, Anleitung und Kontrolle führen“*[99]. Im Rahmen dieser Neuorganisation und Zentralisierung der Designpolitik wurden Chefgestalter in den Kombinaten etabliert und die Formgestaltung fester im Planungsgefüge der Wirtschaft verankert, d.h. sowohl im Volkswirtschaftsplan als auch im Entwicklungsplan für das einzelne Industrieprodukt[100].
Damit verbunden war die Politik der verstärkten Förderung des Marktangebots für den privaten Verbrauch, den die SED-Führung allerdings nicht durchhalten konnte. Der Zuwachs an Geldeinkommen musste gedrosselt werden und selbst die bereits reduzierten Planziele in den späten 70er Jahren, 1981 und 1985 waren nicht zu halten. Die Möglichkeit, den privaten Bedarf in **Intershops** (oder via GENEX-Geschenkdienst) zu befriedigen, stand eben nur jenen offen, die in den Besitz von Devisen kommen konnten[101].

Die Entwicklung der DDR-Wirtschaft bis zur „Wende“

Seit der zweiten Hälfte der 70er Jahre wurden die **Planziele** der Jahres- und Fünfjahrespläne in elementaren Wirtschaftsbereichen **nicht erfüllt**. Den DDR-Bürgern war auch kaum bekannt, dass alle realen Bewertungsmaßstäbe sinkende Zuwachsraten aufwiesen. Insbesondere die **Arbeitsproduktivität** verharrte auf niedrigem Niveau und stellte die Wettbewerbsfähigkeit der DDR-Wirtschaft zunehmend in Frage. Die **Kaufkraft** der DDR-Mark sank zuneh-

---

[99] Zit. nach: Hirdina, Gestalten, S. 216.

[100] L.c., S. 237.

[101] Die diesbezüglichen Umsätze sind in den offiziellen Statistiken nicht enthalten.

mend, auch wenn dies nicht immer offen zutage trat, da Preissteigerungen für Güter und Leistungen des privaten Verbrauchs oft verdeckt stattfanden. Ein weiteres Indiz für eine rückläufige gesamtwirtschaftliche Leistung war die Tatsache, dass das **Investitionspotenzial** bis 1985 unter den Stand von 1977 sank. Bemerkenswert war ferner, dass die privaten Geldeinkommen seit 1975 - von einigen wenigen Jahren abgesehen - schneller wuchsen als das Marktangebot[102]. Im Klartext: Geld war zwar vorhanden, aber man konnte sich nichts damit kaufen. Dieser Zustand des konsumtiven Unterangebots und Versorgungsmangels wurde erst aufgehoben, als sich im Zuge der Revolution von 1989 die Grenzen öffneten und am 1. Juli 1990 im Rahmen der Wirtschafts-, Währungs- und Sozialunion die wirtschaftliche Integration gelang.

Literatur:

Baar, Lothar et al.: Kriegsfolgen und Kriegslasten Deutschlands. Zerstörungen, Demontagen und Reparationen, Berlin 1993; **Buchheim**, Christoph (Hg.): Wirtschaftliche Folgelasten des Krieges in der SBZ/DDR, Baden-Baden 1995; **Karlsch**, Rainer: Allein bezahlt? Die Reparationsleistungen der SBZ/DDR 1945-1953, Berlin 1993; **Matschke**, Werner: Die industrielle Entwicklung in der Sowjetischen Besatzungszone Deutschlands (SBZ) von 1945 bis 1948, Berlin 1988; **Schneider**, Gernot: Wirtschaftswunder DDR. Anspruch und Realität, 2. erw. Aufl., Köln 1990; **Winkel**, Harald: Die Wirtschaft im geteilten Deutschland 1945-1970, Wiesbaden 1973; **Zank**, Wolfgang: Wirtschaft und Arbeit in Ostdeutschland 1945-1949, München 1987; **Zschaler**, Frank: Die vergessene Währungsreform. Vorgeschichte, Durchführung und Ergebnisse der Geldumstellung in der SBZ 1948. In: Vierteljahrshefte für Zeitgeschichte, 45. Jahrgang, 1997, S. 191-223.

Prüfsteine:

1. Worin unterscheiden sich Marktwirtschaft und Zentralverwaltungswirtschaft elementar?
2. Wie wird der Knappheitsgrad eines Gutes in der Zentralverwaltungswirtschaft ermittelt?
3. Welche wirtschaftspolitischen Ziele verfolgte das SED-Regime mit dem sog. Neuen Ökonomischen System?
4. Welche Funktion kommt den Banken in einer Zentralverwaltungswirtschaft zu?

---

[102] Schneider, Wirtschaftswunder, S. 167.

5. Ihr ausländischer Freund möchte wissen, was es mit dem „innerdeutschen Handel“ auf sich hatte. Geben Sie ihm eine möglichst umfassende Information!
6. Welche Rolle spielten das Design (die „Produktgestaltung“) und die Werbung in der DDR-Wirtschaft?
7. Welche Phasen der DDR-Wirtschaftsentwicklung lassen sich identifizieren?

11. Das vereinigte Deutschland nach 1989/1990

11.1. Die Deutsche Revolution 1989

In den späteren 80er Jahren setzte sich in der Sowjetunion zunehmend eine Öffnungspolitik durch, die mit dem Namen von Michail **Gorbatschow** verbunden ist. So lernte die ganze Welt mindestens zwei russische Begriffe (**Glasnost** und **Perestrojka**) und im Gefolge der neuen Offenheit kam auch das Bruderland DDR, der *„stabile Eckpfeiler des Sozialismus“* (Honecker 1984) ins Wanken. Spätestens seit Ungarn am 10. und 11. September 1989 alle fluchtwilligen DDR-Bürger über seine Grenzen ausreisen ließ, war das sozialistische Flaggschiff leckgeschlagen.

Das Jahr 1989 war ein wahrhaftig revolutionäres. Es brachte nicht nur das „Bicentenaire“ der Französischen Revolution, über das man sich in ganz Frankreich und die ganze Welt mit Frankreich freute, sondern es war auch das Jahr, in dem das ostdeutsche Volk auf die Straße ging und (etwa in Leipzig jeden Montag) rief: *Wir* sind *das* Volk. Keine Frage: 1989 hat in Deutschland eine Revolution stattgefunden. Es ist interessant, dass man zunächst rief: Wir sind *das* Volk. Das heißt, die antidemokratischen, sozialistischen Funktionäre sollten nun endlich **Demokratie** realisieren, in der alle mitbestimmen, in erster Linie das Volk. Im weiteren Verlauf des Oktober 1989 rief man dann nicht mehr: „Wir sind *das* Volk“, sondern man rief: „Wir sind *ein* Volk“. An die Stelle des bestimmten Artikels wurde ein unbestimmter Artikel gesetzt. Damit war jedoch etwas sehr Bestimmtes gemeint, das die kommunistischen Herrscher sehr ins Schwitzen brachte. Mit „*ein* Volk“ forderte die Straße konkret das Zusammengehören der Deutschen in West und Ost, also den Fall der Mauer. Durch die Besonnenheit der „Montagsdemonstranten“ und der alten Funktionäre, die am 7. November 1989 endlich geschlossen zurückgetreten waren, konnten sämtliche Passagiere und Besatzungsmitglieder das sinkende und überschuldete Schiff DDR verlassen und überleben.

Damit, dass die Mauer bereits im November 1989 fallen sollte, hatte niemand ernsthaft gerechnet. Wohl waren die Zeichen für eine solche Möglichkeit gesetzt worden, doch Egon **Krenz**, der Honecker nach dessen Sturz gefolgt war (18. Oktober 1989), wollte den Sozialismus retten, ihn marktwirtschaftlich verkleiden und dem Westen als Verhandlungsmasse eine gewisse Maueröffnung anbieten, aber kontrolliert. Wer aus- und einreiste, sollte keinesfalls an der Mauer entschieden werden, sondern bei den üblichen Antragsstellen. Doch die Information über die Ein- und Ausreise ohne Visum kam an den Grenzstellen so an, als bestehe nun vollkommene Freizügigkeit. Nun nahmen die Dinge ihren Lauf. Den hätten sie jedoch - früher oder später - ohnehin genommen, könnte man behaupten, und zwar aus ökonomischen Gründen. Die Führung der DDR wusste durch den Vorsitzenden der Staatlichen Plankommission Gerhard **Schürer** sowie durch Alexander **Schalck-Golodkowski**, den Leiter der Staatlichen Zentralverwaltung für Statistik, seit Jahren, dass die ökonomische Lage dramatisch war. Doch die hohe Verschuldung wurde geheim gehalten. Und sie war noch viel größer als alle dachten.

Gerhard Schürer wurde am 24. Oktober 1989 mit der Aufgabe betraut, bis zur nächsten (10.) Sitzung des Zentralkomitees der SED, die sinnigerweise vom 8.-10. November 1989 stattfinden sollte, eine Analyse der tatsächlichen volkswirtschaftlichen Situation vorzulegen. Er tat dies und was er an Informationen zutage förderte, war so brisant, dass neben den beteiligten Analysten (neben Schürer, Schalck, Beil, Donda und Höfner) ausschließlich Krenz darüber informiert wurde, *wie* miserabel die Lage war:

- jährliche Kreditaufnahme der DDR betrug 8-10 Milliarden Valutamark, die bei ca. 400 Banken mobilisiert wurden. D.h. das vermeintliche Markenzeichen der SED, die Sozialpolitik, wurde seit 1971 überwiegend mit Fremdkapital aus dem Westen finanziert.
- Das Wachstum der Wirtschaft hatte sich bedeutend abgeschwächt.
- Die hochgelobte Mikroelektronik kostete ein Mehrfaches dessen, für das sie am Weltmarkt zu haben gewesen wäre.
- Der Verbrauch in der DDR entwickelte sich seit Jahren schneller als die Leistungen; man lebte also von der Substanz.

In dem Schürer-Dokument wird zum ersten Mal überhaupt (27. Oktober 1989) davon gesprochen, dass die Auslandsschulden von zwei Milliarden Verrechnungsmark (1970) auf 49 Milliarden (1989) gestiegen waren und die innere Verschuldung der DDR von 12 (1970) auf 123 Milliarden Mark (1988). Schürer führte aus, dass eine „Schuldendienstrate“ (Verhältnis des Exports eines Jahres zu den im gleichen Jahr fälligen Kreditrückzahlungen und Zinsen) von 25 Prozent normal gewesen wäre, dass sie jedoch 150 Prozent betrug, so dass der Export eines Jahres nicht einmal ausreichte, um die Kredite samt Zinsen zurückzuzahlen. Die DDR war also gezwungen, aufgrund der ökonomischen Lage und der Zahlungsbilanz jährlich einige Milliarden DM neue Kredite zu mobilisieren, um die Wirtschaft aufrechtzuerhalten und die alten

Kredite zu bedienen[103]. Ein Problem bestand zudem in der allmählichen Auflösung des RGW-Verbunds, mit dem die DDR 70 Prozent ihres Außenhandels abwickelte.

Als dann Zehntausende von Bürgern 1989 über die ungarische, polnische und tschechoslowakische Botschaft der Bundesrepublik nach Westen flohen, konnte kein Modrow mehr die Mauer als Faustpfand gegen Kredite einsetzen. Man hätte höchstens noch annehmen können, dass die Sowjetunion - wie in der frühen Modrow-Zeit - die DDR als selbstständigen Staat unterhalten und unterstützen wollte. Diese Unterstützung gab es noch, doch sie bestand niemals in Valuta, dazu war die UdSSR bereits viel zu geschwächt.

11.2. Die deutsch-deutsche Integration nach 1989

Was den Franzosen der 14. Juli 1789, ist den Deutschen der **9. November 1989**: Die Öffnung der Grenzen zur Bundesrepublik und nach West-Berlin wurde mit sofortiger Wirkung verkündet. Mit dem Inkrafttreten der **Wirtschafts-, Währungs- und Sozialunion** am **1. Juli 1990** wurde die DM einziges Zahlungsmittel in der noch existierenden DDR, die dann am **3. Oktober 1990** dem Geltungsbereich der Bundesrepublik beitrat und aufhörte, als Staat zu existieren.

Per Stichtag 1. Juli 1990 wurde auch das Treuhandgesetz vom 17. Juni 1990 in Kraft gesetzt und so gleichzeitig die Gesetze der Regierung Modrow über die treuhänderische Verwahrung und die Verwaltung des Volkseigentums aufgehoben. Damit hatte die **Treuhandanstalt** die Verantwortung für 90 Prozent aller Betriebe, 80 Prozent aller Arbeitsplätze, rund 8.000 Unternehmen mit 45.000 Betriebsteilen und 1,9 Mio. Hektar landwirtschaftlicher Nutzfläche übernommen. Doch der 1. Juli 1990 brachte auch die große **monetäre Zäsur**.

Bei der Einführung der Deutschen Mark in das Wirtschaftsgebiet der DDR handelte es sich um ein schwieriges logistisches und organisationstechnisches Problem, das allenfalls zu vergleichen war mit der Operation *Bird Dog* im Rahmen der Währungsreform im Juni 1948. Ende Juni 1990 passierten 600 Tonnen DM-Scheine und 400 Tonnen Münzen, insgesamt 27,5 Milliarden DM die offene deutsch-deutsche Grenze. Dieser Betrag wurde dann an die 16 neu eröffneten Niederlassungen der Deutschen Bundesbank und an die etwa 4.200 ost- und westdeutschen Banken, Sparkassen, Zweigniederlassungen und

---

103 Hertle, Hans-Hermann: Staatsbankrott. In: Deutschland-Archiv, 25 (1992), Nr. 11, S. 1019-1030, bes. S. 1023.

Umtauschstellen in der DDR verteilt, um auf berechtigtes Verlangen ausgezahlt zu werden. Da die DM-Münzen zunächst nicht in allen Stückelungen ausreichten, behielten die DDR-Münzen (1 bis 50 Pfennig) für eine Übergangsfrist die Eigenschaft eines gesetzlichen Zahlungsmittels in der DDR. Und wo ist das übrige Geld geblieben? – Die nach der Währungsumstellung zurückgeflossenen, auf Mark der DDR lautenden, Banknoten und höherwertigen Münzen wurden von den Geldinstituten an die Staatsbank abgeführt. Die Staatsbank war für die Prüfung der Rückflüsse und für die Vernichtung bzw. Einlagerung zuständig.

Wie häufig im Vorfeld reformerischer Zäsuren kam es zu Hamsterkäufen und spekulativem Horten. Viele deckten sich mit DDR-Ware ein in der Erwartung, sie anschließend gegen die neue DM günstig absetzen zu können. Doch so mancher, den nun plötzlich kapitalistischer Spekulationsgeist erfasst hatte und der sich ein paar Farbfernseher für je 6.000 DDR-Mark gekauft hatte und gehofft hatte, dafür dann je 3.000 DM zu erlösen, musste feststellen, dass sich dafür nirgendwo Käufer fanden, denn der offene Markt bot Modelle in wesentlich besserer Qualität zu einem Bruchteil dieses Preises und das noch in Hülle und Fülle an. So geriet der Start in die Marktwirtschaft für so manchen zum Fehlstart.

Die Nacht vom Samstag, 30. Juni 1990 auf Sonntag, 1. Juli, blieb vielfach schlaflos, häufig auch die Nacht zum Montag, da tausende Besitzer von Produktions- und Handelsunternehmen über Nacht zehntausende von Erzeugnissen preislich neu zu bewerten und in DM auszuzeichnen hatten. Ferner war eine gründliche Inventur angesagt und nicht zuletzt eine Eröffnungsbilanz zu erstellen.

Ab Sonntag, dem 1. Juli 1990 machten dann 16.247.200 DDR-Bürger Bekanntschaft mit einer Dame des 19. Jahrhunderts, nämlich mit Clara Schumann und schlossen sie sogleich ins Herz bzw. in die Börse, denn sie zierte den 100-DM-Schein. Nie hat sich Clara Schumann größerer und breiterer Sympathie erfreut. Die Freude war so groß, dass sie bis an die Grenzen des höchstens Erlaubten, nämlich 20-fach, empfangen wurde. Mag sein, dass mancher notorische Westdeutsche, der mental noch nicht umgeschaltet hatte, laut oder leise den Verdacht gehegt haben mag, Clara Schumann gehe post-mortem im Osten fremd. Wenn sie es denn erlebt hätte: Johannes Brahms wäre der erste gewesen, dem's die Pianistin per Brief freudig mitgeteilt hätte. Doch wurden diese Nörgler bald damit beruhigt, dass die DDR-Bürger zu einem schmerzhaften Doppelopfer gezwungen wurden, denn sie mussten zwei (ebenfalls blaue) Karl-Marx-Scheine für eine Musikerin opfern. Die Farbe rot war in der DDR schon an eine andere Clara, nämlich Clara Zetkin, vergeben. Die rote Clara zierte den 10-Mark-Schein.

Die Freude über den Empfang von Clara Schumann war quasi jahrgangsbedingt unterschiedlich. Es ist bekannt, dass die bis zu 14-Jährigen 2.000 Mark 1 : 1 umgetauscht bekamen, die 15-59-Jährigen 4.000 Mark und die Älteren 6.000 Mark.[104]

Beträge jenseits der genannten Grenzen sowie Kontoguthaben juristischer Personen wurden im Verhältnis 2 : 1 umgestellt, laufende Zahlungen (Renten, Mieten etc.) jedoch 1 : 1.[105] Hier gäbe es noch einige Details, etwa zu 1 : 3-Umstellungen, auf die an dieser Stelle jedoch nicht näher einzugehen ist.

Insgesamt wurde ein Guthaben in Höhe von 249,9 Milliarden Mark der DDR in 156,6 Milliarden DM umgetauscht, was einem durchschnittlichen Umstellungskurs von 1,58 Mark zu einer DM entsprach. Die genannten Umtauschrelationen wurden von Experten beider Seiten ausgehandelt und beiderseits akzeptiert.

Es sind im wesentlichen drei Bereiche, die bei der Beurteilung der deutschen Integration zu berücksichtigen sind:

1. Die **vertraglichen Rahmenbedingungen** der deutschen Einheit, wie sie im Staatsvertrag und im Einigungsvertrag ihren Niederschlag fanden.
2. Der marktwirtschaftliche **Umstrukturierungsprozess** in den neuen Ländern. Hierzu gehören Aspekte wie die unterschiedliche wirtschaftliche Entwicklung und die Spaltung des Arbeitsmarktes, dann die politischen Prämissen der deutschen Integration (Verfassungsgebot der Gleichwertigkeit der Lebensverhältnisse!), die Auseinandersetzungen um die am meisten geeignete Wirtschaftspolitik (Wieviel Markt, wieviel Staat?), die wirtschaftspolitische Strategie, dann die überaus komplexe Frage der Strukturpolitik, der Arbeitsmarktpolitik (Arbeitsförderungsgesetz, Übernahmeregelungen etc.), der Sozialpolitik (Rentenreformgesetz 1992) und nicht zuletzt der Wohnungspolitik.

---

[104] Die zwischen dem 2. Juli 1931 und dem 1. Juli 1976 Geborenen erhielten 40 Blaue und die vor dem 2. Juli 1931 Geborenen 60 Blaue gutgeschrieben.

[105] Dies galt jedoch nur für Guthaben natürlicher und juristischer Personen, die vor dem 31. Dezember 1989 bestanden hatten. Die danach entstandenen tauschte man lediglich 1:3 um. Dieser Umrechnungssatz galt im übrigen auch für solche Guthaben, die bereits vor dem 1. Januar 1990 auf einem Konto bei einem DDR-Geldinstitut unterhalten wurden, aber nach diesem Stichtag auf ein Konto von Personen mit Wohnsitz außerhalb der DDR (Devisenausländerkonto) übertragen wurden.

3. Es ist zu fragen, welche **finanziellen Folgeprobleme** die deutsche Vereinigung brachte und bringt und welche politischen Schlussfolgerungen daraus zu ziehen sind.

Schließlich wäre noch zu fragen, wie die Situation am Ende der 90er Jahre einzuschätzen ist?

11.3. Vertragliche Rahmenbedingungen

Zunächst zur Frage der vertraglichen Rahmenbedingungen der deutschen Einheit.

Bereits Abs. 1 des Staatsvertrages regelte die Wirtschaftsunion, d.h. den Aufbau der Wirtschaftsordnung nach marktwirtschaftlichen Prinzipien mit dem privaten Eigentumsschutz als konstituierendem Prinzip der Marktwirtschaft. Die DDR verpflichtete sich also zur umfassenden Rechtsanpassung, d.h. sie setzte in der Wirtschaftsunion die wichtigsten westdeutschen Gesetze in Kraft (Gesetz gegen Wettbewerbsbeschränkungen, Aktiengesetz, GmbH-Gesetz, Atomgesetz etc.). und schuf die Möglichkeit des Eigentumserwerbs an Grund und Boden sowie an Produktionsmitteln. Dazu diente auch eine gemeinsame Erklärung der beiden deutschen Regierungen *„zur Regelung offener Vermögensfragen"* vom 15. Juni 1990, in der sich jedoch auch der heißdiskutierte Passus befand, dass enteignetes Grundvermögen grundsätzlich den ehemaligen Eigentümern oder deren Erben zurückzugeben sei. Man argumentierte, diese Regelung sei investitionsfeindlich, da mit Investitionen bis zur endgültigen Klärung der Eigentumsverhältnisse gewartet werden müsse.

Schließlich wurde am 17. Juni 1990 das sog. **Treuhandgesetz** erlassen, durch das die Treuhandanstalt die Aufgabe erhielt, das volkseigene Vermögen zu privatisieren und die Erlöse vorrangig für die Strukturanpassung der Betriebe zu verwenden. An die Zuführung der Privatisierungserlöse zum Staatshaushalt war also erst in zweiter Linie gedacht.

Im Rahmen der „Sozialunion" wurden schließlich die Arbeitsrechtsordnung sowie das System der sozialen Sicherung durch die DDR übernommen, d.h. Komponenten wie die Koalitionsfreiheit, Tarifautonomie, Betriebsverfassungsgesetz, Unternehmensmitbestimmung und Kündigungsschutz etc. An die Stelle der bisherigen Einheitsversicherung trat die stark differenzierte und strukturierte Sozialversicherung.

Ein wichtiger Punkt im Staatsvertrag war auch der Ausgleich der für unvermeidbar gehaltenen DDR-Haushaltsdefizite durch Finanzzuweisungen der

Bundesrepublik. So erhielt der DDR-Staatshaushalt eine Kreditermächtigung für 1990 in Höhe von 10 Milliarden DM und für 1991 von 14 Milliarden DM. Darüber hinaus bekam die Treuhandanstalt *„zur Vorfinanzierung zu erwartender Erlöse“* 1990 7 Milliarden und 1991 10 Milliarden DM zugewiesen. Später wurde die Kreditermächtigung sogar auf 25 Milliarden DM erhöht. Die Kreditgrenzen waren bald überschritten und der Bundesfinanzminister musste ständig nachpumpen. Bonn hatte die Verantwortung für die Schließung der Finanzierungslücken im Art. 28 des Staatsvertrags praktisch übernommen. Allein zum Haushaltsausgleich der DDR wurden im 2. Halbjahr 1990 22 Milliarden und 1991 35 Milliarden DM zugewiesen. Im Übrigen zahlte der Bund zur Anschubfinanzierung für die DDR-Sozialversicherung weitere 5,75 Milliarden DM bis Ende 1991.

Neben dem Staatsvertrag gab es den Einigungsvertrag. Er regelte wichtige Fragen wie die Schuldenregelung, das Treuhand- und Finanzvermögen, die Eigentumsfragen sowie Aufgaben der Wirtschaftsförderung und der sozialen Sicherung.

11.4. Der marktwirtschaftliche Umstrukturierungsprozess

Das anfängliche Hauptproblem der Ostwirtschaft war nicht zu verhindern und bestand in folgendem: durch die Wirtschafts- und Währungsunion vom 1. Juli 1990 erfuhr die DDR-Mark faktisch eine vierfache Aufwertung. Die ostdeutschen Unternehmen, die nun in der harten Währung kalkulieren und fakturieren mussten, wurden dem Wettbewerb voll ausgesetzt und waren dem in den meisten Fällen nicht gewachsen. Es gab einen Wettbewerbsschock. Dieser hätte nur verhindert werden können, wenn man die Preise der Produkte von Ostunternehmen und mithin die Löhne auf das Maß der Produktivität, die etwa ein Drittel derer im Westen betrug, reduziert hätte.

Eine ökonomische Konsequenz lag auf der Hand und war vorhersehbar: dem Wettbewerb hielt die ehemalige DDR-Wirtschaft in keiner Weise stand, der Handel mit den ehemaligen RGW-Ländern brach zusammen und Produktion und Beschäftigung erlebten einen enormen Rückgang. Der Rückgang lag je nach Branche zwischen 13,3 (Nahrungs- und Genussmittel) und 88 Prozent (Feinmechanik, Optik) (November 1991 gegenüber November 1990). Das reale Bruttosozialprodukt sank 1991 gegenüber 1990 in den neuen Bundesländern um 30,3 Prozent. Die neuen Länder partizipierten bei einer Bevölkerung von ca. 20 Prozent am Bruttosozialprodukt von 1991 nur mit 7 Prozent, trugen also zur gesamtwirtschaftlichen Leistung weit unterproportional bei.

Andererseits jedoch löste die Wirtschafts- und Währungsunion eine „Sonderkonjunktur“ aus, d.h. einen Nachfrageschub im Konsumbereich, der eine beträchtliche Investitionsdynamik in Gang setzte. Der Konsumschub wurde durch die günstige Währungsumstellung der Ersparnisse ermöglicht, andererseits jedoch auch durch direkte Geldleistungen.

Im späten Jahr 1991 kam es jedoch zu einer Abschwächung des Wachstums, die verschiedene Ursachen hatte: Zum einen erlahmte die internationale bzw. weltweite Nachfrage, was für ein exportorientiertes Land wie die Bundesrepublik etwas heißen wollte, andererseits wurden durch Steuer- und Sozialabgabeerhöhungen potenzielle konsumtive Nachfragewirkungen eingeschränkt. Gleichwohl war der ökonomische Durchbruch in der zweiten Hälfte 1991 gelungen. War die Produktivität im 1. Halbjahr 1991 noch um 7,8 Prozent gegenüber dem Vorjahr zurückgegangen, stieg sie im zweiten Halbjahr 1991 bereits um 9,3 Prozent an. Die Anlageinvestitionen steigerten sich 1992 gegenüber 1991 um 26,5 Prozent. Die Anlageinvestitionen bei Bauten, die 1991 gegenüber dem Vorjahr noch um 14 Prozent abgenommen hatten, steigerten sich 1992 gegenüber 1991 um 22 Prozent! Das Ost-Bruttosozialprodukt, das 1991 noch um sage und schreibe 30,3 Prozent abgenommen hatte, stieg 1992 um 10,5 Prozent.

Es sah so aus, dass sich die ostdeutsche Wirtschaft spätestens seit 1992 auf einem steilen Wachstumspfad bewegte (jedoch von einem sehr niedrigen Niveau aus!) und danach eine außerordentlich steigende Investitionsbereitschaft in Ost und West vorhanden war. Dies hing jedoch mit günstigen und großangelegten Subventionsprogrammen zusammen und weniger mit Errungenschaften einer Wettbewerbswirtschaft. Es existierten noch beträchtliche Investitionshindernisse: das meistgenannte war wohl, dass die westdeutschen Unternehmen noch über ausreichende eigene Kapazitäten verfügten. Daneben wurden aber (in dieser Reihenfolge) genannt: Rechtsunsicherheit, Verwaltungsmängel, Infrastrukturmängel und ökologische Altlasten[106].

Es gibt Integrationsformen, die über die Rechts- und Wirtschaftseinheit hinausgehen, nämlich die Einheitlichkeit der Lebensverhältnisse anstreben. Dieses Ziel ist als **Verfassungsgebot** im deutschen Grundgesetz (Art. 72 Abs. 2 Ziff. 3) verankert. Dabei geht die Wahrung der Einheitlichkeit der Lebens-

---

[106] Zum nächsten Abschnitt: Pilz, Frank/Ortwein, Heike: Das vereinte Deutschland. Wirtschaftliche, soziale und finanzielle Folgeprobleme und die Konsequenzen für die Politik, Stuttgart et al. 1992, S. 28 f., 43 ff., 53, 62 f.

verhältnisse über das Gebot der Länder hinaus, betrifft also den Bund und insoweit ist auch die konkurrierende Gesetzgebungsbefugnis angesprochen.

Zu den ersten Maßnahmen im Rahmen der deutschen Integration gehörte die Festlegung von **Förderpräferenzen** für die neuen Länder mit dem Ziel der Herstellung gleicher Bedingungen für wirtschaftliche Betätigung. Konkret heißt dies Abbau des West-Ost-Gefälles durch Sicherung eines „Präferenzvorsprungs“, d.h. Modernisierung der ostdeutschen Wirtschaft mit steigender Wettbewerbsfähigkeit. Sozial sollte damit der Abbau der Dauer- und Massenarbeitslosigkeit und fiskalisch eine „ausreichende“ Finanzausstattung erreicht werden. Das Ziel wurde jedoch verfehlt.

Voraussetzung der Integration war, dass man seine **Gemeinschaftsaufgabe** definierte. Als eine solche benannte man den Aus- und Neubau von Hochschulen sowie die Verbesserung der Wirtschaftsstruktur, nicht zuletzt unter ökologischen Aspekten, etwa die Entsorgung der Ruinen der chemischen Industrie in Bitterfeld oder die Verbesserung der Bedingungen in der nordostdeutschen Werftindustrie. Gedacht war aber auch an die Förderung der privaten Investitionen (zinsgünstige Kredite, Bürgschaftsübernahmen, Zuschüsse etc.), an die Ankurbelung der Fremdenverkehrswirtschaft und den Ausbau der Infrastruktur (Entsorgungsanlagen, Verkehrsverbindungen etc.) sowie an Agrarstrukturverbesserungen.

Die Finanzhilfen des Bundes für Investitionen der Länder und Gemeinden, die in Art. 104a (Abs. 4 Satz 1) des Grundgesetzes geregelt waren, beinhalteten konkret den **Ausgleich der ost-westlichen Disparitäten**. Demnach konnten den Ländern und Gemeinden für besonders bedeutsame Investitionen **Finanzhilfen** gewährt werden, wenn

a) eine Störung des gesamtwirtschaftlichen Gleichgewichts abgewehrt werden musste oder
b) die unterschiedliche Wirtschaftskraft im Bundesgebiet zum Ausgleich zu bringen war oder
c) das wirtschaftliche Wachstum gefördert werden sollte.

11.5. Integrationsstrategien

Bei genauerem Hinsehen konnte man beobachten, dass sich die Strategie der Bundesregierung zur deutschen Integration nach der Vereinigung 1990 nachhaltig veränderte. Zunächst verfolgte man den Vorsatz, eine rein **marktorientierte** wirtschaftspolitische Strategie durchzusetzen, musste dann aber feststellen, dass der sog. **„Strukturbruch“** und die starken Proteste in der

Öffentlichkeit einen **Strategiewechsel** erforderten. Man gab nun ab Frühjahr 1991 verstärkten staatlichen Interventionen den Vorrang.

Man hatte es also hier mit zwei grundsätzlich unterschiedlichen wirtschaftspolitischen Ansätzen zu tun. Mit beiden war ein jeweils unterschiedlicher Katalog konkreter wirtschafts-, finanz-, währungs-, industrie- und sozialpolitischer Maßnahmen verbunden, also eine spezifische Kombination von Instrumentarien, deren Wirkungsgrad und Erfolgswahrscheinlichkeit es einzuschätzen und danach Prioritäten zu setzen galt.

Der erste Irrtum, dem man in der Nachwendezeit unterlag, war, zu glauben, man könne die in den 80er Jahren praktizierte angebotsorientierte Politik, die auf die Eigenverantwortung der Bürger und deren unternehmerische Entscheidungskompetenz bei gleichzeitiger Reduzierung staatlicher bzw. gesetzlicher Regulierung setzte, weiter betreiben. **Angebotsorientierte Politik** heißt, dass der Staat rentable Angebotsbedingungen schafft, wobei finanz- und ordnungspolitische Zielsetzungen im Vordergrund zu stehen haben. Wachstumsschwächen und hohe Arbeitslosigkeit werden nach der angebotsorientierten Konzeption nicht auf Marktversagen, sondern auf Überschuldung und staatliche Überregulierung zurückgeführt. Finanzpolitisch heißt Angebotsorientierung Steuersenkung, Verringerung der Staatsquote, ordnungspolitisch heißt es z.B. Lockerung der Sozialauflagen und Schaffung freier Verfügungsrechte. Angebotsorientiert heißt grundsätzlich marktorientiert und meint auch die Schaffung von Wettbewerb, z.B. im Bereich der bisher sehr monopolisierten Telekommunikation oder im Verkehrssektor. Gute steuerliche Investitionsbedingungen sowie ein zügiger Ausbau der Infrastruktur sind angebotsorientierte Forderungen.

Ein großes Problem bei der Integration stellten die vorhandenen **Subventionen** dar, um deren zügigen Abbau es der angebotsorientierten sektoralen Strukturpolitik gehen musste. Produktive sektorale Strukturen können nur aufgebaut werden, wenn anderswo eingespart wird, z.B. im Bereich der konsumtiven Sozialausgaben (Arbeitslosengeld, Kindergeld, Wohngeld etc.). Dauersubventionierungen, d.h. langfristige ineffiziente Bindungen von Produktionsfaktoren, mussten unbedingt unterbunden werden. Eine zusätzliche Förderung von **Umschulung und Qualifizierung** war allerdings im Sinne einer qualitativen Erhöhung zukünftigen Angebots unbedingt zu befürworten, da hier die zukünftige Wettbewerbsfähigkeit ziemlich direkt angesprochen war.

Wie bereits gesagt: die angebotsorientierte Politik wurde in Deutschland nur bis Ende 1991 verfolgt. Danach suchte man sein Glück in einer **struktur-**

keynesianischen Konzeption, also einer wirtschaftspolitischen Komponente, die den **Staatsinterventionismus** zum Schrecken aller Liberalen besonders favorisierte. Die Vertreter dieser Richtung setzten auf das **Sozialstaatspostulat des Grundgesetzes** und betonten auch **ökologische Belange**. Sie setzen auf eine produktivere Nutzung vorhandener Kapazitäten und eine expansive Fiskalpolitik, das Ganze jedoch politisch gesteuert im Sinne einer **selektiven Strukturpolitik**. Konkret hieß dies, dass man Mittel nur gezielt vergab, also Finanzhilfen an Unternehmen nur bei zeitlich befristeter Arbeitsplatzgarantie oder Mittel im Rahmen des sozialen Wohnungsbaus nur mit Belegungs- und Bindungsauflagen etc. Im Vordergrund stand wieder mehr - und dies erinnert den Wirtschaftshistoriker an die merkantilistische Zeit - der konkrete gesellschaftliche Nutzen, etwa wenn im Rahmen der selektiven Strukturpolitik der Abbau umweltgefährdender Sektoren und die Produktionseinstellung für gesundheitsschädliche Baustoffe gefordert wurde.

Die Wirtschaftspolitik in Deutschland war seit 1991 also wieder interventionsorientiert. Der Politik wurde erneut stärkere Steuerungsverantwortung zugebilligt. Allseits sichtbarer Ausdruck davon war das **„Gemeinschaftswerk Aufschwung Ost“**, ein diesbezügliches Förderprogramm des Bundes. Wie hoch das Investitionsvolumen sein musste, um die west-östlichen Disparitäten beim Kapitalstock (Produktionsapparat) auszugleichen, kann niemand genau sagen. Schätzungen lagen hier zwischen 70 und 200 Milliarden DM an Sachinvestitionen (Realkapital) jährlich. Der Schwerpunkt dieser Investitionen sollte im Bereich der Reindustrialisierung liegen, wobei aufgrund des relativ hohen Lohnniveaus die Produktion industrieller Massengüter nicht in Frage kommen konnte, sondern eher die Entwicklung und Herstellung von Hochtechnologie-Gütern auf der Basis hoher Arbeitsproduktivität.

Eine konkrete Maßnahme zur Institutionalisierung und Konsolidierung erhaltenswerter Wachstumsbereiche bestand in den sog. ABS-Gesellschaften (Gesellschaften zur Arbeitsbeförderung, Beschäftigung und Strukturentwicklung) die im Sinne der Strukturkeynesianer ganz klar definierte strukturpolitische Aufgaben übernehmen sollten. Insbesondere sollten sie ihren früheren Muttergesellschaften Dauerarbeitsplätze sichern und/oder sich zu eigenständigen neuen Produktions- und Dienstleistungsgesellschaften entwickeln. In einigen Regionen, so z.B. im Freistaat Sachsen, entstand eine richtungsweisende integrierende Korporation, die sich „Aufbauwerk im Freistaat Sachsen“ nannte und eine Gemeinschaftsgründung von Landesregierung, Arbeitgebern, Gewerkschaften und Dresdner Bank darstellte. Hier wurden die ABS-Gesellschaften durch regionale Trägergesellschaften zusammengefasst. Das entlassene Industriepersonal wurde z.T. in den ABS-Gesellschaften aufgefangen, wobei die einzelnen Arbeitnehmer ihre Sozial-Abfindungen (Sondervermögen) in das ABS-Vermögen einbrachten und das Land dieses Vermögen aus Mitteln der öffentlichen Hand aufstockte. Die Weiterbeschäftigung war damit vorläufig gesichert (mit nicht zu unterschätzenden kollektivpsychologischen Effekten) und der Staat musste nicht Arbeitslosigkeit finanzieren, sondern erhielt Steuer- und Beitragseinnahmen.

Mit Hilfe solcher Ideen wurde versucht, den Standort Ostdeutschland wieder attraktiver zu machen. Es gelang jedoch nicht, Investoren die Region als echte Alternative erscheinen zu lassen. Hierzu gibt es folgende Überlegungen:

1. Sehr lange stellte die Unsicherheit über die Eigentumsverhältnisse in Ostdeutschland ein schwerwiegendes Investitionshindernis dar. Der Grundsatz „Rückgabe vor Entschädigung“ hatte sich als Investitionsbremse herausgestellt und wurde 1991 durch das Gesetz zur Regelung offener Vermögensfragen sowie das „Gesetz zur Beseitigung von Hemmnissen bei der Privatisierung von Unternehmen und zur Förderung von Investitionen“, das sog. Enthemmungsgesetz (1991) beseitigt. Eigentumsrechtlich bestanden also praktisch keine Hemmnisse mehr. Bis dahin durfte, wenn ein Rückerstattungsantrag gestellt wurde, der sog. Verfügungsberechtigte, d.h. die Treuhandanstalt und ihre Tochterunternehmen, ohne Zustimmung des Alteigentümers (Antragstellers) Immobilien nicht verkaufen. Dem Prinzip nach galt zwar weiterhin Rückerstattung vor Entschädigung, aber die Zahl der Ausnahmen war unübersehbar: So z.B. trat der Rückgabeanspruch dann zurück, wenn sich der Erwerber zu Investitionen verpflichtete. Dies galt allerdings nicht für private Verfügungsberechtigte. Aber wesentlich war, dass die Treuhandanstalt das eigentumsrechtliche Instrumentarium erhielt, um den Kommunen in erheblichem Umfang Grund und Boden in die Hand geben zu können. Bauherren konnten seitdem solche Grundstücke außerordentlich günstig erwerben und machen heftig davon Gebrauch.

2. Auf der Basis der inzwischen eingeräumten Prioritäten für Investitionen wurde ein Hilfsprogramm eingeleitet, das bisher wohl auf der ganzen Welt seinesgleichen suchte. Die Förderformen waren vielfältig und umfassten etwa: Investitionszulagen und Investitionszuschüsse, das „Gemeinschaftswerk Aufschwung Ost“, besondere Steuererleichterungen, zinsverbilligte Kreditprogramme sowie Bürgschaftsprogramme.

Ein investierender Unternehmer konnte demnach damit rechnen, dass er bei der Anschaffung oder Herstellung neuer Wirtschaftsgüter des Anlagevermögens 12 Prozent seiner Kosten erstattet bekam. Investierte er in Verbesserungen der regionalen Wirtschaftsstruktur, konnte er bis zu 23 Prozent Investitionszuschuss bei gewerblichen Investitionen erhalten. Handelte es sich um spezielle, wirtschaftsnahe Infrastrukturvorhaben der Kommunen, konnten bei einer entsprechenden Eigenbeteiligung des Trägers/Unternehmers bis zu 90 Prozent der Investitionskosten gefördert werden.

Im Rahmen des „Gemeinschaftswerks Aufschwung Ost“ wurden Investitionspauschalen für die Instandsetzung kommunaler Gebäude, die Schaffung neuer Arbeitsplätze im Rahmen der Gemeinschaftsaufgabe „regionale Wirtschaftsförderung“ sowie für Verkehrsinfrastruktur und Umweltschutzsofortmaßnahmen gewährt. Das Programm umfasste ca. 10 Milliarden DM jährlich. Ein weiterer Anreiz bestand für den investierenden Unternehmer im Steuerbereich bis Ende des Jahres 1994. Für Ausrüstungsgüter wurden Sonderabschreibungen in Höhe von 50 Prozent zusätzlich zur Investitionszulage und den normalen Abschreibungsmöglichkeiten zugelassen. Verluste konnten auf unbestimmte Zeit vorgetragen oder eventuell mit späteren Gewinnen verrechnet werden. Es konnten ferner steuerfrei Rücklagen gebildet werden für die Überführung bestimmter Wirtschaftsgüter in Kapitalgesellschaften mit Sitz in Ostdeutschland. 1991 und 1992 konnte man z.B. die zeitweilige Aussetzung der Erhebung der Gewerbekapitalsteuer und Freistellung von der Vermögensteuer beantragen.

Fast jeder, der sich in den neuen Ländern in irgendeiner Weise engagieren wollte, konnte in den Genuss zinsverbilligter Kreditprogramme kommen. So gab es etwa im Rahmen des Kommunalkreditprogramms um bis zu 3 Prozent-zinsvergünstigte Kredite für die Erschließung von Gewerbeflächen, Umweltschutzmaßnahmen, Verkehrsinfrastrukturmaßnahmen, Dorf- und Stadtsanierung, Energieeinsparung, Krankenhäuser, Altenheime usw. Die Abwicklung lief über die Kreditanstalt für Wiederaufbau, die Deutsche Ausgleichsbank oder über die Berliner Industriebank AG. Existenzgründer, die privat in die Sparten Umweltschutz, Modernisierung und Tourismus (insbes. Hotelbau!) im Rahmen des ERP-Programms investieren wollten, konnten bis max. 50 Prozent Finanzierungsanteil erhalten, wobei sogar eine Kumulierung von ERP-Krediten mit anderen öffentlichen Mitteln möglich war. Daneben gab es noch ein spezielles KfW-Mittelstandsprogramm, KfW-Wohnraummodernisierungsprogramm sowie Anschubprogramme bei Übernahme eines bisher in Staatseigentum befindlichen Unternehmens. Wollte jemand in der mittelständischen und gewerblichen Wirtschaft rationalisieren, durfte er auf großzügige Bürgschaften der Berliner Industriebank AG hoffen. Im Übrigen existierte das HERMES-Sonderprogramm UdSSR für Risiken im Zusammenhang mit

Ausfuhrgeschäften, wobei man sich zu fragen begann, wo hier Unternehmer überhaupt noch Risikoträger waren.

1970 lag die Gesamtverschuldung der Gebietskörperschaften noch bei unter 20 Prozent des BSP, 1990 bei 39,2 Prozent und 1994 erfolgte ein Sprung deutlich über die 50 Prozent-Marke und 1997 über 60 Prozent und verharrte ungefähr auf diesem Niveau bis 2003. Der Anteil der Zinszahlungen an den Staatsausgaben, der 1991 noch 7,9 Prozent betrug, stieg 1994 auf 9,8 und 1996 auf 11,7 Prozent. Dies hieß natürlich, dass der finanzpolitische Spielraum des Staates für andere wichtige Aufgaben, insbesondere auch im sozialen Bereich, geringer wurde. Zusätzliche Einnahmen, wie der seit 1. Juli 1994 erhobene **„Solidaritätszuschlag“** waren weiterhin notwendig, um die Verschuldung des Bundes zu begrenzen. Die Erhöhung der Mehrwertsteuer auf 15 Prozent am 1. Januar 1993 sowie die Erhöhung der Verbrauchsteuern (Mineralölsteuer, Tabaksteuer etc.) 1991 und 1992 waren erst der Anfang einer Kette weiterer Belastungen. 1998 wurde die Mehrwertsteuer auf 16 Prozent erhöht.

Die Politik hoher Löhne bei gleichzeitiger Subventionierung des Faktors Kapital war ökonomisch unsinnig und sozial nicht zu verantworten. Dass dem Nach-„Wende“-Wachstum die Nachhaltigkeit fehlte, wurde spätestens 1997 offensichtlich, als das **Wachstum** in den neuen Bundesländern erstmals niedriger war als in den alten. Die Wachstumsschwäche in den neuen Ländern hatte auch mit der zu geringen Marktorientierung zu tun. Produktentwicklung und Markendurchdringung befinden sich in Ost und West auch gegenwärtig noch nicht auf demselben Niveau. Dass dies noch gar nicht sein *kann*, hat viele Gründe.

Ein wesentlicher Kern der postindustriellen Medien- und Kommunikationsgesellschaft und der nachfrage- und marketing-orientierten Konsumgesellschaft besteht in der Marke. Jedes Unternehmen lebt von Gütern, materiellen oder immateriellen, die sich für ihr Bestehen am Markt als Marken positionieren und ihr Image pflegen müssen. Sie stellen geldwerte Vorteile dar und der Wert einer Marke kann in die Milliarden DM oder Dollar gehen, wenn man an Coca-Cola oder Marlboro denkt. Auch deutsche Marken wie Nivea, Jacobs, adidas oder Ritter-Sport sind zweistellige Millionen-DM-Summen wert. Die Wirtschaft lebt von Marken, Markenfamilien und Markentransfers, d.h. der Übertragung des guten Namens, des Good will, des über Jahrzehnte aufgebauten guten Images auf neue Produkte. Und genau hier haben die alten Bundesländer einen enormen Vorteil, nämlich den, dass ihre Marken ununterbrochen gepflegt, Markenfamilien und Neumarken gebildet und so Multiplikatoreffekte erzielt wurden, die Einkommen schufen. Die sozialistische

Wirtschaft hat – wie bekannt – den Konsumbereich völlig vernachlässigt. Bis weit hinein in die 70er oder gar in die 80er Jahre produzierte man an den Bedürfnissen vorbei. Es galt eine strikte Angebotsorientierung. Ernsthafte Markenpflege gab es kaum. Zur Zeit der Wende fehlte das Markenpotenzial, wie den Unternehmen ein über Jahre und Jahrzehnte kumuliertes Eigenkapital fehlte. Es sind nur einige DDR-Altmarken zu wettbewerbsfähigen Marken ausgebaut worden. Rotkäppchen-Sekt und die Zigarette f6 sind Beispiele dafür. Das Zigarillo „Sprachlos" gibt es ebenfalls noch. Auch technische Produkte von Schott und Zeiss gehören sicher dazu. Wohl dem Unternehmen, das eine ausbaufähige Marke zur Verfügung hatte. Teilweise gelang die Altmarken-Revitalisierung zumindest innerhalb des Bereichs der Märkte der Neuen Länder. Gute Beispiele sind hier Florena, die östliche „Schwester" von Nivea, Rondo-Kaffee, Club-Cola, Born-Senf, Nordhäuser Doppelkorn, verschiedene Biere und Molkereiartikel. Aber auch Kahla-Porzellan, Multicar-Kleinlaster und Sonneberger Spielwaren bauen wie viele hundert andere Unternehmen auf ihrem historischen Image recht erfolgreich auf und begründen einen verhaltenen Optimismus hinsichtlich der Generierung von Wirtschaftswachstum aus dem Markenimage. Die Professionalisierung des Marketing, der Markentransfer und die Markendiversifizierung schreiten stark voran und werden in den nächsten Jahren voraussichtlich viel wirtschaftliches Terrain gutmachen.

11.6. Letzte Tendenzen

Das neue Jahrhundert brachte zunächst eine anhaltende Wachstumsschwäche. Das gesamtwirtschaftliche Wachstum, gemessen am realen Bruttoinlandsprodukt, flachte deutlich ab. Es schwankte zwischen –1,1 (1993) und +2,9 Prozent (2000) und schrumpfte 2001 auf 0,6 und 2002 gar auf 0,2 Prozent.

Dazu hatte die Kaufzurückhaltung der privaten Haushalten in den Jahren 2001 und 2002 wesentlich beigetragen. Die privaten Konsumausgaben gingen 2002 um 0,5 Prozent zurück. Entsprechend stieg die Sparquote an, und zwar auf 10,3 Prozent (2002). Die Industrieproduktion, die im Jahr 2000 noch um 6,2 Prozent gestiegen war, brach 2001 regelrecht ein (stieg nur noch um 0,5 Prozent) und sank 2002 gar um 1,1 Prozent. Die Arbeitslosenquote stieg saisonbereinigt von 7,8 (2000) auf 8,6 Prozent (2002) und in den ersten fünf Monaten des Jahres 2003 auf deutlich über 9 Prozent. Der staatliche Finanzierungssaldo, ein wichtiger Indikator der Europäischen Union nach der Maastricht-Definition, der 2000 noch 1,1 Prozent betrug, hatte 2002 das 3-Prozent-Limit deutlich unterschritten und betrug -3,6 Prozent. Auch die staatliche Verschuldung war 2002 gegenüber dem Vorjahr wieder deutlich angestiegen, nämlich von 59,5 auf 60,8 Prozent (des Bruttoinlandsprodukts). Neben der Wachstumsschwäche stellten die hohen Arbeitskosten ein Problem der deutschen Volkswirtschaft dar. Betrugen sie im Produzierenden Gewerbe 1992 22,45 Euro pro Stunde, so kletterten sie 1996 auf 26,00 und 2000 auf 27,96 Euro. Die Lohnstückkosten (Verhältnis Lohnkosten zu Produktivität) je Arbeitnehmerstunde stiegen von 62,3 Prozent (2000) auf 63,7 Prozent (2002) weiter an.

Die Unternehmen hatten durch die hohen Lohnneben- und Sozialkosten in Deutschland einen Kostennachteil gegenüber jenen, die im Ausland produzierten. Die nach Abzug der Lohnsteuer und der Sozialbeiträge der Arbeitnehmer verbleibenden Nettolöhne und -gehälter stiegen im Jahr 2002 nur um 0,2 Prozent, da die Sozialbeiträge um 1,6 Prozent und die Lohnsteuern um 2,7 Prozent überdurchschnittlich zunahmen. Hinzu kamen hohe Transaktionskosten aufgrund verkrusteter bürokratischer Strukturen. Eine weitere Belastung bringt der ungünstige demographische Faktor (Deutschland hat eine relativ „alte" Bevölkerung) sowie das überteuerte Sozialversicherungssystem. Aber auch die Kosten der politischen Administration sind in ihrer Höhe und Steigerung nicht zu übersehen. Die Bundesrepublik leistet sich den „Luxus" von 16 Länderregierungen mit jeweiligen aufwändigen staatlichen

Apparaten, die untereinander schlecht koordiniert sind, zu völlig unterschiedlichen Standards führen (z.B. im Bereich Bildung und Wissenschaft) und die Mobilität eher hemmen als fördern. So wird der über Jahrzehnte erworbene komparative Vorteil einer innovativen gewerblich-industriellen Struktur mit hoher Wertschöpfung flankiert von einem politisch-administrativen Apparat mit zweiklassigem Sozialsystem (unkündbare Beamte und kündbare sonstige Arbeitnehmer) und unflexiblem bzw. intransparentem Arbeitsmarkt, der einen erheblichen Teil der Wohlfahrtsgewinne absorbiert. Hinzu kam, dass durch (im internationalen Vergleich) zu hohe Entlohnung für Untätigkeit kaum Anreize vorhanden waren, als Arbeitnehmer oder Unternehmer tätig zu werden. Viele der mittelständischen und handwerklichen Betriebe sahen sich angesichts der institutionellen Hemmnisse spätestens mit der konjunkturellen Flaute am Beginn des 21. Jahrhunderts veranlasst, ihre Betriebe zu schließen. Die nach 2000 wieder stark steigende Zahl der Unternehmensinsolvenzen unterstrich diese Entwicklung ebenso wie die Arbeitslosenquote, die im Februar 2003 einen Höhepunkt erreichte und nicht nur strukturelle Ursachen hatte.

Literatur:

Fischer, Wolfram et al. (Hg.): Treuhandanstalt. Das Unmögliche wagen, Berlin 1993; **Gutmann**, Gernot/**Wagner**, Ulrich: Ökonomische Erfolge und Misserfolge der deutschen Vereinigung. Eine Zwischenbilanz, Stuttgart et al. 1994; **Pilz**, Frank/**Ortwein**, Heike: Das vereinte Deutschland. Wirtschaftliche, soziale und finanzielle Folgeprobleme und die Konsequenzen für die Politik, Stuttgart, Jena 1992; **Sinn,** Hans-Werner/**Sinn,** Gerlinde: Kaltstart. Volkswirtschaftliche Aspekte der deutschen Vereinigung, Tübingen 1991; **Weidenfeld**, Werner/**Korte**, Karl-Rudolf (Hg.): Handwörterbuch zur deutschen Einheit, Frankfurt am Main 1992.

Prüfsteine:

1. Vergleichen Sie die Währungsreform 1990 mit der des Jahres 1948!
2. Wodurch war der „Strategiewechsel“ des Jahres 1991 bedingt?
3. Beschreiben Sie den Strukturwandel der gesamtdeutschen Wirtschaft der letzten zwölf Jahre!

AUSWAHLBIBLIOGRAPHIE

In der Auswahlbibliographie verwendete Abkürzungen:

AfS	Archiv für Sozialgeschichte
EHR	The Economic History Review
GG	Geschichte und Gesellschaft
HdFW	Handwörterbuch der Finanzwissenschaft
HdSW	Handwörterbuch der Sozialwissenschaften
HdStW	Handwörterbuch der Staatswissenschaften
HdWW	Handwörterbuch der Wirtschaftswissenschaften
HRG	Handwörterbuch zur Deutschen Rechtsgeschichte
JEEH	Journal of European Economic History
JEH	The Journal of Economic History
JGVV	Schmollers Jahrbuch für Gesetzgebung, Verwaltung und Volkswirtschaft
N.F.	Neue Folge
ORDO	Jahrbuch für die Ordnung von Wirtschaft und Gesellschaft
QJE	The Quarterly Journal of Economics
ScrM	Scripta Mercaturae. Zeitschrift für Wirtschafts- und Sozialgeschichte
Tradition	Zeitschrift für Unternehmensgeschichte (Vorläuferin der ZUG)
VfZ	Vierteljahrshefte für Zeitgeschichte
VSWG	Vierteljahrschrift für Sozial- und Wirtschaftsgeschichte
WiSt	Wirtschaftswissenschaftliches Studium
WWA	Weltwirtschaftliches Archiv
ZStW	Zeitschrift für die Gesamte Staatswissenschaft
ZUG	Zeitschrift für Unternehmensgeschichte

Einführungen:

Ambrosius G. et al. (Hrsg.) Moderne Wirtschaftsgeschichte: Eine Einführung für Historiker und Ökonomen, München 1996.

Beutin, L./Kellenbenz, H.: Grundlagen des Studiums der Wirtschaftsgeschichte, Köln et al. 1973.

Boelcke, W. A.: Wirtschafts- und Sozialgeschichte. Einführung, Bibliographie, Methoden, Problemfelder, Darmstadt 1987.

Borchardt, K.: Grundriss der deutschen Wirtschaftsgeschichte, 2. verb. Aufl., Göttingen 1985.

Buchheim, C.: Einführung in die Wirtschaftsgeschichte, München 1997.

Cipolla, C. M.: Between History and Economics. An Introduction to Economic History, Oxford 1991.

Jäger, H.: Einführung in die Umweltgeschichte, Darmstadt 1994.

Kirchgässner, B.: Einführung in die Wirtschaftsgeschichte: Grundriss der deutschen Wirtschafts- und Sozialgeschichte bis zum Ende des Alten Reiches, Düsseldorf 1979.

Walter, R.: Einführung in die Wirtschafts- und Sozialgeschichte, Paderborn et al. 1994.

Idem (Hrsg.): Wirtschaftswissenschaften. Eine Einführung, Paderborn et al. 1997.

Zorn, W.: Einführung in die Wirtschafts- und Sozialgeschichte des Mittelalters und der Neuzeit, Probleme und Methoden, 2. erw. Aufl., München 1974.

Handbücher:

Aubin, H./Zorn, W. (Hrsg.): Handbuch der deutschen Wirtschafts- und Sozialgeschichte. Bd. 1: Von der Frühzeit bis zum Ende des 18. Jahrhunderts, Stuttgart 1971. Bd. 2: Das 19. und 20. Jahrhundert, Stuttgart 1976.

The Cambridge Economic History of Europe, 8 Bde., Cambridge 1952-1989.

Cipolla, C. M./Borchardt, K. (Hrsg.): Europäische Wirtschaftsgeschichte, Stuttgart 1976 ff. Bd. 1: Das Mittelalter, 1978; Bd. 2: Das sechzehnte und siebzehnte Jahrhundert, 1978; Bd. 3: Die industrielle Revolution, 1976; Bd. 4: Die Entwicklung der industriellen Gesellschaften, 1977; Bd. 5: Die europäischen Volkswirtschaften im zwanzigsten Jahrhundert, 1978.

Deutsche Bankengeschichte, Hrsg. v. Wiss. Beirat des Instituts f. Bankhistorische Forschung, Frankfurt am Main 1982-1983; Bd. 1: (verfasst von Ernst Klein): Von den Anfängen bis zum Ende des Alten Reiches (1806), 1982; Bd. 2: (1806-1914), 1982; Bd. 3: Vom Ersten Weltkrieg bis zur Gegenwart, 1983.

Deutsche Börsengeschichte (i. Auftr. d. Wiss. Beir. d. IBF hrsg. v. H. Pohl), Frankfurt am Main 1992.

Europäische Bankengeschichte (i. Auftr. d. Wiss. Beir. d. IBF hrsg. v. H. Pohl), Frankfurt am Main 1993.

Handbuch der Europäischen Wirtschafts- und Sozialgeschichte, Stuttgart 1978ff. Bd. 1: Vittinghoff, F. (Hrsg.): Europäische Wirtschafts- und Sozialgeschichte in der Römischen Kaiserzeit, 1990; Bd. 2: Houtte, J. A. van (Hrsg.): Europäische Wirtschafts- und Sozialgeschichte im Mittelalter, 1980; Bd. 3: Kellenbenz, H. (Hrsg.): Europäische Wirtschafts- und Sozialgeschichte vom ausgehenden Mittelalter bis zur Mitte des 17. Jahrhunderts, 1986; Bd. 4: Mieck, I. (Hrsg.): Europäische Wirtschafts- und Sozialgeschichte von der Mitte des 17. Jahrhunderts bis zur Mitte des 19. Jahrhunderts, 1993; Bd. 5: Fischer, W. (Hrsg.): Europäische Wirtschafts- und Sozialgeschichte von der Mitte des 19. Jahrhunderts bis zum Ersten Weltkrieg, 1985; Bd. 6: Fischer, W. (Hrsg.): Europäische Wirtschafts- und Sozialgeschichte vom Ersten Weltkrieg bis zur Gegenwart, 1987.

Henning, F.-W.: Handbuch der Wirtschafts- und Sozialgeschichte Deutschlands. Bd. 1: Deutsche Wirtschafts- und Sozialgeschichte im Mittelalter und in der frühen Neuzeit, Paderborn 1991; Bd. 2, Deutsche Wirtschafts- und Sozialgeschichte im 19. Jahrhundert, 1996.

Huber, E. R.: Deutsche Verfassungsgeschichte seit 1789, 8 Bde., Stuttgart et al. 1960-1991 (einige Bände bereits in der 2. oder 3. Aufl.)

Jeserich, K. G. et al. (Hrsg.): Deutsche Verwaltungsgschichte, Stuttgart 1983 ff. Bd. 1: Vom Spätmittelalter bis zum Ende des Reiches, 1983; Bd. 2: Vom Reichsdeputationshauptschluss bis zur Auflösung des Deutschen Bundes, 1983; Bd. 3: Das Deutsche Reich bis zum Ende der Monarchie, 1984; Bd. 4: Das Reich als Republik und in der Zeit des Nationalsozialismus, 1985; Bd. 5: Die Bundesrepublik Deutschland, 1987; Bd. 6: Register, 1988.

Kaser, M. C.: The Economic History of Eastern Europe 1919-1975, 3 Bde., Oxford 1985/86.

Gesamtdarstellungen:

Haussherr, H.: Wirtschaftsgeschichte der Neuzeit vom Ende des 14. bis zur Höhe des 19. Jahrhunderts, 5. Aufl. Köln et al. 1981.

Henning, F. W.: Wirtschafts- und Sozialgeschichte, Paderborn. Bd. 1: Das vorindustrielle Deutschland 800-1800, 5. durchges. und erg. Aufl., 1994.

Kellenbenz, H.: Deutsche Wirtschaftsgeschichte. Bd. 1: Von den Anfängen bis zum Ende des 18. Jahrhunderts, München 1977; Bd. 2: Vom Ausgang des 18. Jahrhunderts bis zum Ende des 2. Weltkrieges, München 1981.

Kulischer, J.: Allgemeine Wirtschaftsgeschichte des Mittelalters und der Neuzeit. Bd. 2: Die Neuzeit, 6. unveränd. Aufl., München 1988.

Lütge, F.: Deutsche Sozial- und Wirtschaftsgeschichte. Ein Überblick, 3. Aufl., Berlin et al. 1966, Neudruck 1979.

North, M.(Hrsg.): Deutsche Wirtschaftsgeschichte. Ein Jahrtausend im Überblick, München 2000.

Treue, W.: Wirtschaftsgeschichte der Neuzeit. Das Zeitalter der technisch-industriellen Revolution 1700 bis 1966, 3. erw. Aufl., Stuttgart 1973.

Wehler, H.-U.: Deutsche Gesellschaftsgeschichte. Bd. 1: Vom Feudalismus des Alten Reiches bis zur Defensiven Modernisierung der Reformära 1700-1815, 2. Aufl., München 1989; Bd. 2: Von der Reformära bis zur industriellen und politischen 'deutschen Doppelrevolution' 1815-1845/49, 2. Aufl., München 1989. Bd. 3: Von der „Deutschen Doppelrevolution" bis zum Beginn des Ersten Weltkrieges 1849-1914, München 1995.

Dogmenhistorische Darstellungen:

Blaug, M.: Systematische Theoriegeschichte der Ökonomie. Bd. 1: Vom Merkantilismus zu Ricardo, München 1971.

Brandt, K.: Geschichte der deutschen Volkswirtschaftslehre. Bd. 1: Von der Scholastik bis zur klassischen Nationalökonomie, Freiburg i.Br. 1992.

Issing, O. (Hrsg.): Geschichte der Nationalökonomie , 4. überarb. und erg. Aufl., München 2002.
Ott, A./Winkel, H.: Geschichte der theoretischen Volkswirtschaftslehre (Grundriss der Sozialwissenschaft 31), Göttingen 1985.
Pribram, K.: Geschichte des ökonomischen Denkens, 2 Bde., Frankfurt am Main 1998.
Schumpeter, J. A.: Geschichte der ökonomischen Analyse, Göttingen 1965.
Idem: Dogmenhistorische und biographische Aufsätze, Tübingen 1954.
Starbatty, J. (Hrsg.): Klassiker des ökonomischen Denkens, München 1989. Bd. 1: Von Platon bis John Stuart Mill; Bd. 2: Von Karl Marx bis John Maynard Keynes.
Stavenhagen, G.: Geschichte der Wirtschaftstheorie, 4. Aufl., Göttingen 1969.

Quellen- und Arbeitsbücher, Statistiken:

Bairoch, P.: Europe's National Product 1800-1975. In: JEEH 5, 1976, S. 273ff.
Idem: International Industrialization Levels from 1750 to 1980. In: JEEH 11, 1982, S. 269ff.
Deutsche Bundesbank (Hrsg.): Deutsches Geld- und Bankwesen in Zahlen 1876-1975, Frankfurt am Main 1976.
Fischer, W. et al. (Hrsg.): Sozialgeschichtliches Arbeitsbuch I. Materialien zur Statistik des Deutschen Bundes 1815-1870, München 1982.
Hoffmann, W. G.: Das Wachstum der deutschen Wirtschaft seit der Mitte des 19. Jahrhunderts, Berlin et al. 1965.
Idem/Müller, H.: Das deutsche Volkseinkommen 1851-1957, Tübingen 1959.
Hohorst, G. et al. (Hrsg.): Sozialgeschichtliches Arbeitsbuch II. Materialien zur Statistik des Kaiserreichs, 1870-1914, 2. durchges. Aufl., München 1978.
Jacobs, A./Richter, H.: Die Großhandelspreise in Deutschland von 1792 bis 1934 (Sonderheft des Instituts für Konjunkturforschung. Nr. 37), Berlin 1935.
Maddison, A.: Monitoring the World Economy 1820-1992, Paris 1995.
Mitchell, B. R.: International Historical Statistics. Europe, 1750-1988, 3. Aufl., London 1992.
Idem: International Historical Statistics. Africa and Asia & Oceania, 4. Aufl. London 2003.
OECD: National Account Statistics, verschiedene Ausgaben.
OECD: Historical Statistics 1960-1994, Paris 1995.
Petzina, D. et al.: Sozialgeschichtliches Arbeitsbuch III. Materialien zur Statistik des Deutschen Reiches 1914-1945, München 1978.

Lexika und Nachschlagewerke:

Geschichtliche Grundbegriffe. Historisches Lexikon zur politisch-sozialen Sprache in Deutschland. Hrsg. v. O. Brunner et al., 7 Bde., Stuttgart 1972-1998.

Köbler, G.: Historisches Lexikon der deutschen Länder. Die deutschen Territorien und reichsunmittelbaren Geschlechter vom Mittelalter bis zur Gegenwart, 6. vollst. überarb. Aufl., München 1999.

North, M. (Hrsg.): Von Aktie bis Zoll. Ein historisches Lexikon des Geldes, München 1995.

Ott, H./Schäfer, H. (Hrsg.): Wirtschaftsploetz. Die Wirtschaftsgeschichte zum Nachschlagen, 2. Aufl. Freiburg 1985.

Schomburg, W.: Lexikon der deutschen Steuer- und Zollgeschichte. Von den Anfängen bis 1806, München 1992.

Checkbücher:

Taschenhandbuch zur Geschichte. Bd. 1: Geschichte im Überblick, Bd. 2: Grundbegriffe zur Geschichte, Paderborn 2001.

Matz, K.-J.: Wer regierte wann? Regententabellen zur Weltgeschichte. Von den Anfängen bis zur Gegenwart, 5. Aufl., München 2001.

Vademekum der Geschichtswissenschaften 2000/2001, Stuttgart 2000.

Historische Atlanten:

DTV-Atlas zur Weltgeschichte. Karten und chronologischer Abriss, 2 Bde. (neueste Aufl.).

Großer Historischer Weltatlas (Bayerischer Schulbuchverlag) (neueste Aufl.).

Langton, J./Morris, R.J. (Hrsg.): Atlas of Industrializing Britain 1780-1914, London et al. 1986.

Putzger, F. W.: Historischer Weltatlas (neueste Aufl.).

Übergreifende Aufsätze und Darstellungen:

Abelshauser, W. et al. (Hrsg.): Deutsche Sozialgeschichte 1914-1945, München 1985.

Ambrosius, G./Hubbard, W. H.: Sozial- und Wirtschaftsgeschichte Europas im 20. Jahrhundert, München 1986.

Bairoch, P.: Economics and World History. Mythos and Paradoxes, Chicago 1993.

Bell, D.: Die nachindustrielle Gesellschaft, Reinbek bei Hamburg 1979.

Borchardt, K.: Wirtschaftsgeschichte: Wirtschaftswissenschaftliches Kernfach, Orchideenfach, Mauerblümchen oder nichts von dem? In: H. Kellenbenz/H. Pohl (Hrsg.),

Historia socialis et economica. Festschrift für W. Zorn zum 65. Geburtstag (=VSWG-Beih. 84), Stuttgart 1987.

Born, K. E.: Geld und Banken im 19. und 20. Jahrhundert, Stuttgart 1977.

Borscheid, P./Wischermann, C.: Bilderwelt des Alltags. Werbung und Kultur des 19. und 20. Jahrhunderts, Stuttgart 1995.

Braudel, F.: Sozialgeschichte des 15.-18. Jahrhunderts, Sonderausg. München 1990. Bd. 1: Der Alltag; Bd. 2: Der Handel; Bd. 3: Aufbruch zur Weltwirtschaft.

Chandler, A. D. Jr.: Scale and Scope, the Dynamics of Industrial Capitalism, Cambridge/Mass. et al.1990.

Idem: The Visible Hand: The Managerial Revolution in American Business, Cambridge/Mass. et al.1977.

Craig, G. A.: Deutsche Geschichte, 1866-1945. Vom Norddeutschen Bund bis zum Ende des Dritten Reiches, 2. Aufl., München 1999.

Die Deutsche Bank 1870-1995, München 1995.

Deutsche Bundesbank (Hrsg.): Währung und Wirtschaft in Deutschland 1876-1975, Frankfurt am Main 1976.

Fischer, W.: Was heißt und zu welchem Ende studiert man Wirtschafts- und Sozialgeschichte? In: H. Maier-Leipnitz (Hg.), Zeugen des Wissens, Mainz 1986, S. 633-668.

Idem: Deutsche Wirtschaftspolitik 1918-1945, Opladen 1968.

Idem : Die Weltwirtschaft im 20. Jahrhundert, Göttingen 1979.

Fogel, R. W.: Railroads and American Economic Growth, Baltimore 1964.

Idem: Die neue Wirtschaftsgeschichte - Forschungsergebnisse und Methoden (=Kölner Vorträge zur Sozial- und Wirtschaftsgeschichte, Heft 8, hrsg. v. Forschungsinstitut für Sozial- und Wirtschaftsgeschichte an der Universität zu Köln), Köln 1970.

Idem und Engerman, S. L. (Hrsg.): The Reinterpretation of American Economic History, New York 1971.

Hardach, K.: Wirtschaftsgeschichte Deutschlands im 20. Jahrhundert, 3. Aufl., Göttingen 1993.

Hentschel, V.: Deutsche Wirtschafts- und Sozialpolitik 1815 bis 1945, Königstein et al. 1980.

Hobsbawm, E. J.: Industrie und Empire. Britische Wirtschaftsgeschichte seit 1750, 12. Aufl., Frankfurt am Main. 1989.

Hoffmann, W. G.: British Industry 1700 - 1950, Oxford 1955.

Kellenbenz, H./Walter, R.: Die Wirtschaftsgeschichte im Rahmen der Wirtschaftswissenschaften, in: WiSt, Heft 9, Sept. 1980, S. 411-417.

Landes, D. S.: Der entfesselte Prometheus. Technologischer Wandel und industrielle Entwicklung in Westeuropa von 1750 bis zur Gegenwart, Köln 1983.

Mokyr, J.: Technological Inertia in Economic History. In: JEH 52, 1992, S. 325-338.

Mosse, W. E.: Jews in the German Economy. The German-Jewish Economic Élite 1820-1935, Oxford 1987.

North, D. C.: Growth and Welfare in the American Past: A New Economic History, 3. Aufl., Englewood Cliffs 1983.

Idem: Theorie des institutionellen Wandels. Eine neue Sicht der Wirtschaftsgeschichte (=Die Einheit der Gesellschaftswissenschaften Bd. 56), Tübingen 1988.

North, M.: Das Geld und seine Geschichte. Vom Mittelalter bis zur Gegenwart, München 1994.

Idem (Hrsg.): Von Aktie bis Zoll. Ein historisches Lexikon des Geldes, München 1995.

Ott, A./Winkel, H.: Geschichte der theoretischen Volkswirtschaftslehre (Grundriss der Sozialwissenschaft 31) Göttingen 1985.

Ott, H./ Schäfer, H. (Hrsg.): Wirtschaftsploetz. Die Wirtschaftsgeschichte zum Nachschlagen, 2. Aufl., Freiburg 1986.

Pfister, C.: Bevölkerungsgeschichte und historische Demographie 1500-1800, München 1994.

Pierenkemper, T.: Gewerbe und Industrie im 19. und 20. Jahrhundert, München et al. 1994.

Pohl, H. (Hrsg.): Die Auswirkungen von Zöllen und anderen Handelshemmnissen auf Wirtschaft und Gesellschaft vom Mittelalter bis zur Gegenwart (VSWG-Beiheft 80), Stuttgart 1987.

Idem: Die Bedeutung der Kommunikation für Wirtschaft und Gesellschaft (= VSWG-Beiheft 87), Stuttgart 1989.

Redlich, F.: 'New' and Traditional Approaches to Economic History and their Interdependence. In: JEH/XXV, Dez. 1965, S. 480-495.

Reinhardt, D.: Vom Intelligenzblatt zum Satellitenfernsehen: Stufen der Werbung als Stufen der Gesellschaft. In: Peter Borscheid/Wischermann, Clemens: Bilderwelt des Alltags. Werbung und Kultur des 19. und 20. Jahrhunderts, Stuttgart 1995.

Ritter, G. A.: Staat, Arbeiterschaft und Arbeiterbewegung in Deutschland. Vom Vormärz bis zum Ende der Weimarer Republik, Berlin et al. 1980.

Rostow, W. W.: The World Economy. History and Prospect, Austin et al. 1978.

Schmitt, E. (Hrsg.): Dokumente zur Geschichte der europäischen Expansion, 7 Bde., Bd. 4, Wirtschaft und Handel der Kolonialreiche, München 1988.

Schneider, E.: Einführung in die Wirtschaftstheorie, Bd. 3, 12. Aufl., Tübingen 1973 .

Schremmer, E.: Steuern und Staatsfinanzen während der Industrialisierung Europas. England, Frankreich, Preußen und das Deutsche Reich 1800 bis 1914, Berlin et al. 1994.

Schulz, G.: Die neuere deutsche Wirtschaftsgeschichte: Themen - Kontroversen - Erträge der Forschung, in: W. Feldenkirchen, F. Schönert-Röhlk, G. Schulz (Hg.), Wirtschaft, Gesellschaft, Unternehmen. Festschrift für Hans Pohl zum 60. Geb., Bd. 1, (=VSWG-Beih. 120a), Stuttgart 1995, S. 400-425.

Schumpeter, J. A.: Konjunkturzyklen. Eine theoretische, historische und statistische Analyse des kapitalistischen Prozesses, 2 Bde., Göttingen 1961.

Siegenthaler, H.: Regelvertrauen, Prosperität und Krisen. Die Unregelmäßigkeit wirtschaftlicher und sozialer Entwicklung als Ergebnis individuellen Handelns und sozialen Lernens (Die Einheit der Gesellschaftswissenschaften. Studien in den Grenzbereichen der Wirtschafts- und Sozialwissenschaften, 81), Tübingen 1993.

Sprenger, B.: Das Geld der Deutschen: Geldgeschichte Deutschlands von den Anfängen bis zur Gegenwart, 3. aktual. und erw. Aufl., Paderborn et al. 2002.

Tilly, R. H.: Einige Bemerkungen zur theoretischen Basis der modernen Wirtschaftsgeschichte. In: Jahrbuch für Wirtschaftsgeschichte 1994/1, S. 131-149.

Treue, W.: Wirtschaftsgeschichte der Neuzeit, 2 Bände, 3. Aufl., Stuttgart 1973; Band 1 : 18. und 19. Jahrhundert; Band 2: 20. Jahrhundert.

Walter, R.: Einführung in die Wirtschafts- und Sozialgeschichte, Paderborn 1994.

Idem: Märkte, Börsen, Messen, Ausstellungen und Konferenzen im 19. und 20. Jahrhundert. In: H. Pohl (Hrsg.), Die Bedeutung der Kommunikation für Wirtschaft und Gesellschaft (VSWG-Beiheft 87), Stuttgart 1989, S. 379 - 440.

Idem: Die Wirtschaftsgeschichte als Ganzes, Baden-Baden 1995.

Idem: Krise und Neuerung in wirtschafts- und unternehmenshistorischer Perspektive. In: ScrM Jg. 29, Heft 2, 1995, S. 1-13.

Idem: Der Wirtschaftsraum in historischer Perspektive. In: W. Feldenkirchen et al. (Hrsg.), Wirtschaft, Gesellschaft, Unternehmen. Festschrift für H. Pohl zum 60. Geburtstag (VSWG-Beiheft 120a), Stuttgart 1995, S. 500-515.

Idem: Die Wirtschaftsgeschichte als Geschichte der Zeit. In: H.-J. Gerhard (Hrsg.), Struktur und Dimension. Festschrift für K.-H. Kaufhold zum 65. Geburtstag, Bd. 2: Neunzehntes und Zwanzigstes Jahrhundert (VSWG-Beiheft 134), Stuttgart 1997, S. 3-18.

Idem: Evolutorische Wirtschaftsgeschichte. Zum Verhältnis von Wirtschaftsgeschichte und Evolutorischer Ökonomik. In: WiSt 2, Februar 1997, S. 75-79.

Idem: Zeiss 1905-1945. Köln et al. 2000.

Spezialliteratur zu bestimmten Zeitabschnitten:

Merkantilismus/Physiokratie/Klassische Nationalökonomie:

Abel, W.: Agrarkrisen und Agrarkonjunktur, 3. neubearb. u. erw. Aufl., Hamburg et al. 1966.

Idem: Massenarmut und Hungerkrisen im vorindustriellen Deutschland, 3. Aufl., Göttingen et al. 1986.

Blaich, F.: Die Epoche des Merkantilismus, Wiesbaden 1973.

Idem: Merkantilismus, Kameralismus, Physiokratie. In: WiSt, Heft 3/1983, S. 141-145.

Idem: Der Beitrag der deutschen Physiokraten für die Entwicklung der Wirtschaftswissenschaft von der Kameralistik zur Nationalökonomie. In: Scherf, H. (Hrsg.), Studien zur Entwicklung der ökonomischen Theorie III (=Schriften des Vereins für Socialpolitik, N.F. Bd. 115/3), Berlin 1983, S. 9-36.

Blitz, R. C.: Mercantilist Policies and the Patterns of World Trade, 1500 - 1750. In: JEH 27, 1967.

Bog, I.: Der Reichsmerkantilismus, Stuttgart 1959.

Dreißig, W.: Die Geld- und Kreditlehre des deutschen Merkantilismus, Berlin 1939.

Eckhardt, W.: Das Humankapital als Faktor der wirtschaftlichen Entwicklung im Zeitalter des deutschen Merkantilismus. Ein Beitrag zur Geschichte der Bildungsökonomie, Diss. Mainz 1971.

Fetter, F. W.: The Term 'Favorable Balance of Trade'. In: TQJE 49, 1935.

Focke, W.: Die Lehrmeinungen der Kameralisten über den Handel. 1650 - 1750, Diss. Erlangen 1926.

Frohneberg, E.: Bevölkerungslehre und Bevölkerungspolitik des Merkantilismus unter besonderer Berücksichtigung des 17. und 18. Jahrhunderts und der Länder Deutschland, England, Frankreich, Italien, Diss. Frankfurt am Main 1930.

Gömmel, R./Klump, R.: Merkantilisten und Physiokraten in Frankreich, Darmstadt 1994.

Gräfrath, B.: John Stuart Mill: „Über die Freiheit". Ein einführender Kommentar, Paderborn et al. 1992.

Gregory, E. T.: The Economics of Employment in England, 1660 - 1713. In: Economica 1, 1921.

Haberler, G.: Der internationale Handel. Theorie der weltwirtschaftlichen Zusammenhänge sowie Darstellung und Analyse der Außenhandelspolitik, Berlin 1933.

Hassinger, H.: Johann Joachim Becher, 1635 - 1682. Ein Beitrag zur Geschichte des Merkantilismus, Wien 1951.

Heckscher, E. F.: Der Merkantilismus, Bd. 1, Jena 1932.

Hofmann, W.: Einkommenstheorie. Vom Merkantilismus bis zur Gegenwart, 3. Aufl., Berlin 1986.

Holbach, R.: Frühformen von Verlag und Großbetrieb in der gewerblichen Produktion (13.-16. Jahrhundert), Stuttgart 1994.

Justi, J.: Grundfeste zu der Macht und Glückseligkeit der Staaten, Bd. 1, Königsberg et al. 1760.

Idem: Vollständige Abhandlung von denen Manufacturen und Fabriken, Kopenhagen 3. Aufl., 1789.

Kellenbenz, H.: Der Merkantilismus in Europa und die soziale Mobilität, Wiesbaden 1965.

Idem: Die Wiege der Moderne. Wirtschaft und Gesellschaft Europas 1350-1650, Stuttgart 1991.

Keynes, J. M.: Allgemeine Theorie der Beschäftigung, des Zinses und des Geldes, Berlin 1936.

Klein, E.: Die englischen Wirtschaftstheoretiker des 17. Jahrhunderts, Darmstadt 1973.

Kopf, P.: David Hume. Philosoph und Wirtschaftstheoretiker (1711-1776) (Beiträge zur Wirtschafts- und Sozialgeschichte 25), Wiesbaden 1987.

Kriedte, P.: Spätfeudalismus und Handelskapital. Grundlinien der europäischen Wirtschaftsgeschichte vom 16. bis zum Ausgang des 18. Jahrhunderts, Göttingen 1980.

Krieger, M.: Kaufleute, Seeräuber und Diplomaten. Der dänische Handel auf dem Indischen Ozean (1620-1868), (Wirtschafts- und Sozialhistorische Studien Bd. 8), Köln et al. 1998.

Landauer, C.: Die Theorien der Merkantilisten und Physiokraten über die ökonomische Bedeutung des Luxus, Diss. Heidelberg 1915.

Leontief, W.: Hommage au docteur François Quesnay (1758-1958), Méré/Paris 1958.

Letwin, W.: The Origins of Scientific Economics. English Economic Thought 1660 - 1776, London 1963.

List, F.: Das nationale System der politischen Ökonomie, Stuttgart/Berlin 1925.

Lüthy, H.: François Quesnay und die Idee der Volkswirtschaft, Zürich 1959.

Malthus, Th. R.: Principles of Political Economy, 2. Aufl., New York 1964.

Mill, J. S.: Principles of Political Economy, hrsg. v. J. M. Robson, Toronto 1965.

Peters, L. F.: Der Handel Nürnbergs am Anfang des Dreißigjährigen Krieges. Strukturkomponenten, Unternehmen und Unternehmer - Eine quantitative Analyse, Stuttgart 1994.

Ricardo, D.: Works and Correspondence, Bd. 1: On the Principles of Political Economy and Taxation, hrsg. v. P. Sraffa, Cambridge 1951-1955.

Röper, B.: Ansätze zu einer Marktformenlehre bei J. J. Becher. In: JGVV 69, 1949.

Röpke, H.-J.: Die Wachstumstheorie der deutschen Merkantilisten, Diss. Marburg 1971.

Say, J. B.: Cours complet d' économie politique pratique, 3. Aufl., Paris 1852.

Schacht, H.: Der theoretische Gehalt des englischen Merkantilismus, Diss. Berlin 1900.

Schneeloch, N. H.: Aktionäre der Westindischen Compagnie von 1674. Die Verschmelzung der alten Kapitalgebergruppen zu einer neuen Aktiengesellschaft (Beiträge zur Wirtschaftsgeschichte 12), Stuttgart 1982.

Schulin, E.: Handelsstaat England. Das politische Interesse der Nation am Außenhandel vom 16. bis ins frühe 18. Jahrhundert, Wiesbaden 1969.

Schumpeter, J. A.: Geschichte der ökonomischen Analyse, Göttingen 1965.

Smith, A.: Der Wohlstand der Nationen. Eine Untersuchung seiner Natur und seiner Ursachen, hrsg. v. H. C. Recktenwald, 10. Aufl., München 2003.

Spengler, J. J.: Mercantilist and Physiocratic Growth Theory. In: Hoselitz, B. F. (Hrsg.): Theories of Economic Growth, New York et al. 1960.

Starbatty, J.: Die englischen Klassiker der Nationalökonomie. Lehre und Wirkung (=Erträge der Forschung, Bd. 224), Darmstadt 1985.

Streminger, G.: David Hume. Sein Leben und sein Werk, 3. durchges. und leicht veränd. Aufl., Paderborn et al. 1995.

Thünen, J. H. v.: Der isolierte Staat in Beziehung auf Landwirtschaft und Nationalökonomie, 3 Teile, Rostock 1826, 1850, 1863.

Volckart, O. (Hrsg.): Frühneuzeitliche Obrigkeiten im Wettbewerb: Institutioneller und wirtschaftlicher Wandel zwischen dem 16. und 18. Jahrhundert (Contributiones Jenenses, Bd. 5), Baden-Baden 1997.

Walter, R.: Die Kommerzialisierung von Landwirtschaft und Gewerbe in Württemberg (1750-1850) (Beiträge zur südwestdeutschen Wirtschafts- und Sozialgeschichte, Bd. 12), St. Katharinen 1990.

Idem: Merkantilpolitische Handelshemmnisse (im territorialen Vergleich) am Beispiel eines territorial relativ zersplitterten Gebietes. In: Pohl, H. (Hrsg.), Die Auswirkungen von Zöllen und anderen Handelshemmnissen auf Wirtschaft und Gesellschaft vom Mittelalter bis zur Gegenwart (VSWG-Beiheft 80), Stuttgart 1987, S. 84-120.

Willeke, F. U.: Entwicklung der Markttheorie von der Scholastik bis zur Klassik, Tübingen 1961.

Industrielle Revolutionen/Industrialisierung:

Ashton, T. S.: The Industrial Revolution 1760-1830, Toronto 1967.

Bairoch, P.: Europe's National Product 1800-1975. In: JEEH 5, 1976.

Idem: International Industrialization Levels from 1750 to 1980. In: JEEH 11, 1982.

Borchardt, K.: Die Industrielle Revolution in Deutschland 1750-1914. In: Europäische Wirtschaftsgeschichte, Bd. 4, Die Entwicklung der industriellen Gesellschaften, Stuttgart et al. 1985.

Idem: Die Industrielle Revolution in Deutschland, München 1972.

Idem: Regionale Wachstumsdifferenzen in Deutschland im 19. Jahrhundert unter besonderer Berücksichtigung des West-Ost-Gefälles. In: F. Lütge (Hrsg.), Wirtschaftliche und soziale Probleme der gewerblichen Entwicklung im 15., 16. und 19. Jahrhundert, Stuttgart 1968.

Idem: Zur Frage des Kapitalmangels in der ersten Hälfte des 19. Jahrhunderts in Deutschland. In: R. Braun u.a. (Hrsg.). Industrielle Revolution, Wirtschaftliche Aspekte, Köln et al. 1972.

Borries, B. v.: Deutschlands Außenhandel 1836 bis 1856. Eine statistische Untersuchung zur Frühindustrialisierung, Stuttgart 1970.

Braun, R. et al. (Hrsg.): Industrielle Revolution, Wirtschaftliche Aspekte, Köln et al 1972.

Bry, G.: Wages in Germany 1871-1913, Oxford 1960.

Buchheim, C.: Industrielle Revolutionen. Langfristige Wirtschaftsentwicklung in Großbritannien, Europa und in Übersee, München 1994.

Büsch, O. (Hrsg.): Untersuchungen zur Geschichte der frühen Industrialisierung vornehmlich im Wirtschaftsraum Berlin/Brandenburg, Berlin 1971.

Idem: Industrialisierung und Gewerbe im Raum Berlin/Brandenburg 1800-1850, Berlin 1971.

Buhr, H. de/Regenbrecht, M.: Industrielle Revolution und Industriegesellschaft, 3. Aufl., Frankfurt am Main 1995.

Chambers, J. C.: The Workshop of the World. British Economic History 1820-1880, 2. Aufl. 1968.

Clapham, J.: An economic history of modern Britain, 4. Aufl., Cambridge 1968.

Crafts, N. F. R.: British Economic Growth during the Industrial Revolution, Oxford 1985.

Crouzet, F.: Die Kapitalbildung in Großbritannien während der Industriellen Revolution. In: R. Braun u.a. (Hrsg.). Industrielle Revolution, Wirtschaftliche Aspekte, Köln et al. 1972.

Deane, P.: The First Industrial Revolution, 2. Aufl., Cambridge 1992.

Idem /Cole, W. A.: British Economic Growth 1688-1959, Trends and Structure, 2. Aufl., Cambridge 1969.

Fischer, W.: Wirtschaft und Gesellschaft im Zeitalter der Industrialisierung, Göttingen 1972.

Floud, R. D./McCloskey, D. N. (Hrsg.): The Economic History of Britain since 1700, Cambridge 1981.

Fremdling, R.: Eisenbahnen und deutsches Wirtschaftswachstum 1840-1879. Ein Beitrag zur Entwicklungstheorie und zur Theorie der Infrastruktur, Dortmund 1975.

Idem: Technologischer Wandel und internationaler Handel im 18. und 19. Jahrhundert. Die Eisenindustrien in Großbritannien, Belgien, Frankreich und Deutschland, Berlin et al. 1986.

Gerschenkron, A.: Economic Backwardness in Historical Perspective, 2. Aufl., Cambridge, Mass. 1966.

Gömmel, R.: Transportkosten und ihr Einfluss auf die Integration von Wirtschaftsräumen. In: Economia, Aachen 1986, S. 1 - 23.

Idem: Realeinkommen in Deutschland. Ein internationaler Vergleich (1810-1914) (=Vorträge zur Wirtschaftsgeschichte, Heft 4), Nürnberg 1979.

Idem: Transportkosten und ihr Einfluss auf die Integration von Wirtschaftsräumen. In: Economia, Aachen 1986, S. 1-23.

Idem: Entstehung und Entwicklung der Effektenbörsen im 19. Jahrhundert bis 1914. In: Deutsche Börsengeschichte, Frankfurt am Main 1992, S. 133 - 207.

Henderson, W.O.: Britain and Industrial Europe, 3. Aufl., Atlantic Highlands/N.J. 1972.

Idem: The Rise of German Industrial Power 1834-1914, London 1975.

Hoffmann, W. G.: Stadien und Typen der Industrialisierung. Ein Beitrag zur quantitativen Analyse historischer Wirtschaftsprozesse, Jena 1931.

Holtfrerich, C.-L.: Quantitative Wirtschaftsgeschichte des Ruhrkohlenbergbaus im 19. Jahrhundert. Eine Führungssektoranalyse, Dortmund 1973.

Hudson, P.: The Industrial Revolution, 7. Aufl., London et al. 1998.

Jeck, A.: Wachstum und Verteilung des Volkseinkommens. Untersuchungen und Materialien zur Entwicklung der Einkommensverteilung in Deutschland 1870-1913, Tübingen 1970.

Kaltefleiter, W.: Wirtschaft und Politik in Deutschland. Konjunktur als Bestimmungsfaktor des Parteiensystems, 2. erw. Aufl., Köln et al. 1968.

Kellenbenz, H./Schawacht, J. H.: Schicksal eines Eisenlandes, Siegen 1974.

Kirchhain, G.: Das Wachstum der deutschen Baumwollindustrie im 19. Jahrhundert. Eine historische Modellstudie zur empirischen Wirtschaftsforschung, Diss. Münster 1973.

Klein, E.: Zur Frage der Industriefinanzierung im frühen 19. Jahrhundert. In: Öffentliche Finanzen und privates Kapital im späten Mittelalter und in der ersten Hälfte des 19. Jahrhunderts, Stuttgart 1971.

Kocka, J.: Unternehmer in der deutschen Industrialisierung, Göttingen 1975.

Köllmann, W.: Bevölkerung in der industriellen Revolution, Göttingen 1974.

Komlos, J./Artzrouni, M.: Ein Simulationsmodell der Industriellen Revolution. In: VSWG 81/3, 1994, S. 324 - 338.

Kemp, T.: Industralization in the Non-Western World, 2. Aufl., London et al. 1989.

Kutz, M.: Deutschlands Außenhandel von der französischen Revolution bis zur Gründung des Zollvereins (Beiheft 61 zur Vierteljahrschrift für Sozial- und Wirtschaftsgeschichte), Wiesbaden 1974.

Kuznets, S.: The Economic Growth of Nation. Total Output and Production Structure, Cambridge, Mass. 1971.

Idem: Die wirtschaftlichen Vorbedingungen der Industrialisierung. In: R. Braun u.a. (hrsg.), Industrielle Revolution, Wirtschaftliche Aspekte, Köln/Berlin 1972, S. 17-34.

Lütge, F. (Hrsg.): Die wirtschaftliche Situation in Deutschland und Österreich um die Wende vom 18. zum 19. Jahrhundert, Stuttgart 1964.
Maddison, A.: Dynamic Forces in Capitalist Development. A Long-Run Comperative View, Oxford 1991.
Morris, C. T./Adelmann, I.: Comparative Patterns of Economic Development 1850-1914, Baltimore 1988.
Mantoux, P.: The Industrial Revolution in the Eighteenth Century, 12. Aufl., 1961.
Maschke, E.: Grundzüge der deutschen Kartellgeschichte bis 1914, Dortmund 1964.
Mathias, P.: The First Industrial Nation. An Economic History of Britain 1700-1914, 1969, Neuaufl., London 1995.
Mauersberg, H.: Deutsche Industrien im Zeitgeschehen eines Jahrhunderts. Eine historische Modelluntersuchung zum Entwicklungsprozess deutscher Unternehmen von ihren Anfängen bis zum Stand von 1960, Stuttgart 1966.
Milward, A. S./Saul, B. S.: The Economic Development of Continental Europe 1780-1870, 2. Aufl., London 1979.
Müller, J. H./Geisenberger, S.: Die Einkommensstruktur in verschiedenen deutschen Ländern 1874-1913, Berlin 1972.
Nef, J.: The Progress of Technology and the Growth of Large-Scale Industry in Britain, 1540-1640. In: EHR 1934.
O'Brien, P. K./Keyder, C.: Economic Growth in Britain and France, 1780-1914, London 1978.
Pierenkemper, T.: Umstrittene Revolutionen. Die Industrialisierung im 19. Jahrhundert, Frankfurt am Main 1996.
Pohl, H.: Aufbruch in der Weltwirtschaft. Geschichte der Weltwirtschaft von der Mitte des 19. Jahrhunderts bis zum Ersten Weltkrieg, Stuttgart 1989 - XVI.
Pollard, S.: Peaceful Conquest. The Industrialization of Europe 1760-1970, Oxford 1981.
Idem: The Wealth of Britain, 1085-1966, 1968.
Idem: Typology of Industrialization Processes in the 19th Century, Chur et al. 1990.
Porter, R./Teich, M. (Hrsg.): Die Industrielle Revolution in England, Deutschland, Italien, Berlin 1998.
Rosenberg, H.: Die Weltwirtschaftskrise 1857-1859, 2. Aufl., Göttingen et al. 1974.
Rostow, W. W.: Stadien wirtschaftlichen Wachstums. Eine Alternative zur marxistischen Entwicklungstheorie, 2. Aufl., Göttingen 1967. (Englisch: The Stages of Economic Growth, 1960).
Salin, E.: Die neue Etappe der Industriellen Revolution. In: Lynkeus, Tübingen 1963.
Schmoller, G.: Zur Geschichte der deutschen Kleingewerbe im 19. Jahrhundert, Halle 1870.
Schröter, A./Becker, W.: Die deutsche Maschinenbauindustrie in der industriellen Revolution, Berlin 1962.
Schwerin von Krosigk, L. Graf: Die große Zeit des Feuers. Der Weg der deutschen Industrie, 3 Bände, Tübingen 1957-1959.
Siegenthaler, H.: Industrielle Revolution. In: HdWW 4, 1988, S. 142 - 159.
Spiethoff, A.: Die wirtschaftlichen Wechsellagen, Tübingen 1955.

Sylla, R./Toniolo, G. (Hrsg.): Patterns of European Industrialization. The Ninetheenth Century, London et al. 1991, Neuaufl. 1995.
Taylor, A. J. (Hrsg.): The Standard of Living in Britain in the Industrial Revolution, London 1975.
Thompson, E.: The Making of the English Working Class, London et al. 1963.
Tilly, R.: The Growth of Largescale Enterprise in Germany.... In: Daems, H./Van der Wee, H. (Hrsg.): The Rise of Managerial Capitalism, Den Haag 1974.
Idem: Vom Zollverein zum Industriestaat. Die wirtschaftlich-soziale Entwicklung Deutschlands 1834 bis 1914, München 1990.
Toynbee, A.: Lectures on the Industrial Revolution in England of the eighteenth century in England, 7. Aufl., London 1923.
Treue, W.: Wirtschafts- und Sozialgeschichte Deutschlands im 19. Jahrhundert. In: H. Grundmann (Hrsg.), Handbuch der deutschen Geschichte, Bd. 3, Stuttgart 1960.
Idem/Pönicke, H. und Manegold K.-H. (Hrsg.): Quellen zur Geschichte der industriellen Revolution, 2. veränd. und erw. Aufl., Göttingen et al. 1979.
Wagenblass, H.: Der Eisenbahnbau und das Wachstum der deutschen Eisen- und Maschinenbauindustrie 1835 bis 1860, Stuttgart 1973.
Wagenführ, R.: Die Industriewirtschaft. Entwicklungstendenzen der deutschen und internationalen Industrieproduktion 1860-1932 (Sonderheft 31 der Vierteljahrshefte zur Konjunkturforschung), Berlin 1933.
Wende, P.: Geschichte Englands, 2. überarb. und erw. Aufl., Stuttgart et al. 1995.
Wilson, C.: The Entrepeneur in the Industrial Revolution in Britain (Explorations in Entreprenurial History, 7), 1955.

Wirtschaft und Gesellschaft im Deutschen Kaiserreich 1870-1918

Barth, B.: Die deutsche Hochfinanz und die Imperialismen. Banken und Außenpolitik vor 1914 (Beiträge zur Kolonial- und Überseegeschichte. Bd. 61), Stuttgart 1995.
Baumgart, P. (Hrsg.): Bildungspolitik in Preußen zur Zeit des Kaiserreichs, Stuttgart 1980.
Blaich, F.: Ausschließlichkeitsbindungen als Wege zur industriellen Konzentration in der deutschen Wirtschaft bis 1914. In: Horn, N./Kocka, J. (Hrsg.): Recht und Entwicklung der Großunternehmen im 19. und frühen 20. Jahrhundert, Göttingen 1979.
Idem: Kartell- und Monopolpolitik im kaiserlichen Deutschland. Das Problem der Marktmacht im deutschen Reichstag 1879-1914, Düsseldorf 1973.
Boelcke, W.: Krupp und die Hohenzollern, Frankfurt am Main 1970.
Böhme, H.: Deutschlands Weg zur Großmacht. Studien zum Verhältnis von Wirtschaft und Staat während der Reichsgründerzeit 1848 bis 1881, 3. Aufl., Köln 1974.
Born, K. E.: Staat und Sozialpolitik im deutschen Kaiserreich. In: Festschr. K. Kluxen, Paderborn 1972.
Idem: Wirtschafts- und Sozialgeschichte des Deutschen Kaiserreichs (1867/71-1914), Stuttgart 1985.
Desai, A. V.: Real Wages in Germany 1871-1913, Oxford 1968.
Eistert, E.: Die Beeinflussung des Wirtschaftswachstums in Deutschland 1883-1913 durch das Bankensystem, Berlin 1970.

Feis, H.: Europe, the World's Banker 1870-1914, New York 1930.

Fischer, F.: Weltmacht oder Niedergang. Deutschland im Ersten Weltkrieg, 2. Aufl., Frankfurt 1968.

Gebauer, W.: Kriegswirtschaft. In: HdSW 6, Stuttgart et al. 1959, S. 391-405.

Gladen, A.: Geschichte der Sozialpolitik in Deutschland, Wiesbaden 1974.

Gömmel, R.: Entstehung und Entwicklung der Effektenbörsen im 19. Jahrhundert bis 1914. In: Deutsche Börsengeschichte, Frankfurt am Main 1992.

Hardach, G.: Der Erste Weltkrieg 1914-1918, München 1973.

Hardach, K. W.: Die Bedeutung wirtschaftlicher Faktoren bei der Wiedereinführung der Eisen- und Getreidezölle in Deutschland 1879, Berlin 1967.

Hasselmann, E.: Geschichte der deutschen Konsumgenossenschaften, Frankfurt am Main 1971.

Henderson, W. O.: The Rise of German Industrial Power 1834-1914, London 1975.

Hentschel, V.: Wirtschaft und Wirtschaftspolitik im Wilhelminischen Deutschland, Organisierter Kapitalismus und Interventionsstaat, Stuttgart 1978.

Hohenberg, P. M.: Chemicals in Western Europe 1850-1914, Amsterdam 1967.

Hohorst, G./Kocka, J./Ritter, G. A.: Sozialgeschichtliches Arbeitsbuch II. Materialien zur Statistik des Kaiserreichs 1870-1914, 2. Aufl., München 1978.

Kielmansegg, P. Graf: Deutschland und der Erste Weltkrieg, 2. Aufl., Frankfurt am Main 1980.

Kocka, J.: Expansion - Integration - Diversifikation. Wachstumsstrategien industrieller Großunternehmen in Deutschland vor 1914. In: Vom Kleingewerbe zur Großindustrie, Hrsg. v. H. Winkel, Berlin 1975.

Idem: Klassengesellschaft im Krieg. Deutsche Sozialgeschichte 1914-1918, 2. Aufl., Göttingen 1978.

Idem: Soziale Schichtung und Mobilität in Deutschland im 19. und 20. Jahrhundert. In GUG 1, 1975.

Idem: Unternehmer in der deutschen Industrialisierung, Göttingen 1975.

Lambi, I.: Free Trade and Protection in Germany 1868-1879, Wiesbaden 1963.

Lapp, K.: Die Finanzierung der Weltkriege 1914-1918 und 1939-1945 in Deutschland, Diss. Nürnberg 1957.

Nipperdey, Th.: Deutsche Geschichte 1866-1918. Bd. I: Arbeitswelt und Bürgergeist, 3. durchges. Aufl., München 1993; Bd. II: Machtstaat vor der Demokratie, 1995.

Pohl, H.: Wirtschafts- und sozialgeschichtliche Grundzüge der Epoche 1870-1914. In: Sozialgeschichtliche Probleme in der Zeit der Hochindustrialisierung (1870 - 1914), Hrsg. v. H. Pohl, Paderborn 1979.

Idem: Aufbruch der Weltwirtschaft. Geschichte der Weltwirtschaft von der Mitte des 19. Jahrhunderts bis zum Ersten Weltkrieg, Stuttgart 1989.

Idem: Die Entwicklung der Kartelle in Deutschland und die Diskussionen im Verein für Socialpolitik. In: Wissenschaft und Kodifikation des Privatrechts im 19. Jahrhundert, Hrsg. v. H. Coing u. W. Wilhelm, Bd. 4, Frankfurt am Main 1979.

Idem: Konzentration im deutschen Bankwesen (1848-1980), Frankfurt am Main 1982.

Riesser, J.: Die deutschen Grossbanken und ihre Konzentration im Zusammenhange mit der Entwicklung der Gesamtwirtschaft in Deutschland, 3. Aufl., Jena 1910.

Ritter, G. A. (Hrsg.): Das Deutsche Kaiserreich 1871-1914. Ein historisches Lesebuch, 4. durchges. Aufl., Göttingen 1981.

Rosenberg, H.: Große Depression und Bismarckzeit. Wirtschaftsablauf, Gesellschaft und Politik in Mitteleuropa, Berlin 1967.

Schröter, A./Becker, W.: Die deutsche Maschinenbauindustrie in der industriellen Revolution, Berlin (O) 1962.

Siegrist, H.: Deutsche Großunternehmen vom späten 19. Jahrhundert bis zur Weimarer Republik. In: GUG 6, 1980.

Treue, W.: Wirtschaft und Außenpolitik. Zu den Problemen der deutschen Weltmachtstellung 1900-1914. In: Tradition 9, 1964.

Wehler, H.-U.: Das Deutsche Kaiserreich 1871-1918, Göttingen 1973.

Idem: Bismarck und der Imperialismus, 4. Aufl., München 1976.

Wengenroth, U.: Unternehmensstrategien und technischer Fortschritt: Die deutsche und die britische Stahlindustrie, 1865-1895, Göttingen et al. 1986.

Weimarer Republik:

Abraham, D.: The Collapse of the Weimar Republic. Political Economy and Crisis, Princeton 1981, New York et al., 2. Aufl. 1986.

Ambrosius, G.: Die öffentliche Wirtschaft in der Weimarer Republik. Kommunale Versorgungsunternehmen als Instrumente der Wirtschaftspolitik, Baden-Baden 1984.

Aretz, J.: Katholische Arbeiterbewegung und Nationalsozialismus. Der Verband katholischer Arbeiter- und Knappenvereine Westdeutschlands 1923-1945, 2. Aufl., Mainz 1982.

Bähr, J.: Staatliche Schlichtung in der Weimarer Republik, Berlin 1989.

Baier, R.: Der Deutsche Osten als soziale Frage. Eine Studie zur preußischen und deutschen Siedlungs- und Polenpolitik in den Ostprovinzen während des Kaiserreichs und der Weimarer Republik, Köln et al. 1980.

Bajohr, S.: Die Hälfte der Fabrik. Geschichte der Frauenarbeit in Deutschland 1914 bis 1945, 2. verb. Aufl., Marburg 1984.

Becker, H.: Handlungsspielräume der Agrarpolitik in der Weimarer Republik zwischen 1923 und 1929, Stuttgart 1990.

Becker, J./Hildebrand, K. (Hrsg.): Internationale Beziehungen in der Weltwirtschaftskrise 1929-1933, München 1980.

Beitel, W./Nötzold, J.: Deutsch-sowjetische Wirtschaftsbeziehungen in der Zeit der Weimarer Republik, Baden-Baden 1979.

Bennecke, H.: Wirtschaftliche Depression und politischer Radikalismus 1918-1938, München 1970.

Bennett, E.: Germany and the diplomacy of the Financial Crisis 1931, Cambridge, Mass. 1962.

Bessel, R./Feuchtwanger, E. J. (Hrsg.): Social Change and Political Development in Weimar Germany, London 1981.

Blaich, F.: Grenzlandpolitik im Westen 1926-1936. Die "Westhilfe" zwischen Reichspolitik und Länderinteressen, Stuttgart 1978.

Idem: Die Wirtschaftskrise 1925/26 und die Reichsregierung. Von der Erwerbslosenfürsorge zur Konjunkturpolitik, Kallmünz 1977.

Idem: Der Schwarze Freitag. Inflation und Wirtschaftskrise, 3. Aufl., München 1994.

Boarman, P. M.: Germany's Economic Dilemma. Inflation and the Balance of Payments, New Haven 1964.

Borchardt, K.: Wirtschaftliche Ursachen des Scheiterns der Weimarer Republik. In: Wachstum, Krisen, Handlungsspielräume der Wirtschaftspolitik. Studien zur Wirtschafts- und Sozialgeschichte des 19. und 20. Jahrhunderts, Göttingen 1982, S. 183-205.

Idem: Zwangslagen und Handlungsspielräume in der großen Wirtschaftskrise der frühen dreißiger Jahre: Zur Revision des überlieferten Geschichtsbildes. Wiederabgedruckt in: Wachstum, S. 165-182.

Broszat, M.: Die Machtergreifung. Der Aufstieg der NSDAP und die Zerstörung der Weimarer Republik, 5. Aufl., München 1994.

Buchheim, C. et al. (Hrsg.): Zerrissene Zwischenkriegszeit. Wirtschaftshistorische Beiträge. K. Borchardt zum 65. Geb., Baden-Baden 1994.

Büsch, O./Feldman, G. D. (Hrsg.): Historische Prozesse der deutschen Inflation 1914-1924, Berlin 1978.

Conze, W./Raupach, H. (Hrsg.): Die Staats- und Wirtschaftskrise des Deutschen Reiches 1929/1933, Stuttgart 1967.

Dengg, S.: Deutschlands Austritt aus dem Völkerbund und Schachts "Neuer Plan". Zum Verhältnis von Außen- und Außenwirtschaftspolitik in der Übergangsphase von der Weimarer Republik zum Dritten Reich (1929-1934), Frankfurt 1986.

Dobkowski, M. N./Wallimann, I. (Hrsg.): Towards the Holocaust: The Social and Economic Collapse of the Weimar Republic, Westport et al. 1983.

Evans, R. J./Geary, D. (Hrsg.): The German Unemployed. Experiences and Consequences of Mass Unemployment from the Weimar Republic to the Third Reich, London et al. 1987.

Feis, H.: The Diplomacy of the Dollar 1919-1932, 4. Aufl., Baltimore 1966.

Feldenkirchen, W.: Siemens 1918-1945, München 1995

Feldman, G. D: The Great Disorder. Politics, Economics and Society in the German Inflation 1914-1924, New York/Oxford 1993.

Idem: Iron and Steel in the German Inflation 1916-1923, Princeton 1977.

Idem: Vom Weltkrieg zur Weltwirtschaftskrise. Studien zur deutschen Wirtschafts- und Sozialgeschichte 1914-1932, Göttingen 1984.

Feldman, G. D./Homburg, H.: Industrie und Inflation. Studien und Dokumente zur Politik der deutschen Unternehmer 1916-1923, Hamburg 1977.

Feldman, G. D. et al. (Hrsg.): Die Anpassung an die Inflation, Berlin et al. 1986.

Eidem (Hrsg.): Die deutsche Inflation, Berlin et al. 1982.

Eidem (Hrsg.): Die Erfahrung der Inflation im internationalen Zusammenhang und Vergleich, Berlin et al. 1984.

Eidem (Hrsg.): Die Konsequenzen der Inflation, Berlin 1989.

Fischer, A.: Die Landesbank der Rheinprovinz. Aufstieg und Fall zwischen Wirtschaft und Politik (Wirtschafts- und Sozialhistorische Studien, Bd. 6) Köln et al. 1997.

Fischer, W.: Die wirtschaftspolitische Situation der Weimarer Republik, Celle 1960.

Flaskamp, J.: Aufgaben und Wirkungen der Reichsbank in der Zeit des Dawes-Planes, Bergisch-Gladbach et al. 1986.

Freyberg, T. v.: Industrielle Rationalisierung in der Weimarer Republik, Frankfurt 1989.

Fromm, E.: Arbeiter und Angestellte am Vorabend des Dritten Reiches. Eine sozialpsychologische Untersuchung. Bearb. u. hrsg. v. W. Bonss, Stuttgart 1980.

Frommelt, R.: Paneuropa oder Mitteleuropa. Einigungsbestrebungen im Kalkül deutscher Wirtschaft und Politik 1925-1933, Stuttgart 1977.

Gescher, D. B.: Die Vereinigten Staaten von Amerika und die Reparationen 1920-1924. Eine Untersuchung der Reparationsfrage auf der Grundlage amerikanischer Akten, Bonn 1956.

Gessner, D.: Agrardepression und Präsidialregierungen in Deutschland 1930 bis 1933. Probleme des Agrarprotektionismus am Ende der Weimarer Republik, Düsseldorf 1977.

Idem: Agrarverbände in der Weimarer Republik, Düsseldorf 1976.

Graham, F. D.: Exchange, Prices and Production in Hyperinflation: Germany 1920-1923, Princeton 1930, 2. Aufl. 1967.

Grzywatz, B.: Arbeit und Bevölkerung im Berlin der Weimarer Zeit. Eine historisch-statistische Untersuchung, Berlin 1988.

Hamel, I.: Völkischer Verband und nationale Gewerkschaft. Der Deutschnationale Handlungsgehilfen-Verband 1893-1933, Frankfurt 1967.

Hansen, E. W.: Reichswehr und Industrie. Rüstungswirtschaftliche Zusammenarbeit und wirtschaftliche Mobilmachungsvorbereitung 1923-1932, Boppard 1978.

Hansmeyer, K.-H. (Hrsg.): Kommunale Finanzpolitik in der Weimarer Republik, Berlin 1973.

Heindl, W.: Die Haushalte von Reich, Ländern und Gemeinden in Deutschland von 1925 bis 1933. Öffentliche Haushalte und Krisenverschärfung, Frankfurt et al.1984.

Holtfrerich, C.-L.: Die deutsche Inflation 1914-1923. Ursachen und Folgen in internationaler Perspektive, Berlin 1980.

Hughes, M. L.: Paying for the German Inflation, Chapel Hill et al. 1988.

James, H.: Deutschland in der Weltwirtschaftskrise 1924-1936, Stuttgart 1988.

Kent, B.: The Spoils of War. The Politics, Economics, and Diplomacy of Reparations 1918-1932, Oxford 1989.

Kindleberger, C. P.: Die Weltwirtschaftskrise 1929-1939, 3. Aufl., München 1984.

Kluge, U.: Bauern, Agrarkrise und Volksernährung in der europäischen Zwischenkriegszeit (VSWG, Beih. 86) Stuttgart 1988.

Knipping, F.: Deutschland, Frankreich und das Ende der Locarno-Ära 1928-1931. Studien zur internationalen Politik in der Anfangsphase der Weltwirtschaftskrise, München 1987.

Kolb, E.: Die Weimarer Republik, 6., überarb. u. erw. Aufl., München 2002.

Kratzenberg, V.: Arbeiter auf dem Weg zu Hitler? Die Nationalsozialistische Betriebszellen-Organisation. Ihre Entstehung, ihre Programmatik, ihr Scheitern 1927-1934, 2. Aufl., Frankfurt et al. 1989.

Krohn, C.-D.: Stabilisierung und ökonomische Interessen. Die Finanzpolitik des Deutschen Reiches 1923-1927, Düsseldorf 1974.

Idem: Wirtschaftstheorien als politische Interessen. Die akademische Nationalökonomie in Deutschland 1918-1933, Frankfurt 1981.

Krüger, P.: Deutschland und die Reparationen 1918/19. Die Genesis des Reparationsproblems in Deutschland zwischen Waffenstillstand und Versailler Friedensschluss, Stuttgart 1973.

Krulis-Randa, J.: Das deutsch-österreichische Zollunionsprojekt von 1931, Zürich 1955.

Kuckuck, H.-A./Schiffmann, D. (Bearb.): Die Gewerkschaften von der Stabilisierung bis zur Weltwirtschaftskrise 1924-1930, Köln 1986.

Kunz, A.: Civil Servants and the Politics of Inflation in Germany, 1914-1924, Berlin 1986.

Lewis, A. W.: Economic Survey 1919-1939, London 1949, 9. Aufl. 1970.

Lindenlaub, D.: Maschinenbauunternehmen in der Deutschen Inflation 1919-1923, Berlin et al. 1985.

Link, W.: Die amerikanische Stabilisierungspolitik in Deutschland 1921-1930, Düsseldorf 1970.

Lüke, R. E.: 13. Juli 1931. Das Geheimnis der deutschen Bankenkrise, Frankfurt 1981.

Mauersberg, H.: Finanzstrukturen deutscher Bundesstaaten zwischen 1820 und 1944, St. Katharinen 1988.

Maurer, I.: Reichsfinanzen und Große Koalition. Zur Geschichte des Reichskabinetts Müller (1928-1930), Bern et al. 1973.

McNeil, W. C.: American Money and the Weimar Republic. Economics and Politics on the Eve of the Great Depression, New York 1986.

Meister, R.: Die große Depression. Zwangslagen und Handlungsspielräume der Wirtschafts- und Finanzpolitik in Deutschland 1929-1932 (Kölner Schriften zur Wirtschafts- und Sozialpolitik, Bd. 11), Regensburg 1991

Möller, H.: Weimar. Die unvollendete Demokratie, 6. Aufl., München 1997.

Mommsen, H.: Klassenkampf oder Mitbestimmung. Zum Problem der Kontrolle wirtschaftlicher Macht in der Weimarer Republik, Köln 1978.

Idem et al. (Hrsg.): Industrielles System und politische Entwicklung in der Weimarer Republik, Düsseldorf 1974.

Muth, W.: Berufsausbildung in der Weimarer Republik (ZUG, Beih. 41), Stuttgart 1985.

Netzband, K. B./Widmaier, H. P.: Währungs- und Finanzpolitik der Ära Luther 1923 bis 1925, Tübingen 1964.

Northrop, M. B.: Control Policies of the Reichsbank 1924-1933, 2. Aufl., New York 1969.

Overy, R. J.: The Nazi Economic Recovery 1932-1938, 2. Aufl., London et al. 1996.

Patch, W. L.: Christian Trade Unions in the Weimar Republic, 1918-1933. The Failure of "Corporate Pluralism", New Haven et al. 1985.

Petzina, D.: Die deutsche Wirtschaft in der Zwischenkriegszeit, Wiesbaden 1977.

Peukert, D.: Die Weimarer Republik. Krisenjahre der Klassischen Moderne, 9. Aufl., Frankfurt 2001.

Potthoff, H.: Freie Gewerkschaften 1918-1933. Der Allgemeine Deutsche Gewerkschaftsbund in der Weimarer Republik, Düsseldorf 1987.

Idem: Gewerkschaften und Politik zwischen Revolution und Inflation, Düsseldorf 1979.

Predöhl, A.: Das Ende der Weltwirtschaftskrise, Reinbek 1962.

Preller, L.: Sozialpolitik in der Weimarer Republik, Stuttgart 1949, Düsseldorf 2. Aufl. 1978.

Priamus, H.-J.: Angestellte und Demokratie. Die nationalliberale Angestelltenbewegung in der Weimarer Republik, Stuttgart 1979.

Prinz, M.: Vom neuen Mittelstand zum Volksgenossen. Die Entwicklung des sozialen Status der Angestellten von der Weimarer Republik bis zum Ende der NS-Zeit, München 1986.

Ringer, F. K. (Hrsg.): The German Inflation of 1923, NewYork 1969.

Ronde, H.: Von Versailles bis Lausanne. Der Verlauf der Reparationsverhandlungen nach dem 1. Weltkrieg, Stuttgart 1950.

Rössler, H. (Hrsg.): Die Folgen von Versailles 1919-1924, Göttingen 1969.

Rowley, E. E.: Hyperinflation in Germany. Perceptions of a Process. Aldershot et al. 1994.

Ruck, M.: Bollwerk gegen Hitler? Arbeiterschaft, Arbeiterbewegung und die Anfänge des Nationalsozialismus, Köln 1988.

Idem: Die freien Gewerkschaften im Ruhrkampf 1923, Köln 1986.

Idem: Gewerkschaften – Staat – Unternehmer. Die Gewerkschaften im sozialen und politischen Kräftefeld 1914 bis 1933, Köln 1990.

Rupieper, H. J.: The Cuno Government and Reparations 1922-1923, Politics and Economics, The Hague et al. 1979.

Schmidt, G. (Hrsg.): Konstellationen internationaler Politik 1924-1932. Politische und wirtschaftliche Faktoren in den Beziehungen zwischen Westeuropa und den Vereinigten Staaten, Bochum 1983.

Schneider, M.: Das Arbeitsbeschaffungsprogramm des ADGB. Zur gewerkschaftlichen Politik in der Endphase der Weimarer Republik, Bonn 1975.

Idem: Die christlichen Gewerkschaften 1894-1933, Bonn 1982.

Schönhoven, K.: Reformismus und Radikalismus. Gespaltene Arbeiterbewegung im Weimarer Sozialstaat, München 1989.

Schötz, H.O.: Der Kampf um die Mark 1923/24. Die deutsche Währungsstabilisierung unter dem Einfluss der nationalen Interessen Frankreichs, Großbritanniens und der USA, Berlin et al. 1987.

Schröter, V.: Die deutsche Industrie auf dem Weltmarkt 1929 bis 1933. Außenwirtschaftliche Strategien unter dem Druck der Weltwirtschaftskrise, Frankfurt et al. 1984.

Schuker, S. A.: American "Reparations" to Germany, 1919-1933: Implications for the Third-World Debt Crisis, Princeton 1988.

Idem: The End of the French Predominance in Europe. The Financial Crisis of 1924 and the Adoption of the Dawes Plan, Chapel Hill 1976.

Schulz, G. (Hrsg.): Die Große Krise der dreißiger Jahre. Vom Niedergang der Weltwirtschaft zum Zweiten Weltkrieg, Göttingen 1985.

Idem: Weimarer Republik, Freiburg. et al.1987.

Idem: Deutschland am Vorabend der Großen Krise, Berlin et al. 1987.

Schulze, H.: Weimar. Deutschland 1917-1933, 4. durchges. Aufl., Berlin 1993.

Schumacher, M.: Land und Politik. Eine Untersuchung über politische Parteien und agrarische Interessen 1914-1923, Düsseldorf 1978.

Schwabe, K. (Hrsg.): Die Ruhrkrise 1923. Wendepunkt der internationalen Beziehungen nach dem Ersten Weltkrieg, Paderborn 1985, 2. Aufl. 1986.

Specht, A. V.: Politische und wirtschaftliche Hintergründe der deutschen Inflation 1918-1933, Frankfurt 1982.

Speier, H.: Die Angestellten vor dem Nationalsozialismus. Ein Beitrag zum Verständnis der deutschen Sozialstruktur 1918-1933, Göttingen 1977.

Stachura, P.D. (Hrsg.): Unemployment and the Great Depression in Weimar Germany, Houndmills et al. 1986.

Idem: The Weimar Republic and the Younger Proletariat. An Economic and Social Analysis, London 1989.

Stollberg, G.: Die Rationalisierungsdebatte, 1908-1933: Freie Gewerkschaften zwischen Mitwirkung und Gegenwehr, Frankfurt et al. 1981.

Stürmer, M. (Hrsg.): Die Weimarer Republik: Belagerte Civitas, 3. Aufl., Königstein 1993.

Tammen, H.: Die IG Farbenindustrie Aktiengesellschaft (1925-1933). Ein Chemiekonzern in der Weimarer Republik, Berlin 1978.

Teichert, E.: Autarkie und Großraumwirtschaft in Deutschland 1930-1939, München 1984.

Teichova, A./Cottrell, P. L. (Hrsg.): International Business and Central Europe, 1918 to 1939, Leicester et al. 1983.

Teichova, A.: Internationale Großunternehmen. Kartelle und das Versailler Staatensystem in Mitteleuropa, Stuttgart 1988.

Tenfelde, K. et al.: Geschichte der deutschen Gewerkschaften von den Anfängen bis 1945. Hrsg. v. U. Borsdorf u. Mitarb. v. G. Wieden, Köln 1987.

Thomas, G.: Geschichte der deutschen Wehr- und Rüstungswirtschaft (1918-1943/45), Boppard 1966.

Timm, H.: Die deutsche Sozialpolitik und der Bruch der Großen Koalition im März 1930, Düsseldorf 1952, 2. Aufl. 1982.

Tschirbs, R.: Tarifpolitik im Ruhrbergbau 1918-1933, Berlin et al. 1986.

Unterstell, R.: Mittelstand in der Weimarer Republik. Die soziale Entwicklung und politische Orientierung von Handwerk, Kleinhandel und Hausbesitz 1919-1933, Frankfurt et al. 1989.

Vincent, C. P.: The Politics of Hunger. The Allied Blockade of Germany, 1915-1919, Athens et al. 1985.

Vogt, M. (durchgesehen und eingeleitet): Die Entstehung des Youngplans dargestellt vom Reichsarchiv 1931-1933 (Schriften des Bundesarchivs 15), Boppard a. Rh. 1970.

Wagenführ, R.: Die Industriewirtschaft. Entwicklungstendenzen der deutschen und internationalen Industrieproduktion 1860-1932 (Vierteljahreshefte zur Konjunkturforschung, Sonderheft 31), Berlin 1933.

Wandel, E.: Die Bedeutung der Vereinigten Staaten von Amerika für das deutsche Reparationsproblem 1925-1929, Tübingen 1971.
Wee, H. van der (Hrsg.): The Great Depression Revisited, Den Haag 1972.
Weisbrod, B.: Die Schwerindustrie in der Weimarer Republik. Interessenpolitik zwischen Stabilisierung und Krise, Wuppertal 1978.
West, F. C.: A Crisis of the Weimar Republic: A Study of the German Referendum of 20 June 1926, Philadelphia 1985.
Whalen, R. W.: Bitter Wounds: German Victims of the Great War, 1914-1939, Ithaca/N.Y. 1984.
Winkel, H. (Hrsg.): Finanz- und wirtschaftspolitische Fragen der Zwischenkriegszeit, Berlin 1973.
Winkler, H. A. (Hrsg.): Organisierter Kapitalismus. Voraussetzungen und Anfänge, Göttingen 1974.
Winkler, H.-J.: Preußen als Unternehmer 1923-1932. Staatliche Erwerbsunternehmen im Spannungsfeld der Politik am Beispiel der Preussag, Hibernia und Veba, Berlin 1965.
Wixforth, H.: Banken und Schwerindustrie in der Weimarer Republik (Wirtschafts- und Sozialhistorische Studien, Bd. 1), Köln et al. 1995.
Wuest, E.: Der Vertrag von Versailles im Licht und Schatten der Kritik. Die Kontroverse um seine wirtschaftlichen Auswirkungen, Zürich 1962.
Wurm, C. A. (Hrsg.): Internationale Kartelle und Außenpolitik. Beiträge zur Zwischenkriegszeit, Stuttgart 1989.
Ziebura, G.: Weltwirtschaft und Weltpolitik 1922/24-1931. Zwischen Rekonstruktion und Zusammenbruch, Frankfurt 1984.
Zimmermann, L.: Frankreichs Ruhrpolitik von Versailles bis zum Dawes-Plan, Göttingen 1971.
Zollitsch, W.: Arbeiter zwischen Weltwirtschaftskrise und Nationalsozialismus. Ein Beitrag zur Sozialgeschichte der Jahre 1928 bis 1936, Göttingen 1990.

Nationalsozialismus:

Adam, U. D.: Judenpolitik im Dritten Reich, Düsseldorf 1972.
Barkai, A.: Vom Boykott zur "Entjudung". Der wirtschaftliche Existenzkampf der Juden im Dritten Reich 1933-1943, Frankfurt 1988.
Idem: Das Wirtschaftssystem des Nationalsozialismus, erw. Neuausgabe, Frankfurt am Main 1998.
Benz, W. et al. (Hrsg.): Enzyklopädie des Nationalsozialismus, 4. Aufl., Frankfurt am Main 2001.
Blaich, F.: Wirtschaft und Rüstung im „Dritten Reich“, Düsseldorf 1987.
Boelcke, W. A.: Die deutsche Wirtschaft 1930-1945: Interna des Reichswirtschaftsministeriums, Düsseldorf 1983.
Idem: Die Kosten von Hitlers Krieg. Kriegsfinanzierung und finanzielles Kriegserbe in Deutschland 1933-1948, Paderborn 1985.
Broszat, M.: Der Staat Hitlers, 15. Aufl., München 2000.

Buchheim, H.: Anatomie des SS-Staates, Band 1, 7. Aufl., München 1999.
Carroll, B. A.: Design for total War, Arms and Economy in the Third Reich, The Hague 1968.
Corni, G./Gies, H.: „Blut und Boden“: Rassenideologie und Agrarpolitik im Staat Hitlers, Idstein 1994.
Eitner, H.-J.: Hitlers Deutsche. Das Ende eines Tabus, Gernsbach 1990.
Erbe, R.: Die nationalsozialistische Wirtschaftspolitik 1933-1939 im Lichte der modernen Theorie, Zürich 1958.
Esenwein-Rothe, I.: Die Wirtschaftsverbände von 1933-1945, Berlin 1965.
Feldman G. D.: Die Nachwirkungen der Inflation auf die deutsche Geschichte 1924-1933, München 1985.
Fischer, A.: Hjalmar Schacht und Deutschlands „Judenfrage“. Der „Wirtschaftsdiktator“ und die Vertreibung der Juden aus der deutschen Wirtschaft (Wirtschafts- und Sozialhistorische Studien, Bd. 2), Köln et al. 1995.
Genschel, H.: Die Verdrängung der Juden aus der Wirtschaft im Dritten Reich, Göttingen 1966.
Hachtmann, R: Industriearbeit im Dritten Reich, Göttingen 1989.
Hallgarten, G. W.: Hitler, Reichswehr und Industrie, 3. Aufl., Frankfurt am Main 1962.
Harrison, M. (Ed.) The Economics of World War II. Six Great Powers in International Comparison, Cambridge U.P., Cambridge 1998.
Hayes, P.: Industry and Ideology, IG Farben in the Nazi Era, 2. Aufl., Cambridge 2001.
Herbert, U.: Fremdarbeiter. Politik und Praxis des "Ausländer-Einsatzes" in der Kriegswirtschaft des Dritten Reiches, 2. Aufl., Berlin et al. 1986.
Herbst, L.: Der Totale Krieg und die Ordnung der Wirtschaft. Die Kriegswirtschaft im Spannungsfeld von Politik, Ideologie und Propaganda 1939-1945, Stuttgart 1982.
Hildebrand, K.: Das Dritte Reich, 6. neubearb. Aufl., München 2003.
Jäckel, E.: Hitlers Weltanschauung. Entwurf einer Herrschaft, 4. Aufl., Tübingen 1991.
Kehrl, H.: Krisenmanager im Dritten Reich, Düsseldorf 1973.
Kissenkoetter, U.: Gregor Strasser und die NSDAP, Stuttgart 1978.
Kopper, C.: Zwischen Marktwirtschaft und Dirigismus. Bankenpolitik im „Dritten Reich“ 1933-1939, Bonn 1995
Kroll, G.: Von der Weltwirtschaftskrise zur Staatskonjunktur, Berlin 1958.
Ludwig, K. H.: Technik und Ingenieure im Dritten Reich, Düsseldorf 1974.
Michalka, W.: Das Dritte Reich. Dokumente zur Innen- und Außenpolitik. München 1985.
Milward, A. S.: The German Economy at War, London 1965 (Der Zweite Weltkrieg: Krieg, Wirtschaft und Gesellschaft 1939-1945, München 1977).
Idem: War Economy and Society 1939-1945, Berkeley et al. 1977.
Mollin, G.: Montankonzerne und Drittes Reich, Göttingen 1988.
Mommsen, H./Grieger, M.: Das Volkswagenwerk und seine Arbeiter im Dritten Reich, 3. Aufl., Düsseldorf 1997.
Müller-Armack, A.: Staatsidee und Wirtschaftsordnung im neuen Reich, Berlin 1933.
Nathan, O.: The Nazi Economic System, Germany's Mobilization for War, Durham 1944.
Neebe, R.: Großindustrie, Staat und NSDAP, Göttingen 1981.
Overy, R. J.: War and Economy in the Third Reich, Oxford 1994.

Petzina, D.: Autarkiepolitik im Dritten Reich - Der nationalsozialistische Vierjahresplan, Stuttgart 1968.
Idem: Die deutsche Wirtschaft in der Zwischenkriegszeit, Wiesbaden 1977.
Schiller, K.: Arbeitsbeschaffung und Finanzordnung in Deutschland, Berlin 1936.
Schoenbaum, D.: Die braune Revolution. Eine Sozialgeschichte des Dritten Reiches, Köln 1968.
Schröder, H. J.: Deutschland und die Vereinigten Staaten 1933-1939, Wirtschaft und Politik in der Entwicklung des Deutsch-Amerikanischen Gegensatzes, Wiesbaden 1970.
Schumann, H. G.: Nationalsozialismus und Gewerkschaftsbewegung, Hannover 1958.
Schweitzer, A.: Big Business in the Third Reich, Bloomington 1964.
Seubert, R.: Berufserziehung und Nationalsozialismus, Weinheim et al. 1977.
Siegfried, K.-J.: Rüstungsproduktion und Zwangsarbeit im Volkswagenwerk, 3. Aufl., Frankfurt am Main 1993.
Smelser, R.: Robert Ley. Hitlers Mann an der 'Arbeitsfront', Paderborn 1989.
Teichert, E.: Autarkie und Großraumwirtschaft in Deutschland 1930-1939. Außenwirtschaftspolitische Konzeptionen zwischen Wirtschaftskrise und Zweitem Weltkrieg, München 1984.
Turner, H. A. jr.: Faschismus und Kapitalismus in Deutschland, Studien zum Verhältnis zwischen Nationalsozialismus und Wirtschaft, 2. Aufl., Göttingen 1980.
Idem: German Big Business and the Rise of Hitler, New York et al. 1985 (Die Großunternehmer und der Aufstieg Hitlers), Berlin 1985.
Uhlig, H.: Die Warenhäuser im Dritten Reich, Köln et al. 1956.
Wagenführ, R.: Die deutsche Industrie im Kriege 1939-1945, 2. Aufl., Berlin 1963.
Winkler, H. A.: Mittelstand, Demokratie und Nationalsozialismus. - Die politische Entwicklung von Handwerk und Kleinhandel in der Weimarer Republik, Köln 1972.
Wistrich, R.: Wer war wer im Dritten Reich? Ein biographisches Lexikon, Frankfurt am Main 1987.
Zitelmann, R.: Hitler - Selbstverständnis eines Revolutionärs, Darmstadt 1991.
Idem u. Prinz, M.: Nationalsozialismus und Modernisierung. Wissenschaftliche Buchgesellschaft, Darmstadt, 1991.
Idem /Jesse, E./Backes, U., (Hrsg.): Die Schatten der Vergangenheit. Impulse zur Historisierung des Nationalsozialismus, Zeitgeschichte, Frankfurt am Main et al. 1992.

Westzonen und Bundesrepublik Deutschland nach 1945:

Abelshauser, W.: Die langen Fünfziger Jahre. Wirtschaft und Gesellschaft der Bundesrepublik Deutschland 1949-1966, Düsseldorf 1987.
Idem: Wirtschaft in Westdeutschland 1945-1948. Rekonstruktion und Wachstumsbedingungen in der amerikanischen und britischen Zone, Stuttgart 1975.
Idem: Die Rekonstruktion der westdeutschen Wirtschaft und die Rolle der Besatzungspolitik. In: Claus Scharf/Hans-Jürgen Schröder (Hrsg.), Politische und ökonomische Stabilisierung Westdeutschlands 1945-1949, Wiesbaden 1977.

Idem: Korea, die Ruhr und Erhards Marktwirtschaft: Die Energiekrise von 1950/51. In: Rheinische Vierteljahresblätter, Band 45 (1981).

Idem: Wiederaufbau vor dem Marshall-Plan. Europas Wachstumschancen und die Wirtschaftsordnungspolitik in der zweiten Hälfte der vierziger Jahre. In: Vierteljahrshefte für Zeitgeschichte, Band 29 (1981).

Idem: Ansätze "korporativer Marktwirtschaft" in der Korea-Krise der frühen fünfziger Jahre. Ein Briefwechsel zwischen dem Hohen Kommissar John McCloy und Bundeskanzler Konrad Adenauer. In: Vierteljahrshefte für Zeitgeschichte, Band 30 (1982).

Idem: Wirtschaftsgeschichte der Bundesrepublik Deutschlands 1945-1980, 7. Aufl., Frankfurt am Main 1993.

Idem/Petzina, D.: Krise und Rekonstruktion. Zur Interpretation der gesamtwirtschaftlichen Entwicklung Deutschlands im 20. Jahrhundert. In: Wilhelm H. Schröder/Reinhard Spree (Hrsg.), Historische Konjunkturforschung, Stuttgart 1980.

Albach, H.: Zur Wiederentdeckung des Unternehmers in der wirtschaftspolitischen Diskussion. In: ZStW, Band 135 (1979).

Albers, W.: Soziale Sicherung - Konstruktionen für die Zukunft, Stuttgart 1982.

Ambrosius, G.: Die Durchsetzung der Sozialen Marktwirtschaft in Westdeutschland 1945-1949, Stuttgart 1977.

Berger, H.: Konjunkturpolitik im Wirtschaftswunder. Handlungsspielräume und Verhaltensmuster von Bundesbank und Regierung in der 1950er Jahren (Beiträge zur Finanzwissenschaft, Bd. 2), Tübingen 1997.

Böhm, F.: Das Reichsgericht und die Kartelle. In: Ordo 1 (1948).

Bonus, H.: Ein ökologischer Rahmen für die Soziale Marktwirtschaft. In: Wirtschaftsdienst, Band 59 (1979).

Borchardt, K.: Die Konzeption der Sozialen Marktwirtschaft in heutiger Sicht. In: Issing, O. (Hrsg.), Zukunftsprobleme der Sozialen Marktwirtschaft, Berlin 1981.

Idem: Trend, Zyklus, Strukturbrüche, Zufälle: Was bestimmt die deutsche Wirtschaftsgeschichte des 20. Jahrhunderts? In: Idem: Wachstum, Krisen, Handlungsspielräume der Wirtschaftspolitik, Göttingen 1982.

Idem: Die Bundesrepublik in den säkularen Trends der wirtschaftlichen Entwicklung. In: derselbe, Wachstum, Krisen, Handlungsspielräume der Wirtschaftspolitik, Göttingen 1982.

Idem: Die Erfahrungen mit Inflationen in Deutschland. In: derselbe, Wachstum, Krisen, Handlungsspielräume der Wirtschaftspolitik, Göttingen 1982, S. 151-161.

Buchheim, C.: Die Wiedereingliederung Westdeutschlands in die Weltwirtschaft 1945-1958, München 1990.

Dürr, E.: Historische Erfahrungen über die Wirtschaftspolitik in der Bundesrepublik Deutschland. In: Horst Siebert (Hrsg.), Perspektiven der deutschen Wirtschaftspolitik, Stuttgart 1983.

Erhard, L.: Meine Wirtschaftspolitik ist richtig, Köln 1952.

Idem: Kriegsfinanzierung und Schuldenkonsolidierung. Faksimiledruck der Denkschrift von 1943/44, Frankfurt am Main et al. 1977.

Idem: Wohlstand für alle, Düsseldorf 1957.

Eucken, W.: Grundsätze der Wirtschaftspolitik, Tübingen 1952.

Fisch, J.: Reparationen nach dem Zweiten Weltkrieg, München 1992.

Fischer, W./Bähr, J. (Hrsg.): Wirtschaft im geteilten Berlin 1945-1990. Forschungsansätze und Zeitzeugen, München et al. 1994.

Glastetter, W.: Die wirtschaftliche Entwicklung der Bundesrepublik Deutschland im Zeitraum 1950 bis 1975. Befunde und Aspekte, Berlin et al. 1977.

Grüske, K.-D.: Effektive Umverteilung in der Bundesrepublik Deutschland? In: Hanusch, H./Roskamp, K. W./Wiseman, J. (Hrsg.), Staat und Politische Ökonomie heute - Public Sector and Political Economy Today. Festschrift für Horst Claus Recktenwald, Stuttgart et al. 1985.

Gurley, J. G.: Excess Liquidity and European Monetary Reforms 1944-1952. In: American Economic Review, Vol. 43 (1953).

Härtel, H.-H./Thiel, E. u.a.: Analyse der strukturellen Entwicklung der deutschen Wirtschaft - Strukturbericht 1983, HWWA-Institut für Wirtschaftsforschung, Hamburg 1984.

Heuß, E.: "Die Grundlagen der Nationalökonomie" vor 50 Jahren und heute. In: Ordo, Bd. 40, Stuttgart et al. 1989, S. 21-30.

Heusgen, C.: Ludwig Erhards Lehre von der Sozialen Marktwirtschaft. Ursprünge, Kerngehalt, Wandlungen, Bern et al. 1981.

Hoppmann, E. (Hrsg.): Die Konzertierte Aktion. Kritische Beiträge zu einem Experiment, Frankfurt am Main 1971.

Hutchinson, T. W.: Notes on the Effects of Economic Ideas on Policy: The Example of the German Market Economy. In: Zeitschrift für die gesamte Staatswissenschaft, Band 135 (1979).

Issing, O. (Hrsg.): Zukunftsprobleme der Sozialen Marktwirtschaft, Berlin 1981.

Kirsch, G.: Ordnungspolitik als Gegenstand der politischen Auseinandersetzung. In: Issing, O. (Hrsg.), Zukunftsprobleme der Sozialen Marktwirtschaft, Berlin 1981.

Idem: Neue Politische Ökonomie, 4. überarb. und erw. Aufl., Düsseldorf 1997.

Kleps, K.: Lohnpolitische Konzeptionen und Vermögensbildung - Ein Weg aus der stabilitätspolitischen Sackgasse, Baden-Baden 1982.

Klump, R.: Wie ist das 'Wirtschaftswunder' entstanden? In: Orientierungen zur Wirtschafts- und Gesellschaftspolitik, Heft 22, Dezember 1984.

Idem: Wirtschaftsgeschichte der Bundesrepublik Deutschland. Zur Kritik neuerer wirtschaftspolitischer Interpretationen aus ordnungspolitischer Sicht (Beiträge zur Wirtschafts- und Sozialgeschichte, Bd. 29), Wiesbaden 1985.

Knapp, M.: Deutschland und der Marshallplan: Zum Verhältnis zwischen politischer und ökonomischer Stabilisierung in der amerikanischen Deutschlandpolitik nach 1945. In: Scharf, C./ Schröder H.-J. (Hrsg.), Politische und ökonomische Stabilisierung Westdeutschlands 1945-1949, Wiesbaden 1977.

Leipold, H.: Institutionelle Ursachen der Wachstumsverlangsamung in West und Ost. In: Schüller, A. (Hrsg.): Wachstumsverlangsamung und Konjunkturzyklen in unterschiedlichen Wirtschaftssystemen, Berlin 1984.

Manz, M.: Stagnation und Aufschwung in der französischen Besatzungszone, Diss. Mannheim 1968.

Mausbach, W.: Zwischen Morgenthau und Marshall. Das wirtschaftspolitische Deutschlandkonzept der USA 1944-1947, Düsseldorf 1996.

Möller, H.: The Reconstruction of the International Economic Order After the Second World War and the Integration of the Federal Republic of Germany into the World Economy. In: Zeitschrift für die gesamte Staatswissenschaft, Band 137 (1981).

Müller-Armack, A.: Soziale Marktwirtschaft (1956). In: Idem: Wirtschaftsordnung und Wirtschaftspolitik, Studien und Konzepte zur Sozialen Marktwirtschaft und zur Europäischen Integration, 2. Auflage 1976.

Idem: Die zweite Phase der Sozialen Marktwirtschaft. Ihre Ergänzung durch das Leitbild einer neuen Gesellschaftspolitik (1960). In: derselbe, Wirtschaftsordnung und Wirtschaftspolitik. Studien und Konzepte zur Sozialen Marktwirtschaft und zur Europäischen Integration, 2. Aufl. 1976.

Idem: Zur Diagnose unserer wirtschaftlichen Lage, Bielefeld 1947.

Petzina, D. (Hrsg.): Ordnungspolitische Weichenstellungen nach dem zweiten Weltkrieg, Berlin 1991.

Ritschl, A.: Die Währungsreform von 1948 und der Wiederaufbau der westdeutschen Industrie. Zu den Thesen von Mathias Manz und Werner Abelshauser über die Produktionswirkungen der Währungsreform. In: VfZ, Band 33 (1985), S. 136-165.

Sauermann, H.: Währungsreformen. In: Erwin von Beckerath u.a. (Hrsg.), Handwörterbuch der Sozialwissenschaften, Band 11, Stuttgart et al. 1961, S. 452-470.

Scherf, H.: Enttäuschte Hoffnungen - vergebene Chancen. Die Wirtschaftspolitik der sozial-liberalen Koalition 1969-1982, Göttingen 1986.

Schlesinger, H.: Geldpolitik in der Phase des Wiederaufbaus (1950-1958). In: Deutsche Bundesbank (Hrsg.), Währung und Wirtschaft in Deutschland 1876 - 1975, Frankfurt am Main 1976, S. 555-607.

Idem: Beschäftigungs- und Konjunkturpolitik in der Bundesrepublik Deutschland. In: Albers, W. u.a. (Hrsg.), Handwörterbuch der Wirtschaftswissenschaft, Band 1, Stuttgart et al. 1977, S. 499-513.

Schmidt, M.: Aufbruch zur Marktwirtschaft - 1948 und heute. In: Zeitschrift für Wirtschaftspolitik, Band 33 (1894), S. 227-239.

Schmidtchen, D.: German 'Ordnungspolitik' as Institutional Choice. In: Zeitschrift für die gesamte Staatswissenschaft, Band 140 (1984), S. 54-70.

Schröder, H.-J. (Hrsg.): Marshallplan und westdeutscher Wiederaufstieg, Positionen – Kontroversen, Stuttgart 1990.

Schröder, W. H./ Spree , R. (Hrsg.), Historische Konjunkturforschung, Stuttgart 1980.

Schulz, G.: Die Entflechtungsmaßnahmen und ihre wirtschaftliche Bedeutung. In: Pohl, H. (Hrsg.), Kartelle und Kartellgesetzgebung in Praxis und Rechtsprechung vom 19. Jahrhundert bis zur Gegenwart, Wiesbaden 1985, S. 210-222.

Starbatty, J.: Erfolgskontrolle der Globalsteuerung. Konjunkturpolitik unter dem Einfluß der politischen Willensbildung, Frankfurt am Main 1976.

Idem: Ordoliberalismus. In: Issing, O. (Hrsg.), Geschichte der Nationalökonomie, München 1984, S. 187-203.

Uffelmann, U.: Der Weg zur Bundesrepublik. Wirtschaftliche, gesellschaftliche und staatliche Weichenstellungen 1945-1949, Düsseldorf 1988.

Wallich, H. C.: Triebkräfte des deutschen Wiederaufstiegs, Frankfurt am Main 1955.

Wandel, E.: Die Entstehung der Bank deutscher Länder und die deutsche Währungsreform 1948 - Die Rekonstruktion des westdeutschen Geld- und Währungswesens 1945-1948 unter Berücksichtigung der amerikanischen Besatzungspolitik, Frankfurt am Main 1980.

Watrin, C.: The Principles of the Social Market Economy - its Origins and Early History. In: ZStW, Band 135 (1979), S. 405-425.

Idem (unter Mitarbeit von Giebel, U. J.): Sozialpolitische Hemmnisse für die betriebliche Flexibilität. In: Zeitschrift für Wirtschaftspolitik, Band 33 (1984), S. 325-340.

Wellhöner, V.: „Wirtschaftswunder" – Weltmarkt – westdeutscher Fordismus. Der Fall Volkswagen, Münster 1996.

Willgerodt, H. et al.: Vermögen für alle. Probleme der Bildung, Verteilung und Werterhaltung des Vermögens in der Marktwirtschaft, Düsseldorf et al. 1971.

Winkel, H.: Wirtschaftsgeschichte Deutschlands 1945 - 1965. In: HdWW, Band 9, Stuttgart et al. 1982, S. 100-119.

Idem: Die deutsche Wirtschaft seit Kriegsende; Entwicklung und Probleme, Mainz 1971

Idem: Die Wirtschaft im geteilten Deutschland, 1945-1970, Wiesbaden 1974.

Wünsche, H.-F.: Wirtschaft in Westdeutschland 1945 - 1948. Bemerkungen zu dem gleichnamigen Buch von Werner Abelshauser. In: Orientierungen zur Wirtschafts- und Gesellschaftspolitik, Heft 2, Dezember 1979, S. 37-40.

SBZ/Deutsche Demokratische Republik:

Altenburg, U./Schneider, H.: Mit Spitzenleistungen auf den Markt, Leipzig 1987.

Baar, L. et al. (Hrsg.): Kriegsfolgen und Kriegslasten Deutschlands. Zerstörungen, Demontagen und Reparationen (Studien zur Wirtschaftsgeschichte 1), Berlin 1993.

Bertsch, G. C. et al.: SED. Schönes Einheits-Design, Köln 1994.

Böttcher, B.: Industrielle Strukturwandlungen im sowjetisch besetzten Gebiet Deutschlands, Berlin 1956.

Bröll, W.: Über den Stand der Wirtschaftswissenschaften in der DDR. In: Deutschland-Archiv 1969.

Idem: Die Wirtschaft der DDR, Lage und Aussichten. 3. überarb. Aufl., München 1974.

Buchheim, C. (Hrsg.): Wirtschaftliche Folgelasten des Krieges in der SBZ/DDR, Baden-Baden 1995.

Buck, H.: Technik der Wirtschaftslenkung in kommunistischen Staaten, 2 Bde., Coburg 1969.

Bühler, R.: Die Problematik der Kontrolle betriebswirtschaftlicher Leistungen in Zentralverwaltungswirtschaften, dargestellt an der volkseigenen Industrie in der DDR, Stuttgart 1971.

Deutsches Institut für Wirtschaftsforschung (DIW): DDR-Wirtschaft. Eine Bestandsaufnahme, Frankfurt am Main 1971 und 1974.

Freier, U./Lieber, P.: Politische Ökonomie des Sozialismus in der DDR, Frankfurt am Main 1972.

Gabler, U.: Plan - Bilanz - Vertrag. Sicherung einer bedarfs- und vertragsgerechten Produktion, Berlin (O) 1978.

Idem et al.: Produktions- und Absatzprogramm - bedarfsgerecht und effektiv, Berlin (O) 1988.

Gleitze, B.: Ostdeutsche Wirtschaft. Industrielle Standorte und volkswirtschaftliche Kapazitäten des ungeteilten Deutschland, Berlin 1956.

Gutmann, G.: Theorie und Praxis der monetären Planung in der Zentralverwaltungswirtschaft, Stuttgart 1965.

Hertle, H.-H.: Staatsbankrott. Der ökonomische Untergang des SED-Staates. In: Deutschland-Archiv, 25. Jg., Heft 10, Berlin 1992, S. 1019-1030.

Hirdina, H.: Gestalten für die Serie. Design in der DDR 1949-1985, Dresden 1988.

Immler, H.: Agrarpolitik in der DDR, Köln 1971 (Versuch einer Beurteilung der Agrarpolitik in der DDR von 1945 bis 1970 unter dem Aspekt der ordnungspolitischen Notwendigkeiten bei der Errichtung eines sozialistischen Systems).

Jochimsen, R.: Die gesamtwirtschaftliche Entwicklung in der DDR. In: Geschichte in Wissenschaft und Unterricht 1966.

Kaelble, H. et al.(Hrsg.): Sozialgeschichte der DDR, Stuttgart 1994.

Kalus, H.: Wirtschaftszahlen aus der SBZ; Eine Zusammenstellung statistischer Daten zur wirtschaftlichen Entwicklung in der sowjetischen Besatzungszone und in Ost-Berlin, 4. erw. und erg. Aufl., Bonn et al. 1964.

Krol, G.-J.: Die Wirtschaftsreform der DDR und ihre Ursachen, Tübingen 1972

Leipold, H.: Wirtschafts- und Gesellschaftssysteme im Vergleich, 5., bearb. Aufl., Stuttgart 1988.

Leptin, G.: Deutsche Wirtschaft nach 1945. Ein Ost-West-Vergleich, Opladen 1980.

Matschke, W.: Die industrielle Entwicklung in der Sowjetischen Besatzungszone Deutschlands (SBZ) von 1945 bis 1948, Berlin 1988.

Miller, D. /Trend, H. G.: Economic Reforms in East Germany. In: Problems of Communism 1966.

Model, H.: Bedarf, Produktionsprogramm, Absatz, Berlin 1964

Mühlfriedel, W./Wießner, K.: Die Geschichte der Industrie der DDR, Berlin (O) 1989.

Müller, H. /Reissig, K.: Wirtschaftswunder DDR. Ein Beitrag zur Geschichte der ökonomischen Politik der SED. Institut für Gesellschaftswissenschaften beim ZK der SED (Hrsg.), Berlin 1968.

Obst, W.: DDR-Wirtschaft. Modell und Wirklichkeit, Hamburg 1973.

Pilz, F./Ortwein, H.: Das vereinte Deutschland. Wirtschaftliche, soziale und finanzielle Folgeprobleme und die Konsequenzen für die Politik, Stuttgart et al. 1992.

Pritzel, K.: Die Wirtschaftsintegration Mitteldeutschlands, Köln 1969.

Schneider, G.: Wirtschaftswunder DDR. Anspruch und Realität, 2. erw. Aufl., Köln 1990.

Schnitzer, M.: East and West Germany: A Comparative Economic Analysis. 2. Aufl., New York 1974.

Stolper, W. F.: The Structure of the East German Economy, Cambridge/Mass. 1960.

Voigt, D. et al.: Sozialstruktur der DDR, Darmstadt 1987.

Winkel, H.: Die Wirtschaft im geteilten Deutschland 1945-1970, Wiesbaden 1974.

Wunderwirtschaft. DDR-Konsumkultur in den 60er Jahren, hrsg. Von Neue Gesellschaft für Bildende Kunst, 2. Aufl., Köln et al. 1996.

Zschaler, F.: Die vergessene Währungsreform. Vorgeschichte, Durchführung und Ergebnisse der Geldumstellung in der SBZ 1948. In: VfZ 45, 1997, S. 191-223.

Weitere bibliographische Nachweise sowie ein Überblick über die wichtigsten Fachzeitschriften finden sich in Walter, R.: Einführung in die Wirtschafts- und Sozialgeschichte, Paderborn et al. 1994, S. 254-296 und passim.

Namenregister

F

G

H

J

K

L

M

N

O

P

Q

R

S

T

U

V

W

Y

Z

Sachregister

A

B

C

D

G

H

I

M

N

O

P

Q

R

S

Y

Z

Wolfgang Mühlfriedel,
Edith Hellmuth
Carl Zeiss in Jena
1945–1990

(Carl Zeiss. Die Geschichte eines Unternehmens. Band 3)
2004. Ca. 400 Seiten.
Ca. 60 s/w-Abb. Geb. mit Schutzumschlag
ISBN 3-412-11196-1

Mit diesem Buch liegt die wechselvolle Geschichte des Unternehmens Carl Zeiss Jena komplett vor.
In den Nachkriegsjahren wurde das Zeiss-Werk von amerikanischen, später von sowjetischen Truppen besetzt, die einen demontierten Maschinen- und Einrichtungspark hinterließen. Mit der Gründung der DDR 1948 wurde das Stiftungsvermögen verstaatlicht und die Firma in das politische System integriert. Wiederaufbau, Verlust der juristischen und ökonomischen Autonomie prägten die folgenden Jahre. Gleichzeitig entstand ein zweites Zeiss-Werk in Westdeutschland.
In den siebziger Jahren rückte der Bau optischer Präzisionsgeräte in das Zentrum der Kombinatsstrategie, zugleich wurden die Außenwirtschaftsbeziehungen zu den sozialistischen Ländern wie zum Westen intensiviert. Ein Führungswechsel hatte bemerkenswerte Resultate auf ökonomischem und wissenschaftlich-technischem Gebiet zur Folge. Forschung und Entwicklung sowie die Pflege des optischen Präzisionsgerätebaus sorgten Mitte der achtziger Jahre für ökonomische Stabilisierung. Es gelang dem VEB Carl Zeiss Jena nicht nur mit der internationalen Konkurrenz mitzuhalten, sondern mit einigen Geräten sogar an die Weltspitze vorzudringen. Das Buch schließt mit der Überführung des Kombinats in die Carl Zeiss Jena GmbH am 29. Juni 1990.

Weiterhin lieferbar:
Bd 1: **Carl Zeiss 1846–1905** (ISBN 3-412-05696-0)
Bd 2: **Carl Zeiss 1905–1945** (ISBN 3-412-11096-5)

Ursulaplatz 1, D-50668 Köln, Telefon (0221) 913900, Fax 9139011